Nascidos em Berço Nobre

Uma História Ilustrada dos Cavaleiros Templários

Conforme Novo Acordo Ortográfico

Stephen Dafoe

Nascidos em Berço Nobre

UMA HISTÓRIA ILUSTRADA DOS CAVALEIROS TEMPLÁRIOS

Tradução:
Lívia Oushiro

Publicado originalmente em inglês sob o título *Nobly Born – An Illustrated History of the Knights Templar* por Lewis Masonic.
© 2007, Lewis Masonic.
Direitos de edição e tradução para todos os países de língua portuguesa.
Tradução autorizada do inglês.
© 2009, Madras Editora Ltda.

Editor:
Wagner Veneziani Costa

Produção e Capa:
Equipe Técnica Madras

Tradução:
Lívia Oushiro

Revisão da Tradução:
Camila Aline Zanon
Uiran Gebara da Silva

Revisão:
Jane Pessoa
Bianca Rocha
Tânia Damasceno

Dados Internacionais de Catalogação na Publicação (CIP)
(Câmara Brasileira do Livro, SP, Brasil)

Dafoe, Stephen
Nascidos em berço nobre: uma história ilustrada dos cavaleiros templários/Stephen Dafoe; [tradução Lívia Oushiro]. – São Paulo: Madras, 2009.
Título original: Nobly born
Bibliografia
ISBN 978-85-370-0431-9

1. Templários – História I. Título.

08-10551   CDD-271.7913

Índices para catálogo sistemático:
1. Ordem dos Templários:
Ordem de Cavalaria: História da Igreja 271.7913

É proibida a reprodução total ou parcial desta obra, de qualquer forma ou por qualquer meio eletrônico, mecânico, inclusive por meio de processos xerográficos, incluindo ainda o uso da internet, sem a permissão expressa da Madras Editora, na pessoa de seu editor (Lei nº 9.610, de 19.2.98).

Todos os direitos desta edição, em língua portuguesa, reservados pela

MADRAS EDITORA LTDA.
Rua Paulo Gonçalves, 88 – Santana
CEP: 02403-020 – São Paulo/SP
Caixa Postal: 12299 – CEP: 02013-970 – SP
Tel.: (11) 2281-5555 – Fax: (11) 2959-3090
www.madras.com.br

Índice

Agradecimentos 11
Cronologia de Eventos 13
Introdução à Edição Brasileira 19
Prefácio – A Perspectiva do Maçom 43
Introdução do Autor 45

1. A Mudança da Maré 49
   A Batalha de Manzikert 55
   O Homem que Lançou as Cruzadas 58
   O Concílio de Piacenza 59
   O Concílio de Clermont 60
   Deus Lo Volt 61

2. Terra Santa, Guerra Santa 65
   A Cruzada Popular 66
   A Cruzada Germânica 69
   A Cruzada dos Nobres 71
   A Campanha na Ásia 73
   A Captura de Niceia 74
   A Batalha de Dorileia 75
   O Cerco de Antioquia 76
   A Lança do Destino 79

3. Defensor do Santo Sepulcro 83
Prova de Fogo 84
A Embaixada Fatímida 85
O Cerco de Jerusalém..86
Advocatus Sancti Sepulchri 91

4. Um Novo Tipo de Cavalaria 95
O Clérigo Cronista..95
A Versão de Guilherme...97
A Versão de Miguel 98
A Versão de Walter 99
Outras Versões..100
São Bernardo..102
Elogio da Nova Nobreza..103
Que Hugo?..106
A Crônica de Ernoul...108
Organizando as Peças 109
O Campo de Sangue...110
Surge a Necessidade 112
Os Pais Fundadores...113
Acertando a Data 114
Uma Possível Origem dos Cavaleiros Templários Compilada a Partir de Fontes da Época...115

5. Os Templários no Monte..119
A Base de Operações...121
Os Estábulos de Salomão 125
Warrer e Companhia..126
A Expedição de Parker..129
Separando Fato da Ficção 132

6. Amigos Importantes...137
O Templário Temporário..138
Hugo, Conde de Champagne..139
O Homem que Seria Rei...140
Sobre Homens e Maças 142
O Concílio de Troyes..143
O Cerco de Damasco..145

  Traição na Família 146
  A Morte de Balduíno II 148

7. A Vida dos Templários 151
  A Regra dos Templários..152
  Um Dia na Vida 153
  Reunião dos Cônegos 159
  Punições 161

8. A Hierarquia dos Templários 165
  O Drapier 165
  Os Comandantes 166
  Os Comandantes dos Territórios 167
  O Comandante da Cidade de Jerusalém 170
  O Marechal 171
  O Senescal 172
  O Mestre 173
  A Eleição do Mestre 174

9. Campos e Fortunas 179
  O Segundo Mestre 179
  O Papa e o Antipapa 181
  Toda Dádiva Perfeita 183
  Dê-me Terras, Muitas Terras 185

10. Os Mutuários e os Banqueiros 193
  Os Primeiros Agiotas 194
  Os Mutuantes Templários 196
  Os *Traveller's Cheques* dos Templários 198
  Cofres dos Templários 199
  O Resgate em Ouro de um Rei 200
  Impostos e Dízimos 204

11. Guerreiros e Monges 209
  As Vestimentas e a Armadura Fazem o Homem....................210
  No Campo 214
  A Beauséant 216
  Os *Turcopolos* 218

12. Soldados em Causa Própria 223
O Conselho de Príncipes 227
O Fiasco em Damasco 228
Consequências e Acusações 231
Os Templários em Gaza 233
O Cerco de Ascalon 234
Ouro do Cairo 237

13. Um Inimigo Impiedoso 239
A Ascensão de Saladino 240
Confusão na Cristandade 243
A Batalha de Montgisard 244
As Sementes da Destruição 247
Intriga no Reino 248
A Vingança de De Ridefort 248
A Fonte de Cresson 249

14. A Queda de Jerusalém 253
A Batalha de Hattin 257
A Vingança de Saladino 260
A Queda do Reino 261

15. Acre: O Século Final 267
O Coração de Leão 269
A Captura de Acre 270
A Batalha de Arsuf 271
A Trégua de Saladino 274
Os Templários e as Cruzadas 276
Interlúdio Político 277
A Queda de Acre 278

16. O Fim de uma Era 283
O Último Grão-Mestre 284
Os Templários em Chipre 286
O Pontífice e o Rei 287
O Rei 287
O Papa 288
As Ordens Militares Unificadas 289

Rumores de Heresia..290
A Prisão dos Templários 291
O Interrogatório dos Templários..293
As Acusações contra a Ordem 294
O Concílio de Viena..296

17. A Lenda dos Templários 301

Índice Remissivo..313

Bibliografia 319

10 ✠ Nascidos em Berço Nobre

Uma representação moderna de um navio templário partindo para pontos desconhecidos antes da prisão de seus Irmãos na França. *Stephen McKim*

Rei Ricardo I durante a batalha de Arsuf em 7 de setembro de 1191. Apesar de os Hospitalários terem rompido a formação impetuosamente, conduzindo à peleja aqui representada, os cristãos emergiram vitoriosos em sua batalha contra Saladino. *ClipArt.com*

Agradecimentos

Este livro é dedicado a Christian Tourenne, Gordon Napier e Christine Leddon, que me ajudaram a voltar do caminho da especulação histórica para o caminho do fato histórico.

Há dois nomes na capa deste livro que partilham relativamente o mesmo crédito. O primeiro é dos Cavaleiros Templários,* o assunto deste livro; o segundo é meu próprio nome, autor deste livro. Enquanto alguns de vocês possam ter comprado o livro por causa do assunto, do autor ou talvez de uma combinação dos dois, há muitos outros nomes escondidos nas margens, cuja assistência foi necessária para que este livro se tornasse realidade.

Em primeiro lugar, devo agradecer à minha esposa, Bonnie, que, durante todo o período em que fiquei trabalhando em *Nascidos em Berço Nobre*, permaneceu compreensiva com o fato de que raramente saía de meu escritório. E, quando saía, não era para lhe perguntar sobre como havia sido seu dia.

No âmbito profissional, devo agradecer à minha agente, Fiona Spencer Thomas, por apresentar a proposta à editora, e ao meu editor, Jay Slater, por tornar a ponte entre escritor e editor mais forte e mais fácil de atravessar. Também gostaria de agradecer a Matt Keefe, Malcolm Preskett e Matthew Wharmby por seus esforços em revisar e projetar o livro.

Ao dr. Robert Cooper, autor de *The Rosslyn Hoax?* [O Embuste de Rosslyn?], meus agradecimentos mais sinceros por sua boa vontade em ler antecipadamente o livro e escrever seu prefácio.

Apesar de normalmente ser dito que não se pode julgar um livro por sua capa, o *design* da capa de um livro é um aspecto importante do seu *marketing*. Por isso, sou eternamente grato a Stephen McKim, que fez o desenho da capa deste livro, assim como muitas das imagens internas. Stephen é um artista digital de múltiplos talentos, que ofereceu não menos do que uma

---

*N.E.: Sugerimos a leitura de *História dos Cavaleiros Templários*, de Élize de Montagnac, Madras Editora.

dúzia de imagens como possíveis desenhos da capa. Também sou grato a Gordon Napier, um homem que transita igualmente entre a escrita e a arte. Gordon, que escreveu dois livros sobre os Templários, forneceu três desenhos originais maravilhosos que representam as armas e as armaduras dos cavaleiros e dos sargentos que compunham os Cavaleiros Templários. Ao fazê-lo, ele deu ao leitor de *Nascidos em Berço Nobre* uma imagem que realmente vale por mil palavras. Devo também meus agradecimentos a Gordon por suas fotos de localidades templárias, assim como a Mira Vogel, a Simon Brighton e a Linda Berthelsen por me permitirem reproduzir suas fotos.

Finalmente, gostaria de agradecer a centenas de autores que escreveram, ao longo dos últimos 200 anos, livros sobre os Templários que apresentam a ficção como fato. Se eles não tivessem turvado as águas da história com noções fantasiosas, não haveria necessidade de um livro como *Nascidos em Berço Nobre* para ajudar a equilibrar a balança de volta à realidade.

Cronologia de Eventos

Este livro mostra e explica como a história dos Cavaleiros Templários prolongou-se por um período de quase 200 anos e atravessou a Era das Cruzadas. Ele concentra-se em muitas das cruzadas detalhadamente, enquanto faz menção passageira a outras. Esta cronologia não tem a intenção de ser totalmente abrangente; ela foi criada para colocar em ordem cronológica os eventos abordados no livro.

1004 a.C.	O rei Davi toma Jerusalém dos jebuseus.
614 d.C.	Os bizantinos retomam Jerusalém dos persas e expulsam os judeus.
638	O califa Omar ibn al-Khattab captura Jerusalém e Antioquia.
691	O Domo da Rocha é concluído pelo califa al-Walid.
705	A Mesquita de al-Aqsa é concluída pelo califa al-Walid.
711	Os muçulmanos estabelecem uma cabeça-de-ponte na Espanha sob o comando de al-Walid.
732	Os muçulmanos são derrotados na Batalha de Poitiers por Carlos Magno.
969	Os bizantinos retomam Antioquia dos muçulmanos.
1042	Nasce Otto de Lagery (papa Urbano II) perto de Châtillon-sur-Marne, na província de Champagne.
1067	Morre o imperador Constantino X, sucedido por Romano Diógenes.

13

1071	Os muçulmanos sob o comando de Alp Arslan derrotam os bizantinos na Batalha de Manzikert.
1076	Gregório VII excomunga o rei Henrique IV.
1081	Otto de Lagery torna-se bispo cardeal de Óstia.
1085	Os turcos seljúcidas tomam Antioquia dos bizantinos.
1088	De Lagery é eleito papa; escolhe o nome papa Urbano II com oposição do antipapa Clemente III.
1090	Nasce Bernardo de Claraval.
1094	Urbano finalmente assume seu posto em Roma.
1095	Ocorre o Concílio de Piacenza. Os bizantinos apelam por apoio contra os muçulmanos. Urbano convoca a Primeira Cruzada, em 27 de novembro, no Concílio de Clermont.
1096	A Cruzada Popular parte de Colônia em abril e é destruída em outubro. A Cruzada Germânica, sob o comando de Emrich de Leising, inicia em maio, massacrando em seu caminho os judeus na Renânia, antes de ser derrotada na Hungria em julho. A primeira das armadas cruzadas parte da França em meados de agosto.
1097	O cerco de Niceia tem início em 14 de maio. Em 19 de junho, a cidade é tomada pelos bizantinos. Batalha de Dorileia em 1º de julho – vitória dos cruzados. Cruzados iniciam o cerco de Antioquia em 21 de outubro.
1098	Antioquia finalmente é capturada em 2 de junho. Lança do Destino descoberta por Pedro Bartolomeu em 15 de junho. Em 28 de junho, os cruzados derrotam Karbuka, que estava sitiando a cidade desde a sua tomada.
1099	Jerusalém sucumbe aos cruzados em 17 de julho. Duas semanas depois, Urbano II morre, antes de ter notícia da vitória.
1112	São Bernardo junta-se à Ordem Cisterciense.
1118	Ano citado por Guilherme de Tiro como o da fundação dos Templários.
1119	Batalha de *Ager Sanguinis* (Campo de Sangue).
1120	Ano que muitos historiadores atualmente acreditam ser a verdadeira data de fundação da Ordem. Os Templários receberam o seu primeiro reconhecimento eclesiástico no Concílio de Nablus em janeiro. Fulque V, conde de Anjou, junta-se aos Templários como um membro associado.
1125	Hugo de Champagne junta-se aos Templários após abdicar suas terras em favor do sobrinho Teobaldo. Batalha de Azaz.
1127	Nasce Guilherme de Tiro.
1128	Data mais antiga para *De Laude Novae Militiae*, de Bernardo.

Cronologia de Eventos

1129	Os Templários recebem a sua Regra da Ordem no Concílio de Troyes.
1130	Os Templários participam do cerco de Damasco, mas são derrotados.
1131	Balduíno II morre em 31 de agosto e é sucedido por Fulque de Anjou.
1135	Os Templários fazem o seu primeiro empréstimo registrado para Petre Desde.
1136	Hugo de Payens morre em 24 de maio e é sucedido por Roberto de Craon.
1137	Matilda, filha de Eustácio de Bolonha, doa Cressing aos Templários. Luís VII torna-se rei da França.
1139	Papa Inocente II redige *Omne datum optimum*, que concede privilégios especiais aos Templários.
1140	De acordo com Nicholson, esse é o ano em que a Ordem é chamada pela primeira vez de Templários. Antes disso, eles eram os Cavaleiros do Templo de Salomão.
1144	Edessa é conquistada por Zinki. Morre o rei Fulque de Jerusalém.
1146	Zinki é assassinado em Damasco por um escravo.
1148	Os Templários financiam Luís VII para que continue sua cruzada. O cerco a Damasco é um fracasso. A Segunda Cruzada termina de fato.
1149	Raimundo de Antioquia é morto pelo tio de Saladino na Batalha de Inab.
1150	Balduíno III dá Gaza aos Templários.
1152	Everard des Barres renuncia ao posto de Mestre e é sucedido por Bernardo de Tremeley.
1153	Morre Bernardo de Claraval. André de Montbard torna-se Mestre da Ordem com a morte de Bernardo de Tremeley. Na Batalha de Ascalon, os Templários ajudam na captura da cidade portuária.
1169	Saladino sucede seu tio Chirkuh como vizir do Egito.
1170	Saladino ataca forte templário em Daron. Thomas Becket é assassinado na Catedral de Cantuária, em 29 de dezembro. Henrique II envia dinheiro aos Templários para uma nova cruzada como parte de sua penitência.
1171	Filipe de Milly renuncia ao posto de Mestre e retorna à vida secular.
1173	Saladino ataca Kerak de Moab sob ordens de Nureddin. Gerard de Ridefort tem uma desavença com Raimundo de Trípoli.
1174	Morre Nureddin em Damasco, em 15 de maio. Rei Amalrico I morre de disenteria em 11 de julho, deixando seu filho de 13 anos, Balduíno, como herdeiro.
1177	Balduíno IV chega à idade legal e assume o trono. Em 25 de novembro, os Templários, comandados por Balduíno IV, derrotam Saladino na Batalha de Montgisard.

1179	Odo de St. Amand, Mestre da Ordem, é capturado por Saladino na Batalha de Marj Ayun. Com sua morte na prisão no ano seguinte, ele é sucedido por Arnoldo de Torroja.
1180	A irmã de Balduíno IV, Sibila, casa-se com Guy de Lusignan na Páscoa, e recebe Ascalon e Jaffa como feudos.
1181	Balduíno assina um armistício de dois anos com Saladino. Logo em seguida, Reinaldo de Châtillon começa a violá-lo, atacando caravanas muçulmanas perto de Kerak de Moab.
1184	Arnoldo de Torroja morre durante uma viagem ao Ocidente para conseguir apoio ao Oriente.
1185	Gerard de Ridefort torna-se Mestre da Ordem. Morre Balduíno IV, o Rei Leproso, e Raimundo de Trípoli torna-se regente do reino de Jerusalém no lugar de Balduíno V.
1186	Com a morte do rei Balduíno V, Guy de Lusignan torna-se rei de Jerusalém após um golpe político, que foi apoiado por De Ridefort e pelos Templários.
1187	Gerard de Ridefort usa o dinheiro do rei Henrique, a fim de contratar tropas mercenárias para ajudar a combater Saladino. Os Templários são derrotados pelos homens de Saladino na Fonte de Cresson. De Ridefort conduz seus homens e o Mestre dos Hospitalários à morte. Os Templários são derrotados na Batalha de Hattin em 4 de julho.
1187	Jerusalém rende-se a Saladino em 2 de outubro, findando 88 anos de governo cristão. Duas semanas depois, o papa Urbano III morre pouco tempo após ter notícia da captura da cidade.
1188	O dízimo de Saladino é introduzido para financiar uma nova cruzada. Gerard de Ridefort é libertado por Saladino em troca do forte templário em Gaza.
1189	Guy de Lusignan inicia o cerco a Acre em 28 de agosto. Logo após, Gerard de Ridefort é capturado durante um combate e morre depois.
1190	Frederico Barba-Ruiva morre afogado ao cruzar o Rio Salef.
1191	Ricardo I captura Chipre. Roberto de Sablé, que acompanhou o rei Ricardo na cruzada, junta-se aos Templários e torna-se Mestre da Ordem logo em seguida – com a ajuda do rei. Acre é capturada por Ricardo e Filipe da França em 12 de julho. Pouco tempo depois, 2.700 prisioneiros muçulmanos são decapitados por Ricardo após negociações para sua rendição. A Batalha de Arsuf, em 7 de setembro, é uma vitória para os cruzados.
1193	Morre Saladino.
1199	Morre Ricardo I.
1244	Provável data de nascimento de Jacques de Molay. Os Templários são derrotados em La Forbie por Baibars.

1249	Damieta é capturada por Luís VII. Os Templários participam do cerco.
1250	Luís IX é capturado na Batalha de Mansurá. Os Templários fornecem parte de seu resgate.
1265	Ano em que De Molay junta-se aos Templários de acordo com seu próprio testemunho.
1270	O rei Luís IX adoece e morre durante sua segunda cruzada.
1274	O Concílio de Lyon discute a possibilidade de unir as Ordens Militares.
1285	Henrique II torna-se rei de Chipre. Filipe IV torna-se rei da França.
1291	Acre é tomada por mamelucos em 28 de maio. Guilherme de Beaujeu, o Mestre da Ordem, é morto na batalha e é sucedido por Teobaldo Gaudin.
1293	De Molay é eleito Mestre da Ordem e parte para a Europa em busca de apoio para a Ordem.
1295	Bonifácio VIII é coroado papa; De Molay está presente na cerimônia.
1297	Bonifácio dá aos Templários assistência comercial e proclama Luís IX santo.
1302	Os Templários são forçados a evacuar a ilha de Ruad (Arwad).
1303	Bonifácio é preso por Filipe IV e por seus inimigos italianos.
1305	Clemente V torna-se papa e inicia seu papado na França.
1306	Os Templários ajudam o irmão de Henrique II, Amauri, a assegurar o trono de Chipre. De Molay e o Mestre Hospitalário são convocados para ir à França a fim de discutir com Clemente V os prospectos de uma nova cruzada e a união das Ordens.
1307	Templários são presos em 13 de outubro por Filipe IV, sendo interrogados.
1308	Clemente suspende os julgamentos, mas posteriormente concorda em reiniciá-los sob controle papal.
1309	Os Hospitalários completam sua conquista de Rodes. A comissão papal reinicia suas investigações sobre os Templários.
1310	Amauri é assassinado. Henrique II reassume a coroa e destrói propriedades dos Templários em retaliação à ajuda a seu irmão. Filipe manda queimar 54 Templários na fogueira como hereges reincidentes.
1311	Concílio de Viena reúne-se em 16 de outubro – um ano mais tarde do que o planejado.
1312	Clemente dissolve a Ordem na bula papal *Vox in excelso* (escrita em 22 de março, lida ao público em 3 de abril) e transfere propriedades dos Templários aos Hospitalários na bula *Ad providam*. Os Templários que são considerados inocentes, ou que confessaram recebem uma pensão na bula *Considerantes dudum*.

1314	Jacques de Molay é executado juntamente com Godofredo de Charney em 18 de março. Batalha de Bannockburn em 24 de junho. Posteriormente, alguns autores afirmariam que os Templários estavam envolvidos.
1446	Inicia-se a construção da Capela Rosslyn.
1730	Na década de 1730, Michael Andrew Ramsey apresenta um discurso a uma Loja Maçônica, no qual ele afirma que a Maçonaria originou-se durante as cruzadas com os pedreiros que construíram castelos e fortalezas.
1740	O Rito da Estrita Observância liga os maçons aos Templários por meio do mito dos Templários que fogem para a Escócia após as prisões.
1837	James Burns escreve *The Knights Templar of Scotland*, que criou uma descendência linear direta entre os Templários e os maçons. Assim como as primeiras tradições maçônicas, as afirmações não tinham fundamento.
1864	Charles Wilson participa da *Ordinance Survey* de Jerusalém.
1867	Charles Warren inicia explorações em Jerusalém sob o patrocínio do Fundo de Exploração da Palestina.
1909	Montague Parker inicia suas explorações malfadadas em Jerusalém, procurando encontrar os tesouros de Salomão.
1911	Parker foge de Jerusalém após ser pego tentando escavar debaixo do Domo da Rocha. Parker envia alguns restos de armas medievais ao avô de Robert Brydon como lembranças. Estes itens serão a semente da qual nascem as teorias das escavações templárias.
1996	Os Estábulos de Salomão, onde muitos autores afirmam que os Templários escavaram por tesouros, tornam-se a Mesquita de Al-Musalla al-Marwani e o salão de orações.

Introdução à Edição Brasileira

Gratias agimus
Agimus tibi
Propter magnam gloriam
Propter gloriam tuam
Domine Deus, Rex coelestis
Oh Domine Deus!

Damos graças a Ti
Pela Tua grande glória
Senhor, rei dos céus
Ó, Senhor!
Pai Todo-poderoso

"Não por nós, Senhor, não por nós, mas para que seu nome tenha a Glória."

Existem algumas versões sobre a história da formação da Ordem dos Cavaleiros Templários, cerca de nove, que foram escritas meio século após os Templários começarem em Jerusalém: por Guilherme de Tiro, um homem que tinha grande aversão ao que ele percebia que a Ordem havia se tornado em seus dias; por Guilherme, bispo de Tiro, um dos três cronistas que, escrevendo na última metade do século XII, deixaram uma versão dos primeiros dias dos Templários; os outros dois foram Miguel, o Sírio, patriarca jacobita de Antioquia, e Walter Map, vice-bispo de Oxford, que também era o clérigo na corte do rei Henrique II da Inglaterra.

Dos três, a versão de Guilherme, apesar de sua inclinação pessoal e de erros factuais, é geralmente aceita como a mais confiável e a mais conhecida, por diversos motivos que estão muito bem argumentados nas páginas seguintes desta obra. Essas são as mais conhecidas, mas veremos que nenhuma delas nos fornece grandes detalhes a respeito dos primeiros anos de existência dos Templários.

Em Resumo...

Nos últimos anos foram editados centenas de livros no mundo inteiro a respeito dos Templários, até mesmo por editoras universitárias, escritos por acadêmicos. Cada um possui seu estilo particular de escrita e narrativa, muitos com seus valores, especulativos, ficcionais, outros com teorias plausíveis a partir de uma pesquisa séria e de fontes materiais primárias. O que importa é que há um número grande de pessoas que buscam, cada vez mais, conhecer essa Ordem.

Nesta obra, Stephen Dafoe mostra-nos, a partir de ralatos bem antigos, que a Ordem era dividida em três partes: a dos que rezavam, o Clero; a dos que defendiam, a Aristrocacia dos nascidos em berço nobre; e a dos que trabalhavam, os Camponeses. Essa era uma divisão natural da sociedade que existia naquele tempo. A Igreja seria o ponto central da comunidade medieval.

O ideal templário de compromisso com o conhecimento, os descobrimentos e a fraternidade afetaram o mundo de forma marcante nos séculos subsequentes. Por exemplo, as organizações Neotemplárias foram as responsáveis pelos avanços em várias ciências. O Infante Dom Henrique, Grão-Mestre dos Cavaleiros de Cristo, em Portugal, não só promoveu grandes progressos na arte da navegação como também patrocinou viagens de descobrimentos. Além disso, diversos membros da Real Academia fizeram progressos em astronomia, artes médicas e até mesmo em transmutação de metais, e suas realizações muitas vezes se tornaram o fundamento da ciência moderna. Até o início de 1300, o conhecimento e os experimentos eram considerados heréticos e o cientista que os realizava com muita facilidade era submetido ao controle da Inquisição. As organizações pós-Templárias mais tardias sabiam muito bem o valor do segredo e evitavam a perseguição religiosa contra os discursos filosóficos e científicos.

A Ordem do Templo sobreviveu e reorganizou-se financeiramente. O sólido bloco templário incorporou-se ao que viria a ser o sistema bancário moderno que continua a existir, trasladando-se para a Suíça, onde alguns poucos banqueiros mantiveram e, em alguns casos, até controlaram a sólida riqueza da elite europeia. Os Cantões suíços, em geral ostentando suas bandeiras esvoaçantes ligeiramente diferentes das bandeiras templárias, são protegidos pelos passos alpinos e pela Guarda Suíça. Foram eles que assumiram o papel das comunidades templárias e, por serem um Estado neutro e preservarem um segredo, atraíram os fundos da Europa dos séculos XIV ao XXI.

Os Templários sobreviveram em termos militares. Associadas e comprometidas com vários poderes, as ordens militares resistiram ao ataque aberto tanto do Estado como da Igreja, e também às execuções e prisões em massa do século XIV. Os Cavaleiros de Cristo, ou Ordem de Cristo, os Cavaleiros Teutônicos, as Guardas Suíça e Escocesa, assim como várias ordens militares menores, mas poderosas, sobreviveram aos seus perseguidores. Como a Hidra, resistiram à morte, prosperaram e multiplicaram-se.

História...

A Ordem Templária foi fundada em Jerusalém em 1118, logo após a Primeira Cruzada, mesmo havendo alguns indícios de ter sido fundada quatro anos antes. Seu nome está relacionado ao local de seu primeiro quartel-general, no lugar do antigo Templo de Salomão.

Nove monges veteranos dessa Primeira Cruzada, entre eles Hugues de Payens e Godofredo de Saint Omer, reuniram-se para fundar a Ordem em defesa da Terra Santa. Pronunciaram perante o patriarca de Jerusalém, Garimond, os votos de castidade, de pobreza e de obediência, comprometendo-se, solenemente, a fazer tudo aquilo que estivesse ao seu alcance para garantir as rotas e os caminhos e a defender os peregrinos contra os assaltos e os ataques dos infiéis. O crédito da fundação da *Ordre de Sion* (Ordem de Sião) foi dado a Godofredo de Bouillon, por volta de 1099. A original Ordem de Sião foi estabelecida para que muçulmanos, judeus e outros indivíduos elegíveis pudessem aliar-se à Ordem cristã e tornar-se Templários.

Frequentemente, encontramos os Templários sendo denominados Soldados de Cristo (Christi Milites) e Soldados de Cristo e do Templo de Salomão. O bispo de Chartres escreveu a respeito dos Cavaleiros em 1114, chamando-os de Milice du Christi (Soldados de Cristo). A regra que lhes foi concedida por ocasião do Concílio de Troyes, em Champagne, era: *Regula pauperum commilitonum Christi Templique Salomonici.*

No começo, eles viviam exclusivamente da caridade, e tamanha era sua pobreza que não podiam ter mais que um só cavalo cada um. O antigo sinete da Ordem, no qual aparece a representação de dois cavaleiros em um só cavalo, comprova essa humildade primitiva.

O primeiro Grão-Mestre da Ordem foi Hugues de Payens, certamente um homem superior. Durante toda a sua vida, testemunhou um pensamento seguro e uma indomável coragem. Inspirado pelo espírito cavalheiresco de seu século, ele não podia ter se tornado apenas um cruzado cujo nome caiu no esquecimento, como o de tantos outros nobres e bravos senhores. Era grandioso armar-se com oito soldados contra legiões numerosas; oferecer-se, sob um céu implacável, aos golpes de um inimigo que observava atentamente sua empreitada e que podia afogá-lo definitivamente, já no primeiro combate, no sangue de seu punhado de bravos.

E foi assim que viveram durante dez anos. Sem pedir reforços nem subsídios, nenhuma recompensa, nenhuma prebenda esperava por eles. Viviam segundo suas próprias leis, vestidos e alimentados pela caridade cristã.

Martin Lunn, em seu livro Revelando o Código Da Vinci (Madras Editora), fala-nos do Priorado de Sião, que compartilhava com a Ordem do Templo

(Cavaleiros Templários) o mesmo Grão-Mestre; eram dois braços da mesma organização até algo conhecido como a "Corte do Olmo", que aconteceu em Gisors, em 1118. Essa separação entre as duas Ordens foi supostamente causada pela chamada "traição" do Grão-Mestre Gerard de Ridefort que, de acordo com os Dossiês Secretos, resultou na perda de Jerusalém pela Europa para os sarracenos.

Quando do Concílio de Troyes (1128), Hugues e outros seis Cavaleiros compareceram diante dos mais altos dignitários da Igreja. O papa e o patriarca Étienne lhes deram um hábito, e o célebre abade de Clarval, São Bernardo de Clairvaux, encarregou-se da composição de sua regra, modificando parcialmente os estatutos primitivos da sociedade. Foi também São Bernardo quem revitalizou a Igreja Celta da Escócia e reconstruiu o mosteiro de Columba, em Iona (tal mosteiro havia sido destruído em 807 por piratas nórdicos). O juramento dos Cavaleiros Templários a São Bernardo exigia a "Obediência de Betânia – o castelo de Maria e Marta".

Durante a era das Cruzadas, que perfazem um total de oito e as quais continuaram até 1291 no Egito, na Síria e na Palestina, apenas a primeira, de Godofredo, foi de alguma utilidade, como afirma Laurence Gardner, um magnífico autor de nossa editora: "(...) Mas mesmo essa foi desfigurada pelos excessos das tropas responsáveis que usaram sua vitória como desculpa para o massacre de muçulmanos nas ruas de Jerusalém. Não apenas Jerusalém era importante para os judeus e cristãos, porém se tornara a terceira Cidade Santa do Islã, após Meca e Medina. Como tal, a cidade até hoje está no cerne de contínuas disputas. (Embora os muçulmanos sunitas considerem Jerusalém sua terceira cidade Sagrada, os muçulmanos xiitas colocam-na em quarto lugar após Carabala, no sul do Iraque.)

A segunda Cruzada para Odessa, liderada por Luiz VII da França e pelo imperador alemão Conrado III, fracassou miseravelmente. Então, cerca de cem anos após o sucesso inicial de Godofredo, Jerusalém caiu sob o poder de Saladino do Egito, em 1187. Foi quando engatilhou a terceira Cruzada de Felipe Augusto, da França, e Ricardo Coração de Leão, da Inglaterra, que, entretanto, não conseguiram recuperar a Cidade Santa. A quarta e quinta Cruzadas concentraram-se em Constantinopla e Damieta. Jerusalém foi retomada brevemente dos sarracenos após a sexta Cruzada, mas ficou longe de reverter a situação. Por volta de 1291, a Palestina e a Síria estavam firmemente sob o controle muçulmano e as Cruzadas haviam terminado.

Vejamos alguns preceitos da nova legislação, mas é importante lembrarmos que nessa época os Cavaleiros não eram classificados em graus como os nobres:

Todo homem que não fosse sacerdote ou servo podia aspirar à Cavalaria, e a nobreza moderna tinha aí sua origem.

A partícula "de" não indicava seus nomes, mas a cidade, a vila ou o lugarejo que habitavam. (Mais tarde, o nome de sua residência transformou-se em seu nome de família)

Todos os cavaleiros que tenham professado vestem mantos brancos de comprimento médio. Os mantos usados são entregues aos escudeiros e irmãos servos, ou aos pobres.

Os mantos brancos que os escudeiros e servos vestiam originalmente foram substituídos por mantos negros ou cinzas.

Apenas os cavaleiros vestem mantos brancos.

Cada cavaleiro possui três cavalos, pois a pobreza não permite que tenham mais que isso.

Cada cavaleiro tem somente um escudeiro ao qual não poderá castigar, já que ele o serve gratuitamente.

Ninguém pode sair, escrever ou ler cartas sem autorização do Grão-Mestre.

Os cavaleiros casados habitam à parte e não vestem clâmides ou mantos brancos.

Os cavaleiros seculares que desejam ser admitidos no Templo serão examinados e ouvirão a leitura da regra antes de seu noviciado.

O Grão-Mestre escolhe seu Capítulo dentre seus Irmãos. Nos casos importantes que dizem respeito à Ordem ou à admissão de um Irmão, todos podem ser chamados para o Capítulo, se essa for a vontade do chefe.

Na obra *A História dos Cavaleiros Templários*, de Élize de Montagnac (Madras Editora), encontramos um texto muito oportuno a respeito da iniciação, que passamos a transcrever:

"(...) Os estatutos e regulamentos recomendavam, acima de tudo, a prece, a caridade, a esmola, a modéstia, o silêncio, a simplicidade, o desdém à riqueza e à opulência, a abnegação, a obediência, a proteção aos pobres e oprimidos; cuidar dos enfermos; o respeito aos mortos entre outros".

Tal Código de regras é composto de 72 artigos e foi descoberto em 1610, em Paris, por Aubert-le-Mire, cientista e historiador, decano de Anvers. Mas a cada dia os regulamentos concernentes à hierarquia, à disciplina e ao cerimonial eram ajustados e adaptados ao Código Latino, assim declarado perfectível.

"Portanto, não é de se surpreender que, além desse, hoje são conhecidos outros três códigos manuscritos, os quais não são nada mais do que sua continuação. Um foi descoberto em 1794, na biblioteca do príncipe Corsini, pelo cientista dinamarquês Münster; o outro foi encontrado na biblioteca Real por M. Guérard, conservador e restaurador; o terceiro foi encontrado nos arquivos gerais de Dijon por M. Millard de Cambure, mantenedor dos arquivos de Borgúndia."

Desse último, datado de 1840, foi que extraímos a descrição do modo de iniciação dos Irmãos cavaleiros; a verdade sobre essas recepções nos sugere serem elas revestidas de um grande interesse, após as absurdas e terríveis lendas que as cercam. Por favor, observem a quantidade de coincidências com os nossos Rituais (maçônicos).

"Antes que um novo Irmão fosse recebido, era necessário sondar os espíritos para saber se ele vinha de Deus: Probate Spititus, si ex Deo Sunt. Em razão disso, ao longo de certo período, impunham-se ao candidato diversas privações de todas as naturezas; incumbiam-lhe os trabalhos mais pesados e baixos da casa, tais como: cuidar do fogão e da cozinha, girar o moinho, cuidar das montarias, tratar dos porcos, etc. Após isso, procedia-se à admissão, a qual era feita da seguinte forma:

A Assembleia reunia-se, ordinariamente, à noite. O candidato esperava do lado de fora; por três vezes, dois cavaleiros se dirigiam a ele para perguntar o que ele desejava; e por três vezes o candidato respondia que era sua vontade adentrar a Casa. A seguir, então, o candidato era conduzido à Assembleia, e o Grão-Mestre, ou aquele que presidia a sessão em seu lugar, apresentava-lhe tudo de rude e penoso que o aguardava naquela vida em que estava prestes a entrar. Dizia-lhe: 'Devereis ficar desperto e alerta quando mais quiserdes dormir, suportar o cansaço quando mais quiserdes repousar. Quando sentirdes fome e quiserdes comer, servos-á ordenado que vades aqui ou acolá, sem vos ser dada nenhuma explicação ou motivo. Pensai bem, meu querido Irmão, se sereis capaz de sofrer todas as asperezas.' Se o candidato respondesse 'Sim, eu me submeterei a todas, se assim agradar a Deus!', o Mestre complementava: 'Estai ciente, querido Irmão, de que não deveis pedir a companhia da Casa para obter benesses, honrarias e riquezas, nem satisfazer o vosso corpo, principalmente em relação a três aspectos:

1º - Evitar e fugir dos pecados deste mundo;
2º - Servir a nosso Senhor;
3º - Ser pobre e fazer a penitência nesta vida para a santidade da alma.

Sabei também que sereis, a cada dia de vossa existência, um servo e escravo da Casa.

Estais certo de vossa decisão?'

'Sim, se assim agradar a Deus, Senhor'.

'Estais disposto a renunciar para sempre à vossa própria vontade, e nada mais fazer além daquilo que vos for determinado?'

'Sim, se assim agradar a Deus, Senhor'.

'Então, retirai-vos e orai a nosso Senhor para que Ele vos aconselhe'.

Assim que o candidato se retirava, o presidente da Assembleia continuava: 'Beatos senhores, puderam constatar que essa pessoa demonstrou ser possuidora de um grande desejo de ingressar na Casa, e declarou estar disposta a dedicar toda a sua vida como servo e escravo. Se há entre vocês alguém que saiba alguma coisa que possa impedir que esta pessoa seja recebida como cavaleiro, que nos dê conhecimento agora, pois após sua admissão, ninguém mais terá crédito para fazê-lo'. Caso nenhuma contestação fosse apresentada, o Mestre perguntava: 'Admitamo-lo como oriundo de Deus?'

'Por inexistir qualquer oposição, fazei-o retornar como vindo de Deus.'

Então um dos membros que se manifestaram saía ao seu encontro e o instruía como ele deveria pedir seu ingresso.

Retornando à Assembleia, o recipiendário ajoelhava-se e, com as mãos postas, dizia:

'Senhor, eu compareço perante Deus, perante vós e perante os Irmãos, para vos pedir e implorar em nome de Deus e de Nossa Senhora que me acolham em vossa Irmandade, e nos benefícios da Casa, espiritual e materialmente, como um que será servo e escravo da Casa, em cada um dos dias de toda a sua vida.'

O presidente da Assembleia lhe respondia: 'Pensastes bem? Ainda pensais em renunciar à vossa vontade em favor do próximo? Estais decidido a submeter a todas as dificuldades e asperezas que vigoram na Casa e a cumprir tudo aquilo que vos for mandado?'

'Sim, se assim agradar a Deus, Senhor.'

E continuava o presidente, agora se dirigindo aos cavaleiros presentes à Assembleia:

'Então levantem-se, nobres senhores, e orem a Nosso Senhor e a Nossa Senhora Santa Maria pedindo que ele seja bem-sucedido.'

Em seguida, cada um deles recitava um Pai-Nosso, enquanto os capelães recitavam a oração ao Espírito Santo, e, em seguida, traziam o Evangelho, sobre o qual o recipiendário prestava o seu juramento de responder com franqueza, sinceridade e lealdade às seguintes questões:

1º - Não tendes nem esposa nem noiva?

2º - Não estais engajado em nenhuma outra Ordem; não fizestes nenhum outro voto, juramento ou promessa?

3º - Tendes alguma dívida convosco mesmo ou com algum outro, a qual não vos seja possível pagar?

4º - Estais em plena saúde física?

5º - Não destes, ou prometestes dar, dinheiro a nenhuma pessoa para que, assim, facilitasse vossa admissão à Ordem do Templo?

6º - Sois filho de um cavaleiro e de uma dama; pertencem vossos pais à linhagem dos cavaleiros?

7º - Não sois nem padre, nem diácono, nem subdiácono?

8º - Não fostes excomungado?

Procurai não mentir, pois se o fizerdes, sereis considerado perjuro e tereis de abandonar a Casa.

Concluído esse interrogatório, o Grão-Mestre, ou aquele que o substituía, ainda se dirigindo à Assembleia, indagava se ainda havia outras perguntas a serem formuladas e, caso reinasse o silêncio, ele se voltava ao recipiendário, dizendo:

'Ouvi bem, meu caro Irmão, o que ainda vos vamos pedir:

Prometei a Deus e a Nossa Senhora que, ao longo de toda a vossa vida, obedecereis ao Mestre do Templo e ao comandante sob cujas ordens estareis sujeito.

E mais: que todos os dias de vossa vida vivereis imaculado.

E mais ainda: prometei a Deus e a Nossa Senhora Santa Maria que, em todos os dias de vossa vida, respeitareis os bons costumes vigentes na Casa e aqueles que os Mestres e os doutos haverão de acrescentar.

Mais: que, em cada um dos dias de vossa vida, ajudareis, com todas as forças e com todo o poder que Deus vos outorgou, a conquistar a Terra Santa de Jerusalém e a proteger e defender as propriedades dos cristãos.

E ainda: que jamais abandonareis essa religião em favor de outra, seja ela qual for, sem permissão do Grão-Mestre e da Assembleia, etc.'

E a cada vez o futuro Cavaleiro devia responder:
'Sim, se assim agradar a Deus, Senhor.'
Isso feito, aquele que conduzia a Assembleia assim anunciava sua admissão:
'Vós, por Deus e por Nossa Senhora, por São Pedro de Roma, por nosso Padre Apóstolo e por todos os Irmãos do Templo, acolhei vosso pai e mãe e todos aqueles que foram acolhidos em vossa linhagem e em todos os benefícios que já fizeram e farão. E vos comprometeis sobre o pão e sobre a água e sobre a pobre vestimenta da Casa, do sacrifício e do trabalho farto.'
A seguir, tomando o manto do Templário, ele o colocava no pescoço do novo Cavaleiro, seguido pelo Irmão capelão que entoava o salmo:
'*Ecce quam Bonum et quam jucundum habitare in unum...*' ('Oh! Quão bom e quão agradável viverem unidos os Irmãos!...')
Segundo M. Mignard, algumas vezes, durante as iniciações, eles entoavam alguns versículos dos Salmos, ou alguma alocução em alusão ao espírito da fraternidade, como o Salmo 133 e a oração do Espírito Santo.
'O Espírito de Deus me criou e o sopro do Todo-Poderoso me deu a vida.'
(João 33: 4)

Veni, Creátor Spíritus
[Ao Espírito Santo]

Veni, Creátor Spíritus,
[Espírito criador]

Mentes tuórum visita,
[Visita a alma dos teus]

Imple supérna grátia,
[Nos corações que criaste]

Quae tu creásti péctora.
[derrama a graça de Deus]

Qui díceris Paráclitus,
[Ó fogo quem vem do alto,]

Altíssimi donum Dei,
[Teu nome é consolador,]

Fons vivus, ignis, cáritas,
[Unção espiritual,]

Et spiritális únctio.
[perene sopro de amor.]

Tu septifórmis múnere,
[Por Deus Pai tão prometido,]

Dígitus patérnae déxterae,
[És dedo da sua mão,]

Tu rite promíssum Patris,
[Os teus sete dons são fonte]

Sermóne ditanas gútura.
[De toda vida e oração]

Accénde lúmen sénsibus.
[Acende o lume das mentes,]

Infunde amórem córdibus.
[Infunde em nós teu amor;]

Infirma nostri córporis,
[nossa carne tão frágil,]

Virtúte firmans pérpeti.
[sustenta com teu vigor.]

Hostem repéllas lóngius,
[Atira longe o inimigo,]
Pacémque dones prótinus,
[Conserva em nós tua paz,]

Ductóre sic te praevio,
[A ti queremos por guia,]

Vitémus omne nóxium.
[noss'alma em ti se compraz]

Per te sciámus da Patrem,
[Ao Pai e ao Filho possamos]

Noscámus atque Fíluim,
[Em tua luz conhecer;]

Teque utriúsque Spíritum
[Dos dois tu és o Espírito,]

Credámus omni témpore.
[O sol de todo saber.]

Deo Patri glória
[Louvemos ao Pai celeste,]

Et Filio qui a mórtuis
[Ao Filho que triunfou,]

Surréxit, ac Paráclito,
[E a quem, de junto ao Pai,]

In saeculórum saecula. Amen.
[à santa Igreja enviou. Amém.]

Então, aquele que tornou Irmão o novo Cavaleiro levanta-o e, convidando-o a sentar-se diante de si, diz: 'Caro Irmão, nosso Senhor vos conduziu ao vosso desejo e vos introduziu em uma fraternidade tão bela como esta Cavalaria do Templo, pela qual deveis dedicar extrema atenção para jamais cometer algo que vos faça perdê-la – que assim Deus vos conserve!'

Finalmente, após enumerar as causas que poderiam acarretar a perda do hábito e da Casa, acrescentava:

'Já vos dissemos as coisas que deveis fazer e as coisas das quais deveis manter-se afastado... E, se por acaso não abordamos tudo o que deveria ser dito sobre os nossos deveres, vós indagareis. E Deus vos ajudará a falar e a fazer o bem. Amém!' (referência ao maior deus egípcio Amon).'"

Pois bem, aí está, segundo as únicas regras conhecidas, como eram realizadas as cerimônias de iniciação qualificadas de infames e nas quais eram ultrajadas tanto a divindade como a moral; mas, na realidade, o maior crime cometido era o de continuarem secretas.

O mistério com o qual os Templários cercavam suas reuniões enchia de terror a imaginação dos contemporâneos daquela época, e não foge muito de nossa época também. Em geral, tudo o que os homens não podiam ver ou compreender adquiria, aos seus olhos, as mais sinistras tonalidades. Em 1789, quando a população sitiou a Bastilha, imaginava-se ser de boa-fé trabalhar pela libertação de grandes grupos de prisioneiros abandonados nas celas das prisões. Qual não foi o seu espanto ao ver as vítimas do despotismo real? Não havia mais do que sete, entre os quais falsários e dois desequilibrados mentais.

A influência templária cresceu rapidamente. Os Templários guerrearam heroicamente nas diversas Cruzadas e também chegaram a ser os grandes financiadores e banqueiros internacionais da época; em consequência, acumularam grandes fortunas. Calcula-se que, antes da metade do século XIII, eles possuíam nove grandes propriedades rurais apenas na Europa. O Templo de Paris foi o centro do mercado mundial da moeda, e sua influência, assim como sua riqueza, era também muito grande na Inglaterra. No fim do mesmo século, diz-se que haviam alcançado uma receita cujo montante era equivalente a 2,5 milhões de libras esterlinas atuais, ou seja, maior que a de qualquer país ou reino europeu daqueles dias. Acredita-se que, a essa altura, os Templários eram cerca de 15 ou 20 mil cavaleiros e clérigos; porém, ajudando-os, havia um verdadeiro exército de escudeiros, servos e vassalos. Pode-se conceber uma influência com base no fato de que alguns membros da Ordem tinham a obrigação de assistir aos grandes Concílios da Igreja, como o Concílio de Lateranense, de 1215, e o de Lyons, de 1274.

Os Cavaleiros Templários trouxeram para o Ocidente um conjunto de símbolos e cerimônias pertencentes à tradição maçônica, e possuíam certo conhecimento que agora é transmitido somente nos Graus Filosóficos e Capitulares da Maçonaria. Desse modo, a Ordem era também um dos depositários da sabedoria oculta na Europa durante os séculos XII e XIII, embora os segredos completos fossem dados somente a alguns membros; portanto, suas cerimônias de admissão eram executadas pelo Grão-Mestre, ou Mestre que este designasse, pois eram estritamente religiosas e em absoluto segredo, como já mencionamos. Por causa desse segredo, a Ordem sofreu as mais terríveis acusações.

Há também uma passagem no Ritual Templário, na qual o pão e o vinho eram consagrados em Capítulo aberto durante uma esplêndida cerimônia: tratava-se de uma verdadeira eucaristia, um maravilhoso amálgama do sacramento egípcio com o cristão.

A Eliminação dos Templários

A supressão dessa poderosa Ordem é uma das maiores máculas na tenebrosa história da Igreja Católica Romana. Os relatos do processo francês foram publicados por Michelet, o grande historiador, entre 1851 e 1861, e existe uma excelente compilação das provas apresentadas, tanto na França como na Inglaterra, em uma série de artigos que apareceram em 1907 na Ars *Quattuor Coronatorum* (XX, 47, 112, 269). Vamos apenas apresentar um esboço do que aconteceu:

Filipe, o Belo, então rei da França, necessitava desesperadamente de dinheiro. Já havia desvalorizado a moeda e aprisionado os banqueiros lombardos e judeus e, depois de confiscar-lhes suas riquezas, acusando-os falsamente de usura – algo abominável para a mente medieval –, expulsou-os de seu reino. Em seguida, resolveu desfazer-se dos Templários, depois que eles haviam lhe emprestado bastante dinheiro e, como o papa Clemente V devia sua posição às intrigas de Filipe, o assunto não foi difícil de ser resolvido. Sua tarefa foi facilitada ainda mais pelas acusações apresentadas pelo ex-cavaleiro Esquin de Floyran, que tinha interesse pessoal no assunto e pretendeu revelar todo o tipo de coisas malévolas: blasfêmia, imoralidade, idolatria e adoração ao demônio na forma de um gato preto.

Essas acusações foram aceitas por Filipe com deleite. E em uma sexta-feira, 13 de outubro de 1307, todos os Templários da França foram aprisionados sem nenhum aviso prévio por parte do mais infame tribunal que jamais existiu, um aglomerado de demônios em forma humana, chamado, em grotesca burla, de Santo Ofício da Inquisição, que, nesses dias, tinha plena jurisdição naquele e em outros países da Europa. Os Templários foram horrivelmente torturados, de modo que alguns morreram e os outros assinaram toda a classe de confissões que a Santa Igreja desejava. Os interrogatórios se relacionavam principalmente à suposta negação de Cristo e ao fato de terem cuspido na cruz e, em menor grau, com graves acusações de imoralidade. Um estudo das evidências revela a absoluta inocência dos Templários e a engenhosidade diabólica mostrada pelos oficiais do Santo Ofício, encarregados da prisão dos acusados pela Inquisição, que os mantinha incomunicáveis, carentes de defesa adequada e de consulta pertinente, ao mesmo tempo em que faziam circular a versão de que o Grão-Mestre havia confessado diante do papa a existência de crueldades na Ordem. Os Irmãos foram convencidos por meio de adulações e promessas, subornados e torturados, até confessarem faltas que jamais haviam cometido e tratados com a mais diabólica crueldade.

Assim era a "justiça" daqueles que usavam o nome do Senhor do Amor durante a Idade Média; assim era a compaixão exibida em relação a seus fiéis servidores, cuja única falta foi a riqueza obtida legalmente para a Ordem e não para si mesmos. Filipe, o Belo, obteve dinheiro. Mas, que carma, mesmo com 20 mil vidas de sofrimento, poderá ser suficiente para um ingrato vil? A Igreja romana, sem dúvida, tem sua participação. E pergunto: como anular uma maldade tão incrível quanto essa?

O papa desejava destruir a Ordem e reuniu o concílio em Viena, em 1311, com tal objetivo, mas os bispos recusaram-se a condená-la sem primeiro escutá-la. Então, o papa aboliu a Ordem em um consistório privado efetuado em 22 de novembro de 1312, apesar de ter aceitado o fato de que as acusações não haviam sido comprovadas. As riquezas do Templo deviam ser transferidas à Ordem de São João; porém, o certo é que a parcela francesa foi desviada para os cofres do rei Filipe.

O último e mais brutal ato dessa desumana tragédia ocorreu em 14 de março de 1314, quando o Venerável Jacques de Molay, Grão-Mestre da Ordem Templária, e Gaufrid de Charney, Grande Preceptor da Normandia, foram queimados publicamente como hereges reincidentes, em frente à grande Catedral de Notre Dame. Quando as chamas os rodearam, o Grão-Mestre incitou o rei e o papa a que, antes de um ano, se reunissem a ele diante do trono de julgamentos de Deus e, de fato, tanto o papa como o rei morreram dentro de 12 meses.

Temos notícias que alguns Cavaleiros Templários franceses se refugiaram entre seus Irmãos do Templo da Escócia e, naquele país, suas tradições chegaram a fundir-se, em certa medida, com os antigos ritos celtas de Heredom, formando, assim, uma das fontes das quais mais tarde brotaria o Rito Escocês Antigo e Aceito.

Há muito pouco tempo, a escritora Barbara Frale encontrou na biblioteca do Vaticano um documento denominado "Chinon". Trata-se de uma carta na qual o papa Clemente V perdoa o Grão-Mestre Jacques de Molay. Você poderá ler sobre isso com mais detalhes na obra de Bárbara Frale, *Os Templários – E o Pergaminho de Chinon Encontrado nos Arquivos Secretos do Vaticano*, publicada pela Madras Editora.

O Santo Graal e a Arca da Aliança

A Habrit Arca da Aliança é conhecida em hebraico como Aron. É sagrada para o Judaísmo e o Cristianismo. Do ponto de vista historiográfico, essa versão é tida como a mais aceita e foi documentada. Não se pode, porém, excluir a hipótese de que os Templários estivessem de posse de algum segredo histórico ou alquímico visado pelo rei da França. Qual seria esse segredo? Ninguém sabe.

Segundo Rocco Zíngaro, os Templários conservavam o Santo Graal, o cálice da Última Ceia, cuja posse conferiria poderes sobre-humanos. E de acordo com outro Templário sob investigação, são Bernardo de Chiaravalle, eles conservavam a Arca da Aliança, a caixa em que Moisés guardava as tábuas da Lei, seu cajado e sobre a qual Deus se manifestava. Por outro lado ainda, o segredo dos Templários poderia estar ligado ao conhecimento da Sagrada Geometria, para construir-se as catedrais góticas. Há, enfim quem sustente que o segredo dos Templários estivesse relacionado com o Sudário. Nos processos contra os Templários, diz-se que eles guardavam uma "cabeça barbuda de um morto", que teria permanecido com eles entre 1204 e 1307. Para o cientista britânico Allan Mills, em linha com essa hipótese do italiano Carlo Giacchè, a imagem do Sudário seria de um cruzado Templário morto em batalha, e não de Jesus. Algo mais recente abre a possibilidade de ser o Sudário uma obra do maravilhoso artista Leonoardo da Vinci.

Para o pesquisador francês Jacques de Mahieu, os Templários possuíam, por exemplo, cartas geográficas atlantes que contrastavam com a visão oficial de mundo imposta pela Igreja e que revelam a posição da América, séculos antes de seu descobrimento. E prossegue, dizendo que os Cavaleiros Templários tinham alcançado, escondidos, o "novo continente", muito tempo antes de Colombo. Chegando ao México, teriam se apoderado de minas de prata, procurando obter para si imensas quantidades de dinheiro que permitiram ao Oriente expandir-se para toda a Europa e construir gigantescas fortificações e majestosas catedrais.

Quanto à América, não é estranho. Se analisarmos, as caravelas que descobriram o Brasil possuíam velas brancas com a cruz de malta em vermelho no centro. Conheça um trecho da obra O *Templo e a Loja*, de Michael Baigent e Richard Leigh:

"Em Portugal, os Templários foram dissolvidos por um inquérito e, simplesmente, modificaram o seu nome, tornando-se os Cavaleiros de Cristo. Eles sobreviveram sob esse título até o século XVI, com as suas explorações marítimas deixando marcas indeléveis na História. (Vasco da Gama era um Cavaleiro de Cristo; o príncipe Henrique, o Navegador, era um Grão-Mestre da Ordem. As embarcações dos Cavaleiros de Cristo navegavam sob a conhecida cruz vermelha templária. E foi sob essa mesma cruz que as três caravelas de Colombo atravessaram o Atlântico rumo ao Novo Mundo. O próprio Colombo era casado com a filha de um Grão-Mestre anterior da Ordem, e teve acesso aos mapas e diários de seu sogro.)".

Alguns estudiosos supõem que os Cavaleiros chantageassem o Vaticano, ameaçando revelar que Jesus não havia morrido; outros explicam com a "descoberta" da América (diversas lendas mexicanas falam de misteriosos homens usando mantos brancos e longas barbas, vindo do Ocidente).

Assim, a italiana Bianca Capone, em seu Guida *all'Italia dei templari*, afirma:

"Antes muito pobres, os Cavaleiros Templários se expandiram rapidamente pela Europa, construindo pontes, igrejas, hospedarias, estradas e vilas. Uma rede de casas fortificadas recobria toda a Europa, da Suécia à Inglaterra, da França à Itália, da Alemanha à Hungria e até à Rússia. Os investimentos Templários surgiam por todos os lados. Nos centros mais importantes, existiam duas e às vezes três dessas fortificações. Das cidades portuárias zarpavam os navios templários para o Oriente, carregados de cruzados, peregrinos e alimentos para homens e animais".

Em poucos anos, os Templários não só enriqueceram de maneira impressionante, como também conquistaram um poder desmesurado. O já citado Michael Baigent sustenta que, graças à bula pontifícia de 1139, foi sancionado que eles não deviam obediência alguma, exceto ao papa, e que "tinham o poder de criar e depor os monarcas". Para deles se desvencilhar, Filipe, o Belo, foi obrigado a tramar intrigas palacianas e processos oportunistas. Mas Baigent faz notar que os Templários foram exterminados somente na França. Na Escócia, na Alemanha e em Portugal, os soberanos se negaram a prendê-los, ou, se o fizeram, os livraram de qualquer acusação. Quando a Ordem foi liberada oficialmente pelo papa, eles se transformaram em três outras Ordens e grupos, entre elas: Os Hospitalários de São Giovanni e os Cavaleiros Teutônicos.

Na obra de um dos mais bem conceituados autores e sucesso de venda de nossa editora, A. Leterre, *Os Hierogramas de Moisés – Hilaritas*, ele nos dá notícias da Arca de Moisés:

"A Arca de Moisés era um tabernáculo no qual Deus deveria residir e falar com esse guia de massas hunas, visto que Deus não podia fazer surgir sarças ardentes a cada passo. A Arca do Testemunho, como a chamavam, deveria conter o Fogo Princípio e o Livro da Lei, cujo modelo Deus prometeu mostrar a Moisés no monte, o que se supõe não ter ocorrido, porque Moisés não relatou a audiência e construiu a Arca, apesar disso."

Para saber que essa Arca era destinada a receber o Fogo Princípio – a eletricidade, basta confrontar o capítulo 25 do Êxodo, com o Livro dos Mortos da Antiga Lei de Rama, capítulos 1: 1,9,10, que diz:

"Eu Sou o Grande Princípio da obra que reside na Arca sobre o suporte."

Só esta frase, escrita muitos séculos antes de Moisés aparecer no mundo, prova exuberantemente que já havia arcas idênticas no tempo de Rama e de AbRam, como veremos adiante.

Para Moisés, Deus é um Fogo Devorador (Deuteronômio IX, 3 – Hebreus 12: 29). Basta ler Êxodo. V, 1 a 26, 36 e Deuteronômio 1-2, para se ver que Moisés sempre falava com Deus no Monte Sinai em chamas.

Mas, admitindo mesmo que Deus tivesse mostrado algum modelo de Arca a Moisés, e, embora isso pese aos israelitas e aos que têm a Bíblia como a Palavra de Deus, Jeová nada teria mostrado de original naquela ocasião, a não ser alguns detalhes modernizados e de acordo com os novos acontecimentos das academias templárias, mesmo porque, como vimos anteriormente e veremos mais adiante, esses aparelhos já haviam existido dezenas de séculos antes.

Assim é que os sumerianos, os acadianos, os caldeus, os persas, os indianos, os chineses, os etíopes, os tebanos e os egípcios, todos tiveram um Tabernáculo sobre o qual faziam descer o Fogo Celeste, por meios que nada tinham de material. Era nosso desejo reproduzir aqui esses monumentos da Antiguidade, conservados nos museus europeus e nas páginas da farta literatura arqueológica, mas não o fazemos para não alongar esta introdução, deixando que o leitor pesquisador recorra a esses livros de nossas bibliotecas públicas, até mesmo a da Federação Espírita. Contudo, para dar uma ideia do que eram essas Arcas Sagradas, reproduzimos na figura a seguir a Arca de Amon, cujo termo, em sua tradução, é carneiro, Lei de Rama, e era o santuário de Tebas, capital do Alto Egito, muitíssimo antes de Moisés existir. No desenho, ficam notórias, nas extremidades da Arca, as cabeças de carneiro, símbolo da religião de Rama. Ao centro do tabernáculo, veem-se dois querubins alados, defrontando-se; suas asas não tocam nas extremidades.

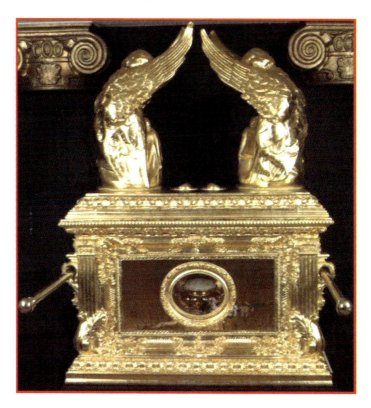

Essa Arca é transportada por varais, no ombro de sacerdotes, tal qual veremos com a de Moisés. Mas essa Arca de Tebas já era derivada da Arca usada pelos caldeus, pois igualmente se veem nos livros arqueológicos, nas gravuras, dois cherub, touros alados, com rostos humanos, defrontando-se com as extremidades das asas desunidas.

Os persas, que são anteriores aos caldeus, já usavam igualmente um altar sobre o qual faziam descer o fogo do céu, que veneravam como sendo o símbolo de Orzmud. Era o deus Agni, o deus do fogo da Índia.

Na Índia milenar, diz o Upnek Hat: "Conhecer a natureza real do fogo, da luz solar, do magnetismo lunar, da eletricidade atmosférica e terrestre, é o terceiro quarto da ciência sagrada".

O *Zend-Avesta*, que exploraremos um pouco mais adiante, diz: "Invoca e compreende o Fogo Celeste".

Phleton escreveu: "Se multiplicas teus apelos, ver-me-ás envolver-te, verás o raio, o fogo móvel que enche e inunda o espaço etéreo dos Céus".

Em Eusthastius, vemos Salomé construindo um altar na cidade de Olímpia, sobre o qual fazia descer o Fogo Celeste, fato confirmado por Servius.

Segundo Suidas, um dos Zoroastros, porque houve vários, para selar sua missão e poder comparecer perante os deuses superiores, deixou-se voluntariamente fulminar pelo raio que captara.

O bárbaro romano Tullus Hostilius, ignorante, mas rico, no começo da Era Cristã, pesquisando um manuscrito do sacerdote real da Ordem de Rama e encontrando ali alguns fragmentos de uma fórmula eletrodinâmica, quis empregá-la; mas, por falta de ciência, afastou-se do rito sagrado, o raio explodiu nos Céus e Tullus morreu fulminado em seu palácio, que foi devorado pelas chamas.

Em Ovídio, em Diniz de Halicarnasse, é Silvius Alladas, 11º rei de Abba, desde Enéas, quem projetava relâmpagos e raios; mas, por falta de um rito, não se isolou e morreu.

Esse fato se reproduziu com os filhos do pontífice Aarão, Nadabe e Abihu, quando eles penetraram no Santuário da Arca de Moisés, sem estar devidamente isolados, e foram fulminados.

Nas medalhas gregas ou romanas, veem-se os templos de Juno, na Itália, e de Heré, na Grécia, armados de um sistema de para-raios. Os brâmanes já conheciam os para-raios no tempo de Ktesias, os quais ainda são vistos em seus templos milenares.

O Templo de Jerusalém, construído sob um plano egípcio e caldeu, por arquitetos sacerdotes de Tyr e de Mêmphis, tinha uma armadura metálica com pontas de ouro e 24 para-raios comunicando com poços. O historiador Flavius Josephus, que viveu no primeiro século da nossa era, em Guerra dos Judeus, liv. V, cap. 14, registra o fato de o Templo jamais ter sido atingido por um raio, durante mil anos. Khondemir, Dion Chrisóstomo, São Clemente de Alexandria, Suidas e Amiano Marcellino atribuem aos diferentes Zoroastros, aos magos e aos caldeus os mesmos conhecimentos elétricos.

No começo da Era Cristã, vemos em *Agathias,* de Rebus Justin, liv. V, cap. 4, o arquiteto de Santa Sofia de Constantinopla, Antheme de Tralles, servir-se de eletricidade, de um modo pouco vulgar. Igualmente se vê Zenox projetar relâmpagos e raios e usar do vapor para deslocar um telhado.

Na história eclesiástica de Sazone, liv. IX, cap. 6, assiste-se à heroica resistência das corporações sacerdotais dos etruscos, que estiveram no Brasil, conforme nossa documentação, defendendo a cidade de Narmia, contra Alarico, a golpe de raios, a qual não foi tomada.

Porsenna fulminou pelo raio, no território de Volsinium, um animal fantástico cuja espécie está extinta; provavelmente, o célebre dragão ou algum iconodonte.

O profeta Elias, conforme se vê em II Reis, 1, 10-12, fulminou por duas vezes com o raio duas escoltas de 50 homens cada, comandadas por seus capitães.

Em I Reis 18, 32 e seguintes, vê-se claramente a descrição da Arca que esse mesmo Elias construiu, semelhante à de Moisés. No versículo 38, lê-se que o fogo do Senhor, depois da invocação, caiu do Céu e consumiu o holocausto, que era um carneiro, bem como as pedras e o pó, além da água que estava no riacho. Nos versículos 24 e 45, assiste-se a Elias invocando esse Fogo Celeste e fazendo chover à vontade. Não é de se admirar que, na Bíblia, profetas e magos faziam chover quando era necessário. Tudo isso provinha da escola de Melquisedeque, de Rama e do deus Amon.

Os brâmanes fulminaram e derrotaram o exército de Semírames, quando a rainha de Sabá, ex-amante de Salomão, quis invadir a Índia, pelo rio Brahma-Putra, que a partir de então ficou amaldiçoado.

Moisés igualmente, com as mãos, fulminou os exércitos inimigos.

Na China, o catecismo reza que os magos do Tibete eram detentores de uma força que matava mais de mil pessoas de uma vez. Nessa mesma ocasião, falamos do templo da China, onde o último imperador pontífice fazia descer sobre o altar de pedra, encimado pela palavra *Sangté,* o terrível Fogo Celeste que consumia a oferta.

Em todos os templos de Júpiter e de IEVÉ, cultivava-se cientificamente essa força elétrica, as faculdades morais e o princípio intelectual que se liga à vida do Cosmos.

Sabemos que, se esta obra fosse apenas sobre o tema discutido neste capítulo, precisaríamos de no mínimo umas 300 páginas, o que não vamos fazer. Entretanto, por não acreditar ser uma ideia dispensável, começarei a separar todo o material que pesquisei e escreverei uma obra apenas sobre Templários, Santo Graal, Sudário e a Arca da Aliança.

O paradeiro atual da Arca da Aliança é desconhecido. A história do Santo Graal inspirou vários livros de ficção e imaginação, incluindo filmes populares. A obra que mais gosto é a de Laurence Gardner, *A Linhagem do Santo Graal – A Verdeira História do Casamento de Maria Madalena e Jesus Cristo*, publicada no Brasil pela Madras Editora, na qual podemos ler:

"O termo Graal derivou do *Gra-al da Antiga* Mesopotâmia, chamado 'o néctar da suprema excelência' e Ouro dos Deuses. Os corpos leves (os *ka*) dos antigos reis sumérios haviam sido alimentados com o *Gra-al*, que era substituído, no Egito, na Babilônia e na Assíria pela Pedra de Fogo superior, o Shem-na-na, o pó branco de ouro.

O Graal era muitas coisas, físicas e espirituais, mas, de uma forma ou de outra, sempre representava o Sangue Real: o Sangreal messiânico de Judá.

O conceito de Santo Graal permaneceu além do alcance da compreensão, porque a raiz do seu significado dinástico não era de conhecimento comum, uma vez que fora suprimida pela Igreja no início da Idade Média."

Uma outra versão para o Graal

Normalmente em um país de maioria católica, a figura do Graal é tida como a da taça que serviu Jesus durante a Última Ceia e na qual José de Arimateia teria recolhido o sangue do Salvador crucificado proveniente da ferida no flanco provocada pela lança do centurião romano Longino ("Ao chegarem a Jesus, vendo-o já morto, não lhe quebraram as pernas, mas um dos soldados perfurou-lhe o lado com uma lança e logo saiu sangue e água" – João 19:33-34). A Igreja Católica não dá ao cálice mais do que um valor simbólico e acredita que o Graal não passa de literatura medieval, apesar de reconhecer que alguns personagens possam realmente haver existido. É provável que as origens pagãs do cálice tenham causado descontentamento à Igreja.

Em *Os Mistérios do Rei Artur*, Elizabeth Jenkins ressalta que, "no mundo do romance, a história era acrescida de vida e de significado emocional, mas a Igreja, apesar do encorajamento que dava às outras histórias de milagres, a esta não deu nenhum apoio, embora essa lenda seja a mais surpreendente do ponto de vista pictórico. Nas representações de José de Arimateia em vitrais de igrejas, ele aparece segurando não um cálice, mas dois frascos ou galheteiros". Alguns tomam o cálice de ágata que está na igreja de Valência, na Espanha, como aquele que teria servido Cristo, mas, aparentemente, a peça data do século XIV. Independentemente da veneração popular, essa referência é fundamental para o entendimento do simbolismo do Santo Graal já que, como explica a própria Igreja em relação à ferida causada por Longino, "do peito de Cristo adormecido na cruz, sai a água viva do batismo e o sangue vivo da Eucaristia; deste modo, Ele é o cordeiro Pascal imolado".

A primeira referência literária ao Graal é *O Conto do Graal*, do francês Chrétien de Troyes, em 1190. Todo o mito – e uma série interminável de canções, livros e filmes – sobre o rei Arthur e os Cavaleiros da Távola Redonda tiveram seu início ali. Tratava-se de um poema inacabado de 9 mil versos que relata a busca do Graal, da qual Arthur nunca participou diretamente, que acaba suspensa. Um mito por si só, *O Conto do Graal* é uma obra de ficção baseada em personagens e histórias reais que serve para fortalecer o espírito nacionalista do Reino Unido, unindo a figura de um governante invencível a um símbolo cristão.

A seguir, estão relacionadas diversas ideias a partir das quais poderíamos refletir melhor sobre a missão da Ordem, segundo C. W. Leadbeater:

1. Por intermédio da Ordem, as crianças tomariam o primeiro contato com a tônica dos Mistérios, proporcionando que alguns deles retomassem uma vibração já conhecida e que outros iniciassem uma jornada nova.

2. Nós estamos vivendo atualmente em um momento importante. Encontramo-nos no fim do século, no início de um novo ciclo, no começo de uma nova sub-raça e possivelmente vivendo durante o advento de um novo Instrutor; por tudo isso, já é o momento adequado para acontecer um renascer dos Mistérios. Dentro dessa visão, a Távola (do rei Arthur) seria a primeira escala para aqueles egos mais adiantados que nessa época estão reencarnando. Assim, ela poderia transmitir aquilo que as escolas tradicionais não dariam e, desse modo, já estaria preparando esses jovens para passos futuros.

3. O trabalho da Távola estaria ligado ao da Ordem maçônica. Ao crescerem, as crianças mais interessadas nesse tipo de atividade ritualista já estariam mais bem preparadas para o trabalho maçônico.

4. O fato de se escolher uma qualidade ao ingressar na Távola, qualidade esta que se deve desenvolver e praticar na vida diária, também acontecia nos ritos egípcios, como nos relata C. W. Leadbeater em *A Vida Oculta na Maçonaria,* no capítulo "Dois maravilhosos rituais", p. 243.

5. A cerimônia do pão, do sal e do vinho era uma característica de certos ritos dos Mistérios do passado. Essa cerimônia teria sido herdada pelos essênios dos ritos caldeus e, a partir delas, chegou-se aos Mistérios cristãos; passando pelos cavaleiros templários foi que se chegou ao grau moderno da Rosa-Cruz de Heredom (Grau 18 do Rito Escocês Antigo e Aceito) e dali à Ordem da Távola Redonda.

6. No seu livro *Pequena História da Maçonaria*, falando sobre o rei Arthur, o Irmão Leadbeater diz que a "sua Távola é também um fato e não uma ficção, e que seus cavaleiros usavam um rito dos Mistérios cristãos".

7. Em uma das aulas oferecidas na Escola de Sabedoria, em Adyar, o Irmão Geoffrey Hodson disse que "toda a lenda do Santo Graal é uma alegoria dos caminhos do discipulado e da iniciação. Todos os acontecimentos e as aventuras descrevem experiências interiores dos discípulos e iniciados, com o rei Arthur como Hierofante".

8. Os quatro graus da Távola Redonda se encontram nos Graus do Rito Templário, segundo nos mostra Papus no livro *O que deve saber um Mestre Maçom*, p. 36. O primeiro Grau dos Templários era "Aprendiz" (Pajem); o segundo, "Companheiro"; o sétimo, "Escudeiro"; e o oitavo, "Cavaleiro".

9. Como o Irmão Leadbeater diz, "Os Mistérios do Santo Graal foram celebrados simultaneamente em vários centros, onde indubitavelmente se misturaram com outras linhas de tradição, e neles encontramos evidentes vestígios das Escolas Secretas, em que resplandeceu a chama da sabedoria oculta durante o começo da Idade Média" (*Pequena História da Maçonaria*, p. 159).

Parece haver uma íntima relação entre o conteúdo do livro *A Mãe do Mundo*, do Irmão Leadbeater, e os objetivos da Ordem da Távola Redonda, principalmente pela chamada feita por Nossa Senhora e pelo seu profundo interesse na educação das crianças. Também porque a dra. Annie Besant e Rukmini Devi Arundale, entre outros, foram pessoas ligadas ao movimento Mãe Universal e tiveram participação ativa na Ordem da Távola Redonda".

Cronologia

Decidimos inserir aqui um resumo da cronologia das datas mais importantes na vida da Ordem e no seu tempo, para facilitar a compreensão dos fatos:

1091 – Nasce São Bernardo de Claraval.

1095 – Urbano II proclama a I Cruzada.

1099 – Godofredo de Bouillon toma Jerusalém.

1104 – Hugo de Champagne vai pela primeira vez à Terra Santa.

1108 – Hugo de Champagne vai pela segunda vez à Terra Santa.

1110 – Presença de Hugues de Payns na Terra Santa.

1113 – São Bernardo une-se a Cister.

1114 – Terceira viagem de Hugo de Champagne à Terra Santa.

1115 – Hugo de Champagne oferece terrenos à Ordem de Cister.

1118 – Hugues de Payns e oito cavaleiros juntam-se com o objetivo de proteger os peregrinos na Terra Santa. Apresentação ante Balduíno II.

1120 – A confraria adota o nome de "Pobres Cavaleiros de Cristo".

1124 – Hugo de Champagne une-se aos Templários em Jerusalém.

1128 – O Concílio de Troyes encarrega a São Bernardo a constituição de regras para a Ordem do Templo. De "Laude Novea Militiae" – Exortação à nova milícia.

1129 – Data oficial da fundação da Ordem do Templo, em 14 de janeiro, no Concílio de Troyes.

1130 – A Ordem converte-se no exército regular do reino de Jerusalém.

1136 – Morre Hugues de Payns; sucede lhe Robert de Craon.

1138 – Primeiro feito de armas na Terra Santa: derrota em Teqoa frente aos turcos. Os Templários são exterminados.

1139 – *Omne datum optimum*, bula do papa Inocêncio II que dota a Ordem de numerosos e exclusivos privilégios.

1142 – Os Templários recebem a sua cruz como emblema.

1144 – Proclama-se a II Cruzada.

1145 – Novas bulas de Inocêncio II, *Milites templi* e *Militia Dei*; entre os novos privilégios, é-lhes permitido construir castelos e oratórios próprios.

1148 – Euvard des Barres, Mestre da Ordem, e os seus Templários salvam o rei Luís VII no monte Kadmos.

1150 – Novo Grão-Mestre do Templo: Bernard de Trémelay.

1153 – Eugênio III entrega-lhes a cruz vermelha sobre o hábito, que se torna no distintivo da sua capa branca.

Tomada de Ascalón e morte do Mestre Bernard de Trémelay e 40 dos seus Templários.

Morre São Bernardo de Claraval.

1166 – Doze Templários são julgados e condenados por terem entregado uma fortaleza ao Islão.

1177 – Oitenta Templários participam na batalha de Montgisard, entregue a Saladino por Balduíno IV, rei de Jerusalém.

1187 – Proclama se a III Cruzada. Na batalha de Hattin, 140 Templários sob o comando de Gérard de Ridefort são feitos prisioneiros e executados por Saladino; Ridefort é perdoado. Saladino toma Jerusalém.

1191 – Os Templários conquistam Chipre.

1202 – Proclama-se a IV Cruzada.

1215 – Proclama-se a V Cruzada.

1219 – Em 5 de novembro, heroica participação dos Templários, ao lado dos cruzados de Juan de Brienne, na conquista de Damieta no delta do Nilo.

1223 – Proclama-se a VI Cruzada.

1231 – Possivelmente, os Templários negociam em segredo com o Sultão de Damasco a devolução de Jerusalém.

1244 – Desastre de Forbie, em 17 de outubro, no assédio de Gaza: de 348 Templários, apenas 36 escapam. Derrotas e conflitos na Terra Santa, vitórias sem precedentes na Península Ibérica.

1248 – Proclama-se a VII Cruzada.

1250 – Em 8 de fevereiro, Guillaume de Sonnac, Mestre da Ordem, morre na batalha de al-Mansura.

1254 – Fim da sétima Cruzada. Gregório X tenta a fusão das Ordens do Templo e do Hospital sem êxito ante a resistência do Mestre Jacques de Molay e do rei de Aragão.

1268 – Proclama-se a VIII Cruzada.

1291 – Caída de São João de Acre e perda definitiva da Terra Santa. Guillaume de Beaujeu morre no assédio de Acre e a elite da Ordem é aniquilada.

1294 – Jacques de Molay, último Grão-Mestre do Templo.
1297 – O Templo empresta 2.500 libras a Filipe, O Belo.
1298 – O Templo empresta 50.000 libras a Filipe, O Belo.
1301 – Entrevista de Molay com Ramón Llull em Chipre.
1304 – Calcula-se que a Ordem tenha 30.000 membros.
1305 – Primeira denúncia contra os Templários.
1307 – Em 13 de outubro, detenção dos Templários em toda a França. A 24 de outubro, é julgado o Mestre Jacques de Molay.
1310 – Os Templários julgados em Castela e Portugal são absolvidos. Em França, 54 Templários são condenados a morte.
1312 – Em 3 de abril, a bula *Vox clamantis* dissolve a Ordem do Templo. Os bens são transferidos para a Ordem do Hospital. Concílio de Tarragona e absolvição dos Templários catalano-aragoneses.
1314 – Acaba o processo inquisitorial contra a Ordem, em 18 de março, com a queima na fogueira do Mestre Jacques de Molay e Geoffroy de Charnay em Paris. Também morriam Filipe, O Belo, e o Papa Clemente V.

Esperamos que *Nascidos em Berço Nobre* seja uma relevante fonte de estudos e pesquisas, tanto para maçons quanto para todos os interessados nesses fatos históricos de nossa sociedade.

Mario Sergio Nunes da Costa
E.S. Grão-Mestre do Grande Priorado do Brasil

Wagner Veneziani Costa
M.A.D.E. Cav. Grande Senescal do Grande Priorado do Brasil

Bibliografia:

BAIGENT, Michael e LEIGH, Richard. *O Templo e a Loja*. São Paulo: Madras Editora, 2007.
CHILDRESS, David Hatcher. *Os Piratas e a Frota Templária Perdida*. São Paulo: Madras Editora, 2006.
COSTA, Wagner Veneziani. *Maçonaria –Escola de Mistérios – A Antiga Tradição e Seus Símbolos*. São Paulo: Madras Editora, 2009, 2ª edição.
FRALE, Barbara. *Os Templários – E o Pergaminho de Chinon Encontrado nos Arquivos Secretos do Vaticano*. São Paulo: Madras Editora, 2004.
FRAUSSINET, Édouard. *Ensaio sobre a História da Ordem dos Templários*. São Paulo: Madras Editora, 2007.
GARDNER, Laurence. *A Linhagem do Santo Graal – A Verdadeira História do Casamento de Maria Madalena e Jesus Cristo*. São Paulo: Madras Editora, 2006.

HAAGENSEN, Erling e LINCOLn, Henry. *A Ilha Secreta dos Templários*. São Paulo: Madras Editora, 2007.

LUNN, Martin. *Revelando o Código Da Vinci*. São Paulo: Madras Editora, 2006.

MONTAGNAC, Élize de. *História dos Cavaleiros Templários*. São Paulo: Madras Editora, 2005.

PHILLIPS, Graham. *Os Templários e a Arca da Aliança*. São Paulo: Madras Editora, 2005.

YOUNG, John K. *Locais Sagrados dos Cavaleiros Templários*. São Paulo: Madras Editora, 2005.

http://templariumordum.blogspot.com/2005/05/cronolgia.html

Prefácio

A PERSPECTIVA DO MAÇOM*
Uma palavra de Robert L. D. Cooper

Ao longo dos últimos 20 anos, um grande número de livros foi publicado com comentários sobre a Maçonaria* e assuntos relacionados. O que é notável acerca dessa obras é que pouquíssimas são escritas por maçons. Isso criou a curiosa situação na qual os maçons estão sendo "educados" sobre a Maçonaria por pessoas que não são maçons! Essa situação incomum surge por uma série de razões, principalmente porque não há uma "autoridade educacional maçônica" (ou, de fato, qualquer outra autoridade central) que publique ou que revise o material produzido sobre a Maçonaria. Os autores maçônicos, portanto, têm pouca escolha a não ser entrar no mundo da publicação comercial, no qual o público leitor não tem uma orientação sobre o que é uma obra maçônica confiável e o que não é. Infelizmente, autores não maçônicos têm uma ampla vantagem sobre os maçônicos. Talvez isso se deva à crença ingênua, por parte dos maçons, de que membros do público não tenham interesse em uma organização da qual eles não fazem parte. Essa crença era certamente difundida há cerca de 20 anos, quando os não maçons começaram a escrever sobre a Maçonaria. Porém, ela é ainda comum.

Felizmente, essa situação está começando a mudar com a publicação de algumas obras de boa qualidade, escritas por maçons, sobre a Maçonaria e assuntos que se tornaram associados com a Ordem moderna. Esse processo tem se tornado mais aparente nos últimos anos, e este livro é um exemplo desse processo. Ainda que não seja uma obra sobre a Maçonaria *per se*, ela trata de um assunto com o qual muitos estarão familiarizados: a Ordem Religiosa e Militar dos Pobres Soldados de Cristo e do Templo de Salomão,* mais comumente conhecida como os Cavaleiros Templários. A razão pela qual muitas pessoas que se interessam por

---

*N.E.: Sugerimos a leitura de *O Maçom e a Intuição – Arte Real, Suas Alegorias e Símbolos, Dicionário Filosófico da Maçonaria*, ambos de Rizzardo da Camino; e *As Chaves de Salomão – O Falcão de Sabá*, de Ralph Ellis, Madras editora.

43

Maçonaria também são atraídas por esse assunto, aparentemente desconexo por completo, deve-se, principalmente, às obras de autores não maçônicos populares que afirmaram forte e repetidamente (e produziram "evidência") que há pelo menos uma ligação, senão uma descendência linear direta, entre a Ordem dos Cavaleiros Templários medieval e a Maçonaria Moderna. Como um maçom, argumentei em outros lugares exatamente o oposto dessa afirmação e considero que isso também faz parte do novo processo de os maçons escreverem trabalhos sobre a Ordem da qual eles são membros.

Muito do que foi escrito sobre os Cavaleiros Templários e suas alegadas ligações com a Maçonaria é desenfreadamente especulativo e não se corrobora com provas verossímeis. Outros livros menos conhecidos são solidamente baseados e utilizam fontes materiais verificadas. Aqui está o cerne deste prefácio. Muitas obras especulativas sobre a Maçonaria e os Cavaleiros Templários são fáceis de ler e parecem, à primeira vista, ser baseadas em sólidas técnicas históricas. Outros trabalhos, apesar de bem pesquisados e bem escritos, simplesmente não são tão "sedutores" quanto o outro tipo e, portanto, não são tão atraentes. Como então se deve julgar o que é bom e o que não é? Uma forma de balancear as duas abordagens é apresentar um livro leve e bem escrito, e a obra de Stephen Dafoe aqui apresentada é um ótimo ponto de partida para qualquer um (maçom ou não) interessado na Ordem medieval dos Cavaleiros Templários.

Robert L. D. Cooper

Introdução do Autor

"O lunático é todo ideia fixa, e qualquer coisa que ele encontre confirma sua loucura. Você pode reconhecê-lo pelas liberdades que ele toma com o bom senso, por seus lampejos de inspiração e pelo fato de, mais cedo ou mais tarde, ele falar dos Templários."
Jacobo Belbo em O Pêndulo de Foucault, *de Umberto Eco*

POR QUE OUTRO LIVRO SOBRE OS TEMPLÁRIOS?

Como qualquer outro livro, este que agora você segura em suas mãos começou com uma proposta – um esboço sobre o que ele trataria, uma explicação do porquê o autor sentia que o livro era necessário e uma análise de seu potencial de mercado. O que segue é um resumo da proposta enviada a meu editor, detalhando minhas intenções para *Nascidos em Berço Nobre*:

"Tem se escrito uma série de livros sobre os Templários nos últimos meses, mas o que parece estar faltando são livros que se concentrem na verdadeira história da Ordem, que não é menos interessante do que o material especulativo e do que as versões ficcionais que têm dominado o mercado nos últimos anos."

De fato, houve uma série de livros escritos na última década que introduziram uma variedade de teorias sobre os Templários e sobre o que eles fizeram durante os dois séculos de sua existência. Alguns desses livros apresentaram teorias plausíveis a partir de um estudo sério e sincero das fontes materiais primárias existentes sobre a Ordem, ou a partir de uma reavaliação dessas teorias.

Entretanto, alguns autores apresentaram teorias sobre os Templários que fariam o estudo delirante de Umberto Eco ser visto como se escrito por um professor de Oxford. Para acreditar nas palavras dos historiadores alternativos (como eles preferem ser chamados), teríamos de aceitar que os Templários nada faziam de seu tempo a não ser cavar em busca de tesouros e esconder os itens de valor e beleza. Esses autores sugerem que os Templários acumulavam todas as relíquias sagradas e manuscritos de valor inestimável que podiam, posteriormente enterrando-os debaixo da Capela Rosslyn. E, é claro, a capela foi construída pelos

Templários para abrigar as próprias relíquias. Da Arca da Aliança à cabeça decepada e mumificada de Jesus Cristo, os Templários tinham tudo.

Com sua forma suspensa de lógica, esses autores expressaram seu ponto de vista a fim de apresentar apenas um lado da história. Seu estilo particular de escrita e narrativa apresenta, em um capítulo, um conceito como uma possibilidade, transformando-o em probabilidade no capítulo subsequente e finalmente em um fato estabelecido, sem a introdução de qualquer evidência adicional, como se a repetição fosse, por si só, uma prova. Entretanto, não são somente os autores que devem ser culpados, pois eles ganham seu dinheiro por meio de *royalties*, e estes só são ganhos se os livros vendem. Tais autores de contrato são normalmente procurados para escrever livros sobre tendências atuais do mercado, que são geradas pelo público.

Um livro que inspirou os editores a lançar um excesso de imitações baratas foi o *best-seller* de Dan Brown, *O Código Da Vinci*.* O romance de Brown – que deve ser aplaudido por apenas ter atraído os adultos à leitura – é uma obra de ficção, mas que alega ser baseada em fatos. Apesar de os Templários não terem qualquer papel maior no livro de Brown ou no filme, a história de eles serem os guardiões do conhecimento secreto de que Maria Madalena era a esposa de Cristo e que lhe havia dado filhos estimulou os editores a comprar quase qualquer coisa relacionada aos Templários.

É uma situação que conheço muito bem. Quando minha barraca foi firmemente erigida no campo dos "historiadores alternativos", há mais de dez anos, fui coautor de dois livros que foram relançados nos últimos anos em consequência do ressurgimento do interesse sobre os Cavaleiros Templários. Enquanto esse interesse nos Templários levou à publicação de um número de livros de não ficção, que facilmente encontrariam leitores entre aqueles que apreciam romances de ficção, ele também fez surgir uma série de trabalhos claramente ficcionais

---

*N.E.: Sugerimos a leitura de *Revelando o Código Da Vinci*, de Martin Lunn, Madras Editora.

Garway, condado de Hereford, na fronteira com o País de Gales, era o lar dos Templários no final do século XII. A característica predominante da propriedade é a torre da Igreja de São Miguel. *Foto: Simon Brighton*

sobre os Templários, ou obras que usam a Ordem como uma ferramenta de enredo. Assim como *O Código Da Vinci* foi aceito por muitos como fato em vez de ficção, muitas dessas novas obras foram igualmente aceitas como uma representação verdadeira dos Templários por um público leitor que não pode mais ser capaz de discernir as diferenças. Como disse certa vez Napoleão Bonaparte:* "O que é a história além de uma fábula com a qual concordamos?". Dessa forma, tão logo um autor desenvolve uma teoria que envolve os Templários, outro a acatará até que eventualmente, por meio da narração contínua, a ficção se torne "fato".

Isso fecha o círculo para a necessidade de um livro como *Nascidos em Berço Nobre*. Houve muitos livros verossímeis sobre os Templários ao longo dos anos, muitos dos quais usei como fonte durante a pesquisa para esta obra. No entanto, muitos dos melhores livros sobre o assunto foram escritos por acadêmicos e publicados por editoras universitárias. Consequentemente, eles estão fora do alcance do leitor médio, que talvez não possa investir o tempo para devorar um tomo de mil páginas, tampouco arrastar-se pelas abundantes notas de rodapé e referências, que são uma parte necessária desses trabalhos.

Contudo, acredito que notas de rodapé são uma parte essencial de qualquer livro confiável sobre um assunto histórico e também as coloquei em *Nascidos em Berço Nobre*. Aqueles que estudaram os Pobres Cavaleiros de Cristo e o Templo de Salomão** estão em dívida com historiadores como o falecido *sir* Steven Runciman, assim como com historiadores contemporâneos – Helen Nicholson, Malcolm Barber, Alain Demurger e Christopher Tyerman –, que continuam a nos fornecer uma riqueza de materiais confiáveis sobre os quais podemos nos basear. Entretanto, por mais que não queiramos admitir, também estamos em dívida com autores modernos de ficção popular, como Dan Brown e Jack Whyte, que criaram romances fascinantes, levando os Cavaleiros Templários àqueles não familiarizados com a Ordem.

Muitos leitores, versados na ficção popular, que compraram este livro podem não ter outro conhecimento da Ordem além das versões ficcionais que leram em romances como o de Brown. Dessa forma, *Nascidos em Berço Nobre* é tanto um livro sobre os Cavaleiros Templários quanto sobre o mundo no qual eles existiram. Dedica-se muito da primeira seção deste livro à crônica dos eventos que levaram à formação da Ordem, e outras seções tratam de pessoas que nunca sequer usaram uma cruz vermelha sobre um manto branco. É minha crença que não se pode verdadeiramente entender os Templários sem apreciar a complexa Era das Cruzadas,*** pois foi neste mundo de cristãos e muçulmanos de berço nobre que os Templários existiram.

---

*N.E.: Sugerimos a leitura de *Templários – História da Ordem dos Pobres Cavaleiros de Cristo e do Templo de Salomão*, de Alfredo Paschoal, Madras Editora.
**N.E.: Sugerimos a leitura de *O Homem Que Venceu Napoleão*, de Elizabeth Longford, Madras Editora.
***N.E.: Sugerimos a leitura de *O Guia Completo das Cruzadas*, de Paul Williams, Ph. D., Madras Editora.

As intrigas políticas, o combate corpo a corpo e as alianças incomuns, que transformavam inimigos em aliados em um piscar de olhos, eram realidades às quais a Ordem tinha de se adaptar a fim de sobreviver. Apesar de *Nascidos em Berço Nobre* cobrir um período de cerca de 700 anos antes do presente, ele não é apenas um livro de história, mas também um espelho por meio do qual podemos ver o quão pouco mudou nos sete séculos de história que se passaram desde o fim da época dos Templários.

No 700º aniversário do aprisionamento dos Templários na França, minha expectativa mais sincera é que esta humilde adição aos anais da literatura sobre os Cavaleiros Templários sirva para separar fato de ficção e, dessa forma, ofereça um tributo adequado à memória de uma Ordem que ocupou um lugar de destaque no cenário medieval por quase dois séculos.

Stephen Dafoe
13 de outubro de 2006
Na noite do 699º aniversário do aprisionamento dos Templários

Abraão prepara o sacrifício de seu filho Isaac. É desta pedra que os muçulmanos acreditam que o profeta Maomé ascendeu ao céu. *ClipArt.com*

A Mudança da Maré

*"Se me esquecer de ti, ó Jerusalém,
que me seque a mão direita!"*
**Salmos 137:5*

Em 638 d.C., após um cerco que havia durado dois anos, o califa Omar ibn al-Khattab encontrava-se sobre o Monte do Templo em Jerusalém, uma das três cidades mais sagradas do Islamismo. Ao seu lado estava Sofrônio, o patriarca bizantino de Jerusalém, que havia entregado pessoalmente a cidade ao califa muçulmano naquele mesmo dia. Para os cristãos bizantinos, a tomada de Jerusalém marcou o fim de uma década de controle sobre a cidade,[1] enquanto que, para os muçulmanos, a conquista da Cidade Sagrada era o início de um reinado que duraria mais de quatro séculos e meio. Para a própria Jerusalém, era apenas uma nova conquista em uma longa história de ocupações, que se vira trocar de mãos muitas vezes desde que fora libertada dos jebuseus mais de 1.500 anos antes.

No ano 1004 a.C., o rei Davi conseguiu o que guerreiros anteriores não haviam sido capazes de fazer. A cidade de Jerusalém não era grande, medindo somente cerca de 380 metros de norte a sul e cerca de 120 metros de leste a oeste. No entanto, ela estava assentada em uma cadeia de montanhas e possuía grossas muralhas construídas no formato de um "V", que os cidadãos consideravam impenetráveis.[2] De acordo com o historiador judeu posterior, Flavius Josephus, os jebuseus eram tão

rei Davi, que tomou
cidade de Jebus dos
buseus em 1004 a.C.
ipArt.com

---

*N.E.: Sugerimos a leitura de *Os Salmos da Bíblia*, de Cleuza M. Veneziani Costa, Madras Editora.
1. Jerusalém foi recapturada dos persas em 628 d.C. pelo imperador bizantino Heráclio. Os persas tinham-na tomado em 614 d.C.
2. POTOK, Chaim. *Wanderings*: *Chaim Potok's History of the Jews*. New York: Fawcett Crest, 1980, p. 147.

confiantes na força de suas fortificações que eles colocavam seus cegos e aleijados nos baluartes da cidade para provocar e zombar do rei, dizendo que até seus cidadãos mais fracos podiam segurar o seu exército.³ Davi não se impressionou e cercou a cidade, conquistando a parte mais baixa em um curto período de tempo; a fortaleza, contudo, provou-se mais difícil. O rei viu uma oportunidade de tomar Jebus (como Jerusalém era então chamada) enviando seus homens pelos canais que forneciam água à cidade. Determinado a sair vitorioso, Davi ofereceu o comando de seu exército a qualquer um que pudesse emergir das valas subterrâneas para controlar a fortaleza.⁴ Muitos guerreiros se prontificaram, sendo Joab o primeiro a emergir da vala de água no coração da cidade, tomando os jebuseus de surpresa e, consequentemente, sendo promovido a Comandante do exército conquistador.

Após capturar Jebus, Davi reconstruiu a cidade e a nomeou "A Cidade de Davi", juntando a fortaleza capturada com a parte mais baixa da cidade e fechando toda a área com uma muralha.⁵ Davi permitiu a permanência dos jebuseus que se renderam e fez uma aliança com Hiram, rei de Tiro, que forneceu mão-de-

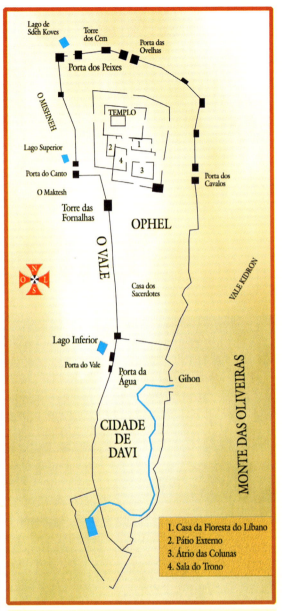

Após capturar Jerusalém dos jebuseus, Davi fortificou e expandiu a área, renomeando-a como "A Cidade de Davi". *Autor*

---

3. MAIER, Paul L.; JOSEPHUS, Flavius. *Josephus: The Essential Writings*. Grand Rapids: Kregel, 1988, p. 122-123.
4. Ibidem, p.123.
5. Ibidem.

obra e materiais para a construção de um palácio real. Foi a beleza do palácio de Davi que o inspirou a construir um templo para abrigar a Arca da Aliança, que ele havia trazido à cidade recém-capturada.⁶ Contudo, Davi havia lutado em muitas guerras e suas mãos estavam sujas de sangue dos inimigos. Dessa forma, o rei não era considerado uma escolha apropriada para a construção desse templo sagrado. O profeta Natã disse a Davi que a tarefa de construir o templo deveria recair sobre seu filho, Salomão. Isso, porém, não preveniu o rei de preparar o caminho para o seu sucessor.

De acordo com a tradição bíblica, Davi ordenou Joab que conduzisse um censo de seus cidadãos para se certificar de quantos soldados havia no reino. A lei judaica requeria que, sempre que um censo fosse feito, uma quantia de meio siclo deveria ser paga ao serviço de Deus por cada cidadão que tivesse sido contado. Davi não obedeceu à lei hebraica, e os profetas informaram-lhe que Deus havia decretado que o rei deveria escolher uma de três punições por sua desobediência: três meses de derrota nas mãos de seus inimigos, sete anos de fome, ou três dias de praga. Davi escolheu a praga, acreditando ser melhor ser morto por Deus do que nas mãos de seus inimigos. Após a praga, que a Bíblia* registra ter matado 70 mil pessoas, Davi foi instruído a construir um altar e a oferecer um sacrifício na eira de Araúna (Ornã), o jebuseu.⁷ Apesar de Araúna oferecer a eira como um presente a Davi, o rei insistiu em pagar por ela e lhe dar uma quantia de 50 siclos.

Essa eira não era apenas um lugar dos jebuseus para processar seu trigo; era sagrado também para eles assim como o era para os judeus: este era o mesmo lugar em que Abraão estivera disposto a oferecer seu filho Isaac como sacrifício a Deus e onde o patriarca Jacó teve sua visão dos anjos que ascendiam ao céu por uma escada. Seria sobre esta pedra sagrada que Salomão construiria seu famoso templo, conhecido pelos judeus como o Primeiro Templo.

Para o califa muçulmano que tomou o controle da cidade cerca de 1.700 anos mais tarde, a pedra sagra-

Uma representação romântica da dedicação do Templo de Salomão, construído no local escolhido pelo pai de Salomão, Davi.
ClipArt.com

---

6. Ibidem, p.125.
*N.E.: Sugerimos a leitura de *O Senhor das Estrelas – Os Enigmas da Bíblia e a Verdadeira Identidade*, de Cesar Nero, Madras Editora.
7. 2 Samuel 24.

Representação islâmica da jornada noturna do profeta Maomé, conhecida no Islã como Isra e Miraj. *ClipArt.com*

da possuía importância adicional, pois aqui, de acordo com a fé do Islã,* era o local de onde o profeta Maomé, assim como os anjos de Jacó, haviam ascendido ao céu. O Corão Sagrado diz como Alá "transportou seu servo à noite do templo sagrado de Meca para o templo distante de Jerusalém."[8] A tradição islâmica mais tarde afirmaria que Maomé e o arcanjo Gabriel* viajaram da sagrada Caaba, em Meca, para Jerusalém em um cavalo alado chamado al-Buraq.[9] Em Jerusalém, Maomé conduziu Abraão, Moisés, Jesus e outros profetas que oravam antes de montar o cavalo e voar através dos sete céus para se encontrar com Alá, que deu ao profeta instruções para o povo muçulmano.

Para o califa Omar, a história da jornada noturna do profeta, conhecida como Isra e Miraj, não era uma tradição religiosa que havia sido passada de geração em geração, mas sim um evento próximo. Apesar de Maomé ser o profeta da religião de Omar, ele também era um de seus amigos mais próximos, um amigo que morrera havia apenas seis anos.[10] Isra e Miraj, portanto, não era um acontecimento longínquo, mas um evento que Omar acreditava ter acontecido há menos de duas décadas.

Enquanto Omar olhava o local sagrado para a sua crença, assim como para as crenças do Judaísmo e Cristianismo,* ele não encontrou um lugar de reverência, mas um lugar de dejetos. De acordo com a tradição islâmica, a área do Monte do Templo estava sendo usada pelos cristãos bizantinos como um lugar para jogar lixo.[11] Em algumas versões da história, o califa, enfurecido pela profanação do local sagrado por parte dos bizantinos, obri-

---

*N.E.: Sugerimos a leitura de *Os Místicos do Islã*, de Reynold A. Nicholson, e *Comunicando-se com o Arcanjo Gabriel*, de Richard Webster, ambos da Madras Editora.
8. SALE, George, *The Koran: A Verbatim Reprint*, p. 206. Sura 17:1. Outras traduções para o inglês não especificam Jerusalém. A tradução para o inglês de 1876, de Rodwell, diz: "O templo que é mais remoto", ao passo que a tradução para o inglês de 1880, de Palmer, diz: "Da mesquita sagrada à mesquita remota". O termo em árabe para "a mesquita mais remota" é "al-Masjid al-Aqsa". [N.T.: O Corão em português segue a tradução de Palmer].

9. COMAY, Joan. *The Temple of Jerusalem: With the History of the Temple Mount*. London: Weidenfeld & Nicolson, 1975, p. 207. A primeira indicação nos escritos islâmicos de que Maomé teria sido carregado em um cavalo alado deriva do Hadith, que foi publicado no século IX.
10. ARMSTRONG, Karen. *Islam: A Short History*. New York: The Modern Library, 2000, p. 202. Omar tornou-se o segundo califa após a morte de Maomé, e foi sob seu governo que os árabes começaram as guerras de conquista.
*N.E.: Sugerimos a leitura de *Cristianismo e Paganismo*, de J.N. Hilgarth, Madras Editora.
11. COMAY, op. cit., p. 209.

A Mudança da Maré 53

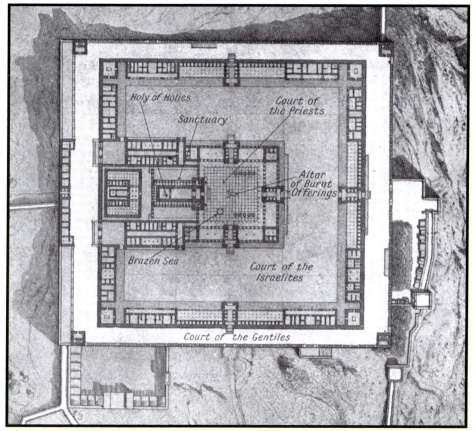

Representação do século XIX do plano e da disposição do Templo de Salomão no Monte do Templo, em Jerusalém. *ClipArt.com*

gou o patriarca a rastejar pela sujeira, apoiado em suas mãos e joelhos. Em outras versões, Omar limpa a área ele mesmo. De qualquer forma, Omar de fato erigiu uma mesquita temporária no Monte do Templo para que os muçulmanos tivessem um lugar para oferecer suas preces a Alá.

Apesar de ser erroneamente chamado de Mesquita de Omar, o atual Domo da Rocha não foi realmente construído por Omar, mas por Abd al-Malik, que completou a construção da mesquita em 691 d.C., quase meio século após a morte de Omar.

E quase uma década depois, em 705 d.C., o filho de al-Malik, al-Walid, completou uma segunda mesquita no limite sul do Monte do Templo, onde se acredita que Omar tenha construído a mesquita original de madeira após a tomada da cidade. Esta nova mesquita foi chamada de al-Masjid al-Aqsa ou "A Mesquita Distante", inspirada nas palavras encontradas na Sura 17:1 do Corão Sagrado, que diz respeito à jornada noturna do profeta.

Além de construírem novas mesquitas, os muçulmanos permitiram a permanência de construções religio-

A Caaba, em Meca, é o lugar mais sagrado para o Islã. É daqui que os muçulmanos acreditam que o profeta Maomé iniciou sua jornada noturna. *ClipArt.com*

sas existentes, como a Igreja do Santo Sepulcro, que muitos acreditam ter servido de inspiração para o Domo da Rocha. De fato, a Igreja do Santo Sepulcro permaneceu uma igreja cristã ao longo do reinado muçulmano de Jerusalém, até que o califa al-Hakim a destruiu, em 1009. Depois disso, e até a morte de al-Hakim em 1021, os cristãos não tiveram permissão de retornar ao local, quanto menos reconstruí-la.

Entretanto, esses atos de intolerância religiosa eram quase desconhecidos no início da história do Islã. Quando Omar capturou a cidade em 638 d.C., ele permitiu que os judeus – que haviam sido expulsos pelos cristãos bizantinos em 614 d.C. – retornassem à cidade sagrada para a sua fé. O que era singular sobre o Islã era que cristãos, judeus* e até mesmo zoroastras eram considerados "al al-kitab". Apesar de este termo árabe ter sido frequentemente traduzido como "povos do livro", uma interpretação mais correta seria "seguidores de uma revelação antiga".[12] Independentemente da tradução exata, sempre que os muçulmanos conquistavam um novo território, eles permitiam que os "dhimmis", ou subalternos protegidos que permaneciam, praticassem sua própria religião, contanto que o Corão a tolerasse.[13] Ainda que Cristo não fosse considerado divino, os muçulmanos o estimavam como

---

*N.E.: Sugerimos a leitura de *O Livro Completo sobre a História e o Legado dos Judeus*, de Julie Gutine e Richard D. Bank, Madras Editora.
12. ARMSTRONG, op. cit., p. 203.
13. Ibidem, p. 204.

Interior do Domo da Rocha. *ClipArt.com*

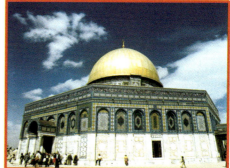
Erroneamente chamada de Mesquita de Omar, o Domo da Rocha foi, na verdade, construído pelo califa Abd al-Malik e completado em 691 d.C. *ClipArt.com*

um importante profeta, e um respeito semelhante se estendia aos profetas e patriarcas judeus.

Sob o governo de al-Walid, os muçulmanos continuaram suas conquistas, expandindo para o norte da África, e, até 711 d.C., haviam conseguido estabelecer uma forte cabeça-de-ponte na Espanha.[14] Em menos de um século, desde que o profeta Maomé recebera suas revelações, o Islã tinha se difundido da Península Arábica até a Península Ibérica. Este foi, no entanto, o limite de sua expansão a oeste. Em outubro de 732 d.C., um exército muçulmano sob o comando de Abdul Rahman Al Ghafiqi foi derrotado por Carlos Martel na Batalha de Tours (também conhecida como Batalha de Poitiers, mas que não deve ser confundida com uma batalha de mesmo nome muito posterior). Embora a cristandade ocidental combatesse os muçulmanos na Península Ibérica durante muitos anos, ainda levaria mais três séculos até que eles os combatessem no Oriente.

Durante esse período, os muçulmanos continuaram a lutar entre si em um conflito por poder, cujo caráter era político em vez de religioso. Todavia, em meio aos conflitos internos, os muçulmanos continuaram a conquistar terras controladas pelos cristãos bizantinos, o que enfraqueceu ainda mais as fronteiras orientais do império.

A Batalha de Manzikert

Na última década do século X, os seljúcidas – uma tribo nômade da Ásia Central – converteram-se ao Islã.[15] Em meados do século XI, sob a liderança do sultão Alp Arslan, os seljúcidas haviam conseguido obter o controle total da Armênia.[16] Em 1067, morreu o imperador bizantino Constantino X, que deixou seu jovem filho Miguel como herdeiro do trono. Precisando de um líder forte para atuar como regente de seu filho, a imperatriz Eudóxia casou-se com o Comandante do exército bizantino, Romano Diógene, que foi coroado imperador.

Romano tinha uma difícil tarefa pela frente: combater os seljúcidas, pois seu antecessor havia reduzido significante-

---
14. Ibidem, p. 50.
15. Ibidem, p. 21.
16. RUNCIMAN, Steven. *A History of the Crusades: The First Crusade and the Foundation of the Kingdom of Jerusalem,* v.1. London: The Folio Society, 1994, p. 50.

Carlos Martel derrotou al Ghafiqi na Batalha de Poitiers, em 10 de outubro de 732 d.C.
ClipArt.com

mente o exército bizantino.[17] De fato, quando Romano assumiu o poder, seu exército consistia basicamente de tropas mercenárias estrangeiras nada confiáveis. Até mesmo o Comandante de seu exército, Andrônico Ducas, era um homem com quem o imperador não podia contar totalmente. Ducas era o sobrinho do antigo imperador e, como muitos membros de sua família, tinha um ódio profundo contra o novo governante.[18]

Contudo, querendo reaver alguma segurança em sua fronteira oriental, Romano conduziu seu exército para a região, em agosto de 1071, determinado a reconquistar o território bizantino ocupado. Parte do exército foi enviada para sitiar Akhlât, enquanto Romano e o resto do exército prosseguiram para atacar Manzikert, perto do Lago Van, na atual Turquia.[19]

O sultão Alp Arslan, sabendo dos movimentos dos bizantinos, deslocou-se para encontrar o exército, frontalmente, em Manzikert. Essa manobra forçou Romano a se retirar em direção a Akhlât na esperança de reagrupar-se com o exército que ele havia enviado para lá. Entretanto, o imperador não encontrou assistência naquela direção, pois as tropas mercenárias haviam

---

17. Ibidem, p. 51.
18. Ibidem.

19. CATHERWOOD, Christopher. *A Brief History of the Middle East: From Abraham to Araft.* New York: Carroll & Graf, 2006, p. 96.

Em menos de uma década após a derrota bizantina na Batalha de Manzikert, em 1071 d. C., o Império, que outrora se estendera até Jerusalém, ao sul, teria seu território reduzido a menos de 160 quilômetros distante de sua capital, Constantinopla. *Autor*

desertado para outra direção na noite anterior.[20] Ducas e seus homens somaram-se à traição ao fugir do campo de batalha e retornar a Constantinopla, abandonando Romano a seu destino. Enquanto os bizantinos esperavam a ajuda que nunca viria, Alp Arslan e seu exército os atacaram e os derrotaram de forma esmagadora, capturando o imperador no processo.

A derrota bizantina em Manzikert foi devastadora, não somente pela perda de homens e pela captura do imperador, mas também pela perda de território.[21] O Império continuou a encolher, e, após uma década da Batalha de Manzikert, os turcos seljúcidas haviam estabelecido uma tal presença na região que os nômades turcos se sentiam seguros o suficiente para viajar pela Anatólia com seus rebanhos.[22] Em mais uma década, o Império Seljúcida estendeu suas fronteiras até 160 quilômetros de distância de Constantinopla e Bizâncio. Incapazes de parar o avanço turco no que restava de seu império, os bizantinos procuraram a ajuda de seus Irmãos cristãos ocidentais, apelando ao papa. Todavia, a ajuda não viria imediatamente, pois a cristandade ocidental ainda se recuperava de seus próprios conflitos pelo poder, tendo sofrido a divisão de lealdades entre um papa apoiado pela Igreja e um antipapa apoiado pelo sacro imperador romano-germânico.

---
20. RUNCIMAN, op. cit., p. 51.
21. Simultaneamente à perda de terras em sua fronteira oriental, eles também estavam perdendo território em sua frente ocidental. No mesmo ano, a última fortaleza de Bizâncio na Itália foi tomada pelos normandos da Sicília.

---
22. ARMSTRONG, op. cit., p. 95.

O Homem que Lançou as Cruzadas

Otto de Lagery, que seria coroado o papa* Urbano II, nasceu em 1042 d.C., perto de Châtillon-sur-Marne, na província de Champagne.[23] Embora tenha nascido em uma família nobre e de cavalaria, Otto não era o primogênito, e, como para muitos jovens na Europa medieval, as heranças familiares estavam fora do alcance. Assim sendo, esses segundos e terceiros filhos de berço nobre frequentemente ingressavam na Igreja, e Otto não era exceção. Primeiro ele estudou na Catedral de Reims sob seu tio Bruno, que mais tarde estabeleceria a Ordem dos Cartuxos. Apesar de ter um futuro brilhante pela frente, Otto abandonou Reims para se tornar um monge em Cluny. Com o tempo, ele se tornou o prior da abadia, e foi nesta condição que ele foi enviado a Roma no início do reinado do papa Gregório VII.

Gregório era considerado um dos maiores papas reformistas e estava envolvido na controvérsia sobre a investidura secular, causa sobre a qual havia uma disputa a respeito de quem teria controle da indicação de oficiais da Igreja: o papado ou o sacro imperador romano-germânico. Antes dessas reformas, autoridades seculares indicavam oficiais da Igreja (e, ocasionalmente, cargos eclesiásticos), como abades e bispos, sendo estes cargos frequentemente comprados com terras e promessas de lealdade. A simonia, como a prática era chamada, era malvista pelo papado, mas altamente estimada pelos governantes seculares, que a usavam como uma fonte de renda e de lealdade. O que tornava a questão mais complicada para o papado era que, sob o sistema existente, o sacro imperador romano-germânico era quem apontava o papa.

Alguns anos antes de Gregório se tornar o pontífice, a Igreja decidiu lutar pelo controle das investiduras contra o imperador, criando, em 1059, o Colégio de Cardeais. Isto ocorreu em um período quando o sacro imperador romano-germânico da época, Henrique IV, tinha nove anos de idade. É claro que, quando Gregório chegou ao poder como papa em 1073, Henrique não era mais uma criança; ele era um homem poderoso que não tinha medo de enfrentar a Igreja. Ele enviou uma carta a Gregório, na qual o acusava de ser um falso monge, recusando a aceitá-lo como papa. Mas Gregório também era um homem que não tinha medo de enfrentar o rei, e excomungou Henrique em 1076.[24] Esse impasse entre a Santa Sé e o Santo Império não impediu Gregório de continuar suas reformas e de se cercar de homens que assistiriam a ele atingir seus objetivos. Para este fim, o papa Gregório viu em Otto de Lagery um conselheiro confiável, que era de grande ajuda nas reformas da Igreja com as quais Gregório estava comprometido.

Em 1078, Gregório nomeou Otto o bispo cardeal de Óstia,[25] e, de 1082 a 1085, Otto serviu como legado, sendo sua maior responsabilidade ir à França

---

*N.E.: Sugerimos a leitura de *Os Crimes dos Papas*, de Mauricio de Lachatre, Madras Editora.
23. COULOMBE, Charles. A *Vicars of Christ: A History of the Popes*. New Yorks: MJF Books, 2003, p. 223.

24. TYERMAN, Christopher. *God's War: A New History of the Crusades*. London: Allen Lane; Penguin Books, 2006, p. 7.
25. COULOMBE, op. cit., p. 223.

e à Alemanha para impingir as novas leis da Santa Igreja. No meio de seu mandato como legado, Otto foi capturado a caminho de Roma e aprisionado por Henrique. Apesar de seu aprisionamento ter sido breve, quando Otto finalmente retornou a Roma, seu mentor Gregório VII havia morrido e um novo papa havia sido eleito: Vítor III.

Com a morte de Vítor, no outono de 1087, uma reunião foi convocada em Terracina, onde todos os envolvidos souberam que Otto era o homem sugerido tanto por Gregório quanto por Vítor para ser seu sucessor. Em 12 de março de 1088, o homem de berço nobre, Otto de Lagery, foi eleito papa,[26] assumiu o nome Urbano II e imediatamente começou sua campanha para assegurar que os bispos e príncipes que haviam demonstrado lealdade às reformas de Gregório VII continuassem a fazê-lo.

Contudo, o papado de Urbano não foi tão simples quanto meramente seguir as reformas estabelecidas por seu mentor. Como seu antecessor, ele não podia assumir o trono em Roma, pois ela estava sob o controle do imperador Henrique, que tinha seu próprio papa lá instalado, Clemente III (Guibert de Ravena). Assim, ele passou os primeiros oito meses de seu papado no exílio. Foi apenas após a batalha de três dias entre as tropas de Urbano e de Clemente que o antipapa foi expulso de Roma e Urbano pôde entrar na cidade pela primeira vez. A estadia seria curta, e, no outono de 1089, Henrique, tendo sucesso em uma campanha no norte da Itália, colocou Clemente III de volta em Roma. Urbano passou os três anos seguintes perambulando pelo sul da Itália, onde organizou uma série de concílios da Igreja e fez seu melhor para desempenhar suas responsabilidades como papa, fora dos muros de Roma.

Finalmente, Urbano pôde sentar no trono papal como um resultado de simonia, o mesmo pecado que as reformas gregorianas, entusiasticamente apoiadas por Urbano, haviam tentado suprimir. Em 1094, seis anos após Urbano ter sido eleito, o governador do Palácio de Latrão, a principal residência dos papas, ofereceu vender o palácio a Urbano. O papa, praticamente sem um centavo em razão de seus anos no exílio, recebeu os fundos de Gregório de Vendôme, um abade francês, a quem Urbano nomeou diácono cardeal de Santa Prisca em troca de seu apoio.

O Concílio de Piacenza

Após o início turbulento de seu papado, Urbano estava preparado para prosseguir com as questões e para incutir nas mentes cristãs que era ele quem mandava. Na primavera de 1095, Urbano organizou um concílio em Piacenza, no norte da Itália. Como qualquer sínodo, havia casos rotineiros, embora fosse exatamente de um caso que Urbano II tinha de tratar. Entre os presentes, estavam os representantes do rei Filipe I da França, que esperavam reverter a excomunhão de seu monarca, editada pelo arcebispo Hugo de Lyons. Filipe havia ilegalmente se divorciado de sua esposa, Berta, a fim de se casar com Bertrade de Montfort, a esposa de Fulque IV de Anjou. Tanto Filipe quanto Hugo haviam sido convocados a Piacenza, mas nenhum deles apareceu no concílio. Isso estimulou o

---
26. Ibidem.

O papa Gregório VII é expulso de Roma pelo sacro imperador romano-germânico Henrique IV e seu antipapa Clemente III, nesta iluminura medieval. *ClipArt.com*

papa a suspender o arcebispo de sua posição e dar a Filipe até Pentecostes para resolver seu caso, tanto figurativamente quanto literalmente.

Ainda que a vida privada dos fiéis católicos pudesse ter apimentado um encontro que, de resto, seria monótono, este não era o único assunto que despertava o interesse. O imperador bizantino Aleixo I Comneno, que chegara ao poder uma década após a Batalha de Manzikert, também havia enviado representantes para o concílio. Apesar de Aleixo ter sido excomungado por Gregório VII, Urbano considerara apropriado remover a excomunhão ao ser eleito papa sete anos antes. Isso removeu uma longa barreira entre as Igrejas do Oriente e do Ocidente, e, novamente, a bússola da cristandade apontava na mesma direção.

O propósito da presença da Igreja do Oriente em Piacenza era pedir a assistência do Ocidente para obstruir a crescente maré do Islã que ameaçava sua fé.[27] Além de conscientizar o papa da situação de Bizâncio, Aleixo também queria lembrar seus correligionários de que Jerusalém ainda estava nas mãos dos infiéis. Isso por si só já deveria ser razão suficiente para que o Ocidente se preocupasse.

Apesar de Urbano não ter tomado uma atitude formal sobre a questão em Piacenza, a notícia do apuro dos cristãos orientais viajou por toda a Europa, e, quando Urbano chegou à França no outono de 1095, Jerusalém estava na mente do povo. Durante os quatro meses anteriores, Urbano havia viajado pela Europa, parando para se encontrar com as pessoas influentes da cristandade em Provença, Languedoc, Borgonha e até em seu querido Mosteiro de Cluny, onde ele vivera como monge alguns anos antes.[28]

O Concílio de Clermont

Em novembro de 1095, Urbano II convocou um sínodo ainda maior que aconteceria na cidade de Clermont, na província de Auvergne. Compareceram ao concílio 13 arcebispos, 82 bispos e um grande número de abades e outros eclesiásticos[29] que se reuniram na Igreja de Notre-Dame do Porto para dar con-

---

27. TYERMAN, op. cit., p. 61.
28. Ibidem, p. 63.
29. Ibidem, p. 62.

tinuidade aos decretos papais contra a simonia, as investiduras seculares de oficiais da Igreja e os casamentos clericais. Adicionalmente, Filipe da França, a quem tinha sido dada a oportunidade de resolver seus casos, não o fez e foi formalmente excomungado por adultério. No entanto, a decisão mais interessante do concílio (dado o fato de que este foi o concílio que lançou a cruzada) foi o desejo de sustentar a *Tregua Dei* ou Trégua de Deus. Ainda que a trégua houvesse sido introduzida na França um século antes, ela foi o primeiro de 30 decretos lançados pelo Concílio de Clermont.

O feudalismo havia dado origem a lutas internas entre os cristãos, especialmente entre os das classes nobres e de cavalaria, e a Trégua de Deus foi projetada para acabar com isso. A trégua proibia a luta, para a nobreza, a partir do pôr do sol de quarta até o nascer do sol de segunda; mulheres, homens da Igreja, trabalhadores e mercadores estavam proibidos de se envolver em conflitos a qualquer hora. Entretanto, se o papa quisesse encorajar a luta entre os cristãos, logo ele lhes ofereceria uma oportunidade para direcionar suas hostilidades para um inimigo comum.

Deus Lo Volt

Com os assuntos eclesiásticos fora do caminho, o concílio voltou sua atenção para a questão de como lidar com o problema no Oriente. Por causa do período que passou viajando pela Europa, espalhou-se a notícia de que Urbano planejava fazer uma declaração no fim do concílio. Ainda que a história não registre exatamente quantos estavam presentes naquele dia, normalmente se concorda que tenham sido milhares – eram tantos os presentes que os procedimentos foram encaminhados da Igreja para o campo. Em 27 de novembro de 1095, o papa Urbano II, sobre um palanque erigido no campo, dirigiu-se a uma multidão de abades, padres, nobres e camponeses que se juntavam para ouvi-lo.

Há pelo menos cinco versões sobre o discurso dado naquele dia, que pela primeira vez levou a cristandade ocidental a levantar a espada e a cruz. Ainda que vários dos relatos tenham sido escritos por homens que de fato estavam presentes, é quase certo que todos foram escritos a partir da perspectiva posterior da vitória cristã em Jerusalém, em 1099. Entre as primeiras versões manuscritas, está a de Fulcher de Chartres, que não apenas estava presente no Concílio de Clermont como também participou e escreveu a crônica da Primeira Cruzada. Dessa forma, sua versão pode ser considerada como a mais confiável. Fulcher cita Urbano:

"Eles [os muçulmanos] assassinaram, capturaram muitos, destruíram as igrejas e devastaram o império. Se vós permitirdes que continuem dessa forma impura por algum tempo, os fiéis de Deus serão muito mais amplamente atacados por eles. Por causa disso, eu, ou ainda, o Senhor, suplico a vós, mensageiros de Cristo, que publiqueis esta em todos os lugares e que convençais todas as pessoas de qualquer ranque, soldados e cavaleiros, pobres e ricos, para que levem ajuda prontamente àqueles cristãos e que destruam a raça vil das terras de nossos amigos. Digo isso àqueles presentes, mas também aos ausentes. Acima de tudo, Cristo o ordena".[30]

Outro cronista da Primeira Cruzada foi Roberto, o Monge. Ao contrário de Fulcher de Chartres, Roberto não participou da cruzada, mas normalmente concorda-se que ele estava presente no discurso de Urbano. A versão de Roberto do discurso de Urbano contém uma linguagem com a intenção de chocar o leitor:

"Dos confins de Jerusalém e da cidade de Constantinopla, emergiu uma história terrível que muito frequentemente chega a nossos ouvidos, qual seja, que uma raça amaldiçoada, uma raça absolutamente alienada de Deus, uma geração que verdadeiramente não direcionou seu coração e não confiou seu espírito a Deus, invadiu as terras daqueles cristãos e as despopulou pela espada, pela pilhagem e pelo fogo; conduziu parte dos cativos a seu próprio país e, a outra parte, destruiu com cruéis torturas; destruiu completamente as igrejas de Deus e delas se apropriaram para ritos de sua própria religião. Eles destroem os altares após tê-los poluído com sua própria sujeira. Eles circuncidam os cristãos, e o sangue da circuncisão ou é espalhado pelos altares ou é derramado na pia batismal. Quando eles desejam torturar as pessoas até a morte, perfuram seus umbigos e, puxando a extremidade dos intestinos, amarram-nas a uma estaca; então, às chicotadas, eles arrastam a vítima até que as vísceras jorrem para fora e caiam prostradas no

O papa Urbano II prega a Primeira Cruzada em 27 de novembro de 1095. Seu discurso motivaria milhares de cristãos a viajar até a Terra Santa para libertar Jerusalém do controle muçulmano. *ClipArt.com*

solo. Outros, eles amarram a um poste e alvejam com flechas. Outros ainda eles forçam a tensionar seus pescoços e então, atacando-os friamente com suas espadas, tentam contar-lhes o pescoço com um único golpe. O que direi sobre o estupro abominável das mulheres? Falar disso é pior do que se calar. O reino dos gregos agora foi por eles desmembrado e desprovido de um território tão vasto em extensão que não pode ser atravessado em uma marcha de dois meses. A quem cabe o trabalho de se vingar destas ofensas e recuperar esse território, senão vós? Vós, a quem Deus, sobre outras nações, concedeu glória notável nas armas, grande coragem, energia física e força para abater

---

30. *Urban II (1088-1099): Speech at Council of Clermont, 1095. Five Versions of the Speech* – Medieval Sourcebook. Disponível em: *www.fordham.edu/halsall/source/urban2-5vers.html*.

o escalpo cabeludo daqueles que vos resistem".[31]

Que Urbano se referisse aos franceses como uma nação favorecida por Deus não é uma surpresa. Apesar de se sentar em um trono em Roma, Urbano ainda era um nobre francês de coração. Mas, se suas simpatias aos franceses e suas palavras não fossem suficientes para motivar seus conterrâneos à guerra, o papa oferecia outro incentivo àqueles que aceitassem a cruz. Em uma carta aos cruzados, de dezembro de 1095, Urbano escreveu:

"Sofrendo com devoto pesar por causa desta calamidade [a situação no Oriente], visitamos as regiões da Gália [Europa Ocidental] e nos dedicamos amplamente a exortar os príncipes da terra e seus subalternos a libertar as igrejas do Oriente. Solenemente lhes prescrevemos tal incumbência no Concílio de Auvergne para a remissão de todos os seus pecados".[32]

Essa indulgência plena foi oferecida a todos que viajassem em nome apenas da devoção, e o papa jurou tratar as propriedades pessoais e as propriedades de terra daqueles que aceitassem a cruz como sagradas e sob a proteção da Igreja. E, para aqueles que eventualmente dessem suas vidas por causa de Cristo, Fulcher de Chartres adiciona à sua versão do discurso de Urbano: "Todos aqueles que morrerem a caminho, na terra ou no mar, ou em batalha contra os pagãos terão remissão imediata dos pecados. Isto eu lhes dou com o poder de Deus em mim investido".[33]

A lenda diz que os fiéis cristãos, congregados em um frenesi religioso ao som da voz de Urbano, levantaram-se em uma única voz, em resposta a suas palavras: "*Deus Lo Volt*", ou "Deus o quer". Em seu livro *God's War: A New History of the Crusades* [A Guerra de Deus: Uma Nova História das Cruzadas], Christopher Tyerman, um acadêmico de História no *Hertford College* e professor de História Medieval no *New College*, Oxford, sugere que os padres no público podem ter iniciado a entoação.[34] Tyerman traça um quadro interessante do discurso em Clermont como um tipo de ritual, no qual a entoação *Deus Lo Volt* envolveu aqueles presentes na cerimônia, que o autor convincentemente iguala a uma missa na igreja. Contudo, foi no discurso de Urbano que pela primeira vez seu conceito de Guerra Santa foi apresentado publicamente,[35] e aqueles que estavam presentes não poderiam saber que se esperava deles aceitar a cruz. Para definir o tom e o exemplo, Ademar, bispo de Le Puy, que lideraria a cruzada no lugar de Urbano, foi o primeiro a prender na lapela uma cruz de lã que tinha sido preparada previamente. Ele não foi o único a fazê-lo, pois diz-se que a multidão clamou para aceitar a cruz de seu salvador enquanto entoava o mantra do dia: *Deus Lo Volt*.

Foram três palavras simples que transformaram camponeses em guerreiros e esposas em viúvas e mudariam o cenário do Oriente Próximo por quase dois séculos.

---

31. Ibidem.
32. Ibidem.
33. Ibidem.

---

34. TYERMAN, op. cit., p. 65.
35. Ibidem, p. 64.

Godofredo de Bulhão, um dos líderes da Primeira Cruzada, é retratado nesta interpretação heroica mostrando a Cruz de Jerusalém ou dos Cruzados.

Terra Santa, Guerra Santa

"Si vis pacem, para bellum."
("Se queres paz, prepara a guerra.")
Públio Flávio Vegécio Renato (360 d.C – 400 d.C)

Pedro discute a cruzada com o papa Urbano II nesta ilustração do século XIX. Algumas crônicas da época afirmam que Pedro estivera no Oriente antes da Primeira Cruzada. *ClipArt.com*

O discurso de Urbano havia estimulado muitos ocidentais a suspender seus afazeres, a fim de assumir a defesa da cristandade. Mas a viagem ao Oriente exigiria um planejamento considerável, ao menos para os nobres da sociedade; deviam comprar suprimentos, equipar os exércitos e, principalmente, os nobres precisavam de pessoas para tomar conta de suas propriedades durante sua ausência. Contudo, para a deplorável maioria dos francos, não havia propriedade para a qual se encontrar um guardião, não havia dinheiro com o qual comprar suprimentos ou contratar soldados, ou qualquer motivo real para prolongar a partida. Para muitos daqueles que se preparavam para partir, Jerusalém era uma terra que jorrava leite e mel,[36] enquanto suas cidades e vilas lhes ofereciam nada mais do que anos adicionais de servidão feudal.

Enquanto os príncipes da Europa reuniam seus exércitos, os primeiros cruzados partiram para a Terra Santa, liderados não por um cavaleiro de ombros largos montado em um poderoso cavalo de guerra, mas por um homem pequeno e feio[37] que montava um asno. Seu nome era Pedro, o Eremita, e sua habilidade para motivar o homem comum era sem igual. Um dos cronistas que de fato

---

36. Êxodo 3:8 refere-se à Terra Sagrada como uma terra que jorrava leite e mel.
37. PAYNE, Robert. *The Crusades*: *A History.* Kent: Woodsworth, 1984. p. 39.

o conheceu foi Guibert de Nogent, que disse sobre a influência de Pedro:

"Por meio de sua maravilhosa autoridade, ele restaurava em todos os lugares a paz e a concórdia no lugar da discórdia. Pois, em qualquer coisa que fizesse ou dissesse, parecia que havia algo divino, especialmente quando as crinas de sua mula eram arrancadas como relíquias".[38]

Em seu livro *The Alexiad* [A Alexíada], Ana Comnena, filha do imperador bizantino Aleixo Comneno, escreveu que Pedro já estivera no Oriente e tinha ficado alarmado com o que viu. Em sua volta ao Ocidente, ele começou a pregar uma cruzada para juntar apoio e voltar novamente.[39] Ainda que outros cronistas, como Guilherme de Tiro e Alberto de Aix, também atribuíssem um papel importante para Pedro, o Eremita, normalmente acredita-se que ele não começou a pregar a cruzada até depois do Concílio de Clermont. Quaisquer que fossem suas motivações ou experiências pessoais, ele teve êxito em despertar o apoio dos camponeses.

A Cruzada Popular

Apesar de ser impossível saber exatamente quantos seguidores Pedro conseguiu atrair, Steven Runciman, em *A History of the Crusades: The First Crusade and the Foundation of the Kingdom of Jerusalem* [História das Cruzadas: A Primeira Cruzada e a Fundação do Reino de Jerusalém], sugere que o número provavelmente estava em torno de 20 mil.[40] A grande maioria deles teria sido não combatentes: esposas e crianças dos simples camponeses que haviam aceitado a cruz. Mesmo aqueles que estavam preparados para lutar eram pouco mais do que soldados de infantaria, cuja única experiência em batalha teria sido o serviço militar obrigatório que eles deviam a seus senhores. Havia, é claro, alguns cavaleiros atraídos para a cruzada de Pedro no início, e, entre eles, estavam Walter de Poissy e seus quatro sobrinhos.[41]

Enquanto a multidão, que era o exército de Pedro, deslocava-se para o Oriente, eles pararam em Colônia, onde Pedro esperava conseguir mais apoio dos germanos. O sobrinho de De Poissy, cuja alcunha era Gualtério Sem-Haveres, não estava disposto a esperar que Pedro conseguisse novos recrutas e partiu com seus homens em 12 de abril. Em maio, Gualtério e seu grupo chegaram à Hungria, onde o rei Koloman deu permissão para que o exército passasse por seu domínio. No entanto, quando o grupo chegou à fronteira oriental em Zemun, um punhado de homens de Gualtério ficou para trás, enquanto a maior parte do exército cruzou o Rio Sava para Belgrado. Os homens que ficaram para trás atacaram um bazar, o que fez com que eles fossem espancados pelos húngaros, que lhes despiram de suas roupas e equipamentos, enviando-os nus para cruzar o rio.[42] Enquanto

---

38. *Peter the Hermit and the Popular Crusade: Collected Accounts* – Medieval Sourcebook. Disponível em: www.fordham.edu/halsall/source/peterhermit.html.

39. COMNENA: *The Alexiad: Complete Text* – Medieval Sourcebook. Disponível em: www.fordham.edu/halsall/basis/AnnaComnena-Alexiad00.html#BOOK%20X.

40. RUNCIMAN, op.cit., p. 281.

41. PAYNE, op. cit., p. 39. Os sobrinhos se chamavam Gualtério, Guilherme, Mateus e Simão.

42. RUNCIMAN, op. cit., p. 102.

Pedro, o Eremita, é visto conversando com seus seguidores e com os soldados de Gualtério nesta ilustração do século XIX, de Edouard Zier, que retrata a legendária, mas fracassada, Cruzada Popular. *ClipArt.com*

isso, em Belgrado, Gualtério tentava conseguir suprimentos para seu exército, mas não conseguiu, o que levou seus homens a pilhar os campos. Durante a batalha que se seguiu, muitos deles morreram.

Quando o exército de Pedro chegou a Zemun em fins de junho, eles encontraram as armaduras daqueles que haviam sido despidos penduradas nas muralhas da cidade como um aviso aos bandidos. Apesar do aviso, seguiu-se novamente a violência, com uma disputa por um par de sapatos.[43] No fim das contas, 4 mil húngaros foram mortos, propriedades foram destruídas e provisões para o exército foram pilhadas. Temendo represálias do rei Koloman, o exército deslocou-se rapidamente para Belgrado, mas sua passagem pelo Sava encontrou resistência, levando à outra batalha que custou ainda mais vidas.[44] Quando eles finalmente conseguiram chegar a Belgrado, o exército pilhou a cidade e então a incendiou.

Aqueles que sobreviveram seguiram em frente, chegando a Nish uma semana mais tarde, onde pediram comida e suprimentos. Alguns reféns foram tomados em troca das provisões como uma garantia de que os cruzados seguiriam adiante. Quando os cruzados partiram para Sofia na manhã seguinte, alguns germanos na retaguarda do exército incendiaram alguns moinhos, o que novamente conduziu à luta e à perda de mais cruzados camponeses.[45]

Quando os remanescentes do exército de Pedro chegaram a Sofia, eles encontraram um enviado de Constantinopla que mantinha os cruzados a rédeas curtas, a fim de assegurar que não ocorreriam mais pilhagens ou violência. Pela primeira vez desde que partiu da Hungria, o exército seguiu adiante sem nenhum incidente. Antes de chegar a Constantinopla, em 1º de agosto, Pedro recebeu a notícia do imperador Aleixo de que os pecados de seu exército haviam sido absolvidos pelas punições que eles já tinham recebido ao longo do caminho.[46] Contudo, o aviso implícito da amortização do imperador deve ter sido ignorado, pois os cruzados pilharam o campo quando chegaram ao exterior de Constantinopla, retirando até o chumbo dos telhados das igrejas.

---

43. Ibidem, p. 103.
44. Ibidem, p. 104.
45. Ibidem, p. 105.
46. Ibidem, p. 106.

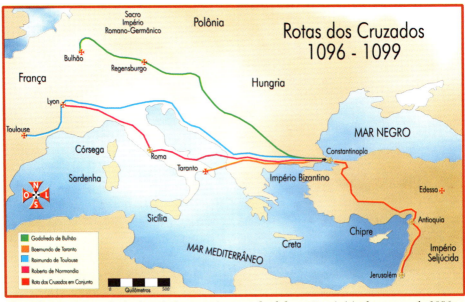

Quando os quatro principais exércitos partiram no final do verão e início do outono de 1096, nem todos tomaram a mesma rota até o ponto de encontro em Constantinopla. *Autor*

Aleixo não se impressionou com a multidão que compunha o exército de Pedro, tampouco de Gualtério, que chegara algumas semanas antes. O imperador sentia que, se eles fizessem qualquer tentativa de combater os turcos, sofreriam uma derrota esmagadora. Apesar de pedir a Pedro que esperasse a chegada dos principais exércitos cruzados antes de enfrentar os muçulmanos, ele também percebeu que precisava colocá-los em marcha. Assim, em 6 de agosto, os cruzados marcharam pelo Bósforo. Não obstante o aviso do imperador, os cruzados pilharam o campo como fizeram ao longo da jornada. Ana Comnena escreveu sobre as ações selvagens de parte do exército de Pedro que destruiu a área em torno de Niceia:

"Pois eles desmembravam algumas das crianças, fixavam outras em espetos de madeira, assavam-nas na fogueira e, em pessoas de idade avançada, infligiam todo tipo de tortura. Mas, quando os habitantes de Niceia tomaram conhecimento dessas ações, eles abriram seus portões, marcharam sobre eles e, após ocorrer um violento conflito, eles tinham de se lançar de volta para dentro das paredes da fortificação, pois os normandos lutavam muito bravamente. E, assim, estes recuperaram todo o espólio e retornaram a Helenópolis [Civetot]".[47]

Independentemente do exército ter ou não se envolvido nas atrocidades descritas por Ana, eles de fato conseguiram capturar um espólio substancial, que deixou os germanos com ciúmes. No fim de setembro, os germanos, procurando suas próprias pilhagens, partiram para além de Niceia e capturaram o castelo de Xerigordon. No fim do mês, os turcos, não conseguindo recuperar

---
47. COMNENA, op. cit.

o castelo, haviam controlado o poço que o abastecia, e os germanos foram forçados a beber sua própria urina para sobreviver.[48] Dentro de oito dias, o castelo se rendeu aos muçulmanos; aqueles que se converteram ao Islã foram tomados como prisioneiros, enquanto os que se mantiveram firmes em sua fé foram executados.

Kilij Arslan, o sultão seljúcida de Rüm,* enviou espiões para o acampamento dos cruzados em Civetot para informá-los que os germanos haviam capturado Niceia e estavam dividindo o espólio entre os soldados. O truque foi planejado para atrair os cruzados remanescentes a uma armadilha, e, apesar de o acampamento cruzado logo tomar conhecimento da verdade sobre o destino dos germanos, o acampamento estava dividido quanto ao que fazer em seguida. Entretanto, outros sentiam que ficar parados era equivalente à covardia, e insistiram em marchar adiante imediatamente.

Em 21 de outubro de 1096, todo o exército cruzado partiu para o território turco. A cerca de cinco quilômetros do acampamento, os turcos armaram uma emboscada em uma área coberta de árvores; enquanto os cruzados passavam, os turcos lançaram uma saraivada de flechas que pegou os cristãos desprevenidos. Aqueles que sobreviveram a esse primeiro ataque escaparam de volta para o acampamento, perseguidos pelos turcos, que massacraram tanto combatentes quanto não combatentes. Poucos sobreviveram, sendo a maioria dos sobreviventes levada como escravos.[49]

Seis meses após seu início, a Cruzada Popular acabara, nunca tendo alcançado seu objetivo de libertar Jerusalém das mãos dos infiéis.

A Cruzada Germânica

Outros seguiriam as pegadas deixadas por Pedro, o Eremita, e sua desastrosa cruzada de camponeses. Um desses exércitos foi a Cruzada Germânica do conde Emrich de Leisingen, um pequeno senhor de terras da Renânia. Emrich foi capaz de atrair um bom número de nobres germânicos para a sua causa. Entretanto, ao contrário dos camponeses que haviam se precipitado para combater em terras estrangeiras, Emrich viu os inimigos de Cristo um pouco mais perto de casa.

Logo após Urbano ter convocado a cruzada, os judeus germânicos ficaram receosos de perseguição e pediram ajuda ao imperador Henrique IV. Em resposta, o imperador germânico escreveu a seus vassalos, pedindo-lhes que protegessem os judeus em suas regiões. Emrich ignorou o pedido do imperador e, após lançar sua cruzada em maio de 1096, atacou a comunidade judaica em Spier, onde 12 foram mortos por recusarem a se converter ao Cristianismo.[50]

Em meados de maio, Emrich e suas tropas chegaram a Worms, onde se espalhava um rumor de que os judeus locais haviam recentemente afogado um cristão em um poço e estavam usando

---

48. RUNCIMAN, op. cit., p. 108.
*N.T.: Termo que os turcos utilizavam para se referir ao Império Romano. Na Idade Média, o império que os historiadores hoje chamam de Império Bizantino se autoproclamava Império Romano.

49. RUNCIMAN, op. cit., p. 109. Runciman menciona que outros 3 mil conseguiram se refugiar em um velho castelo abandonado perto do mar.
50. Ibidem, p. 114. Além dos 12 mortos, uma mulher cometeu suicídio.

a água contaminada para envenenar outros poços. Isso foi o suficiente para provocar os habitantes da cidade, que, para começar, já não gostavam muito dos judeus; logo todo judeu que caísse em suas mãos era imediatamente executado. O bispo de Worms, seguindo a orientação de Henrique, acolheu muitos judeus em sua casa, mas Emrich e seus homens arrombaram a porta e mataram mais 500 homens, mulheres e crianças.[51]

Em menos de cinco dias após o massacre em Worms, Emrich e seus homens estavam do lado de fora da cidade de Mainz, cujos portões o arcebispo havia trancado. Mas a notícia da chegada do conde havia incitado os cidadãos de Mainz contra os judeus, e, em meio ao tumulto, um cristão foi morto. Isso motivou aqueles dentro da cidade a abrir os portões para que Emrich e seus homens terminassem o trabalho que os cristãos raivosos já haviam começado. Apesar de os judeus pagarem uma quantia considerável para que Emrich poupasse suas vidas,[52] o conde e seus homens incendiaram o palácio do arcebispo, onde muitos haviam procurado refúgio. Àqueles que fugiram do prédio em chamas, foi oferecida a escolha de conversão ou morte. Apesar de poucos se salvarem renunciando sua fé, a maioria foi executada. Salomão bar Samson, escrevendo uma geração após os eventos brutais, contou sobre como os judeus tiraram suas próprias vidas e a de suas famílias em vez de deixar os cruzados matá-los:

"As mulheres arrumavam forças e matavam seus filhos e suas filhas, e então a si mesmas. Muitos homens também armavam-se de coragem e matavam suas mulheres, seus filhos e suas crianças. A mãe doce e delicada abateu o bebê com quem ela tinha brincado; todos eles, homens e mulheres, levantaram-se e assassinaram uns aos outros".[53]

O massacre continuou por dois dias, e, quando Emrich partiu, havia mil cadáveres judeus que jaziam nas ruas de Mainz.[54]

Em Colônia, os judeus tinham notícias suficientes da chegada de Emrich para procurar um abrigo adequado. As ruas já haviam experimentado uma revolta antijudaica quando o exército de Pedro havia se hospedado dois meses antes, e eles não queriam viver mais do mesmo. Seu esconderijo deu certo; apesar de Emrich incendiar a sinagoga local, a contagem de corpos em Colônia foi mínima se comparada aos massacres anteriores. Saciado por ter obtido uma vingança satisfatória contra os judeus por terem matado Cristo, Emrich partiu da Renânia para a Hungria. Enquanto isso, alguns de seu exército, cuja sede por sangue semítico ainda não estava saciada, partiram para o Vale de Mosela para purificar a região de seus judeus.[55]

Quando o contingente principal do exército de Emrich chegou à Hungria em fins de junho, o rei Koloman se recusou

---

51. Ibidem.
52. Ibidem.
53. SAMSON, Solomon bar. *The Crusaders in Mainz, 27 May 1096* – Medieval Sourcebook. Disponível em: www.fordham.edu/halsall/source/1096jews-mainz.html.
54. RUNCIMAN, op, cit., p. 115.
55. Ibidem.

a permitir a sua passagem pelo país por causa da sua experiência prévia com os cruzados. Contudo, Emrich estava mais bem preparado do que a multidão de camponeses que havia passado alguns meses antes, e lutou com os húngaros por seis semanas. O exército de Emrich fez um cerco à fortaleza de Wieselburg, mas, quando chegou a notícia de que o rei húngaro voltava com reforços, a disciplina do exército se desintegrou e os defensores da guarnição conseguiram destruir os germanos. Totalmente afugentados pelos húngaros, Emrich e uns poucos cavaleiros conseguiram escapar e voltar às suas terras.

Mais uma vez, os cruzados falharam.

A Cruzada dos Nobres

Quando o papa Urbano II convocou a cruzada, ele sabia que a preparação para a guerra levaria tempo, se esta era para ser ganha. Dessa forma, ele havia marcado a data de partida para meados de agosto do ano seguinte, e, apesar de os líderes da Primeira Cruzada terem partido nessa data, ou próximo dela, eles não partiram com uma força coesa, tampouco tomaram a mesma rota para chegar ao ponto de encontro em Constantinopla.

O primeiro a partir foi Hugo, conde de Vermandois, que era o irmão mais novo do rei francês excomungado em razão de adultérios por Urbano no Concílio de Clermont. Ele partiu em fins de agosto, e a ele se juntou um número de cavaleiros que havia sobrevivido ao fracasso anterior de Emrich.[56] Hugo antecipou sua chegada a Constantinopla com uma carta peculiar que descrevia como ele esperava ser tratado quando chegasse:

"Saiba, ó imperador, que sou o rei dos reis e o maior daqueles sob o céu e vos convém encontrar-me e tratar-me na chegada com toda a pompa e de uma maneira condizente com minha nobreza".[57]

Quando chegou, Hugo foi de fato tratado com a maior hospitalidade bizantina, mas mantido a rédeas curtas, de tal forma que muitos no grupo de Hugo o consideravam um prisioneiro.[58] Aleixo havia aprendido muito sobre os ocidentais a partir de sua experiência prévia com o exército de Pedro e estava convencido de que os cruzados, apesar de seu aparente zelo religioso, tinham a pretensão de esculpir seu próprio império no Oriente.[59] Ainda que o imperador não tivesse qualquer problema com a ideia, ele queria se assegurar de que este império não consistisse no mesmo território que uma vez constituiu o seu! Assim, ele obrigou Hugo a fazer um juramento de que ele devolveria todas as terras recapturadas a Bizâncio e que seria uma política que ele tentaria impingir àqueles que o seguiam.

O próximo exército a chegar do Ocidente era o de Godofredo de Bulhão, duque da Baixa Lorena, que era um descendente de Carlos Magno[60] — um *pedigree* que se somou a seu *status* tanto antes como depois da cruzada. Godofredo estava acompanhado de seus dois irmãos, Estácio e Balduíno, e de seu primo Balduíno de Le Bourg. Assim como o exército de Hugo, o

---

56. Ibidem, p. 119.
57. COMNENA, op. cit.
58. RUNCIMAN, op. cit., p. 120.
59. Ibidem.
60. Ibidem, p. 121.

grupo de Godofredo havia partido em fins de agosto, mas chegou ao Oriente pela Hungria, como as prévias expedições que falharam.

Hugo de Vermandois foi enviado para convidar Godofredo a se encontrar com o imperador e fazer o mesmo juramento que ele tinha prestado. Godofredo se recusou, querendo, em vez disso, esperar que os demais cruzados chegassem, mas o imperador preferia que os volumosos exércitos de seus aliados ocidentais prosseguissem através do Bósforo, a fim de prevenir um amontoamento de tropas tão perto de sua capital.

Aleixo tentou cortar o suprimento de comida na esperança de que isso motivasse Godofredo a fazer seu juramento e prosseguir, mas a tática somente levou a mais pilhagens. O conflito culminou com o ataque de Godofredo à cidade. Aleixo enviou mensageiros para dizer a Godofredo que ele podia partir sem fazer o juramento, mas seus homens atacaram os mensageiros antes que pudessem falar. A paciência de Aleixo esgotou-se, e ele enviou soldados suficientes para dar uma lição aos ocidentais. Logo depois, Godofredo admitiu a derrota, fez o juramento e foi transportado para o outro lado do Bósforo com seu exército.

Três dias depois, outro exército cruzado chegou a Constantinopla sob o comando de Boemundo de Taranto e seu sobrinho Tancredo. Como aos cruzados antes dele, foi pedido a Boemundo que fizesse o juramento, e ele o fez sem hesitação, mas acrescentou que desejava ser nomeado o Comandante das tropas imperiais na Ásia.[61] O imperador educadamente recusou o pedido, mas não excluiu a possibilidade, apesar de não ter intenção de lhe dar o posto. Em 26 de abril, o exército de Boemundo foi transportado para o outro lado do Bósforo. Contudo, Tancredo e seu primo, Rogério de Salerno, esgueiraram-se durante a noite para evitar fazer o juramento que seu tio havia prestado.

O próximo a chegar foi Raimundo IV, conde de Toulouse, cujo exército chegou a Constantinopla no mesmo dia em que o de Boemundo havia partido. De todos os líderes da cruzada, Raimundo era o único que havia se encontrado com o papa para discutir a questão. Ele também era um cruzado experiente, tendo lutado contra os muçulmanos da Espanha[62] em diversas ocasiões. O bispo Ademar Le Puy, que fora designado por Urbano para acompanhar os cruzados, estava no grupo de Raimundo, que havia partido do Ocidente em outubro de 1096.[63] Contudo, o bispo havia se ferido durante a viagem e ficado para trás em Tessalonica e, portanto, não estava no grupo de Raimundo quando eles chegaram a Constantinopla.

Como aos demais, foi pedido a Raimundo que fizesse um juramento, ao qual ele se recusou, principalmente por causa da ausência de Ademar e de seu próprio ressentimento de Boemundo de Taranto, cuja indicação como Comandante dos exércitos na Ásia deve ter-lhe parecido uma possibilidade. Raimundo eventualmente fez um juramento um tanto modificado de honrar a vida do imperador e cuidar que nenhum de seus homens, nem ele próprio, compromete-

---

61. Ibidem, p. 131.
62. Ibidem, p. 132.
63. Ibidem.

A capela medieval de São Miguel d'Aiguilhe foi construída em 962 d.C. sobre uma formação vulcânica a 83 metros acima do vale em Le Puy-en-Velay, no distrito de Auvergne, na França. Era daqui que Ademar Le Puy, o legado papal escolhido pelo papa Urbano II para acompanhar os cruzados em 1096, controlava seu bispado. *istockPhoto.com (Peter Banks)*

tesse os seus interesses.[64] Aleixo aceitou, e, quando Ademar e o resto de seu exército chegaram, Raimundo cruzou o Bósforo.

O último dos exércitos cruzados a partir para o Oriente foi o de Roberto, duque da Normandia, o filho mais velho de Guilherme, o Conquistador, e irmão do rei Guilherme II. Roberto estava acompanhado de seu cunhado, Estêvão, conde de Blois, e de Roberto, conde de Flandres. Com a maioria dos cruzados já tendo partido de Constantinopla quando da chegada de Roberto, Aleixo estava menos cauteloso do que em sua recepção dos grupos anteriores, e entreteve este último grupo durante duas semanas antes de mandá-los juntar-se aos demais do outro lado do Bósforo.

A Campanha na Ásia

É difícil determinar o tamanho do exército que se juntou na fronteira ocidental da Ásia. Os cronistas medievais tinham uma tendência a registrar números mais para impacto do que por precisão. Certamente, quando cronistas, como Alberto de Aix, escreveram que os cruzados somavam centenas de milhares, sua intenção era impressionar seus leitores com o grande número. Runciman, examinando as diversas versões de batalhas individuais, chegou ao número de aproximadamente 4.500 de cavalaria e 30 mil de infantaria quando os exércitos foram reunidos.[65]

Como anteriormente, esta não era uma força coesa, mas diversos exércitos individuais, cada qual com suas próprias agendas e motivos para estar na cruzada. Os líderes da cruzada suspeitavam tanto de seus correligionários quanto dos inimigos de sua fé. Mesmo as facções rivais que compunham a cruzada de Pedro haviam lutado entre si pelos espólios de guerra, e a campanha findou, em última instância, por causa disso. Os líderes da Primeira Cruzada propriamente dita, apesar de toda a sua riqueza na Europa, não estavam menos atraídos pelo brilho do ouro do que

---

64. Ibidem, p. 136.

65. Ibidem, p. 280.

seus pobres antecessores. Todavia, apesar de suas rivalidades e lutas internas, eles teriam êxito onde outros falharam, obtendo sua primeira vitória no mesmo lugar em que a expedição anterior encontrou seu fim: em Niceia.

A Captura de Niceia

A cidade de Niceia ficava nas margens do Lago Ascânio e era a capital do sultanato de Kilij Arslan. Foi neste mesmo local que o Credo de Niceia havia sido estabelecido mais de sete séculos antes, em 325 d.C.[66] A cidade havia sido parte do Império Bizantino até que os turcos a capturaram, em 1077, mas agora chegara o momento de tomá-la de volta.

A sorte certamente estava do lado dos cruzados quando eles partiram para tomar a cidade. Arslan havia previsto que esse novo exército de ocidentais não era mais temível do que os camponeses destreinados que ele havia massacrado alguns meses antes e partiu para lidar com questões mais importantes, deixando sua mulher e seus filhos para trás em Niceia.[67]

Godofredo de Bulhão e Boemundo de Taranto começaram o cerco em 14 de maio, e a eles se juntaram Raimundo de Toulouse e os outros cruzados dois dias depois. Logo após sua chegada, Raimundo espalhou seu exército ao longo da muralha ao sul da cidade, e, quando chegou a primeira das tropas de apoio turcas, foram os homens de Raimundo que lutaram contra eles. Entretanto, aqueles claramente não eram do mesmo calibre dos soldados com os quais os turcos haviam lutado antes, e a tropa de apoio retrocedeu para esperar o resto dos homens de Arslan. Quando o sultão e seus homens chegaram, em 21 de maio, eles reiniciaram seus ataques, mas foram mais uma vez afastados pelos cruzados.

Godofredo de Bulhão, Boemundo de Taranto, Raimundo, conde de Toulouse, e Roberto, duque da Normandia, são apresentados nesta ilustração do século XIX. Apesar da unidade desta representação romântica, os líderes cruzados raramente atuavam em harmonia. *ClipArt.com*

Apesar de os cruzados terem êxito em desviar os avanços dos turcos, eles estavam tendo dificuldades em derrubar as muralhas de Niceia. Para complicar o problema, os turcos detrás das muralhas estavam recebendo novos suprimentos e soldados do outro lado do lago. Os cruzados recorreram a Aleixo pedindo ajuda para impedir os carregamentos,

---

66. O Concílio de Niceia foi organizado em 325 d.C. pelo imperador romano Constantino. Foi neste concílio que o Credo de Niceia, que definiu a divindade de Cristo, foi estabelecido.
67. RUNCIMAN, op. cit., p. 147.

Uma ilustração medieval germânica do Cerco de Niceia em 1097 d.C. Esta foi a primeira vitória dos francos no Oriente Próximo. *ClipArt.com*

e o imperador respondeu com o fornecimento de uma pequena frota de barcos. Raimundo de Aguilers, que acompanhava Raimundo de Toulouse na cruzada, escreveu sobre como a chegada dos navios bizantinos motivou os turcos a capitularem:

"Com o tempo, a cidade, apavorada, foi obrigada a se render. Uma razão foi que os navios do imperador, que haviam sido arrastados por terra, foram colocados no lago. Eles então se renderam ao imperador, já que agora não mais esperavam ajuda adicional e viam o exército dos francos crescer a cada dia, enquanto eles eram desprovidos de suas forças."[68]

Em 19 de junho, os cruzados, ao acordar, encontraram a bandeira do imperador esvoaçando das torres da cidade. Niceia havia se rendido na noite anterior, e os homens do imperador haviam entrado através dos portões do lado do lago.[69] Aleixo havia recapturado parte de seu território, e, em troca de seu apoio, os soldados receberam uma refeição formidável enquanto os barões foram presenteados com o ouro e a prata do tesouro de Kilij Arslan. Em troca dos presentes, pediu-se àqueles que ainda não tinham feito o juramento que o fizessem, e Tancredo, apesar de muito protesto, finalmente concordou.

A Batalha de Dorileia

Duas semanas após a tomada de Niceia e quase um ano depois que os cruzados haviam partido de suas casas na Europa, os exércitos ocidentais estavam a mais de mil quilômetros de Jerusalém, mas os cruzados estavam otimistas após sua primeira vitória. Esse otimismo aumentaria ainda mais na batalha que seguiria.

Depois de ter sido expulso de Niceia, Kilij Arslan recuou para o Oriente em busca de tropas adicionais.[70] Assim que juntou um efetivo suficiente, Arslan correu para o oeste, ao Vale de Dogorgon, na Dorileia, onde esperava emboscar os cruzados, como ele havia feito com o exército de Pedro. Em 1º de julho, Arslan lançou um ataque contra o exército de Boemundo, que havia acampado nas proximidades na noite anterior. Eles rapidamente cercaram os cruzados, que fizeram seu melhor para combater o fluxo aparentemente interminável de arqueiros muçulmanos.

Entretanto, Arslan havia novamente subestimado os ocidentais, pois não conseguiu cercar todos eles. Ao meio-dia, os exércitos de Godofredo, Hugo e Raimundo haviam chegado e se juntado aos homens de Boemundo para lançar um contra-ataque. As forças muçulmanas não eram páreas para o pesado ataque da cavalaria ocidental. Se eles esperavam recuar para as montanhas ao sul, suas esperanças foram frustradas, pois Ademar Le Puy e um número de cavaleiros franceses o encaravam da crista das montanhas. De fato, o bispo Ademar

---

68. D'AGUILIERS, Raymond. *The Siege and Capture of Nicea: Collected Accounts* – Medieval Sourcebook. Disponível em: *www.fordham.edu/halsall/source/cde-nicea.html*.
69. RUNCIMAN, op. cit., p. 149-150.
70. Ibidem, p. 153.

havia contratado guias para levá-lo através das montanhas especificamente para prevenir esse tipo de retirada.[71]

Os turcos, sentindo a derrota iminente, abandonaram o campo de batalha, deixando suas tendas e seus tesouros para trás. Apesar de os cristãos terem sofrido muitas baixas, a Batalha de Dorileia foi outra grande vitória sobre os inimigos muçulmanos. Levaria quase quatro meses até que eles começassem sua nova campanha militar, e, nesse ínterim, o primeiro dos Estados Cruzados foi estabelecido em Edessa sob o governo do irmão de Godofredo, Balduíno, que conseguiu

A Batalha de Dorileia, combatida em 1º de julho de 1097, foi uma vitória para os cruzados. Na figura, uma impressão da batalha pelo famoso ilustrador do século XIX Gustave Doré. *ClipArt.com*

o poder não por uma espada afiada, mas por uma mente afiada.[72]

O CERCO DE ANTIOQUIA

Até então, as batalhas dos cruzados haviam sido curtas. Os turcos em Dorileia foram afugentados em menos de um dia, enquanto Niceia se rendera em menos de um mês. Antioquia, contudo, não sucumbiria tão facilmente, e os cruzados permaneceriam do lado de fora de sua muralha de 40 quilômetros durante sete meses.

Apesar de Antioquia e Jerusalém terem caído nas mãos dos muçulmanos em 638 d.C., os bizantinos recapturaram Antioquia em 969 d.C. A cidade permaneceu em mãos bizantinas até que os turcos seljúcidas a tomassem em 1085; apesar de ser controlada por forças muçulmanas, a maioria dos habitantes era uma combinação de sírios, gregos e cristãos armênios.[73] Quando os cruzados chegaram aos portões da cidade, o governante Yaghi Siyan mandou aprisionar o patriarca cristão de Antioquia e expulsar muitos dos líderes cristãos da cidade. O cronista árabe Ibn al-Athir escreveu sobre como Siyan expulsou os cristãos por meio do logro:

"Quando Yaghi Siyan, governante de Antioquia, soube da proximidade deles, ele não sabia como os cristãos da cidade reagiriam; então, ele mandou os muçulmanos saírem da cidade sozinhos

---

71. Ibidem, p. 154.

72. Quando a maior parte dos cruzados se deslocou ao sul, em direção a Antioquia, Balduíno de Bolonha foi para Edessa, ao leste. Lá ele convenceu Thoros, o senhor de Edessa, a adotá-lo como filho. Pouco tempo depois, Thoros foi assassinado, e Balduíno assumiu o controle de Edessa, proclamando-se conde.

73. RUNCIMAN, op. cit., p. 177.

para cavar trincheiras e, no dia seguinte, mandou os cristãos sozinhos para que continuassem a tarefa. Quando estavam prontos para retornar para casa no fim do dia, ele não permitiu sua entrada."[74]

O cerco dos cruzados a Antioquia começou em 21 de outubro de 1097 e se arrastou por meses, enquanto os cruzados lutavam constantemente para ganhar o controle da cidade, com pouco sucesso. À medida que os meses de inverno avançavam, os suprimentos de comida dos cruzados diminuíam, e grupos eram enviados para cada vez mais longe do acampamento em busca de provisões. Durante o inverno rigoroso, muitos morreram e, com eles, a esperança, motivando multidões a desertarem a causa. Entre eles, estava Pedro, o Eremita, que havia viajado com os francos quando partiram de Constantinopla.[75] Pedro logo foi trazido de volta ao acampamento com Guilherme, o Carpinteiro, que o havia acompanhado em sua deserção e na cruzada original, em 1096. Graças à sua reputação, Pedro foi perdoado, mas Guilherme recebeu uma dura lição de moral de Boemundo.

Em fevereiro, os cruzados viram-se diante da partida do general bizantino Taticius, que os havia acompanhado até então como um conselheiro imperial. Ana Comnena acreditava que a saída de Taticius não se devia à covardia, mas porque Boemundo lhe dissera que havia uma conspiração para matá-lo. Ela escreveu que Boemundo esperava remover o general de cena para prevenir que Taticius tomasse a cidade em nome de seu imperador.[76] Ela provavelmente estava certa, pois logo após a saída de Taticius, Boemundo ameaçou partir a menos que lhe permitissem manter a cidade, uma vez que fosse capturada.

No início de março, uma frota inglesa chegou a São Simeão de Constantinopla com suprimentos para construir uma máquina de guerra. Em virtude da falta de confiança dentro do acampamento cruzado, Boemundo e Raimundo escoltaram os suprimentos até Antioquia, mas sofreram uma emboscada dos turcos na volta, perdendo a carga enquanto fugiam.[77] Contudo, os agressores encararam o mesmo problema quando tentavam assegurar os suprimentos para si, e logo se viram sob ataque. Os príncipes juntaram suas forças e massacraram os agressores, levando os suprimentos ingleses e o espólio dos turcos abatidos. Em meados de março, os suprimentos haviam sido bem aplicados no acabamento da construção de uma fortaleza para guardar o caminho a uma ponte fortificada, fortalecendo ainda mais o cerco.

Um mês depois, os cruzados receberam a ajuda de um quartel inesperado, quando uma embaixada fatímida do Egito chegou na esperança de formar uma aliança com os cristãos. Os turcos seljúcidas haviam tomado Jerusalém dos fatímidas uma geração antes, e, portanto, os cristãos e os egípcios tinham um inimigo em comum. A embaixada até ofereceu aos cristãos acesso a Jerusalém contanto que os fatímidas pudessem assumir o controle da própria cidade – os cruzados poderiam manter as terras ao norte enquanto os fatímidas

---

74. GABRIELI, Francesco. *Arab Historians of the Crusades*. New York: Barnes & Noble, 1993, p. 5.
75. RUNCIMAN, op. cit., p. 185.

76. COMNENA, op. cit.
77. RUNCIMAN, op. cit., p. 188.

ocupariam as terras ao sul. Os francos trataram a embaixada com cortesia, e, apesar de os fatímidas partirem para sua pátria, duas semanas depois, carregados de presentes, um acordo formal com os cristãos não foi assegurado.

Ainda que os cruzados houvessem afastado com sucesso uma série de tentativas de quebrar seu cerco a Antioquia, eles encontrariam sua maior força opositora em maio de 1098, quando Karbuka, o *atabeg* de Mosul, por meio de diversas alianças com seus vizinhos muçulmanos, juntou um sólido exército para marchar contra os cristãos. Felizmente, para os cruzados, Karbuka tentou tomar Edessa de Balduíno de Bolonha para removê-la como uma possível ameaça posterior, uma vez que tivesse capturado Antioquia para si. As três semanas que Karbuka passou tentando capturar Edessa deram aos francos a oportunidade de uma tentativa perspicaz de capturar a cidade.

Em certo ponto, Boemundo havia feito contato com um armênio convertido ao Islã chamado Firouz, que havia subido a uma posição elevada durante o governo de Yaghi Siyan. No entanto, Firouz não estava contente com sua atual situação – seu governador o havia multado por acumular grãos, e, desejando se vingar, ele fez um acordo com Boemundo para vender a cidade.[78] Apesar de não se saber precisamente quando Boemundo fez o acordo, ele o manteve em segredo até que fosse a hora certa, preferindo disseminar no acampamento o medo do perigoso exército de Karbuka. É claro que sua verdadeira intenção era tornar sua vindoura captura da cidade uma vitória ainda maior do que era. Sua propaganda funcionou, e tal era o medo que os cristãos sentiam de Karbuka que, pela segunda vez, os cruzados sofreram o êxodo de homens que desertaram o exército. Dessa vez, eles desertaram em tal número que qualquer tentativa de pará-los era inútil.

Entre os primeiros a fugir, estava Estêvão de Blois, que, de todos os francos de berço nobre que se aventuraram no Oriente, era provavelmente o mais relutante a estar lá, para começar. Ele tinha pouca escolha: era casado com a filha de Guilherme, o Conquistador, e ela mandava na casa. Apenas dois meses antes, ele havia escrito à sua esposa dominadora informando-lhe sobre o progresso do cerco e vangloriando-se de sua própria importância na campanha:

"Deus, contudo, lutou por nós, os Seus fiéis, contra eles. Pois, naquele dia, lutando na força que Deus dá, vencemo-los, matamos uma multidão inumerável – Deus sempre lutando por nós – e também trouxemos de volta ao exército mais de 200 de suas cabeças, para que as pessoas se regozijassem com isto".[79]

Mas agora, em vez de carregar orgulhosamente uma cabeça decepada de um muçulmano, ele levava a sua própria, vergonhosamente, enquanto fugia de Antioquia, acompanhado de um largo contingente de cavaleiros franceses. Se Estêvão houvesse esperado mais

---

78. Ibidem, p. 192. GABRIELI, op. cit., p. 6. Ibn al-Athir registra que o homem era um produtor de couraças que comandava uma torre para além do rio e que foi subornado pelos francos.

79. Stephen, Count of Blois and Chartres, to his Wife Adele. In: MUNRO, Dana C. *Letters of the Crusaders. Translations and Reprints from the Original Sources of European History*, v. 1:4 – Medieval Sourcebook. Disponível em: www.fordham.edu/halsall/source/cde-letters.html.

umas poucas horas, ele teria motivo para escrever outra carta floreada à sua esposa, pois havia chegado a hora de Boemundo colocar seu plano em prática.

Ao pôr do sol, Boemundo partiu de Antioquia com certo número de seus cavaleiros sob o pretexto de encontrar o exército de Karbuka. No meio da noite, o exército retornou, armou escadas onde Firouz os esperava, e 60 francos penetraram na cidade que eles tentavam capturar há meses. Em pouco tempo, os cruzados asseguraram mais duas torres, seguidas pela Porta de São Jorge e a Porta da Ponte. As portas foram escancaradas, permitindo aos francos a vitória pela qual eles longamente esperavam. Raimundo de Aguilers, que foi uma testemunha ocular do evento, escreveu sobre o que se seguiu:

Antioquia havia sido tomada pelos turcos seljúcidas uma década antes de Urbano convocar a Primeira Cruzada. As muralhas da cidade se provariam um desafio significativo para os exércitos cruzados. *ClipArt.com*

"Quão grandes foram os espólios capturados em Antioquia, é impossível dizer, exceto que podeis acreditar em quanto quiserdes, e então somar mais a isto. Além disso, não podemos dizer quantos turcos e sarracenos pereceram; ademais, é cruel explicar por quais mortes diversas eles morreram".[80]

Apesar de Antioquia estar novamente em mãos cristãs, os cruzados logo se viram defendendo as muralhas. Dentro de dois dias após a tomada da cidade, o exército de Karbuka finalmente chegou ao lado de fora dos portões de Antioquia – os sitiadores agora estavam sitiados. E, enquanto o líder muçulmano encontrou Antioquia tão inexpugnável quanto os cruzados, os francos agora estavam dentro de uma cidade repleta de cadáveres em putrefação e desprovidos de comida fresca. Sua única esperança de salvação seria a chegada de Aleixo e suas tropas. Entretanto, quando o imperador prosseguia na direção de Antioquia, ele encontrou com Estêvão de Blois, que lhe disse acreditar que os francos haviam sido aniquilados pelos turcos. Percebendo que seria inútil continuar a marcha com um exército tão grande, o imperador abandonou seus planos e voltou a Constantinopla.[81]

A Lança do Destino

Em 10 de junho, com Antioquia ainda cercada pelos muçulmanos, um camponês pobremente vestido e desgrenhado, chamado Pedro Bartolomeu, exigiu uma audiência com o conde

---

80. D'AGUILIERS, Raymond. *Historia francorum qui ceperint Jerusalem* – Medieval Sourcebook. Disponível em: *www.fordham.edu/halsall/source/raymond-cde.html.*

81. RUNCIMAN, op. cit., p. 191-192.

Raimundo de Toulouse e com Ademar Le Puy. A história que Pedro contou aos francos de berço nobre desafiava a crença. Ao longo dos últimos meses, Santo André havia lhe aparecido em uma série de visões, dizendo-lhe a localização exata de uma das relíquias mais sagradas da cristandade: a lança que havia perfurado o flanco de Cristo. E o mais inacreditável era que a Lança do Destino estava enterrada na Catedral de Antioquia.

Ademar, apesar de seu posto religioso, estava cético em relação às afirmações do camponês. Ele havia visto uma relíquia como sendo alegadamente a Lança do Destino em Constantinopla e, qualquer que fosse sua crença em relação ao objeto real, ele certamente achava que Pedro não era um homem de caráter confiável.[82] Mas Raimundo, apesar de sua idade e experiência, ficou mais facilmente impressionado e prometeu buscar a relíquia em até cinco dias.

Havia outros que diziam ter tido visões; entre eles, estava Estêvão de Valência, que afirmava ter visto Cristo e que Este lhe havia dito que, em cinco dias, Ele enviaria apoio se os francos se arrependessem de seus modos pecaminosos. É completamente possível que as visões, se ocorreram, tenham sido alucinações causadas pela fome. No entanto, em 14 de junho, foi visto um meteoro cruzando o céu, que pareceu cair sobre o acampamento turco. Os cruzados o interpretaram como um presságio favorável.[83]

Na manhã seguinte, Pedro foi acompanhado até a Catedral de São Pedro por um grupo de 12 homens, entre eles, o conde de Toulouse, Guilherme, o bispo de Orange e Raimundo de Aguilers. O solo da catedral foi escavado ao longo do dia, sem resultados. O conde, que queria acreditar nas afirmações, saiu desapontado. Raimundo de Aguilers, que estava presente, escreveu sobre a descoberta feita depois que o conde havia saído e a reação do mesmo:

"O jovem que havia falado da lança [Pedro], contudo, vendo-nos exaustos, despiu-se e, tirando seus sapatos, abaixou-se sobre seus trajes, rogando ardentemente que rezássemos a Deus para que nos desse a Sua lança para o conforto e a vitória de Seu povo. Com o tempo, o Senhor conscientizou-se, pela graça de Sua misericórdia, mostrando-nos a Sua lança. E eu, que escrevi estas palavras, beijei-a quando somente a ponta aparecia sobre o solo. Que grande alegria e exultação então encheram a cidade não posso descrever".[84]

Apesar de Raimundo estar entre aqueles que aceitaram a autenticidade da relíquia, Ademar estava satisfeito com sua visão original de que Pedro era uma fraude. Ainda assim, os cruzados pareciam estar revigorados com a descoberta dessa relíquia sagrada. Em 28 de junho, os portões de Antioquia se abriram quando Raimundo de Aguilers, carregando a Lança do Destino para o alto, conduziu os cruzados para fora da cidade para sua batalha final com o exército de Karbuka. À medida que os cruzados avançavam, muitos afirmavam ver na montanha um número de cavaleiros brancos que exibiam bandeiras brancas, os quais, eles estavam

---
82. Ibidem, p. 201.
83. Ibidem, p. 202.

84. D'AGUILIERS, op. cit.

convencidos, eram liderados pelo próprio São Jorge.[85]

Os turcos começaram a abandonar o campo em números cada vez maiores. A partida conduziu ao pânico, o que levou à retirada de contingentes ainda maiores. Karbuka, percebendo que ele e seus homens eram tudo o que restava para enfrentar os cruzados, também fugiu do campo de batalha. Apesar de muitos acreditarem que eles haviam sobrepujado os muçulmanos pelo poder da Lança do Destino e do exército de espíritos de São Jorge, a realidade era que muitos dos exércitos que haviam acompanhado Karbuka o traíram nas últimas horas (pois, caso eles tivessem obtido êxito em derrotar os francos, suas próprias terras estariam comprometidas pelo poder crescente de Karbuka). Apesar da contagem de corpos em ambos os lados no campo de batalha, Antioquia foi capturada não pela proeza marcial, mas pela intriga política. Mesmo quando a cidade estava a salvo, essas politicagens continuaram, e os líderes da cruzada disputaram sobre quem teria o controle final.[86]

A impressão de Doré do cerco de Antioquia. Foram necessários quase oito meses para que os cruzados tomassem a cidade dos muçulmanos. *ClipArt.com*

---

85. RUNCIMAN, op. cit., p. 205.
86. Ibidem, p. 189.

Uma representação romântica dos cruzados vendo Jerusalém pela primeira vez no topo dos morros da Judeia. *ClipArt.com*

Defensor do Santo Sepulcro

"Ele era justo, ele evitava o mal, ele era confiável e leal em suas tarefas. Ele desprezava as vaidades do mundo, uma rara qualidade naquela idade e especialmente entre os homens de profissão militar. Ele era assíduo na prece e nas obras devotas, reconhecido por sua generosidade, graciosamente afável, civil e piedoso. Toda a sua vida era louvável e agradável a Deus."[87]

Guilherme de Tiro sobre o caráter de Godofredo de Bulhão

Assim que os cruzados derrotaram o inimigo, eles foram atacados por um novo. Contudo, este inimigo não podia ser visto avançando sobre o horizonte como os exércitos de Karbuka. Em julho, os cruzados foram atingidos por uma epidemia, provavelmente de tifo, causada pela falta de condições sanitárias na recém-capturada cidade. Em 1º de agosto, a epidemia tomou a vida de Ademar Le Puy, que havia desempenhado um papel tão vital na Batalha de Dorileia um ano antes. A perda do legado papal de Urbano foi não apenas uma perda espiritual para os cruzados, mas também política. Ademar havia sido capaz de mediar entre os príncipes brigões, e, agora que ele estava morto, não havia ninguém para impedi-los de perseguir suas próprias ambições.

O principal dentre eles era Boemundo, que havia assegurado a captura da cidade por meio de sua perspicácia. Boemundo queria Antioquia para si e argumentava que, desde que Aleixo havia abandonado os cruzados, quando mais precisavam dele, qualquer reivindicação que ele tivesse sobre a cidade estava anulada. Raimundo,

---

87. William of Tyre, *Godfrey of Bouillon Becomes Defender of the Holy Sepulcher* – Medieval Sourcebook. Disponível em: *www.fordham.edu/halsall/source/tyregodfrey.html*.

no entanto, sentia que o seu juramento era sagrado e que a cidade deveria ser devolvida ao imperador bizantino como prometido. Mas Raimundo pode não ter sido tão altruísta quanto parece, pois ele mesmo dominava partes da cidade.[88] A rixa entre os príncipes motivou as tropas a forçar os dois homens a fazer uma trégua, e, em novembro, eles partiram para capturar Ma'arrat, que capitulou em 11 de dezembro. No entanto, os dois príncipes disputaram o controle da cidade, o que dissolveu a trégua de um mês. A essa altura, as tropas estavam fartas da picuinha – eles queriam prosseguir para Jerusalém e, a fim de pressionar Raimundo, eles começaram a reduzir Ma'arrat a pó.

Em 13 de janeiro, Raimundo, descalço e penitente, começou a marchar em direção à Cidade Sagrada cercado por padres que ofereciam suas preces.[89] Enquanto Ma'arrat queimava atrás deles, sua reputação como conquistadores brutais tornou-se infame. Raimundo, acompanhado de Tancredo e Roberto da Normandia, passou pela região e recebeu ajuda e passagem segura dos governantes locais em troca de proteção para si e para suas cidades e vilas. Entretanto, nem tudo estava livre do assédio dos cruzados. Apesar de o emir de Trípoli ter oferecido termos parecidos a seus correligionários mais ao norte, o conde escolheu atacar a cidade de Arga, a noroeste de sua capital.

Em 14 de março, Roberto de Flandres e Godofredo de Bulhão juntaram-se aos cruzados, mas, como era o caso, sempre que os príncipes se reuniam, os conflitos internos logo emergiam e os francos se punham em disputa uns com os outros. Foi nessa época que Pedro Bartolomeu começou a perder qualquer credibilidade que tinha com os cruzados, mas a perda de estima tinha tanto a ver com sua associação com Raimundo quanto com a falta de crença em suas profecias cada vez mais estranhas. Sua última havia ocorrido em 5 de abril, quando Cristo, São Pedro e Santo André disseram-lhe que ele deveria lançar um ataque imediato em Arga.[90] Naturalmente, a ocasião era conveniente, pois o cerco não estava indo bem, e Raimundo era o único príncipe que queria continuar o esforço.

Prova de Fogo

Por fim, cansado das afirmações dos miseráveis, Pedro foi confrontado e a ele foi dito que Ademar nunca havia acreditado em suas afirmações sobre a Lança do Destino. Mais uma vez, os cruzados se dividiram quando muitos vieram em defesa de Pedro. O principal de seus apoiadores era Raimundo de Aguilers, que havia beijado a ponta da lança quando esta estava incrustada no solo e lembrou os cruzados do fato. Outro padre, Pedro de Desidério, defendeu Raimundo e difamou o legado papal no processo, quando ele anunciou que Ademar visitara-o em uma visão e lhe dissera que os céticos queimariam no inferno por acreditar que a sagrada relíquia era falsa, um destino que o próprio Ademar confessara estar sofrendo no momento.[91] Outros logo começaram a rela-

---

88. TYERMAN, op. cit., p. 149.
89. Ibidem, p. 150.
90. RUNCIMAN, p. op. cit, 226.
91. Ibidem.

Havia muitos cruzados que duvidavam da autenticidade da Lança do Destino, descoberta por Pedro Bartolomeu em Antioquia. Para provar sua autenticidade, Pedro passou por uma prova de fogo, mostrada nesta ilustração de Gustave Doré. *ClipArt.com*

Após capturar Antioquia no verão de 1098, os príncipes cruzados passaram diversos meses discutindo o que deveria ser feito com a cidade. *ClipArt.com*

tar suas próprias visões até que Pedro exigiu poder provar a autenticidade da relíquia, passando por uma prova de fogo. Na Sexta-Feira Santa, seu pedido foi atendido. Vestido com nada mais do que uma túnica e agarrando-se à lança, Pedro emergiu das chamas, terrivelmente queimado, e morreu 12 dias depois por causa de seus ferimentos. Apesar de a lança ter sido desacreditada, isso não impediu Raimundo – que ainda acreditava em sua autenticidade – de guardá-la, por via das dúvidas. Levaria ainda quase um mês até que Raimundo fosse convencido a suspender o cerco, e, em 13 de maio de 1099, os cruzados continuaram para o sul, em direção a Trípoli.

A Embaixada Fatímida

Por esta época, outra embaixada fatímida se aproximou dos cruzados na esperança de chegar a um acordo sobre Jerusalém, apesar de os termos não serem tão favoráveis quanto antes. Havia um bom motivo: enquanto a epidemia devastava os francos em julho de 1098, os fatímidas atacavam Jerusalém. De fato, a vitória dos cruzados sobre Karbuka, em Antioquia, havia indiretamente ajudado os fatímidas na tomada da cidade dos ortoquidas* a ele aliados.[92] Os fatímidas, agora, ofereciam aos fran-

---

*N.T.: A dinastia ortoquida (*artuklu* em turco, às vezes chamada também de ortokida, artukida, ou artuqida; em turco, no plural: *artukoğulları*) era turca, do ramo cultural Oghuz – o mesmo da dinastia dos seljúcidas –, que governou o sul da Anatólia Oriental e a Mesopotâmia do Norte, durante os séculos XI e XII.

92. TYERMAN, op.cit., p. 149.

cos acesso limitado à Cidade Sagrada, e os peregrinos deviam vir desarmados. Novamente, a oferta foi recusada. Tornou-se aparente para todos os cruzados que Jerusalém devia ser capturada a qualquer custo, especialmente considerando que, uma vez que a embaixada fatímida retornasse a Cairo, um exército seria expedido para frustrar a iniciativa sobre a Cidade Sagrada. Christopher Tyerman, em seu livro *God's War: A New History of the Crusades* [A Guerra de Deus: Uma Nova História das Cruzadas], sugere que este foi um ponto de virada na campanha:

"A realidade social e política na Síria e na Palestina revelou aos ocidentais que, com o rompimento da aliança bizantina, não havia nenhuma classe governante cristã fraternal, na Igreja ou no Estado, a quem os locais sagrados pudessem ser confiados. Esta sutil, mas profunda mudança de uma guerra de libertação para uma de ocupação representou um prodigioso desenvolvimento nos planos de Urbano II, forjado pela experiência da campanha".[93]

Os cruzados haviam levado seis meses para viajar de Antioquia a Trípoli. Contudo, renovados de um zelo fanático, eles cobriram os 360 quilômetros restantes em apenas três semanas. Partindo de Trípoli em 16 de maio, os cruzados negociaram tratados e procuraram passagens seguras pela costa, com a menor resistência encontrada em Sídon. Eles voltaram-se para leste em Arsuf (onde uma importante batalha seria lutada contra os muçulmanos 92 anos mais tarde) e marcharam para Ramla, onde encontraram a cidade evacuada. Pausaram, então, por alguns dias, antes de seguirem para Qubeiba, a 16 quilômetros de seu destino. De lá, os cruzados espalharam-se pelos morros da Judeia, capturando pequenas vilas ao longo do caminho.

O Cerco de Jerusalém

Quando os francos partiram de suas casas entre o verão e o outono de 1096, havia 35 mil cruzados nos quatro exércitos. Contudo, em 7 de junho de 1099, quando eles chegaram ao topo dos morros da Judeia e viram a Cidade Sagrada pela primeira vez, seu número havia reduzido para 14 mil.[94] Para cada quilômetro em linha reta, os cruzados haviam perdido seis homens.[95] É claro, nem todos haviam sido mortos em batalha; outros morreram de fome ou de sede, ou da epidemia que assolou os francos em Antioquia, enquanto números gigantescos haviam desertado a cruzada ou se juntado a Boemundo, em Antioquia, ou a Balduíno, em Edessa. O que importa é que menos da metade daqueles que partiram para capturar Jerusalém dos muçulmanos agora permaneciam para completar a tarefa.

Isso não seria uma tarefa fácil, pois a defesa da cidade havia sido deixada nas mãos do governador fatímida, Iftikhar ad-Dawla. Assim como o governador de Antioquia, Yaghi Siyan, Iftikhar havia expulsado os cristãos da cidade para que

---

93. Ibidem, p. 152.

94. TYERMAN, op. cit., p. 153. BILLINGS, Malcom. *The Cross and the Crescent: A History of the Crusades.* New York: Sterling Co., 1990, p. 60. Tyerman sugere 14 mil, enquanto Billings sugere que pode ter havido até 15 mil.

95. A distância entre Paris e Jerusalém é de 3.336 quilômetros. Dado que os cruzados perderam aproximadamente 20 mil, chegamos a uma perda de seis homens por quilômetro.

não ajudassem seus correligionários. Além disso, ele recolheu os rebanhos para desprover os cruzados de comida, envenenou os poços para desprovê-los de água e cortou as árvores que poderiam ser usadas para construir uma torre de cerco. No caso de os cruzados terem trazido seus próprios equipamentos, Iftikhar havia preenchido suas torres com feno e algodão, a fim de absorver o choque de suas catapultas.[96]

Em 12 de junho, os francos fizeram uma peregrinação ao Monte das Oliveiras, por onde Cristo caminhara. Lá eles encontraram um eremita que lhes disse que, se eles atacassem a cidade imediatamente e tivessem fé em Deus, Ele entregaria a cidade em suas mãos. Apesar dos protestos dos cruzados de que eles não tinham as máquinas de guerra necessárias para cumprir a tarefa, o eremita insistiu em sua admoestação. Em 13 de junho, os francos iniciaram um ataque às muralhas da cidade com as poucas escadas que tinham em sua posse. Suas débeis tentativas para ganhar acesso aos baluartes foram facilmente repelidas pelos fatímidas, e os cruzados retrocederam a seus acampamentos, desmoralizados.

O que é importante entender é que, apesar de os cruzados estarem unidos pelo desejo de capturar Jerusalém, eles ainda estavam divididos sobre como cumprir a tarefa. Raimundo de Toulouse inicialmente se posicionou na área da Muralha Ocidental e da Torre de Davi, mas, no fim das contas, moveu-se para o sul, ao longo da Porta de Sião. Enquanto isso, Godofredo, Tancredo e os dois Robertos montaram acampamentos ao norte e de lá planejaram seus ataques. Apesar de esse fato ser frequentemente interpretado como um ataque à cidade a partir de múltiplas frentes, a divisão dos exércitos era tanto uma estratégia militar quanto um exemplo da desunião dos francos.

Em 17 de junho, os exércitos receberam a ajuda de uma frota de navios cristãos que chegou ao porto de Jaffa. As naus chegaram carregadas de materiais indispensáveis para construir as torres de cerco e catapultas necessárias para sitiar a cidade. No entanto, mesmo com essa sorte inesperada, os cruzados agiram de modo dividido, cada qual fazendo seus próprios arranjos e pagando os habilidosos artífices de seus próprios bolsos.[97]

Enquanto as torres eram construídas, os cruzados começaram a discutir sobre uma série de questões, incluindo quem iria ficar com Belém, que havia sido capturada por Tancredo em 6 de junho, e quem governaria Jerusalém, uma vez que fosse capturada. As autoridades seculares e o clero estavam divididos quanto à questão. O clero argumentava que um governante secular não deveria governar o local de nascimento de Cristo; nenhum homem deveria usar uma coroa de ouro na cidade em que Cristo usara uma coroa de espinhos.

Em 6 de julho, Ademar, o legado papal morto, novamente visitou Pedro Desidério em uma visão. Ele disse ao padre que, se os cruzados se arrependessem de seus modos pecaminosos e

---

96. RUNCIMAN, op. cit., p. 232.

97. TYERMAN, op. cit., p. 155. Tyerman indica que Raimundo pagava por conta própria, enquanto os do norte operavam a partir de um fundo comum.

conduzissem uma marcha descalços, em penitência, em torno da cidade, Jerusalém seria deles em nove dias.[98] Dado o fato de que a cidade realmente se rendeu nove dias mais tarde, é provável que os detalhes específicos da visão de Pedro sejam ornamentações apócrifas. Contudo, isto não significa que Pedro não acreditasse que sua visão fosse verdadeira, ou que ele não tivesse sido capaz de convencer os outros disso, e, em 8 de julho, os francos, liderados pelos padres que carregavam relíquias sagradas, incluindo a desacreditada Lança do Destino, marcharam em torno da cidade, imitando a versão bíblica da queda de Jericó. Foi um dos poucos atos de unidade desde sua chegada, um mês antes.

Apesar de o passeio ao redor das muralhas ter falhado em destroçá-las, como acontecera em Jericó, ele serviu para unir as facções rivais em seu zelo religioso. Após ouvirem os discursos de Raimundo de Aguilers, Arnulf de Choques e Pedro, o Eremita, no Monte das Oliveiras, os cruzados continuaram a operar a partir de áreas separadas, mas, dessa vez, era por propósitos estratégicos. Em 13 de julho, Raimundo e seus homens iniciaram com ardor seu ataque às muralhas perto da Porta de Sião, ao sul, enquanto Godofredo, Tancredo e os dois Robertos continuaram a atacar as muralhas ao norte da cidade.

Nas primeiras horas da manhã de 15 de julho, a torre de Godofredo estava próxima o suficiente para ser eficaz. E, ao meio-dia, ela estava encostada na muralha da cidade. Foram jogadas tábuas em direção aos baluartes, e os

Os cruzados, seguindo Godofredo de Bulhão, conseguiram entrar na cidade por meio de uma torre que foi transportada para perto da muralha, ao norte da cidade. *ClipArt.com*

cruzados conseguiram entrar na cidade. Apesar de frequentemente se creditar Godofredo de Bulhão como sendo o primeiro a entrar na cidade, dois irmãos de Tournai, chamados Engelberto e Ludolfo, precederam-no. Contudo, o duque não estava muito atrás dos Irmãos quando eles atacaram a cidade, seguidos do sobrinho de Boemundo, Tancredo.[99] Logo os portões da cidade foram abertos, e os cruzados a invadiram como uma enxurrada.

Vendo que as defesas da cidade haviam sido estraçalhadas, os muçulmanos fugiram para a área do Monte do Templo, onde seus antecessores haviam construído o Domo da Rocha e a Mes-

---

98. RUNCIMAN, op. cit., p. 235.

99. TYERMAN, op. cit., p. 157.

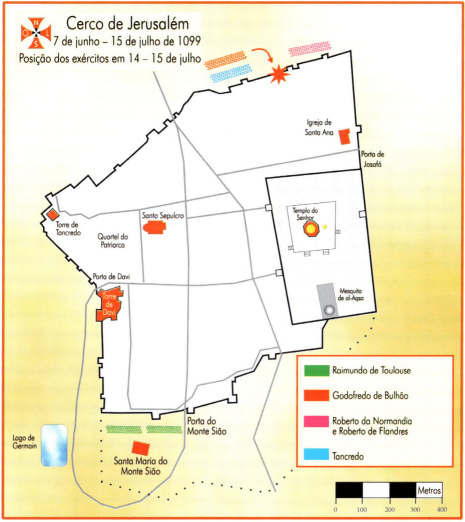

Neste mapa, vemos as posições dos quatro exércitos cruzados, em 14-15 de julho de 1099, quando se iniciou o ataque final à cidade. *Autor*

quita de al-Aqsa nos anos que seguiram a conquista muçulmana de Jerusalém em 638 d.C. Foi ali, no mesmo local em que o profeta Maomé havia feito sua jornada noturna, que os muçulmanos encontraram seu fim. Tancredo perseguiu os muçulmanos e saqueou os tesouros do Domo da Rocha antes de voltar sua atenção à Mesquita de al-Aqsa, onde muitos haviam se refugiado.

Tancredo propôs poupar suas vidas se eles se rendessem, e logo sua bandeira esvoaçava sobre a mesquita. Enquanto isso, Raimundo perseguia Iftikhar até a Torre de Davi. O governador também ofereceu a torre fortificada e uma quantia considerável de espólios se Raimundo poupasse sua vida e a de seus guardas pessoais. O conde concordou, e Iftikhar e seus homens foram autorizados a deixar a cidade. Outros não tive-

Tancredo, ao entrar na cidade, saqueou o Domo da Rocha (*centro*) antes de prosseguir para a Mesquita de al-Aqsa (*canto direito*) para onde muitos dos muçulmanos da cidade haviam fugido. *ClipArt.com*

ram a mesma sorte. Mesmo aqueles na al-Aqsa que haviam rendido a mesquita pelas suas vidas foram executados no dia seguinte por um grupo de cruzados que ignoraram a bandeira de Tancredo no topo. Mesmo os judeus da cidade que haviam buscado refúgio em sua sinagoga foram mortos quando os francos incendiaram seu templo, como Emrich de Leisingen havia feito na Germânia três anos antes.

Todo homem, mulher e criança com quem os cruzados encontravam eram massacrados, e, se os cristãos não tivessem sido expulsos da cidade antes do cerco, é possível que eles também estivessem entre os mortos. Talvez a mais horrível das versões da época sobre o massacre foi a de Raimundo de Aguilers, que assim descreveu a carnificina:

"Pilhas de cabeças, mãos e pés eram vistas nas ruas da cidade. Era necessário escolher o caminho sobre os cadáveres de homens e cavalos. Mas estas eram pequenas questões comparadas ao que aconteceu no Templo de Salomão [al-Aqsa], um lugar onde ordinariamente se entoam cerimônias religiosas. O que aconteceu lá? Se eu disser a verdade, ela vai exceder seu poder de crença. Então, contentemo-nos a dizer o seguinte, ao menos, que, no Templo e átrio de Salomão, os homens cavalgavam com o sangue até seus joelhos e rédeas".[100]

Apesar de esse mar de sangue ser certamente um exagero poético, com intenção de chocar o leitor, Raimundo de Aguilers, mesmo assim, prosseguiu endossando o massacre:

"De fato, foi apenas um julgamento esplêndido e justo de Deus que este lugar se tornasse repleto de sangue dos infiéis, já que sofrera por tanto tempo com suas blasfêmias".[101]

Jerusalém havia sido capturada, seus habitantes muçulmanos e judeus, massacrados, e seus tesouros, divididos entre

---
100. D'AGUILIERS, op. cit.
101. Ibidem.

os príncipes que vieram ao Oriente para resgatar a cidade. Os francos levaram três anos para libertar Jerusalém, mas levou-se pouco mais de duas semanas para que as notícias de sua captura viajassem a oeste. Infelizmente, o papa Urbano II, que havia convocado a cruzada, morreu em 29 de julho de 1099.

ADVOCATUS SANCTI SEPULCHRI

Quando o legado de Urbano, Ademar Le Puy, morreu em 1098, também pereceu qualquer plano que ele possa ter tido para o governo de Jerusalém. É provável que, como o legado do papa, ele prefigurasse um estado eclesiástico dirigido por um patriarca. Contudo, tanto o bispo quanto o papa estavam mortos, e o problema imediato era decidir quem deveria governar a cidade, pois chegaram notícias de que o exército egípcio* estava a caminho.

Enquanto os cadáveres dos mortos estavam sendo queimados, os líderes da cruzada organizaram uma assembleia para determinar quem governaria, mas novamente houve desacordos. O clero achava que, antes de qualquer discussão sobre a eleição de um governante secular, a questão de quem serviria como patriarca deveria ser resolvida. Muitos dos candidatos legítimos para a posição agora eram falecidos, mortos tanto por batalhas quanto por doenças. As facções rivais sentiam que aqueles sugeridos para assumir a posição seriam uma conspiração arquitetada pelos do outro lado e, como resultado, decidiram eleger primeiro o cargo secular.

*N.E.: Sugerimos a leitura de *O Guia dos Hieróglifos Egípcios*, de Richard Parkinson, Madras Editora.

Acima e abaixo: Iftikhar, o governador da cidade, fugiu para a Torre de Davi quando a cidade capitulou. Foi aqui que ele ofereceu render a fortaleza a Raimundo de Toulouse em troca de sua vida. *ClipArt.com*

Dos príncipes que haviam partido para o Oriente em 1096, apenas quatro permaneciam – Boemundo conseguiu o que queria e estabeleceu residência em Antioquia, enquanto Balduíno de Bolonha havia mantido sua posição em Edessa. Os que permaneciam, tanto os Robertos quanto o irmão de Godofredo, Eustácio, queriam retornar às suas casas. Isso deixava Raimundo, Tancredo e Godofredo como candidatos viáveis para o trono, apesar de Tancredo ter poucos partidários.

A discussão seguiu por vários dias, mas a coroa foi oferecida em última instância a Raimundo de Toulouse, que a recusou alegando que não tinha qualquer desejo de ser rei na cidade de Cristo. Mais uma vez, como em Antioquia, os motivos de Raimundo podem ter sido menos altruístas, menos piedosos do que pareciam. As razões para a sua recusa foram postas em xeque na época de Runciman,[102] e os historiadores atuais, como Tyerman, acreditam que sua recusa foi uma manobra política.[103] Quaisquer que tenham sido seus motivos para recusar a coroa, ela foi oferecida a Godofredo de Bulhão, que, apesar de inicialmente expressar relutância, aceitou-a com a condição de que ele não fosse chamado de rei, mas sim de *advocatus Sancti Sepulchri* ou defensor do Santo Sepulcro. É claro, a diferença na nomenclatura não mudava o fato de que ele era, em todos os sentidos da palavra, o primeiro rei cristão de Jerusalém.

Nos meses e anos que se seguiram, os cristãos se espalhariam a partir de Jerusalém, Edessa e Antioquia, controlando novas terras – algumas por conquista, outras por rendição e outras por intrigas políticas que os acompanharam ao Oriente. Apesar de sua linhagem de berço nobre, os príncipes cruzados haviam provado que eles eram, em todos os aspectos, tão humanos quanto seus correligionários de berço ignóbil. Eles haviam brigado entre si ao longo da jornada ao Oriente e falhado em manter a disciplina de suas tropas em combate. Em menos de uma geração após a chegada dos francos ao Levante, nasceria na Cidade Sagrada uma nova nobreza que tentaria mudar tudo isso.

Uma representação do século XIX de Godofredo de Bulhão como defensor do Santo Sepulcro. O líder cruzado não quis ser chamado de rei na Cidade Sagrada de Cristo. *Autor*

---

102. RUNCIMAN, op. cit., p. 241-242. Runciman escreveu em fins da década de 1940 e início da década de 1950.
103. TYERMAN, op. cit., p. 159-160.

Defensor do Santo Sepulcro ✠ 93

94 ✠ Nascidos em Berço Nobre

A ilustração francesa do século XVIII intitulada "Os Primeiros Templários" é uma representação romântica das origens humildes da Ordem, quando se alegava que eles eram tão pobres que tinham de dividir um cavalo. *Autor*

Um Novo Tipo de Cavalaria

"Este, eu digo, é um novo tipo de cavalaria, desconhecida dos tempos idos. Ela incessantemente trava uma guerra de duas frentes contra o sangue e o corpo e contra um exército espiritual de maldade nos céus."
Bernardo de Claraval, De Laude Novae Militiae

Pouco se sabe dos primeiros anos dos Templários. A Ordem, ao contrário de muitas instituições religiosas da época, não manteve registros de seus primeiros anos – ao menos, nenhum que tenha sobrevivido. Portanto, para entender as origens da maior das Ordens militares, devemos juntar fragmentos e pedaços que estão espalhados na mesa da história medieval, selecionando entre as opiniões pessoais as versões apócrifas e as claras invenções, a fim de chegar ao fundo da história do início dos Cavaleiros Templários.

Muito do que se tornou uma versão aceita das origens da Ordem foi escrito mais de meio século após os Templários começarem em Jerusalém e foi escrito por Guilherme de Tiro, um homem que tinha uma grande aversão ao que ele percebia que a Ordem havia se tornado em seus dias. Guilherme, bispo de Tiro, é um dos três cronistas que, escrevendo na última metade do século XII, deixaram uma versão dos primeiros dias dos Templários; os outros dois foram Miguel, o Sírio, patriarca jacobita de Antioquia, e Walter Map, vice-bispo de Oxford, que também era o clérigo na corte do rei Henrique II da Inglaterra. Dos três, a versão de Guilherme, apesar de sua inclinação pessoal e de erros factuais, é geralmente aceita como a mais confiável das três.

O Clérigo Cronista

Guilherme fazia parte da segunda geração de crianças nascidas no recém-formado reino de Jerusalém, e os historiadores localizam seu nascimento entre os anos de 1127 e 1130. Dessa forma, os Templários surgiram antes do nascimento de Guilherme, conquanto ele só tenha encontrado membros da Ordem enquanto crescia em Jerusalém, onde foi educado. Como muitos homens da Era Medieval, Guilherme entrou para a Igreja quando jovem e era versado em grego e latim.[104] Diz-se que ele também falava árabe, o que é evidente a partir dos manuscritos que ele escreveu sobre a história dos muçulmanos, mas a sua compreensão da língua provavelmente se devia mais à proximidade geográfica com as populações de língua árabe do que à educação formal.

Em meados do século XII, as fronteiras entre o Oriente e o Ocidente começaram a turvar. Os francos, particularmente aqueles da segunda e das gerações subsequentes nascidas no Oriente, haviam se adaptado às vestimentas e aos costumes orientais. Uma prática comum entre muitos cristãos no Oriente – e uma tradição que se atribuiria aos Templários mais tarde – era, na verdade, apenas uma maneira dos francos adotarem a filosofia de, "quando em Roma, faça como os romanos".

Por volta do ano de 1146, Guilherme havia partido do Levante para a Europa, a fim de continuar sua educação, e passou duas décadas estudando com alguns dos maiores acadêmicos da cristandade, em Paris e Bolonha.[105] Em seu retorno à Terra Santa em 1165, ele primeiro tornou-se um clérigo em Acre e, em 1167, realizou os sacramentos de matrimônio de Amalrico I, rei de Jerusalém, e Maria Comnena, sobrinha do imperador bizantino Manuel Comneno. Em 1168, como vice-bispo de Tiro, ele ajudaria tanto Amalrico quanto Manuel em uma missão diplomática, a fim de formar uma aliança entre o reino de Jerusalém e o Império Bizantino para uma campanha conjunta contra o Egito.*

Após uma viagem a Roma em 1169 – a fim de tratar de um problema pessoal que chegou a suas mãos por intermédio de um colega clérigo[106] –, Guilherme retornou à Terra Santa, onde tornou-se o tutor do filho de Amalrico, que mais tarde seria coroado Balduíno IV, o Rei Leproso. De fato, foi durante o exercício de Guilherme como tutor da corte que ele descobriu que o futuro rei sofria de lepra, apesar de a doença não ter se manifestado totalmente até que o menino atingisse a puberdade.

Foi por volta dessa época que o clérigo voltou sua atenção para o registro

---

104. Willian of Tyre. *Catholic Encyclopedia*, 1912 edition. Disponível em: www.newadvent.org/cathen/15639a.htm.

105. Na *História*, de Guilherme de Tiro, ele fornece um capítulo biográfico sobre seu tempo na Europa. Este capítulo foi excluído de algumas edições e traduções, mas foi descoberto na Biblioteca do Vaticano e incluído na edição de 1962 do livro. Guilherme coloca entre seus professores o Mestre Bernardo, o Bretão, Mestre Pedro Helias, Mestre Ivo de Chartres e Gilbert Porée, bispo de Poitiers. O relato indica que ele estudou em Paris e em Bolonha.

*N.E.: Sugerimos a leitura de *Moisés e Akhenaton – A História Secreta do Egito no Tempo do Êxodo*, de Ahmed Osman, Madras Editora.

106. Guilherme foi a Roma em 1169 para responder a acusações feitas contra ele por Frederico de la Roche, o arcebispo de Tiro. Enquanto não se sabe a natureza das acusações, especula-se que pode ter sido algo a ver com a quantia de dinheiro que ele recebia como vice-bispo.

de uma história do reino de Jerusalém, intitulada *Historia Rerum in Partibus Transmarinis Gestarum* ou "História dos Feitos Realizados no Ultramar". É deste registro que deriva a história tradicional da fundação dos Cavaleiros Templários.

A VERSÃO DE GUILHERME

"Nesse mesmo ano [1118], certos nobres de grau cavalheiresco, homens religiosos, devotados a Deus e d'Ele temorosos, comprometeram-se com o serviço a Cristo nas mãos do senhor patriarca. Eles prometeram viver eternamente como cônegos regulares, sem posses, sob St. Omer. Já que eles não tinham igreja, tampouco residência fixa, o rei deu-lhes por um tempo uma habitação na asa sul do palácio, perto do Templo do Senhor. Os cônegos desse templo deram-lhes, sob certas condições, um quarteirão perto do palácio que os cônegos possuíam. Este, os cavaleiros usavam como um campo de prática. O senhor rei, seus nobres, o senhor patriarca e os prelados da Igreja deram-lhes benefícios de seus domínios, alguns por um tempo limitado e outros para sempre. Estes deveriam fornecer aos cavaleiros comida e vestimenta. A obrigação primeira, que lhes foi impingida pelo senhor patriarca e outros bis-

Monte do Templo em Jerusalém visto do leste. A Mesquita de al-Aqsa, à esquerda, é onde os Templários beram seus alojamentos do rei Balduíno II após a sua formação em 1119-1120. Acreditava-se que a strução era o Templo de Salomão, e foi a partir dessa conexão que a Ordem tornou-se conhecida como os plários. *iStockPhoto.com (Luis Alvarez)*

o juramento de castidade e obediência. Seus líderes mais destacados eram o Venerável Hugo de Payens e Godofredo de pos, para a remissão de seus pecados, era proteger as estradas e as rotas contra os ataques de ladrões e bandidos. Isso eles faziam especialmente para proteger os peregrinos."[107]

E assim temos a história tradicional do início da Ordem. Um grupo de cavaleiros de berço nobre, liderado por Hugo de Payens e Godofredo de St. Omer, assumiu os votos de castidade, pobreza e obediência, jurando, além disso, defender os peregrinos em viagem para ver os santuários sagrados da cristandade. Sendo cavaleiros pobres e virtuosos, sem um lugar que pudessem chamar de lar, o rei de Jerusalém, Balduíno II,[108] deu-lhes parte de seu palácio, que ficava na Mesquita de al-Aqsa, bem como outras áreas do Monte do Templo, como uma base de operações.

O clérigo também nos conta em seu registro que os Templários vestiam roupas seculares e "usavam tal vestuário, pois o povo, para a salvação de sua alma, dava-lhes".[109] Adicionalmente, o registro nos diz que, até fins do seu nono ano, havia nove cavaleiros. O que é interessante nesse relato é que ele não especifica em lugar algum que havia nove cavaleiros que fundaram a Ordem, apenas que, até o fim do nono ano, eles eram nove em número.

A Versão de Miguel

Como a versão de Guilherme dos eventos não deixa claro se a Ordem tinha nove cavaleiros em sua concepção ou se tinha este número após os primeiros nove anos, ela é um contraste gritante com outro cronista de fins do século XII, Miguel, o Sírio. Na versão de Miguel sobre a fundação dos Templários, havia 31 cavaleiros:

"No início do reinado do rei Balduíno II, um franco veio de Roma para rezar em Jerusalém. Ele fez um juramento de nunca mais voltar à sua terra natal, mas de receber ordens divinas, após ter ajudado o rei na guerra por três anos, ele e mais 30 cavaleiros que o acompanhavam, e de terminar sua vida em Jerusalém. Quando o rei e seus nobres viram que eles eram renomados em batalha e que haviam sido de grande utilidade para a cidade durante seus três anos de serviço, ele aconselhou este homem a servir na milícia, com aqueles a ele ligados, em vez de receber ordens divinas para buscar salvar sua alma, e proteger aqueles locais contra ladrões.

Agora este homem, cujo nome era Hugo de Payens, aceitou o conselho; os 30 cavaleiros que o acompanhavam a ele se juntaram. O rei deu-lhes a casa de Salomão como sua residência e algumas vilas para a sua manutenção. O patriarca também lhes deu algumas vilas da Igreja."[110]

Apesar de considerada não confiável pelos historiadores, a versão de Miguel de fato contém um elemento de autenticidade, pois responde a umas poucas questões que muitos têm sobre os primeiros dias dos Templários. Por exemplo, se os Templários tinham a responsabilidade

---

107. William of Tyre. *The Foundation of the Order of Knights Templar* – Medieval Sourcebook. Disponível em: *www.fordham.edu/halsall/source/tyre-templars.html*. Tradução para o inglês do professor James Brundage.
108. Balduíno II era o primo de Godofredo, Balduíno Le Bourg, que se tornou o segundo conde de Edessa após Balduíno de Bolonha suceder seu irmão Godofredo como rei de Jerusalém, assumindo o nome Balduíno I.
109. William of Tyre, op. cit.

110. BURMAN, Edward. *The Templars: Knights of God*. Rochester: Destiny Books, 1986, p. 19-20.

de proteger as rotas de peregrinação dos "ladrões e bandidos", como ambas as versões parecem indicar, de que maneira isso era sustentável com nove ou menos cavaleiros? E, se havia somente nove cavaleiros, por que Balduíno II daria a Mesquita de al-Aqsa – que era então o palácio real e a qual os cruzados acreditavam ser o Templo de Salomão – para o seu uso?

Apesar de ser impossível verificar os verdadeiros eventos, parece que a versão de Miguel de 31 cavaleiros é a mais plausível. Embora seja um pequeno número pelos padrões militares atuais, é importante perceber que, no ano após a Primeira Cruzada, estima-se que havia 300 cavaleiros e 300 soldados de infantaria na área de Jerusalém.[111] Isso porque muitos dos cavaleiros que lutaram pela vitória de Jerusalém haviam retornado para casa com os espólios de guerra, uma vez que a vitória fora alcançada. Apesar de novos colonos – incluindo cavaleiros e outros militares – visitarem a Terra Santa entre 1099 e o início dos Templários, cerca de duas décadas mais tarde, muitos viviam em áreas mais povoadas ao longo da costa, deixando Jerusalém relativamente pouco povoada e pouco protegida. Balduíno II não poderia ser ignorante quanto a essa deficiência em suas defesas militares e, como veremos mais adiante, teria aceitado, com prazer, 30 cavaleiros bem treinados e seu competente líder.

A Versão de Walter

À luz das duas versões anteriores, Walter Map – um homem que se encontrava mais afastado em termos geográficos e temporais – fornece uma versão que poderia ser confundida com um romance do rei Artur. Walter não numera os fundadores como sendo 31 ou nove. Sua versão dos eventos afirmaria que a tarefa de proteger os peregrinos era o espetáculo de apenas um homem. Bem, ao menos inicialmente...

Walter, que foi acusado, e com boas razões, de deixar um belo conto perverter a história, conta-nos sobre um solitário cavaleiro borgonhês, chamado Paganus, que se inquietava pelos ataques rotineiros contra os peregrinos em uma lagoa perto da cidade de Jerusalém.[112] Paganus a protegia sozinho contra os bandidos até que seu número se tornou muito grande para que ele desse conta. Então, ele abordou os cônegos do Templo do Senhor pedindo ajuda, adquirindo um salão como uma base de operações a partir da qual ele poderia recrutar mais cavaleiros para ajudar a causa.

Apesar de a versão de Walter ser quase certamente uma obra de ficção, há um elemento interessante na maneira como ele nomeia o personagem principal. A palavra latina *Paganus*, apesar dos paralelos imediatos com a palavra moderna "pagão", tinha o sentido muito mais simples de homem do campo, camponês ou vilão. Isto é fascinante, pois Hugo de Payens, que é indiscutivelmente reconhecido como o fundador dos Templários, era

---

111. NICHOLSON, Helen. *The Knights Templar: A New History*. Phoenix Mill: Alan Sutton, 2004, p. 17.

112. BARBER, Malcolm. *The New Knighthood: A History of the Order of the Temple.* New York: Cambridge University Press, 1996, p. 7.

um nobre e cavaleiro borgonhês, certamente não um camponês ou vilão. Contudo, Walter pode estar aludindo a seu voto de pobreza ao escolher se referir a ele como Paganus ou camponês. Deixando de lado as especulações sobre as intenções de Walter, pode ter sido uma questão de ortografia, pois nenhuma versão tende a escrever o título do pai fundador da Ordem dos Templários da mesma maneira: Payens, Payen, Pedanis, Pedano ou mesmo Paganus são encontrados entre as variações usadas ao longo dos anos. O que sabemos ao certo é que Hugo, seja qual for o nome pelo qual era conhecido na época, nasceu em 1070 na vila de Château de Payns, que se localiza perto de Troyes, uma cidade que teria um papel proeminente nos primeiros anos da Ordem.

OUTRAS VERSÕES

Com respeito aos primeiros anos dos Templários, a tarefa de entender as três versões seria problemática, pois, por mais divergentes, nenhuma fornece qualquer grande detalhe, sendo suas estruturas maquiadas e corrompidas por noções românticas. Felizmente, há outras fontes primárias de informação, escritas muito mais próximas do tempo real dos eventos, que nos fornecem alguns vislumbres adicionais.

A primeira delas vem de uma carta de direitos escrita entre a primavera de 1130 e a primavera de 1131 por Simão, bispo de Noyon, documentando uma doação a Hugo, Mestre dos Cavaleiros do Templo. No preâmbulo, Simão deseja à Ordem força para perseverar "na vida da Ordem religiosa em que tu ingressaste". O bispo de Noyon continua:

"Agradecemos a Deus, pois, pela sua misericórdia, ele recuperou a Ordem que havia perecido. Pois sabemos que três Ordens foram instituídas por Deus na Igreja: a Ordem dos que rezam, a dos que defendem e a dos que trabalham. As demais Ordens estavam em declínio, enquanto que a Ordem dos defensores havia quase completamente perecido. Mas Deus Pai e nosso Senhor Jesus Cristo,* Filho de Deus, tiveram misericórdia de Sua Igreja. Por meio da introdução do Espírito Santo em nossos corações nesses tempos mais recentes, Ele condescendeu em reparar a Ordem perdida".[113]

Como este relato pode, à primeira vista, parecer indicar que os Templários haviam existido em alguma forma anterior e que haviam sido restaurados, é importante notar que aquilo a que Simão se referia como as "três Ordens" era uma divisão natural da sociedade que existia naquele tempo. No topo da corrente, ao menos para o clero, estava a Ordem dos que rezam – os homens da Igreja que cuidavam de questões eclesiásticas, que era o eixo em torno do qual o mundo medieval girava. Ao lado da Ordem dos que rezam, estava a Ordem dos que defendem, ou aqueles que lutavam. Esta era a aristocracia de berço nobre da Europa medieval que, com espadas e cavalos, tinham a responsabilidade de defender os interesses de seu suserano e proteger os fracos e pobres que estavam sob seus cuidados. Por fim, havia a Ordem dos que trabalham. Como a classe camponesa

---
*N.E.: Sugerimos a leitura de *A Paixão de Cristo – Mel Gibson e a Filosofia*, de Jorge J. E. Gracia, Madras Editora.
113. NICHOLSON, Helen. *Contemporary Reactions to the Foundation of the Templars*. Disponível em: *www.deremilitari.org/resources/sources/templars1.htm*.

compunha a maior parte da sociedade e devia lealdade à nobreza, não era surpresa que eles seriam os trabalhadores. Contudo, o contexto em que tudo isso se encaixa é o religioso. A igreja era o ponto de encontro central da comunidade medieval; a nobreza, todavia, era provavelmente a menos inclinada a honrar sua parte. Dessa forma, Simão está elogiando os Templários por reverter esse declínio, estabelecendo um exemplo para que os demais cavaleiros seguissem.

A informação seguinte sobre os primeiros anos dos Templários foi registrada entre 1135 e 1137 por Simão de St. Bertin, um monge da região de St. Omer. Em *Gesta Abbatum Sancti Bertini Sithensium*, Simão apresenta a noção de que os membros fundadores dos Templários eram soldados da Primeira Cruzada que haviam permanecido em Jerusalém em vez de retornar à Europa, como a maioria havia feito. Ao escrever sobre os eventos que seguiram após a coroação de Godofredo de Bulhão, o monge de St. Bertin nos diz:

"Enquanto ele reinava de forma magnífica, alguns haviam decidido não retornar às sombras do mundo após sofrer tais perigos em nome de Deus. Com o conselho dos príncipes do exército de Deus, eles se comprometeram com o Templo de Deus sob esta regra: eles renunciariam ao mundo, abririam mão de bens pessoais, libertariam a si mesmos para buscar a pureza e levariam uma vida comunal vestindo um hábito pobre, usando armas somente para defender a terra contra os ataques dos pagãos insurgentes quando a necessidade o exigisse".[114]

De qualquer forma, Simão não era o único a sugerir que os Templários originais eram cruzados. Otto, bispo de Freising, que escreveu em alguma época entre 1143 e 1147, em sua obra *Chronicon*, afirmou que, durante a época da Controvérsia das Investiduras (ver capítulo 1), alguns cavaleiros, que perceberam que vestiam a cinta da espada por um propósito mais nobre, dirigiram-se a Jerusalém em cruzada, onde formaram um novo tipo de cavalaria, dedicada a portar as armas contra os inimigos dos cristãos:

"Por esta época, enquanto o reino dos romanos estava dividido em guerra civil e parricida causada por um desejo de dominação, outros, desprezando o que possuíam por causa de Cristo e percebendo que não portavam a cinta da cavalaria sem boa razão, dirigiram-se a Jerusalém. E lá eles começaram um novo tipo de cavalaria. Assim eles portam armas contra os inimigos da cruz de Cristo, carregando, dessa forma, continuamente a mortificação da cruz em seus corpos; eles pareceriam ser, na vida e no estilo, não cavaleiros, mas monges".[115]

Ainda que os Templários possam ter parecido monges em vez de cavaleiros, eles conciliavam ambos os aspectos da sociedade, que é o que lhes tornava tão singulares. Em uma carta ao papa Eugênio III, Anselmo, bispo de Havelburgo, descreve a natureza dual dos Templários em 1145:

"Eles [os Templários] privam-se das vestimentas supérfluas e caras, preparados para defender o glorioso Sepulcro do Senhor contra as incursões dos sarracenos. No lar, pacíficos; ao ar livre, árduos guerreiros; no lar, obedientes à disciplina de um costume religioso; ao ar livre, de acordo com a disciplina militar; no lar, instruídos no silêncio

---

114. Ibidem.

115. Ibidem.

sagrado; ao ar livre, destemidos pelo conflito e ataque da batalha; e, para resumir brevemente, eles executam tudo que lhes é ordenado, dentro e fora de casa, em simples obediência".[116]

O elogio de Anselmo aos Templários e as palavras que escolheu para descrever a cavalaria ao papa não eram novidade. Muito do que ele escreveu havia sido retirado diretamente de outro clérigo influente, Bernardo de Claraval, um homem que pôde estar tão relacionado com o sucesso dos Templários quanto Hugo de Payens – talvez até mais.

São Bernardo

Bernardo, que foi canonizado em 1174 e transformado em doutor da Igreja em 1830, nasceu em uma família nobre em 1090, em Fontaines, que fica nas redondezas da velha capital borgonhesa, Dijon. O pai de Bernardo foi um cavaleiro chamado Tecelim, e sua mãe era uma mulher chamada Alícia, que era da família Montbard.[117] De fato, o irmão mais novo de Alícia era André de Montbard, que se acredita ser um dos fundadores dos Templários e que certamente foi um Mestre da Ordem posteriormente (o que faria de Bernardo o seu sobrinho, apesar do fato de que era muito mais velho do que André).[118] Assim como os primeiros anos dos Templários, pouco sabemos do início da vida de Bernardo, e, como a história

O abade cisterciense Bernardo de Claraval era sobrinho de André de Montbard, quem se acredita que fosse um dos membros originais dos Cavaleiros Templários. Bernardo foi um dos grandes patronos da Ordem. ClipArt.com

dos Templários, a sua também é distorcida com mitos fantasiosos.

O que sabemos é que, ao contrário de seu pai, Bernardo não se tornou um cavaleiro e ingressou na vida religiosa por volta dos 8 anos de idade. Primeiro, ele frequentou a escola em St. Vorles, em Châtillon-sur-Seine, onde Tecelim tinha uma propriedade, permitindo que a família visitasse Bernardo com frequência. Apesar de a família de berço nobre aceitar a educação de Bernardo em St. Vorles, a decisão de entrar para a vida monástica foi contestada. Contudo, o jovem perseverou, e, em 1112, Bernardo e 32 outros jovens que buscavam uma vida ascética ingressaram na recém-formada Abadia de Citeaux, onde nasceu a Ordem Cis-

---

116. Ibidem.
117. MEADOWS, Dennis. *A Saint and a Half: The Remarkable Lives of Abelard and St. Bernard of Chairvaux*. New York: The Devin-Adair Company, 1963, p. 92.
118. BARBER, op. cit., p. 71. André de Montbard era o sexto filho de Bernardo, senhor de Montbard, e Humbergue de Ricey.

terciense.[119] Três anos após se juntar aos cistercienses, Stephen Harding, abade de Citeaux, enviou Bernardo para formar uma nova abadia em Ville-sous-la-Ferté.

É interessante notar um paralelo entre a versão do início da carreira de Bernardo na Ordem Cisterciense e a explicação de Miguel, o Sírio, para o início da carreira dos Templários: um único homem, acompanhado de uns 30 outros, ingressou em uma nova vocação após um período de três anos de serviço e prosseguiu para coisas maiores e melhores.

A conexão é provavelmente pura coincidência, contudo, dado o fato de que a versão de Miguel foi escrita muito depois que Bernardo e os Templários conquistaram a fama na cristandade e dada a influência de Bernardo no sucesso da Ordem, pode ter havido uma alegoria subjacente. Deixando as especulações de lado, o pedido de formar esta nova abadia viera do conde Hugo de Champagne,[120] um homem que era o suserano de Hugo de Payens e que se juntou aos Templários em 1125. Apesar de a propriedade fornecida pelo conde ser praticamente um pântano, Bernardo escolheu chamar a nova abadia de "Clairvaux" ou "vale claro", onde permaneceu como abade até sua morte, em 1153.

Durante seu tempo como abade de Claraval, Bernardo provavelmente passou mais tempo fora da abadia do que dentro de suas paredes. Isso porque o abade cisterciense havia se tornado uma pessoa influente na cristandade. Bernardo reformou e expandiu a Ordem Cisterciense, escreveu sermões e até redigiu uma carta ao papa Eugênio III, intitulada "De Consideratione", que era uma espécie de guia de como os papas deveriam conduzir-se. Dessa forma, não é surpresa que Bernardo seja frequentemente chamado de "segundo papa". Da mesma forma, não é surpresa que ele tenha escrito uma carta a seu amigo Hugo de Payens, que pôs em ação uma cadeia de eventos que levou os Templários a uma explosão em número e em notoriedade.

ELOGIO DA NOVA NOBREZA

Das primeiras fontes disponíveis sobre os Templários (com a *Regra da Ordem* dos Templários), *De Laude Novae Militae,* de Bernardo, que significa "Elogio da Nova Cavalaria", escrito em algum momento entre 1128 e 1138, é uma das mais valiosas por nos fornecer um quadro dos primeiros dias da Ordem e como eles diferiam do que existira antes deles. O documento tinha intenção de servir a um duplo propósito: elogiar e encorajar os Templários, servir como uma propaganda de recrutamento. Entretanto, independentemente das motivações pessoais por trás da exortação de Bernardo da Ordem em ascensão, a carta, uma resposta ao terceiro pedido de Hugo por endosso, serviu para informar a cristandade sobre a nova cavalaria.

Bernardo referiu-se aos Templários como "um novo tipo de cavalaria", pois seu método de luta tinha duas facetas: a primeira, como cavaleiros seculares, eles travavam guerra contra carne e sangue; a segunda, e muito mais importante para o abade cisterciense, os Templários travavam guerra contra "um exército

---

119. MEADOWS, op. cit., p. 100.
120. TOBIN, Stephen. *The Cistercians: Monks and Monasteries of Europe.* New York: Overlook Press, 1995, p. 53.

espiritual de maldade nos céus". Tomadas separadamente, Bernardo considerava que nenhum dos tipos de guerra era particularmente digno de seu maior elogio, pois o mundo estava repleto tanto de cavaleiros como de monges que travavam guerra à sua própria maneira. Foi a combinação dos dois que motivou Bernardo a escrever uma carta elogiando os Templários:

"Mas, quando se vê um homem rodeando-se de espadas e nobremente marcando sua cinta, quem não o considera digno de toda a admiração, ainda mais por ter sido até agora desconhecido? Ele é verdadeiramente um cavaleiro destemido e seguro em todos os aspectos, pois sua alma é protegida pela armadura da fé, assim como seu corpo é protegido pela armadura de aço. Ele está, portanto, duplamente armado e não precisa temer nem demônios nem homens".[121]

As palavras de Bernardo ressoam o tema por trás do discurso do papa Urbano em Clermont, de muitas décadas anteriores – o cavaleiro que lutou e matou em nome de Cristo não cometia um assassinato, tampouco se comprometia com a maldade. De fato, o abade cisterciense escreveu: "Os cavaleiros de Cristo podem seguramente lutar as batalhas de seu Senhor, não temendo nem o pecado se golpeam o inimigo, tampouco o perigo de sua própria morte, já que infligir a morte ou morrer por Cristo não é pecado, mas sim uma reivindicação abundante à glória".[122] Como a natureza dual dos próprios Templários, Bernardo enxergava um ganho de duplo propósito em comba-

ter os inimigos de Cristo: eles obtinham um ganho para Cristo quando um de Seus inimigos caía no campo de batalha, e Cristo ganhava quando eles próprios morriam em combate. Para Bernardo, o Senhor estava mais preocupado com a perda de um de Seus crentes do que com a de um de Seus não crentes e lidaria de acordo com a morte de cada um.

Combinando os melhores atributos da vida contemplativa e ativa, Bernardo escreveu sobre a dicotomia que existia nos Templários, maravilhando-se que esta nova cavalaria parecia mais pacífica que os carneiros e, ao mesmo tempo, era mais feroz que os leões. De fato, o abade estava incerto se eles deveriam ser caracterizados como monges ou soldados. Bernardo concluía que era melhor reconhecê-los como ambos, pois eles não prescindiam nem da natureza dócil dos monges nem da força militar da classe guerreira. Mas, independentemen-

Esta ilustração de um cavaleiro europeu do século XII representa os ornamentos levemente efeminados que Bernardo criticava nos cavaleiros em seu *Elogio da Nova Cavalaria*. ClipArt.com

---

121. Bernard of Clairvaux. *Praise of the New Knighthood*. Disponível em: www.the-orb.net/encyclop/religion/monastic/bernard.html.
122. Ibidem.

te da denominação usada para descrever os Templários, Bernardo os via como as

O *Agnus Dei* ou Cordeiro de Deus era um dos símbolos mais comumente usados pelos Templários; contudo, ele estava longe de ser exclusivo da Ordem. Aqui se mostra uma variedade de representações do ícone cristão de fontes não templárias. *ClipArt.com*

tropas eleitas de Deus, escolhidas meticulosamente pela divindade para travar guerra contra os infiéis.

Bernardo acreditava que essa nova forma de cavalaria estava em nítido contraste em relação à cavalaria secular da época, e ele não economizava palavras ao condenar esta última por suas maneiras. De forma típica, o abade cisterciense explorava o jogo de palavras ao máximo, referindo-se aos novos cavaleiros como a *militia* ou cavalaria e aos cavaleiros seculares como *malicia* ou maldade.[123] Mas, de seu sagaz jogo de palavras, Bernardo acusava diretamente os cavaleiros seculares de vaidade: os cavalos eram cobertos com seda, a armadura era adornada com todos os tipos de panos coloridos, eles pintavam seus escudos, decoravam suas selas, e os demais acessórios eram incrustados com ouro, prata e joias preciosas. Para Bernardo, estes não eram os ornamentos de um guerreiro, mas os acessórios de uma mulher. Para todos os efeitos, ele via o cavaleiro secular de sua época como tudo, menos viril. Seus longos cabelos e túnicas esvoaçantes eram, para Bernardo, a própria antítese do que um cavaleiro deveria ser. Em contraste, os Templários, por sua própria Regra da Ordem, deveriam manter seus cabelos bem aparados.

Bernardo descrevia que os cavaleiros deveriam ter três atributos: "Eles devem guardar a sua pessoa com força, sagacidade e cuidado; ser livres em seus movimentos e rápidos para sacar a

---

123. NICHOLSON, *The Knights Templar: A New History*, op. cit., p. 26.

espada".[124] Os Templários possuíam esses atributos de forma abundante. Mesmo quando essa nova cavalaria não estava no campo de batalha, seu tempo livre não era realmente seu; o ócio era visto pelos Templários como uma perda de tempo valioso, e os jogos de dados, o xadrez, bem como a fofoca fútil e a gargalhada eram proibidos. Esses passatempos eram evitados em favor do reparo da armadura, o remendo de suas vestimentas humildes e doadas e a certeza de que as coisas estavam organizadas de forma que pudessem estar preparados imediatamente para cumprir o mando de seu superior.

Ao destacar a vida dos Cavaleiros de Cristo, Bernardo o faz para envergonhar aqueles cavaleiros que, de acordo com o abade, "lutavam pelo Demônio em vez de por Deus".[125] De fato, a maneira como os Templários viviam estava em nítido contraste com o modo de vida com o qual o cavaleiro secular de berço nobre estava acostumado. Apesar de o cavaleiro secular – especialmente aqueles que vieram das cruzadas – normalmente dever lealdade a um senhor ou barão, os Templários tinham muito mais restrições quanto ao que podiam ou não fazer. Eles iam e vinham ao chamado de seu superior, comiam o que ele lhes fornecesse, vestiam o que ele lhes desse e, sobretudo, viviam juntos sem a companhia de mulheres. Ao contrário do cavaleiro secular, cujo berço nobre podia elevar sua posição na vida, os Cavaleiros Templários não tinham distinções entre si, apesar de serem, em sua maioria, igualmente de berço nobre. Esse modo de vida, que veremos mais detalhadamente em outro capítulo, não era para qualquer um, e diz-se que o moral às vezes ficava em baixa.

QUE HUGO?

O estado de baixo moral foi abordado em outra carta de encorajamento aos Templários, escrita em alguma época entre 1119 e 1135. Contudo, diferentemente de *De Laude Novae Militae*, a autoria da *Carta aos Cavaleiros de Cristo no Templo em Jerusalém* permanece de certa forma um mistério, por ter sido assinada simplesmente por Hugo Peccator ou Hugo, o Pecador. O que é claro no documento é que sua intenção era a de restaurar a confiança dos Templários em sua missão e levantar o moral da tropa, que estava declinante.

Aqueles de fora da Ordem estavam dizendo aos Templários que sua missão não correspondia à graça de Deus, que não era permitido lutar como cristãos, ou que, em vez de combater os inimigos de Cristo, os Templários deveriam amá-los. Disseram-lhes ainda que o caminho da salvação só poderia ser atingido mediante uma vida contemplativa e que, se desejassem ver o céu, eles deveriam abaixar suas espadas e seus escudos e se juntar a uma Ordem monástica regular. Esta situação fazia com que muitos dos Templários sentissem como se a cristandade houvesse se esquecido deles – eles acreditavam que as preces e doações de apoio eram poucas.

O autor defende a vida ativa da Ordem e informa ao leitor que cada homem tem um chamado de Deus e que é seu dever atender a esse chamado. Ele desenvolve uma metáfora de que cada parte do corpo tem uma função sepa-

---
124. Bernard of Clairvaux, op. cit.
125. Ibidem.

Hugo de São Vítor, aqui mostrado lendo para seus companheiros monges na Abadia de São Vítor, em Paris, é o candidato mais provável a ter escrito a *Carta aos Cavaleiros de Cristo no Templo em Jerusalém*, que foi escrita para elevar o moral declinante. *Autor*

rada, e, se todas servissem ao mesmo propósito, o corpo morreria:

"Vede, Irmãos, se todas as partes do corpo tivessem as mesmas tarefas, o corpo não poderia sobreviver. Ouvi o que diz o apóstolo: 'Se o pé dissesse: 'Não sou um olho, portanto, não sou parte do corpo', ele não seria ainda assim parte do corpo"?[126]

Ele prossegue colocando a culpa pelo declínio do moral no Demônio, argumentando que, pelo fato de o Demônio não poder tentar a Ordem por meio da embriaguez e de outros vícios mundanos, ele tomou outro caminho, colocando dúvidas em suas mentes.

Apesar de podermos ganhar mais conhecimento sobre os primeiros Templários pelo conteúdo e propósito da carta do que sobre quem de fato a escreveu, há dois candidatos por trás do pseudônimo "Hugo Peccator". Como muitos aspectos da história dos Templários, há pouco consenso entre os historiadores sobre qual deles, senão nenhum, foi o verdadeiro autor da carta. O candidato mais amplamente aceito é o próprio Hugo de Payens: se o moral da tropa estava baixo, seria esperado que ele tomasse uma ação para melhorá-lo. Contudo, o estilo e o conteúdo da carta faz de Payens um candidato menos provável.[127]

O segundo candidato é Hugo de São Vítor, que se juntou à Abadia Agostiniana de São Vítor, em Paris, em 1115, e se tornou o chefe da escola da abadia, em 1133. Apesar de ele não ser o candidato mais favorável como "Hugo Peccator", o fato de o manuscrito ser encabeçado pelas palavras "Prologus Magistri Hugonis de Sancto Victore" [Prólogo do Professor Hugo de São Vítor] indica fortemente que ele foi o autor da carta.[128] Mas o que pode ser de maior interesse é que a Abadia de São Vítor deu aos cônegos (clérigos) da Ordem do Santo Sepulcro a sua regra. É para a Ordem do Santo

---

126. NICHOLSON, Helen. *Letter to the Knights of Christ in the Temple at Jerusalem*. Disponível em: *www.the-orb.net/encyclop/religion/monastic/hughssin.html*. Nesta passagem, o autor, possivelmente Hugo de Payens ou Hugo de São Vítor, está citando I Coríntios 12:15. Esta é uma das muitas referências escriturais usadas no documento para apoiar e defender o modo de vida e a missão dos Templários.

127. BARBER, op. cit., p. 42.
128. Ibidem. É interessante notar que, enquanto Barber menciona o prólogo que liga Hugo de São Vítor à carta, Nicholson não faz qualquer menção disso em seu livro *The Knights Templar: A New History*. Na obra de Nicholson, ela afirma que o latim usado na carta é de qualidade pobre para um teólogo e, mesmo assim, de muito boa qualidade para um cavaleiro.

A Igreja do Santo Sepulcro, em Jerusalém, é, de acordo com a *Crônica de Ernoul e Bernardo, o Tesoureiro*, o ponto de origem dos Cavaleiros Templários. iStockPhoto.com (Claudia Dewald)

Sepulcro que um relato final dos primeiros dias dos Templários aponta.

A Crônica de Ernoul

Escrita após a Batalha de Hattin, em 1187 (ver capítulo 14), *A Crônica de Ernoul e Bernardo, o Tesoureiro*[129] nos apresenta mais fragmentos e pedaços a partir dos quais podemos examinar o início dos Templários. O autor nos diz que, quando os cruzados conquistaram Jerusalém, um grande número de cavaleiros permaneceu para se associar à Igreja do Santo Sepulcro,[130] e muitos ainda se dedicariam à causa. Entre aqueles que haviam adotado uma vida devota no santuário sagrado, estava uma série de cavaleiros que reconheciam que, apesar de servirem a Deus e obedecerem a um sacerdote, eles não mais pegavam em armas – algo de que a região não necessitava. Então eles

---

129. *The Chronicle of Ernoul and Bernard the Treasurer* foi editado por L. de Mas Latrie em 1871 e é provavelmente baseado em uma versão francesa do livro de Guilherme de Tiro. Acredita-se geralmente que o Ernoul mencionado no título é um escudeiro chamado Ernoul, que era parte do grupo que viajou com Balian d'Ibelin, uma figura importante na história de Jerusalém. Balian d'Ibelin foi o personagem central do filme de Ridley Scott, *Cruzada* (2005), sobre a perda de Jerusalém para Saladino em 1187. Bernardo era o Tesoureiro da Abadia Corbie, na França.

130. O Templo ou Igreja do Santo Sepulcro é um dos lugares mais sagrados da cristandade e onde se acredita que o corpo de Cristo foi colocado após a crucificação. O santuário foi construído por Constantino, o Grande, por volta de 325 d.C., mas foi danificado pelos persas em 614, quando capturaram Jerusalém. Ele foi restaurado em 630 pelo imperador Heráclio e permaneceu uma igreja cristã quando os muçulmanos assumiram o controle de Jerusalém, até que foi destruída em 1009 por al-Hakin bin-Amir Allah. A igreja foi reconstruída em 1048 e completamente restaurada em algum ponto do século XII.

Apesar de muitos terem sugerido que o domo representado no selo dos Templários é o Domo da Rocha, ele é de fato o Santo Sepulcro. O selo acima é um selo templário, enquanto o de baixo é um selo não templário que representa o Santo Sepulcro.
ClipArt.com

decidiram eleger entre si, com a permissão do prior, um deles para servir como Mestre e liderá-los na batalha quando e se surgisse a necessidade:

"Naquela época, Balduíno era rei. Então eles dirigiram-se a ele e disseram: 'Senhor, aconselhe-nos, por Deus. Decidimos tornar um de nós um Mestre que possa nos liderar na batalha para ajudar a província'. O rei ficou feliz com isso e disse que iria aconselhá-los e ajudá-los de bom grado."[131]

O relato continua afirmando que o rei convocou o patriarca de Jerusalém, bispos, arcebispos e barões do país para discutir a proposta. Concordou-se que a ideia era sólida, e o prior do Santo Sepulcro foi persuadido a liberar os cavaleiros de sua aliança com ele. Após serem liberados da obediência ao Santo Sepulcro, à nova cavalaria foram dados alojamentos no Templo de Salomão (Mesquita de al-Aqsa), do qual derivou o nome da Ordem. O que é particularmente interessante sobre esta versão é que os Templários, assim como os Cavaleiros Hospitalários, seguiam a liturgia da Igreja do Santo Sepulcro. Além disso, o verso do selo do Grão-Mestre representava o Domo do Santo Sepulcro.[132]

Organizando as Peças

Até agora, em nosso exame dos primeiros anos dos Templários, encontramos nove fontes que podem ser consideradas da época. Apesar de algumas terem sido escritas muitos anos após a concepção dos Templários, todos os registros eram de pessoas que viveram quando a Ordem ainda existia. Pouco parece ter mudado nos nove séculos que se passaram, pois os autores modernos não são mais consensuais sobre os detalhes do que os cronistas daquela época. Por mais divergentes que as várias versões possam parecer, há áreas em que os autores concordam. Examinando essas áreas, juntamente com o

---

131. NICHOLSON. *Contemporary Reactions to the Foundation of the Templars, op. cit.*
132. NICHOLSON. *The Knights Templar: A New History,* op. cit., p. 29.

que sabemos da época a partir de outras fontes, podemos montar uma versão plausível das origens dos Templários.

A principal área para a qual as nove versões primárias convergem é em sua descrição sobre o propósito dos Templários como uma força para proteger os santuários sagrados da cristandade e os peregrinos que se aventurassem para vê-los. Apesar de os cruzados terem obtido êxito em eliminar os muçulmanos dentro de Jerusalém, eles não os haviam derrotado completamente, mesmo que tivessem tomado um território considerável. Ainda que os Estados Cruzados de Edessa, Antioquia e Trípoli houvessem sido estabelecidos antes ou pouco depois da queda de Jerusalém e fossem lugares relativamente seguros para os fiéis cristãos se congregarem, as estradas entre eles eram perigosas. Os peregrinos eram frequentemente atacados nas áreas onde eles se juntavam para pegar água. Um abade russo chamado Daniel, escrevendo sobre sua jornada à Galileia durante uma peregrinação à Terra Santa, em 1106, conta sobre o que sentiu ao passar pela cidade de Bashan:

"E este local é extremamente apavorante e perigoso. Sete rios correm para esta cidade, juncos crescem ao longo dos rios e muitas palmeiras se elevam em torno da cidade como uma densa floresta. Este local é terrível e de difícil acesso, pois aqui vivem ferozes pagãos sarracenos que atacam viajantes nos vaus desses rios".[133]

O abade russo não exagerava sobre a situação perigosa que existia fora das muralhas da cidade, pois, 15 anos mais tarde, ocorreu um evento que pode ter sido o catalisador para a formação dos Templários. Na Páscoa do ano de 1119, um grande grupo de viajantes que estava em uma peregrinação de Quaresma excursionava ao longo da estrada entre Jerusalém e o rio Jordão após uma visita à Igreja do Santo Sepulcro. Como viajantes devotos, eles haviam passado o período de Quaresma em jejum, combinado com uma viagem em um clima com o qual eles certamente não estavam acostumados e para o qual estavam despreparados. Fracos, cansados e desarmados, os 700 peregrinos cristãos não eram páreos para um bando de muçulmanos de Tiro e Ascalon que viram a oportunidade de atacá-los. Trezentos dos peregrinos foram assassinados, e outros 60, levados como escravos com as posses daqueles que haviam sido mortos.[134] Apesar de o rei Balduíno enviar um grupo de cavaleiros para o local, eles chegaram muito tarde para resgatar os peregrinos capturados,[135] e pode-se apenas imaginar a reação dos residentes de Jerusalém quando os cavaleiros retornaram à cidade com as graves notícias. Diz-se que tanto o rei quanto o patriarca ficaram abatidos com o pesar da carnificina. Mas, por maior que fosse o massacre de 300 peregrinos, outra chacina poucos meses depois incendiaria ainda mais o instável cenário dos Estados Cruzados.

O Campo de Sangue

Quando Boemundo de Taranto morreu, em 1111, seu sobrinho Tancredo tornou-se regente. Quando Tancredo morreu, um ano depois, a regência passou para o

---

133. BARBER, op. cit., p. 6.

134. BURMAN, op. cit., p. 19. Burman atribui a história à obra de Alberto de Aix. Outros historiadores confiáveis, como Malcolm Barber, recontam o episódio atribuindo-o à *Historia Hierosolymitana*, de Alberto de Aachen (Aix).

135. BARBER, op. cit., p. 9-10.

seu primo, Rogério de Salerno, que viera com Boemundo e Tancredo durante a Primeira Cruzada. Por volta de 1115, Rogério desejava adicionar Alepo ao seu principado. Em 1119, sua trégua com Alepo finalmente expirou, e ele decidiu satisfazer seus desejos de conquistar a cidade.[136] Contudo, a notícia de suas intenções chegou até os ouvidos de Ilghazi, o emir de Mardin, que juntou um vasto exército para marchar contra ele. Rogério pediu a ajuda de Balduíno II de Jerusalém e de Pons, conde de Trípoli, e os dois governantes latinos juntaram todas as tropas sobressalentes que podiam – cerca de 250 cavaleiros.[137] Apesar de pedirem que esperasse os reforços do rei, Rogério decidiu continuar mesmo assim e partiu para arrebatar seu prêmio.

Esta ilustração medieval representa dois cavaleiros carregando, em sua lança, um companheiro caído no campo de batalha. A perda contínua de combatentes era um problema que ameaçava a segurança dos Estados Cruzados ao longo de sua existência. *ClipArt.com*

Em 27 de junho, seu exército de cerca de 700 cavaleiros e 4 mil soldados de infantaria – a maior parte sendo de *turcopolos* recrutados da região – acampou em um desfiladeiro estreito entre duas montanhas em al-Balat, a 24 quilômetros ao sul de Alepo. Rogério assumiu que teria o elemento-surpresa a seu favor, mas o exército de Ilghazi, que em número ultrapassava de longe o de Rogério, estava a caminho e havia cercado os cristãos por todos os lados. Os muçulmanos atacaram na manhã seguinte, e, apesar de Rogério saber que só os números já os devastariam, seus homens lutaram bravamente contra o inimigo. Por um tempo, os cruzados pareciam estar ganhando terreno, mas os muçulmanos contra-atacaram, assassinando todos, exceto 140 homens, que foram levados como prisioneiros. Entre aqueles que perderam a vida naquele dia na Batalha de *Ager Sanguinis* [Campo de Sangue], estava Rogério, que foi decepado ao pé do amplo crucifixo que os cruzados haviam trazido com eles da basílica de Antioquia. Il-

---

136. OLDERBOUG, Zoe. *The Crusades*. New York: Pantheon Books, 1966, p. 248.
137. Ibidem, p. 251.

ghazi desfilou com a cabeça de Rogério com os sobreviventes do exército de Antioquia pelas ruas de Alepo ao som da aclamação de seus habitantes. Aqueles que sobreviveram devem ter desejado a morte rápida de seus companheiros caídos, pois o emir os torturou antes de finalmente lhes tomar a vida.

Seja qual for o motivo, Ilghazi não correu para Antioquia, que agora estava destituída de suas defesas. Sabendo da morte de Rogério, do massacre do exército de Antioquia e antecipando que Ilghazi tentaria sitiar a cidade, Balduíno e Pons movimentaram-se para lá, preparando uma batalha que nunca viria. Com Rogério morto, sendo o herdeiro legítimo de Boemundo, e Boemundo II muito jovem para governar seu principado, Balduíno II assumiu o papel de regente, taxando ainda mais os recursos de seu próprio reino.

Charles du Fresne du Cange (1610-1688) é o homem responsável pela lista amplamente publicada dos membros fundadores dos Cavaleiros Templários.

Surge a Necessidade

Aqueles que viviam em Jerusalém já tinham medo de se aventurar para fora das muralhas da cidade sem uma escolta armada, e a tragédia da Páscoa e o massacre de junho pouco fariam para mudar seu pensamento. O que piorava a situação era o fato de Jerusalém estar no interior e não ser um local preferido para o assentamento, como as cidades costeiras de Acre e Tiro. Escrevendo sobre a época do rei Balduíno I, o sucessor de Godofredo de Bulhão como rei de Jerusalém, Guilherme de Tiro, pinta o seguinte quadro:

"Nesta época, o rei percebeu com grande preocupação que a Cidade Sagrada, amada de Deus, estava quase destituída de habitantes. Não havia pessoas suficientes para cumprir as tarefas necessárias do reino. De fato, quase não havia o suficiente para proteger as entradas da cidade e defender as muralhas e torres contra súbitos ataques hostis".[138]

As afirmações de Guilherme certamente são respaldadas pelo pequeno número de tropas sobressalentes que Balduíno e Pons foram capazes de reunir, em 1119, para dar apoio a Rogério de Salerno. Com vistas à situação dos Estados latinos, especialmente a cidade de Jerusalém, vemos

---
138. BURMAN, op. cit., p. 17.

que a necessidade de uma força militar organizada era de fato um objetivo lógico e essencial, no mínimo para dar a impressão de que Jerusalém era um lugar seguro para os cristãos ocidentais visitarem e se assentarem. Dessa forma, o rei Balduíno II certamente teria recebido de bom grado a ajuda de um grupo de cavaleiros. As questões que permanecem são quem eram estes cavaleiros e quantos deles havia.

OS PAIS FUNDADORES

Muitos livros modernos que tratam dos Cavaleiros Templários – em concordância com a afirmação de Guilherme de Tiro de que havia nove membros da Ordem à época do Concílio de Troyes (ver capítulo 6) – listam os nomes dos nove homens que se acredita serem os fundadores da Ordem. Essa lista parece ter se originado com Charles du Fresne du Cange (1610-1688), que era, entre outras coisas, um historiador especialista na história bizantina e medieval. Du Cange escreveu um livro chamado *Les familles d'outre-mer* (publicado em 1869, muito tempo após sua morte), no qual ele lista os fundadores como "Hugo de Payens, Godefroid de Saint-Omer, André de Montbard, Geoffrey Bisol, Payen de Montdesir, Archambaud de Saint-Aignan, Gundomar, Godefroy e Roral".[139] Contudo, nenhum dos relatos da época com os quais lidamos até agora nos fornece qualquer nome além de Hugo de Payens e Godofredo de St. Omer.[140] André de Montbard serviu como Mestre, em 1153, e Payen de Montdidier (Montdesir) serviu como Mestre da Ordem na França, então é provável que ambos estivessem envolvidos no início da Ordem. Sobre os demais, entretanto, especialmente os três que são registrados somente com seus primeiros nomes, pouco se pode dizer com qualquer grau de certeza.

O que também permanece incerto é se os membros originais eram veteranos da Primeira Cruzada. Os historiadores modernos parecem divididos quanto a esta questão, apesar de muitas versões da época indicarem que os Templários estavam envolvidos na vitória da Primeira Cruzada, tendo arranjado uma residência na região ou se juntado à Ordem do Santo Sepulcro, como sugere a *Crônica de Ernoul e Bernard, o Tesoureiro*.

Em relação a Hugo de Payens, alguns autores sugeriram que o fundador dos Templários pode ter se juntado à Primeira Cruzada após a morte de sua esposa. Dito isso, qualquer menção ao fato de Hugo ter uma esposa parece ser baseado na ideia de que ele fora casado com Catarina de St. Clair, o que é infundado; ainda assim, é uma afirmação comum encontrada em obras mais "populares" e muito possivelmente baseada em uma proeminente tradição

---

139. Ibidem, p. 21. A listagem provavelmente é retirada de *Les familles d'outres-mer*, publicado por M.E. – G. Rey em *Documents inédits de l'histoire de France,* em 1969. A ortografia usada é do livro de Burman.

140. Uma carta de Balduíno II de fato menciona um Andreum e Gundemarum, e uma lista do Concílio de Troyes lista diversos Templários presentes. É provável que Du Cange tenha remendado sua lista de nove cavaleiros a partir de uma combinação de fontes primárias e dos documentos do Concílio de Troyes.

escocesa.[141] Outros historiadores mais confiáveis sugerem que ele possa ter chegado à Terra Santa em 1114 com seu senhor, Hugo de Champagne.[142]

Sabe-se que Hugo, que abandonaria seu título de nobreza e sua família para se tornar um Templário, visitou Jerusalém em três ocasiões: entre 1104-1108, 1114 e 1125.[143] Foi após sua última visita ao Levante que ele se juntou à Ordem, depois de se divorciar de sua mulher e deserdar seu filho, que ele afirmava nunca ter sido seu. Mas Hugo não foi o único franco de berço nobre a se juntar às fileiras dos Templários; Fulque V, conde de Anjou, também se tornou um Templário durante um curto período, quando ele fez uma peregrinação à Terra Santa, em 1120, e posteriormente pagou uma pensão anual à Ordem. Se a lista de nove membros fundadores estava correta, o acréscimo de Fulque V como um membro associado em 1120 e de Hugo de Champagne como membro pleno em 1125 parece ser evidência suficiente para desacreditar a afirmação de Guilherme de Tiro de que, ao fim de seu nono ano, os Templários tinham apenas nove membros.

De fato, estudando as versões primárias, parece cada vez mais provável que os primeiros Templários eram veteranos da Primeira Cruzada ou cavaleiros que vieram ao Oriente nos anos seguintes, ou talvez uma combinação de ambos. Certamente parece possível, senão provável, que seu número era maior do que nove cavaleiros em nove anos, o que Barber sugere carregar uma simetria duvidosa.[144]

ACERTANDO A DATA

A próxima área sobre a qual os historiadores discordam é a verdadeira data em que os Templários começaram a existir. A data de Guilherme de Tiro de 1118 foi aceita durante um longo tempo, e os Cavaleiros Templários Maçônicos dos dias atuais dela derivam seu ano calendário, que eles chamam de *Anno Ordinis*. Mas, além do relato de Guilherme, a maioria das fontes primárias não especifica um ano, ao contrário, simplesmente se refere à permissão oficial dos Templários como tendo ocorrido durante o reinado do rei Balduíno II. Como Balduíno II foi coroado rei de Jerusalém na Páscoa de 1118, seguindo a morte de Balduíno I, é possível que Guilherme estivesse correto.

Mas recentemente os historiadores dos Templários começaram a duvidar dessa data e sugeriram que os Templários foram fundados em 1119 ou 1120. Malcolm Barber, comprovadamente uma das autoridades mais destacadas do mundo sobre os Templários (usando documentos primários como um parâmetro de cálculo), data a formação da Ordem como sendo

---

141. LORD, Evelyn. *The Knights Templar in Britain*. Edinburgh: Pearson Education, 2004, p. 4. Apesar de Lord e muitos outros autores mencionarem Hugo como sendo casado com Katherine ou Catherine Sinclair ou St. Clair, Thierry Leroy, por outro lado, em seu livro *Hughes de Payens, Chevalier Champenois*, afirma que De Payens casou-se com Elizabeth de Chappes em 1107 e a abandonou em 1114. Isto estaria de acordo com a sugestão de que Hugo veio ao Levante com o senhor Hugo, conde de Champagne, no mesmo ano.

142. READ, Piers Paul. *The Templars*. London: Phoenix Press, 1999, p. 91.

143. TYERMAN, op. cit., p. 253.

144. BARBER, op. cit., p. 10.

em algum ponto entre 14 de janeiro e 13 de setembro de 1120.[145]

O que de fato sabemos é que os Templários receberam o reconhecimento eclesiástico pela primeira vez no Concílio de Nablus, ocorrido em janeiro de 1120.[146] Apesar de não ser um concílio da Igreja *per se*, ele foi convocado por Balduíno II e Guasimondo, patriarca de Jerusalém, para tratar de um número de questões seculares e religiosas que confrontavam o reino na época. Como vimos, o reino de Jerusalém não era a utopia na qual alguns cronistas desejavam que as pessoas acreditassem. Os tempos eram difíceis, as ameaças dos inimigos eram grandes, os cidadãos viviam em medo constante e a habilidade de lidar com problemas era limitada pela falta de efetivo. De fato, simultaneamente ao Concílio de Nablus, Guasimondo e Gerard, prior do Santo Sepulcro, escreveram ao arcebispo de Compostela exortando-o a enviar tanto dinheiro quanto homens para ajudar a causa oriental.[147]

Dos 25 cânones[148] que saíram do concílio, um é particularmente interessante à luz do duplo papel dos Templários como guerreiros e monges. A Trégua de Deus, que vimos anteriormente, proibia os clérigos de lutar a qualquer momento; o cânone 20, redigido no Concílio de Nablus, afirma que um monge não deve ser condenado se ele empunhar uma espada e um escudo para se defender. De forma simples, o reino necessitava de todos os músculos que pudesse controlar. Mas o interessante neste cânone é que ele parece estar de acordo com o relato dos cruzados que haviam se ligado à Ordem do Santo Sepulcro, que se encontra na *Crônica de Ernou e Bernardo, o Tesoureiro*:

"Deixamos nossas terras e nossos amados e aqui viemos para elevar e exaltar a lei de Deus. Então ficamos aqui comendo e bebendo e gastando, sem fazer qualquer trabalho. Tampouco realizamos qualquer feito de armas, apesar deste país não prescindir disso. Obedecemos a um padre, e então não realizamos qualquer trabalho de armas. Busquemos conselhos e, com a permissão de nosso prior, faremos um de nós Mestre, que poderá nos liderar na batalha quando necessário."[149]

Uma Possível Origem dos Cavaleiros Templários Compilada a Partir de Fontes da Época

Após a conquista de Jerusalém, os exércitos cruzados partiram da Cidade Sagrada, levando com eles os espólios de guerra. Outros cavaleiros, lembrando-se de que o propósito da cruzada era mais uma questão de peregrinação e

---

145. Ibidem, p. 9. Barber indica que uma doação de caridade enviada a Hugo de Payens por Thierry, conde de Flandres, e datada de 13 de setembro de 1128 menciona que a doação foi dada no nono ano da Ordem, o que determinaria 1120 como o ano de fundação.
146. Ibidem.
147. Ibidem.
148. Os 25 cânones do Concílio de Nablus tratavam, de forma geral, de questões como os títulos da Igreja, adultério, bigamia, homossexualidade, relações sexuais entre muçulmanos e latinos, a proibição de muçulmanos se vestirem como os cristãos e roubo. Os organizadores do concílio acreditavam que os problemas que o reino enfrentava deviam-se aos pecados de sua população.

149. NICHOLSON, *Contemporary Reactions to the Foundation of the Templars*, op. cit.

dedicação a Deus do que uma guerra de libertação, juraram permanecer na Terra Santa, talvez seguindo Godofredo de Bulhão, que se recusou a ser rei na cidade onde Cristo fora crucificado, escolhendo, ao contrário, o título *advocatus Sancti Sepulchri*, ou defensor do Santo Sepulcro. Os cavaleiros ligaram-se à Igreja do Santo Sepulcro, que trabalhava em conjunto com os Cavaleiros Hospitalários – estes começaram em um hospital amalfitano para pobres peregrinos, estando em operação perto do Sepulcro desde 1080. Talvez, tendo testemunhado tanto sangue derramado ao longo dos anos de caminhada ao Oriente, estes cavaleiros houvessem desistido da vocação nobre, assumido uma vida contemplativa.

Apesar de seus inimigos muçulmanos terem sido afastados da cidade e dos Estados Cruzados, eles não tinham sido expulsos da Terra Santa, e muitos deles eram tão dedicados a retomá-la quanto os cruzados, a mantê-la. Ao longo dos anos, a segurança da região decaiu. Após o massacre de 700 peregrinos na Páscoa de 1119 e a Batalha de *Ager Sanguinis* em junho do mesmo ano, os antigos cavaleiros, agora levando uma vida ascética, começaram a questionar sua decisão. Talvez alguns deles já tivessem servido tanto com a cruz quanto com a espada, pois não era incomum que os padres empunhassem armas quando surgia a necessidade, como fizeram na Batalha do Campo de Sangue.

Em algum ponto, Hugo de Payens – que pode ter chegado pela primeira vez à Terra Santa com os cruzados ou com seu senhor, Hugo, conde de Champagne – teve a ideia de que um

Krac des Chevaliers, na atual Síria, foi um importante castelo durante a Era das Cruzadas e está localizado a leste de Trípoli. Apesar de a localização ter sido uma fortaleza antes da Primeira Cruzada, ela foi dada aos Hospitalários na década de 1140, que a transformaram na maior das fortalezas cruzadas no Levante. *ClipArt.com*

homem poderia servir a dois Mestres e conduzir uma vida ativa e contemplativa. Ele conversou com seus companheiros cavaleiros, o principal deles Godofredo de St. Omer, que também pode ter sido um veterano da cruzada, e, juntos, eles convenceram um número de cavaleiros a apoiar a ideia. Eles abordaram Balduíno II, que necessitava desesperadamente de assistência na defesa do reino de Jerusalém, do Principado de Jerusalém e de outros Estados Cruzados contra os muçulmanos que se aproximavam cada vez mais de suas muralhas. Balduíno ficou extasiado com a ideia e, após consultar o patriarca de Jerusalém e outros eclesiásticos e barões do país, abordou o prior da Igreja do Santo Sepulcro, pedindo-lhe que liberasse os antigos cavaleiros de sua aliança. O prior aceitou o pedido e lhes deu sua liberdade e bênçãos.

O Concílio de Nablus ocorreu em janeiro de 1120, no qual uma nova cavalaria recebeu pela primeira vez o reconhecimento eclesiástico. Como eles não mais estavam ligados ao Santo Sepulcro, Balduíno II deu-lhes parte da Mesquita de al-Aqsa, que servia como palácio real e que se acredita ser o próprio Templo de Salomão. Dessa base de operações, os cavaleiros começaram a assumir o duplo papel de uma Ordem militar e monástica que patrulharia as estradas em torno do reino, protegendo os peregrinos no processo e agindo como dissuasores contra novas incursões no território de Balduíno.

Apesar de a Ordem ter sido reconhecida e apoiada pelo rei e patriarca, eles dependiam amplamente de doações e usavam vestimentas simples, dadas a eles para seu uso, tendo eles feito o juramento de pobreza, castidade e obediência. Havia alguns dentro da cidade, contudo, que não aprovavam esse novo estilo de cavalaria, acreditando ser errado que um cristão pegasse em armas. Rumores e acusações atravessaram oreino, o que enfraqueceu a Ordem nascente de seu *esprit de corps*. Finalmente, escreveram-se cartas elogiando os Templários, e a Ordem lentamente começou a crescer e a prosperar.

É para essa subida ao poder que agora voltamos nossa atenção.

Os membros do *Jerusalem Survey Team* de 1867. De pé: Jerius, guia do Consulado Britânico. Sentados, da esquerda para a direita: tenente Charles Warren, do Corpo Real de Engenheiros; bispo Joseph Barclay; oficial Henry Phillips. Reclinado: sr. Frederick W. Eaton. *Fundo de Exploração da Palestina*

5 Os Templários no Monte

*"Se você for um verdadeiro buscador da verdade,
é necessário que, pelo menos uma vez na vida,
duvide de todas as coisas."*
René Descartes

Arca da Aliança é apenas um de uma série de objetos sagrados que os autores modernos afirmaram que os Templários encontraram debaixo do Monte do Templo.

Se baseássemos nossas ideias sobre os Templários somente nos muitos livros escritos ao longo da última década, pareceria que a riqueza e o poder dos quais os Templários gozaram durante a maior parte de sua existência sucederam do dia para a noite. Essa fortuna repentina era tão rara na época quanto o é agora, e, assim, a subida meteórica dos Templários da pobreza e humildade para a riqueza e o poder deve-se, de acordo com os autores de muitos livros atuais, a uma vasta conspiração.

O problema desse argumento tem duas faces. Primeiro, como veremos ao longo dos próximos capítulos, a subida dos Templários ao poder não foi do dia para a noite, tampouco foi particularmente meteórica, apesar de seu desaparecimento ter sido rápido. Segundo, assim como o assunto dos anos de formação dos Templários, os autores parecem não concordar em que consistia a conspiração. Um autor dirá que os Templários encontraram a Arca da Aliança; outro, que eles descobriram a cabeça mumificada de Jesus Cristo; um grupo de escritores dirá que eles acharam os escritos secretos de Jesus; outro, que os Templários haviam descoberto que Jesus foi casado e tinha filhos.

119

Independentemente do que os Templários supostamente descobriram durante aqueles nove primeiros anos, a maioria dos "historiadores alternativos" está absolutamente convencida de que a sua descoberta, como resultado de escavações debaixo do Monte do Templo, tornou-os ricos e poderosos.[150] É claro, muitos desses autores parecem negligenciar o fato de que os cavaleiros, sendo nove ou 90 em número, estariam sob o olhar vigilante do rei de Jerusalém, especialmente porque a cidade poderia ser atacada a qualquer momento. O eixo central em torno do qual giram as teorias de escavação é a crença de que os Templários nunca estiveram comprometidos com seu propósito declarado de proteger os peregrinos e que deveriam, em vez disso, estar ocupados com algum outro negócio secreto. Alguns dizem não haver evidência de que os Templários de fato estiveram comprometidos com a proteção dos peregrinos. Contudo, como vimos no capítulo anterior, os primeiros dias dos Templários não foram narrados até muito mais tarde, quando a Ordem havia se tornado digna de atenção.

A falta de casos documentados de Templários livrando os peregrinos das mãos de seus inimigos sarracenos não prova que eles não estavam envolvidos em tais atividades ou que estivessem fazendo outra coisa. Como já vimos, a situação da segurança no Oriente era precária. Apesar de os Templários não serem mencionados pelo nome, houve muitos conflitos e batalhas durante os nove primeiros anos da existência dos Templários.

Em 1120, quase imediatamente após o rei Balduíno retornar de Antioquia, depois da Batalha de *Ager Saguinis* e após o impasse das campanhas posteriores, Bulag, o governador de Atareb subordinado a Ilghazi, marchou sobre o território de Antioquia. Na sequência do avanço muçulmano, Ilghazi marchou sobre Edessa, mas os francos impediram ambos os avanços.[151] Na primavera seguinte, Toghtekin, que havia tido um papel no Campo de Sangue, lançou um amplo ataque à Galileia, pensando que Balduíno ainda estivesse absorvido com os conflitos ao norte. Balduíno e seu exército contra-atacaram Toghtekin naquele verão quando cruzaram o Jordão e destruíram seu forte em Gerása.[152]

A situação continuou beligerante ao longo dos anos seguintes com a captura de Joscelino, conde de Edessa, em 1122, o que tornou os recursos administrativos

---

150. Têm havido bastantes livros ao longo dos anos que fazem afirmações sobre as escavações templárias; muitos deles escritos no fim da década de 1990 e início da década de 2000. Entre as sugestões de descobertas templárias, há a Arca da Aliança em *The Sign and the Seal* [O Sinal e o Selo], de Graham Hancock, e *Templar Gold* [Ouro dos Templários], de Patrick Byrne. Além desses, a história da linhagem de Jesus, que se originou com *The Holy Blood and the Holy Grail* [O Santo Graal e a Linhagem Sagrada], de Michael Baigent, Richard Leigh e Henry Lincoln, deu origem a todo um conjunto de livros que seguiram linhas parecidas. Talvez a sugestão mais bizarra é a de que os Templários encontraram a cabeça decepada e mumificada de Jesus Cristo. A teoria foi apresentada pelo dr. Keith Laidler em seu livro de 1998, *The Head of God* [A Cabeça de Deus].

151. RUNCIMAN, Steven. *A History of the Crusades: The Kingdom of Jerusalem and Frankish East 1100-1187*, v. 2. New York: Cambridge University Press, 1954, p. 158.

152. Ibidem, p. 159.

de Balduíno ainda mais escassos. De fato, foi em uma viagem de volta de Edessa, na primavera de 1123, durante a qual ele assegurara o governo do condado, que Balduíno seria capturado e aprisionado até 1124. Outras batalhas durante esses anos de formação incluíram o cerco de Tiro, em 1124, e a Batalha de Azaz, em 1125, que consumiu soldados em ambos os lados do campo de batalha. Ainda que os Templários possam não ter se envolvido em todas essas campanhas militares, não há motivo para assumir que, enquanto seus correligionários trabalhavam com a espada e a lança, os nascentes Templários permaneciam em casa com a picareta e a pá. Contudo, muitos autores atuais, aparentemente alheios ao estado de coisas que se passava no Oriente latino, querem nos fazer crer no contrário.

A fonte na qual muitos autores baseiam suas suposições de caça ao tesouro geralmente é a mesma: uma escavação arqueológica conduzida na Era Vitoriana, durante a qual "encontraram-se provas conclusivas" ligando os Templários às passagens subterrâneas debaixo do Monte do Templo. Mas, antes de examinarmos o que os Templários faziam sob o Monte do Templo, é prudente, em primeiro lugar, compreender sua relação e conexão com a área, antes de qualquer coisa.

A Base de Operações

Da época de seu primeiro reconhecimento eclesiástico no Concílio de Nablus, em 1120, até a perda de Jerusalém após a Batalha de Hattin, em 1187, os Templários estabeleceram seu quartel-general do Levante no Monte do Templo, em Jerusalém. Balduíno II

A Mesquita de al-Aqsa no Monte do Templo funcionou como o quartel-general dos Templários no Oriente desde sua formação, em 1120, até a perda de Jerusalém, em 1187. *Autor*

havia concedido à Ordem uma parte da Mesquita de al-Aqsa, que havia funcionado como palácio real para o rei e seus antecessores desde a captura da cidade, em 1099. Apesar de não sabermos exatamente quando, sabemos que em algum ponto durante a década de 1120 – possivelmente após sua libertação da prisão –, Balduíno abandonou a Mesquita de al-Aqsa e construiu um novo palácio próximo ao Forte de Jerusalém ou Torre de Davi, localizado na parte oeste da cidade, com vistas para a estrada de Jaffa.[153] A partir desse momento, os Templários parecem ter tirado bom proveito de toda a área que lhe foi dada, e, ao longo das cinco décadas seguintes, a Ordem expandiu consideravelmente a construção da parte sul. Felizmente, temos diversos relatos da época sobre a presença dos Templários lá, o que nos dá certa indicação de suas atividades e a escala em que estavam envolvidos.

O primeiro relato vem de Osama ibn Munqidh, emir de Shaizar, que ha-

---
153. BARBER, op. cit., p. 90.

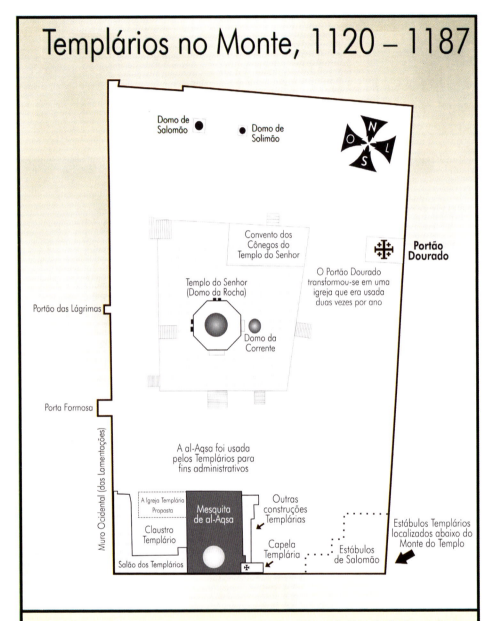

via visitado Jerusalém, em 1138, a fim de negociar um pacto com Fulque, rei de Jerusalém, e o governador de Damasco contra Zinki, governador de Alepo.[154] Na época, o reino de Jerusalém encontrava-se em termos razoavelmente amigáveis com seus vizinhos muçulmanos a noroeste.

Osama foi uma figura interessante na história árabe – um homem que havia sido tachado como um político intrigista e inescrupuloso,[155] mas que certamente era bem conhecido das principais figuras, tanto entre os francos quanto entre os árabes. E, assim como os Templários, Osama estava disposto a fazer alianças que lhe trouxessem maiores benefícios. Ele era membro dos *munquiditas*, uma pequena dinastia que vivia com medo constante de ser absorvida por dinastias mais poderosas. Isso tornava os *munquiditas* receptivos a trabalhar com os francos, coisa que fizeram desde a Primeira Cruzada. Essa tolerância, contudo, era em nome da conveniência; Osama não gostara dos francos desde que vira as propriedades de seu pai comprometidas pelas incursões cristãs em Antioquia e havia, inclusive, lutado ao lado de Ilghazi e Toghtekin na Batalha de *Ager Sanguinis*, em 1119.[156]

Um relato bem conhecido de sua visita, além de colocar os Templários em al-Aqsa, fornece um exemplo interessante da crença amplamente aceita de que os Templários eram tolerantes com os modos muçulmanos:

"Quando estive em Jerusalém, costumava ir à Masjid al-Aqsa, ao lado da qual há um pequeno oratório que os francos transformaram em uma igreja. Sempre que ia à mesquita, que estava nas mãos dos Templários, de quem era amigo, eles colocavam um pequeno oratório à minha disposição para que eu pudesse rezar lá. Um dia, havia entrado para rezar o *Allah akhbar* e me erguido para começar as preces, quando um franco jogou-se sobre mim, vindo de trás, levantou-me e dirigiu-me de forma que eu estivesse encarando o Oriente. 'Este é o lado para rezar!', ele disse. Alguns Templários intervieram imediatamente, agarraram o homem e o levaram para outro lugar, enquanto eu recomeçava minha oração".[157]

A história de Osama continua com o franco interrompendo sua reza mais uma vez e sendo finalmente expulso pelos Templários. Eles se desculparam com o muçulmano, informando-lhe que o franco havia chegado recentemente do Ocidente e ainda tinha de aprender os costumes orientais. Essa falta de vontade que os imigrantes ocidentais tinham em adotar e aprender os novos costumes era frequentemente contraprodutiva às políticas estabelecidas no estrangeiro. Essas atitudes eram provavelmente mais comuns na igreja, entre os patriarcas nascidos no Ocidente, que raramente eram a favor de qualquer acordo com os infiéis.[158] Ainda que a história de Osama seja interessante, muitos autores tomaram a liberdade de usá-la como um

---

154. READ, op. cit., p. 130.
155. GABRIELI, op. cit., p. 28.
156. OLDENBOURG, op. cit., p. 503.

157. GABRIELI, op. cit., p. 79-80.
158. RUNCIMAN, op. cit., p. 320.

indício de que os Templários haviam se tornado tão tolerantes com a fé muçulmana a ponto de adotá-la. Contudo, os tempos de guerra podem produzir estranhas alianças, como a história já demonstrou. Quando considerada em contexto e tendo em mente o propósito da visita de Osama a Jerusalém, vemos que essa tolerância era quase sempre ligada a um posicionamento político.

Mas há um pequeno elemento no relato de Osama que nos fornece uma visão de como pode ter sido a expansão do Monte do Templo no final da década de 1130, quando ele fez sua visita. Pois ele nos diz que ao lado de al-Aqsa havia "um pequeno" oratório que os francos transformaram em igreja. Nesse estágio inicial da história dos Templários, parece que a Ordem não havia feito nenhuma expansão maior da área que havia sido dada pelos patronos 17 anos antes. Como veremos, essa situação não permaneceu assim por muito tempo; muitas décadas depois, os Templários haviam feito planos de expandir sua igreja consideravelmente.

O relato mais detalhado da presença dos Templários nos vem pelas mãos de um peregrino germânico chamado Teodorico, que visitou a área por volta de 1172 e escreveu sobre suas experiências em *Libellus de locis sanctis*. Teodorico afirma que, ao sul do Domo da Rocha, estava a Mesquita de al-Aqsa, que ele chamava de Palácio de Salomão, comparando sua forma retangular e cúpula a uma igreja.

"Esta [a al-Aqsa] e todas as construções vizinhas tornaram-se uma posse dos soldados Templários. Eles estão guarnecidos nestes e em outros prédios que lhes pertencem. E, com estoques de armas, roupa e comida, eles estão sempre preparados para guardar a província e defendê-la."[159]

Adiante em seu relato, o peregrino documenta que, no lado oeste de al-Aqsa, os Templários construíram uma nova casa, que estava muito além do prédio normal construído na área. Teodorico afirma que, se descrevesse as dimensões, ele receava que não se acreditasse em seu relato. Ao descrever as demais construções, o peregrino diz:

"Lá [no lado oeste de al-Aqsa], de fato, eles construíram um novo palácio, assim como eles têm o antigo do outro lado. Lá também, eles fundaram, no limite do pátio exterior, uma nova igreja de tamanho e acabamento magníficos".[160]

A igreja, a partir da qual os Templários haviam começado a construir as fundações na época da visita de Teodorico, nunca foi completada. Contudo, o tamanho e o espaço da estrutura proposta certamente teriam sido impressionantes – ela ia do limite norte da al-Aqsa em direção oeste até o limite da área do Monte do Templo e teria abarcado uma ampla parte da área ao sul, ocupada pela Ordem.[161] Entretanto, havia outra fundação que chamou a atenção do peregrino Teodorico e que levou a muitas especulações sobre os Templários e o que eles estavam fazendo naqueles primeiros anos.

---

159. GABRIELI, op. cit., p. 92-93. Isto parece indicar que, na época da visita de Teodorico, a Mesquita de al-Aqsa funcionava como prédio administrativo da Ordem.
160. Ibidem, p. 93.
161. Ibidem, p. 194.

OS ESTÁBULOS DE SALOMÃO

Debaixo do canto sudeste do Monte do Templo está Al-Musalla Al-Marwani, uma mesquita e um salão de preces que, diz-se, são amplos o suficiente para acomodar 10 mil fiéis muçulmanos (reinaugurados em 1996 após algumas grandes reformas). Durante o período das cruzadas, a área subterrânea era chamada de Estábulos de Salomão. Apesar de os arcos que fazem os Estábulos de Salomão estarem abaixo do térreo, eles foram construídos para elevar e nivelar a área durante a época de Herodes, o Grande, que expandiu a parte sul do Monte do Templo. Basicamente, Herodes preencheu as paredes existentes com terra, colocou os arcos no topo do terreno nivelado e construiu sobre estes arcos. Dessa forma, acredita-se que os Estábulos de Salomão são uma construção herodiana e não salomônica, apesar de muitos historiadores muçulmanos datarem a construção como sendo do período Omíada, no século VIII.

Durante sua visita à Terra Santa, em 1172, Teodorico visitou os estábulos e contou sobre o seu tamanho em seu relato:

"Abaixo deles [dos Templários], eles têm estábulos que outrora foram erigidos pelo rei Salomão. Eles ficam próximos ao palácio, e sua estrutura é notavelmente complexa. Eles são construídos com abóbadas, arcos e coberturas de muitos tipos, e, de acordo com nossa estimativa, poderíamos testemunhar que eles são capazes de abarcar 10 mil cavalos com seus cavalariços. Um único projétil disparado de uma besta de um lado da construção dificilmente alcançaria o outro lado, tanto em comprimento quanto em largura".[162]

A área conhecida na época dos cruzados como os Estábulos de Salomão é hoje a Mesquita Al-Musalla Al-Marwani. Estas fotos, tiradas muito tempo antes da reinauguração em 1996, mostram como era a área quando os Templários lá estabulavam seus cavalos. *ClipArt.com*

O peregrino provavelmente estava exagerando em suas alegações, pois um visitante anterior da área subterrânea, descrevendo seu volume, sugeriu que ela abarcaria 2 mil cavalos ou 1.500 camelos.[163] Independentemente de sua capacidade como um estábulo, a área mede 30 metros de leste a oeste e 60 metros de norte a sul, chegando a

---
162. Ibidem, p. 93.
163. BARBER, op. cit., p. 94.

uma altura máxima de 9 metros sobre a cabeça. Apesar de não haver acesso a não muçulmanos atualmente, este nem sempre foi o caso, e, durante a segunda metade do século XIX, a área fazia parte de uma importante pesquisa arqueológica feita em Jerusalém.

WARREN E COMPANHIA

Charles Warren, que é mais conhecido por ter sido o chefe da Polícia Metropolitana durante o caso de Jack, o Estripador, foi à Terra Santa, em 1867, como chefe do Fundo de Exploração da Palestina (FEP), uma organização estabelecida em Londres que ainda existe nos dias atuais. Warren, que tinha 27 anos na época, era um militar que havia se juntado ao Corpo Real de Engenheiros uma década antes, em 1857, e, como tal, tinha as habilidades necessárias para se responsabilizar pela empreitada, apesar de ainda haver problemas. Quando ele chegou ao porto de Jaffa, em 15 de fevereiro de 1867, as autoridades da alfândega estavam convencidas de que seus equipamentos eram de guerra, e ele teve de obter uma certidão do vice-cônsul assegurando que os materiais eram pacíficos e que provavelmente não detonariam.[164] Mesmo após receber a autorização dos oficiais, sua primeira tentativa de escavar ao longo do muro do santuário foi interrompida por medo de que suas iniciativas derrubassem os muros.[165] As explorações em Jerusalém (1867-1870) foram a primeira grande incumbência da nova organização, e Warren tinha a responsabilidade de investigar o sítio do Templo, as linhas de fortificação da cidade antiga, localizar a Fortaleza Antônia[166] e a Cidade de Davi, bem como investigar a autenticidade do Santo Sepulcro.

Além dos estudos topográficos, Warren e companhia também conduziram explorações extensas do antigo sistema hidrográfico. Entre as descobertas feitas por Warren e sua equipe, estava a coluna que o exército do

Charles Warren, mostrado em uma estampa do século XIX examinando uma câmara, explorou Jerusalém e seus arredores extensivamente durante o projeto do Fundo de Exploração da Palestina de 1867. *Coleção do autor*

---

164. ABBOTT, Lyman. *The Recovery of Jerusalem*. Harper's New Monthly Magazine, v. XLIII, p. 198, jun-nov., 1871.
165. Ibidem.

166. A Fortaleza Antônia era uma construção herodiana localizada no canto noroeste do Monte do Templo, nome dado em homenagem a Marco Antônio, e foi uma reconstrução de uma fortaleza anterior chamada de Baris por Josephus e de torre de Birah em Neemias 2:8.

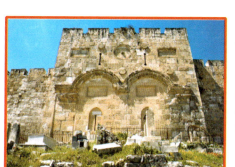

O Portão Dourado, mostrado debaixo do Monte do Templo, ao longo da muralha oriental, é uma das várias áreas em torno de Jerusalém que Charles Warren examinou na época vitoriana. *ClipArt.com*

rei Davi teria usado quando capturou Jerusalém dos jebuseus, assim como muitos outros aquedutos, poços e cisternas. Mas foi um dos colegas de Warren que muitos autores afirmam ter feito a descoberta que serviu como ponto de partida de uma especulação sem fim sobre as atividades secretas dos Cavaleiros Templários durante sua primeira década de atividade.

Charles Wilson, um contemporâneo de Warren, recebeu uma comissão com o Corpo de Engenheiros, em 1855, dois anos antes de seu colega. Sendo um arqueólogo respeitado, Wilson receberia o Diploma do Congresso Geográfico Internacional, em 1871, em reconhecimento aos seus esforços em trabalho arqueológico. Em 1864, um ano antes da formação do Fundo de Exploração da Palestina, Wilson estava na região fazendo parte de uma equipe de mapeamento de Jerusalém. O objetivo desta missão anterior, além de criar um mapa topográfico da cidade, era preparar a melhoria do então poluído fornecimento de água de Jerusalém. Tanto durante o mapeamento de 1864 quanto as explorações em Jerusalém, diz-se que Wilson descobriu uma série de artefatos que incluíam a ponta de uma lança e o punho de uma espada, assim como algumas esporas e uma cruz feita de chumbo.

Não há dúvida de que ocorreram tanto o mapeamento de 1864 quanto as escavações em Jerusalém, conduzidas pelo Fundo de Exploração da Palestina, entre os anos de 1867-1870, pois os eventos são bem documentados, repletos de evidências fotográficas e cartográficas. Contudo, a suposta descoberta de artefatos templários é bem menos embasada, e o Fundo de Exploração da Palestina não tem conhecimento deles.[167] Se os artefatos encontrados nas escavações verticais debaixo do Monte do Templo datam da época dos Templários, como podemos afirmar com qualquer certeza de que eram templários originalmente? A armadura e as armas usadas pelos primeiros Templários não eram diferentes daquelas usadas pelos cruzados que haviam capturado a cidade de Jerusalém duas décadas mais cedo. De fato, a armadura permaneceu a mesma desde a Batalha de Hastings em 1066 até a metade do século XIII, quando a armadura de placas era amplamente usada. Assim, ainda que seja possível que as supostas descobertas tenham

---

167. Em um e-mail de 17 de janeiro de 2007, Felicity Cobbing, uma executiva da FEP, afirmou: "Não me lembro de nenhum dos objetos que o senhor descreveu como tendo ligação tanto com a pesquisa de Charles Wilson para a Ordnance Survey de 1864 (não o FEP – fomos fundados em 1865), ou com as explorações do FEP de Charles Warren debaixo do Monte do Templo, 1867-1870".

Alguns dos verdadeiros materiais arqueológicos descobertos durante a expedição de Warren em Jerusalém que foram bastante divulgados nas páginas da *Harper's New Monthly Magazine*. *Coleção do autor*

sido templárias originalmente, é um salto muito grande confiar que um par de velhas esporas seja o Cálice Sagrado, apesar de isso não ter impedido que muitos autores modernos fizessem essa afirmação.

No livro *The Second Messiah: Templars, the Turin Shroud and the Great Secret of Freemasonry* [O Segundo Messias: Templários, o Sudário de Turim e o Grande Segredo da Maçonaria], os autores Christopher Knight e Robert Lomas afirmam o seguinte a respeito dos supostos artefatos e das escavações de Warren:

"Em 1894, quase 800 anos depois que os Templários haviam começado a cavar sob o Templo em ruínas de Jerusalém, seus fundos secretos foram investigados novamente, dessa vez por um contingente do exército britânico, liderado pelo tenente Charles Wilson, do Corpo de Engenheiros. Eles nada encontraram dos tesouros escondidos pela Igreja de Jerusalém, mas, nos túneis seculares, eles encontraram parte de uma espada templária, uma espora, os restos de uma lança e uma pequena cruz templária. Todos esses artefatos estão agora sob os cuidados de Robert Brydon, o arquivista templário da Escócia, cujo avô era amigo de um certo capitão Parker, que participou desta e de outras expedições posteriores que escavaram debaixo do local do Templo de Herodes. Em uma carta para o avô de Robert Brydon, escrita em 1912, Parker conta sobre a descoberta de uma câmara secreta debaixo do Monte do Templo com uma passagem que saía na Mesquita de Omer [Domo da Rocha]. Ao sair da mesquita, o oficial do exército britânico teve de correr para salvar sua pele de sacerdotes e adoradores coléricos".[168]

O problema fundamental dessa passagem é que o homem a quem eles se referem é o capitão Montague Parker, que nasceu somente em 1878, mais de uma década depois da primeira exploração de Warren e Wilson em Jerusalém. Desta forma, a sugestão de que Parker participou das expedições de Warren e Wilson não só é absurda, como completamente impossível.[169] A expedição de Parker ocorreu quatro décadas depois e tinha um propósito diferente das pesquisas acadêmicas do Fundo de Exploração da Palestina.

A Expedição de Parker

O ímpeto por trás da expedição e exploração de Parker no Monte do Templo, entre 1909 e 1911, foi obra de um filósofo e excêntrico sueco chamado Valter Henrik Juvelius, que acreditava ter decifrado uma passagem codificada no Livro de Ezequiel, que revelava a localização do Tesouro de Salomão.[170] Juvelius estava convencido de que a localização do tesouro era a área examinada 40 anos antes por Warren e companhia, e passou um tempo considerável tentando angariar os fundos necessários para a viagem, prometendo a seus possíveis patrocinadores um quinhão de sua futura fortuna.[171] Não conseguindo garantir

---

168. KNIGHT, Christopher; LOMAS, Robert. *The Second Messiah: Templars, the Turin Shroud and the Great Secret of Freemansory*. London: Century, 1997, p. 22. Além dos comentários contidos no texto sobre a inexatidão factual das afirmações dos autores, Knight e Lomas também estavam incorretos ao datar a expedição de Wilson/Warren como tendo ocorrido em 1894. De acordo com o *site* da Fundação de Exploração da Palestina, a organização se envolveu com diversas explorações no Levante: escavações em Jerusalém (1867-1870) sob a liderança de Charles Warren e Henry Birtles, o Levantamento da Palestina ocidental (1871-1878) sob o comando de Claude R. Conder e Horatio H. Kitchener; e escavações em Tell el-Hesi (1890-1893) sob a supervisão de *sir* William Flinders Petrie e Frederick J. Bliss. Eles também conduziram o Levantamento Arqueológico da Natureza de Zin (1913-1914) sob a liderança de Leonard Woolley e T. E. Lawrence (Lawrence da Arábia). Em lugar algum, há a menção de Montague Parker envolvido em qualquer uma dessas expedições.

169. Apesar de Parker estar morto quando Wilson e Warren participaram das explorações em Jerusalém, havia um homem chamado Henry Spencer Wilson, que entrou no Corpo de Engenheiros, em 1856, que participou das expedições. É possível que Knight e Lomas tenham se confundido por causa dos nomes parecidos.

170. SILBERMAN, Neil Asher. *Search of Solomon's Treasure, Biblical Archeology Society*. Disponível em: http://members.bib-arch.org/search.asp?PubID=BSBA&Volume=6&Issue=4&ArticleID=3&UserID=0&.

171. Ibidem. Silberman indica que Juvelius estimava o valor do tesouro em 200 milhões de dólares.

Diz-se que esta vitrine contém uma espada e as esporas de Godofredo de Bulhão. Contudo, como muitas supostas relíquias, sua autenticidade é altamente suspeita. *ClipArt.com*

patrocinadores para a viagem, Juvelius conheceu Montague Parker, que havia servido como capitão da Guarda de Granadeiros durante a Segunda Guerra dos Bôeres (1899-1902). Animado com a oportunidade de embarcar em uma nova aventura, Parker realizou o que Juvelius não havia conseguido: angariar os fundos necessários para a expedição. Como filho de Earl de Morey, Parker certamente tinha contatos com os quais Juvelius podia apenas sonhar.

Nos primeiros dias da expedição, Parker chegou a Constantinopla, onde ele tentou conseguir permissão dos oficiais turcos para a exploração, mas não havia percebido que o Império Otomano tinha políticas rígidas quanto a suas antiguidades; em poucas palavras, o que era encontrado lá permanecia lá.[172] Todavia, isso não deteve o jovem inglês, que decidiu subornar alguns oficiais, a fim de prosseguir a expedição. Pela sugestão de um médium dinamarquês contratado por Juvelius, Parker mandou reabrir um dos túneis de Warren após quase meio século, na esperança de que ele os levaria ao seu tesouro.

Infelizmente, para Parker, seus homens não eram os únicos explorando a área. Os arqueólogos americanos e europeus estavam desconfiados por causa do ar de segredo que Parker tinha ao redor de suas atividades e estavam ofendidos pela falta de protocolos com a qual estes "arqueólogos" conduziam sua escavação.[173] De fato, o único membro do grupo de Parker que era um arqueólogo preparado era um monge dominicano chamado Père Louis Hughes Vincent, que foi contratado para ajudar a equipe, mas não foi informado quanto à verdadeira natureza da busca de Parker. Apesar das reclamações ao governador turco, elas não deram em nada, e Parker prosseguiu com seu trabalho até que a chuva de inverno impossibilitou a continuidade.

---

172. Ibidem.
173. Ibidem.

A natureza espúria das explorações de Parker é confirmada por uma passagem na edição de 1909 do relatório trimestral do Fundo de Exploração da Palestina:

"Relatos sensacionalistas têm aparecido, de tempos em tempos, durante os últimos meses, nas imprensas locais e de Londres, relacionados aos trabalhos de escavação que têm sido conduzidos por um grupo inglês de amadores em Ophel. As operações têm sido levadas adiante, com muito sigilo, nos arredores do aqueduto descoberto por *sir* Charles Warren, e supõe-se localmente que seu objetivo seja encontrar os Tesouros Reais de Davi. Acredita-se que nenhum resultado de valor tenha sido obtido. Mas o trabalho não está ligado de nenhuma forma com o Fundo de Exploração da Palestina, tampouco, até onde conseguimos averiguar, parece haver dentre o grupo um arqueólogo preparado. Pelos últimos relatórios, o trabalho está suspenso".[174]

O trabalho não continuou suspenso por muito tempo. Voltando à área no verão de 1910, Parker descobriu que seus oficiais haviam partido para Constantinopla, insatisfeitos por não terem recebido a recompensa prometida. Além disso, Parker ficou sabendo que sua equipe recebera como prazo para terminar seu projeto o fim do verão do ano seguinte.[175] Em uma tentativa de cumprir o prazo, ele colocou seu bando para trabalhar dia e noite, apesar da volta das fortes chuvas. Parker havia encontrado um novo oficial para subornar: um homem chamado Azmey Bey, que recebeu 25 mil para permitir a entrada dos homens de Parker no Monte do Templo. Disfarçados de árabes, Parker e sua equipe foram levados ao Monte do Templo à noite, quando não havia ninguém à volta. Aqui, novamente por sugestão do médium de Juvelius, eles escavaram no canto sudeste dos Estábulos de Salomão. Entretanto, uma semana de esforço clandestino noturno não deu resultados, e os caçadores de tesouros logo voltaram sua atenção para outras áreas, o que provaria a sua ineficácia.

Em 17 de abril de 1911, novamente disfarçados como árabes, Parker e companhia entraram no Domo da Rocha. Eles decidiram examinar uma caverna debaixo da pedra sagrada, de onde os muçulmanos acreditavam que Maomé havia feito sua jornada ao céu e onde os judeus acreditavam que Abraão estava disposto a sacrificar seu filho Isaac com a ordem de Deus. A equipe entrou na caverna natural abaixo da pedra sagrada e animadamente abriu caminho em direção ao tesouro que eles acreditavam estar esperando por eles. Contudo, para seu infortúnio, um funcionário da mesquita havia decidido dormir no Monte do Templo naquela noite e acordou com a visão de um inglês com uma picareta na mão.

Apesar de Parker e seus cúmplices conseguirem escapar, a tentativa de profanação do terceiro local mais sagrado pelos não muçulmanos levou a acusações de que os caçadores de tesouros ingleses encontraram e roubaram o que estavam procurando. As acusações transformaram-se em rumores, levando

---

174. *1909 Quarterly Statement of the Palestine Exploration Fund*, p. 3.
175. SILBERMAN, op. cit.

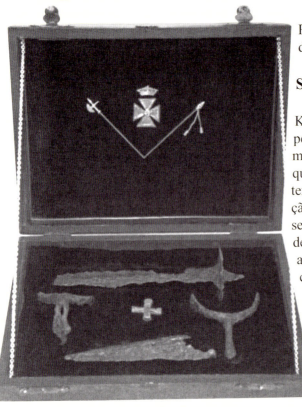

Uma coleção de artefatos da Era dos Cruzados de posse de Robert Brydon, cujo avô recebeu de Montague Parker, antes da Primeira Guerra Mundial. Apesar de diversos autores afirmarem que os itens são originalmente templários e, portanto, prova de que a Ordem escavou debaixo do Monte do Templo, o próprio dono dos itens não faz tais afirmações. *Robert Brydon*

a um tumulto nas ruas de Jerusalém e a sérios problemas para Azmey Bey, que havia arranjado o acesso ao Monte do Templo. Em meio ao caos e à confusão, os oficiais turcos detiveram Parker para interrogatório. Parker convenceu as autoridades a continuar sua discussão a bordo de seu iate, no qual ele pôde embarcar na frente dos oficiais. É claro, quando eles chegaram para continuar a discussão dos problemas,

Parker há muito já havia levantado a âncora rumo ao mar.[176]

SEPARANDO FATO DA FICÇÃO

O interessante na versão de Knight e Lomas é que as duas expedições, que não poderiam ser mais opostas em propósito e enfoque, são entrelaçadas no curso do texto como se fossem a continuação da mesma operação. É como se os autores fossem incapazes de discernir entre uma expedição arqueológica legítima e bem documentada, conduzida por engenheiros preparados, de uma expedição clandestina levada a cabo por um bando de caçadores de tesouro amadores. Parece ser este o caso, pois, em seu primeiro livro, *The Hiram Key*,* os autores afirmam o seguinte:

"Encontramos outras evidências de que os Templários estavam envolvidos na escavação, buscando algo sob as ruínas do Templo de Herodes, segundo os escritos do tenente Charles Wilson, do Corpo de Engenheiros, que liderou uma expedição arqueológica em Jerusalém na virada do século".[177]

Novamente, há um problema com a afirmação, especialmente relacionada ao envolvimento de Wilson. Apesar de ter sido presidente do Fundo de Exploração da Palestina de 1901 até sua morte, em 1905, Wilson teria

---

176. Ibidem.
* N.E.: Obra editada no Brasil sob o título *O Livro de Hiram*, Madras Editora.
177. KNIGHT, Christopher; LOMAS, Robert. *The Hiram Key*. London: Arrow Books, 1997, p. 38.

visitado o Oriente pela última vez no fim do século XIX. Durante os anos de 1886 e 1894, registra-se que Wilson foi diretor da *Ordnance Survey* da Irlanda e, até sua aposentadoria, em 1898, foi diretor-geral de educação militar, e, portanto, é improvável que estivesse envolvido com qualquer expedição na virada do século. Para dar aos autores o benefício da dúvida, há um possível motivo para confundir as duas expedições. Em 1876, Warren publicou um relato de seu trabalho com o Fundo de Exploração da Palestina intitulado *Underground Jerusalem* [Jerusalém Subterrânea]. Este livro foi seguido por outro, escrito em 1911 por Père Louis Hughes Vincent, que havia trabalhado com Parker, intitulado *Underground Jerusalem: Discoveries on the Hill of Ophel (1909-1911)* [Jerusalém Subterrânea: Descobertas no Monte de Ophel, 1909-1911]. Como nenhum dos livros está listado na bibliografia de Knight e Loman, não temos como saber se os autores conheciam qualquer uma destas publicações.[178] Contudo, uma obra que os autores, de fato, usaram como material de referência foi o livro de Graham Hancock, *The Sign and the Seal* [O Sinal e o Selo], que, para crédito do autor, claramente distingue entre as duas expedições e seus propósitos, chegando até a se referir a Parker como um lunático.[179] Como Hancock dedica diversas páginas à discussão e distinção das duas expedições, surpreende como Knight e Lomas poderiam ter confundido as duas.

Infelizmente, Knight e Lomas não são os únicos a fazer tais afirmações sobre as escavações e descobertas templárias, tampouco são os únicos a usar os supostos artefatos templários para sustentar suas afirmações. Em seu livro *The Head of God: The Lost Treasure of the Templars* [A Cabeça de Deus: O Tesouro Perdido dos Templários], dr. Keith Laidler afirma:

"Estes restos estão atualmente na Escócia, nas mãos de um parente do capitão Wilson, Robert Bryden [sic]. Conversei com o Sr. Bryden [sic] longamente sobre as descobertas, e ele confirmou que os restos de fato existem. Eles foram datados do século XII e incluem uma ponta de lança, esporas, um punho de espada e, o mais significativo, uma pesada Cruz Pátea, o símbolo dos Templários".[180]

---

178. Não há qualquer menção a nenhum dos livros na bibliografia de *The Second Messiah*, e o livro anterior, *The Hiram Key*, não fornece qualquer bibliografia. Contudo, eles mencionam uma obra intitulada *Excavations at Jerusalem* [Escavações em Jerusalém], que eles citam como tendo sido escrita por Warren. Este pode ser, na realidade, um livro intitulado *The Recovery of Jerusalem: A Narrative of Exploration and Discovery in the City and the Holy Land* [Recuperando Jerusalém: Uma Narrativa de Exploração e Descoberta na Cidade e na Terra Santa], publicado em 1871, um ano após o projeto de Explorações de Jerusalém do Fundo de Exploração da Palestina. Mas, como vimos, o FEP não tem conhecimento das supostas descobertas relacionadas tanto a Wilson quanto a Warren.

179. HANCOCK, Graham. *The Sign and the Seal: The Quest for the Lost Ark of the Covenant*. New York: Touchstone, 1993, p. 397. Hancock, citando o arqueólogo Gabby Barkai: da Universidade Hebraica (uma de suas fontes de pesquisa), afirma que Parker não era um arqueólogo, mas um "lunático".

180. LAIDLER, Keith. *The Head of God: The Lost Treasure of the Templars*. London: Weidenfeld & Nicolson, 1998, p. 178.

O autor oferece este material como um de três fatos incontestáveis, sendo os outros dois a evidência documental de que o tesouro estava escondido debaixo do Monte do Templo e a existência de túneis feitos por homens.[181] Ele continua afirmando:

"Considerados em conjunto, eles fazem do argumento de que os Templários encontraram algum tipo de tesouro durante os primeiros anos de sua formação extremamente convincente".[182]

Mas podemos concluir que esses artefatos eram templários originalmente? Robert Brydon, o proprietário dos itens mencionados, estava bem preparado para contestar a afirmação.[183] Brydon confirmou que as peças haviam pertencido a seu avô, que, por sua vez, as havia recebido de um homem chamado Parker, antes da Primeira Guerra Mundial. Contudo, este cavalheiresco septuagenário escocês indicava prontamente que, apesar de as peças terem claramente origem medieval e serem do tipo provavelmente usado pelos Templários, não havia como identificá-las positivamente como sendo templárias em sua origem.[184] De fato, Brydon diz que a carta de Parker – que não faz absolutamente qualquer menção a Warren ou Wilson – simplesmente sugeria que elas seriam templárias originalmente. Brydon citava as palavras da carta de seu avô de memória: "Estas são as relíquias de nossos Irmãos de antigamente".

Apesar de muitos autores terem considerado os artefatos como itens de alto valor, Brydon se referia a eles como lixo arqueológico,[185] equacionando-os a algo encontrado "no fim de um aterro sanitário". Brydon disse que, se as peças tivessem qualquer valor histórico real, elas seriam colocadas em um museu; contudo, seu avô queria reconhecer o gesto de Parker, colocando-as em um mostruário elegante. Os itens fazem parte da coleção da família e nunca foram colocados em um museu, apesar de terem sido exibidos durante cerca de cinco anos na Capela Rosslyn.

Também parece haver uma discrepância na afirmação de que Brydon era um arquivista templário. Ainda que seu avô tenha sido membro de uma Ordem Neotemplária, Brydon considera-se como nada além do que o arquivista da coleção de seu avô, que contém alguns artefatos desta Ordem.

Até agora, estabelecemos três coisas. Primeiro, nos anos entre a sua formação e a perda de Jerusalém, em 1187, os Templários haviam juntado riqueza e poder suficientes para transformar seu quartel-general em um complexo impressionante, que servia prosperamente às necessidades

---

181. Ibidem.
182. Ibidem.
183. Telefonei a Robert Brydon em 2 de fevereiro de 2007, após ter feito contato com ele por intermédio da dra. Karen Ralls, autora de *The Templars and the Grail* [Os Templários e o Graál]. O sr. Brydon, ao saber que eu estava escrevendo um livro sobre os Templários e que estava interessado nos artefatos, ficou um pouco na defensiva após ter lidado com diversos autores no passado, que, de acordo com ele, não ouviram o que ele lhes contou.
184. As palavras exatas de Brydon foram: "Não se poderia dizer de forma alguma que eram templárias".

185. Na arqueologia, "lixo" é entulho ou materiais deixados para trás quando areia ou argila começa a erodir.

administrativas, militares e religiosas da Ordem. Segundo, a ideia de que essa riqueza tenha vindo de escavações secretas debaixo do Monte do Templo baseia-se em alguns artefatos medievais supostamente templários originalmente. E terceiro, talvez mais importante, o proprietário dos artefatos e conhecedor de sua origem (ainda que aberto à possibilidade de que eles possam ter pertencido aos Templários) não confirma, ele próprio, nada disso, apesar do número de autores desejosos em afirmar o contrário.

Resta contar a história de como os Templários chegaram à sua posição de riqueza e poder durante a primeira metade de sua existência. Examinando a história dos relatos e documentos da época, talvez possamos, de uma vez por todas, mandar a noção de que a riqueza dos Templários veio de uma descoberta secreta de volta para a cova da escavação inexistente da qual ela veio.

136 ✠ Nascidos em Berço Nobre

Uma interpretação moderna de uma ilustração medieval que representa uma batalha cruzada. *Autor*

6 Amigos Importantes

> *"Nós, que outrora fomos os ocidentais, somos agora os orientais, um romano ou francês neste país torna-se um galileu ou palestino."*
> **Fulcher de Chartres**

Quando o dramaturgo americano John Guare escreveu, em 1990, a peça *Seis Graus de Separação*, ele certamente não tinha os Templários ou o mundo medieval em mente. Contudo, a premissa da peça, que se transformou em um filme alguns anos mais tarde, baseia-se na ideia de que qualquer pessoa no mundo pode estar ligada a outra por uma corrente de não mais do que seis outras: o sr. Smith conhece o sr. Jones, que, certa vez, alugou um apartamento da sra. Carlington, que é prima do sr. Webster e assim por diante. É certo que esta teoria de inter-relação, apesar de desconhecida no mundo medieval, era tão real no século XII quanto hoje.

Durante os anos de formação dos Templários, vemos a interligação de muitos dos personagens principais. Por exemplo, Bernardo, o primeiro abade da Abadia de Claraval, era sobrinho de André de Montbard, um dos primeiros membros da Ordem, senão fundador. Bernardo, por sua vez, não teria fundado sua nova abadia se Hugo, conde de Champagne, não tivesse dado a terra para os cistercienses e pedido que construíssem nela. Hugo, por sua vez, era um poderoso conde que tinha Hugo de Payens, fundador da Ordem dos Templários, como um de seus vassalos. Ainda que isso possa ser lido como uma conspiração que envolvia as primeiras pessoas influentes da Ordem dos Templários, isso simplesmente se reduz a o que e a quem uma pessoa conhece. É esse tipo de interação, que o mundo dos negócios chama de *networking*, que ajudou os Templários a chegar até a estrada para a riqueza. Mas, antes de olhar para a série de eventos que levariam a um aumento do poder e da riqueza dos Templários, é importante saber dos primeiros patronos e membros da Ordem.

O TEMPLÁRIO TEMPORÁRIO

O primeiro ocidental influente a se juntar às fileiras dos Templários foi Fulque V, conde de Anjou, que ingressou na Ordem quando estava em peregrinação à Terra Santa, em 1120. Fulque nasceu entre 1089 e 1092 e estaria com 30 e poucos anos quando se envolveu com os Templários. Ele era filho de Fulque IV de Anjou e Bertranda de Montforte, que desertou seu marido e teve relações com o rei da França, Filipe I. O leitor se lembrará que essa relação adúltera foi discutida tanto no Concílio de Piacenza quanto no Concílio de Clermont, em que o papa Urbano II excomungou Filipe por adultério, pois ele não colocara sua casa em ordem, como havia sido instruído.

Com a morte de Fulque IV, em 1109, seu filho tornou-se o conde de Anjou e, um ano depois, casou-se com Ermengarda de La Flèche, herdeira de Maine, que lhe deu quatro filhos. Diferentemente de Hugo de Champagne, que ingressaria na Ordem em 1125, Fulque não era solteiro quando se juntou aos Templários. Para aqueles familiarizados com a história dos Templários, isso poderia ser considerado um erro, já que é fato conhecido que os Templários faziam um voto de castidade. Enquanto é certamente verdade que os Cavaleiros Irmãos não tinham permissão de se casar, é importante perceber que a Ordem aceitava homens casados. Estes *fratres conjugati*, ou irmãos casados, eram aceitos pela Regra Latina original da Ordem, que delineava as condições sob as quais eles podiam ser admitidos. Eles não tinham permissão de vestir o hábito branco dos cavaleiros, e, se os *fratres conjugati* morressem antes de suas esposas, uma parte de suas propriedades deveria ser dada aos Templários, e o resto, à viúva para seu sustento futuro.[186] Todavia, essas regras foram escritas alguns anos após Fulque fazer sua peregrinação a Jerusalém, e parece que ele foi membro por um curto período, ou membro

O diagrama mostra a interligação entre os principais personagens nos primeiros dias dos Cavaleiros Templários, como delineado neste capítulo. Autor

---
186. UPTON-WARD, Judith. *The Rule of the Templars: The French Text of the Rule of the Order of the Knights Templar.* Woodbridge: The Boydell Press, 1992, p. 36.

associado. Os Templários de fato permitiam que homens ingressassem na Ordem por um período fixo, e foi sob essas duas condições que Fulque V foi um Templário.

Ainda que seu tempo na Ordem tenha sido breve, ele continuou a apoiar os Templários, quando da sua volta à Europa, dando-lhes uma pensão anual de 30 libras.[187] Como veremos, este não seria seu último envolvimento com os Templários nem com o reino de Jerusalém.

HUGO, CONDE DE CHAMPAGNE

Outro franco de berço nobre que seria influente nos primeiros anos da Ordem dos Templários era Hugo de Champagne, que foi conde de Champagne de 1093 até o seu ingresso nos Templários, em 1125. Champagne é uma província histórica localizada na região nordeste da França e era originalmente chamada pelo nome latino *Campania*, que significa "campina". A terra plana da região era perfeita para a produção de vinhos de uma qualidade particularmente boa, que são universalmente conhecidos pelo nome da província. Apesar de Champagne-Ardenne ser uma parte da França, o condado de Champagne não se tornou parte dos territórios da coroa até o ano de 1314. Naquela época, Luís Hutin, filho de Filipe IV – o homem que mandou executar Jacques de Molay, último Mestre dos Templários –, foi coroado rei Luís X da França. De 1305 até sua coroação, Luís havia sido o conde de Champagne, e, ao assumir o trono da França, ele trouxe a região para o controle estatal. Mas, 221 anos antes, Champagne estava sob o controle de Hugo, que herdou o título após a morte de seu irmão mais velho, Eudes. Apesar de alguns autores sugerirem que Hugo participou da Primeira Cruzada,[188] parece não haver provas para apoiar a teoria de que ele tenha viajado à Terra Santa antes de 1104, cinco anos depois da captura de Jerusalém.[189] De fato, Hugo fez diversas viagens para o além-mar, em 1104, 1114 e 1125, quando ele fez o juramento dos Templários.[190]

Como discutido anteriormente, Hugo não era um homem feliz. Ele acreditava que sua mulher havia sido infiel e duvidava que seu filho mais velho fosse fruto seu.[191] Esta ideia parece verossímil porque, durante sua visita ao Oriente, em 1114, Hugo recebeu uma carta de Ivo, bispo de Chartres, na qual o clérigo criticava o conde por abandonar sua esposa e transferir sua lealdade aos Cavaleiros

---

187. NICHOLSON, *The Knights Templar: A New History*, op. cit., p. 26.

188. RALLS, Karen. *The Templars and the Grail*. Wheaton: Quest Books, 2003, p. 36. A dra. Ralls afirma a respeito de Hugo de Payens: "Diz-se que ele era vassalo de Hugo I, cuja corte estava centrada em Troyes e que se sabe ter participado da Primeira Cruzada". Contudo, ela não indica a fonte da afirmação, e outros historiadores, principalmente Malcolm Barber e Helen Nicholson, não mencionam a ideia de que Hugo fora ao Oriente antes de 1104.

189. NICHOLSON, op. cit., p. 22. Esta data também é dada por Piers Paul Read em seu livro *The Templars*. London: Phoenix Press, 1999, p. 91.

190. Ibidem, p. 22. Read parece não concordar com Nicholson quanto à afirmação de que Hugo voltou à Europa em 1108, tendo aparentemente passado quatro anos no Oriente.

191. READ, op. cit., p. 91.

de Cristo e seu Evangelho de Cavalaria.[192] Apesar de alguns terem usado essa carta como uma indicação de que os Templários foram criados antes de 1110, Helen Nicholson propõe que o bispo provavelmente estivesse sugerindo que o conde havia feito o juramento dos cruzados como parte de sua peregrinação ou que ele tivesse se juntado a uma das muitas irmandades de cavaleiros, que começaram no século antes da Primeira Cruzada.[193]

Em 1125, Hugo havia se divorciado de sua esposa e deserdado seu filho mais velho, transferindo suas posses a seu sobrinho Teobaldo, que era o conde de Blois desde 1102 e tornou-se Teobaldo II, conde de Champagne. Livre de seus laços familiares, o antigo conde agora podia ingressar na Ordem dos Templários sob as ordens de um homem que previamente havia sido seu vassalo.

Ao ter notícia de sua nova vocação, Bernardo – que havia construído a Abadia de Claraval nas terras doadas por Hugo uma década antes – escreveu uma carta a seu amigo e patrono. Apesar de o abade cisterciense ficar desapontado pelo fato de Hugo não ter se juntado à Ordem Cisterciense, ele estava contente por ele ter decidido servir a Deus. Bernardo disse a seu amigo: "Se, por causa de Deus, tu te transformaste de conde a cavaleiro, de rico a pobre, nós te congratulamos por teu avanço, pois este é o trabalho da mão direita de Deus".[194] Essas palavras de encorajamento seriam as primeiras de muitas a ser escritas pelo abade cisterciense.

O Homem que Seria Rei

No início da evolução dos Templários, a situação no Oriente era razoavelmente austera em termos de efetivo. Pouco havia mudado desde a derrota esmagadora na Batalha de *Ager Sanguinis*, em 1119. Apesar de duas outras batalhas (Azaz, em junho de 1125, e Tell al-Shaqab, em janeiro de 1126) terem sido vencidas pelos Estados Latinos, as forças de Balduíno deviam estar muito exauridas.[195] O rei queria se dedicar ao problema da fraqueza militar que havia no reino. A morte de seu adversário de longa data, Toghtekin, em fevereiro de 1128, foi uma notícia certamente muito bem-vinda, que abriu uma oportunidade ao rei para marchar a Damasco. Mas primeiro ele precisaria de algumas tropas novas para fazê-lo.

Nesse período, Balduíno, tendo cerca de 60 anos, era um homem cansado de três décadas de ressentimentos e rixas com seus aliados, da guerra constante com seus inimigos e da humilhação de ter sido aprisionado duas vezes.[196] Somados aos seus problemas, sua rainha, Morfia, havia lhe dado quatro filhas, mas nenhum herdeiro homem. Suas duas filhas mais novas, Hodierna e Ioveta, eram crianças, e ele havia casado sua segunda filha, Alice, com Boemundo II, o príncipe de Antioquia, em 1126. Isso deixava sua filha mais velha, Melisende, como herdeira do reino; mas, para garantir seus privilégios de acordo com a lei feudal, ele teria de encontrar para ela um marido adequado.[197]

---

192. NICHOLSON, op. cit., p. 22.
193. Ibidem. Nicholson sugere que as irmandades eram grupos de cavaleiros ligados por apoio mútuo.
194. TOBIN, op. cit., p. 65.

195. SEWARD, Desmond. *Monks of War: The Military Religious Orders.* London: Peguin Books, 1972, p. 31.
196. OLDENBOURG, op. cit., p. 263.
197. Ibidem, p. 264.

Apesar de o reino de Jerusalém não dever qualquer fidelidade em particular ao reino da França, Balduíno não hesitou em mencionar a questão para o rei Luís VI, dando-lhe permissão para encontrar um marido para a sua filha. Um nome foi recomendado ao rei de Jerusalém: Fulque de Anjou, viúvo após a morte de sua esposa, Ermengarda, em 1126. Havia pouca dúvida de que Fulque era o homem certo: ele conhecia a Terra Santa, tendo feito a peregrinação em 1120, era poderoso e rico, assim como familiarizado com a arte da guerra e da diplomacia em tempos de paz. A reputação de Fulque era bem conhecida no Ocidente, pois ele havia se oposto, com êxito, tanto ao rei da França quanto ao da Inglaterra e lutado ao lado de Luís VI contra o imperador germânico.[198]

Para convencer Fulque a aceitar a mão de sua filha em casamento, Balduíno enviou Guilherme de Bures, príncipe da Galileia, e Guy de Brisebarre, lorde de Beirute, para negociar.[199] A ideia de um casamento real certamente teria sido atraente. Antes de sua partida para o Levante, Fulque presenciaria o casamento de seu filho mais velho, Godofredo, com Matilda, filha de Henrique I da Inglaterra – uma união que daria início à Dinastia Plantageneta.[200] Dessa forma, Fulque sabia que seu casamento com a filha mais velha de Balduíno um dia lhe garantiria um reino. Enquanto o filho de Fulque, que tinha 15 anos, deveria se casar com uma

Henrique I, rei da Inglaterra de 1100 a 1135, era o filho mais novo de Guilherme, o Conquistador. A filha de Henrique, Matilda, casou-se com o filho de Fulque de Anjou, Godofredo. *ClipArt.com*

mulher 12 anos mais velha,[201] Fulque tomava uma noiva 16 anos mais nova.

Por mais poderoso e rico que possa ter sido, Fulque era um homem com uns 40 anos, baixo, gordo e de cabelos vermelhos e, como tal, dificilmente um companheiro visualmente atraente com o qual a jovem Melisende, de 24 anos, provavelmente sonhava. Contudo, ela concordou com o casamento arranjado apenas por necessidade política. Mas, como seu pai antes dele, Fulque descobriria que estava

---

198. Ibidem, p. 264-265.
199. BARBER, op. cit., p. 11.
200. RUNCIMAN, op. cit., p. 178.

201. Acredita-se que Godofredo tenha nascido em 1113 e Matilda em 1101, o que determinaria suas idades como sendo 15 e 27 anos respectivamente em 1128.

casado com uma mulher que amava outro homem.²⁰²

Sobre homens e maças

Na mesma época em que Guilherme de Bures e Guy de Brisebarre estavam em conversas com Fulque, Balduíno também havia enviado Hugo de Payens ao Ocidente em busca de novos recrutas para a campanha que intencionava contra Damasco. Apesar de o último registro sobre Payens, em Acre, ser de 1125, é provável que ele tenha navegado com a embaixada do rei no outono de 1127. Registrou-se a passagem tanto de De Payens quanto De Bures em Le Mans, em abril de 1128.²⁰³ Os dois também são listados como tendo comparecido a uma cerimônia em 31 de maio, na qual Fulque assumiu a cruz, e Barber teoriza que De Payens possa ter ido ao casamento de Godofredo e Matilda em 17 de junho.²⁰⁴ Apesar de não termos como ter certeza, é possível que tenha sido neste casamento que Hugo conheceu o rei Henrique I da Inglaterra, pois, naquele ano, Henrique ajudou Hugo a alcançar o objetivo de sua viagem ao Ocidente. A Crônica Anglo-Saxônica nos dá um relato:

"Hugo dos Templários veio de Jerusalém ao rei da Normandia; o rei o recebeu com honra, deu-lhe tesouros em ouro e prata e depois lhe enviou à Inglaterra, onde também foi recebido por bons homens; todos lhe deram tesouros, também na Escócia, e enviaram-lhe muitas posses, todas em ouro e prata. Ele convocou as gentes para Jerusalém, e, com ele, foram muitas pessoas como nunca antes, nem desde a primeira jornada na época do papa Urbano, apesar disso ser de pouca valia. Ele disse que havia uma guerra total entre os cristãos e os pagãos; quando lá chegaram, não passava de uma mentira, e assim se afligiram desgraçadamente todas aquelas gentes".²⁰⁵

Essas doações, dadas em 1128, não foram as primeiras nem seriam as últimas. O próprio Balduíno havia dado à nova Ordem sua propriedade em Flandres,²⁰⁶ em 1127. Teobaldo, o sucessor de Hugo de Champagne como conde, deu à Ordem uma casa, uma granja e um prado, com uma habitação de 46 hectares de terra em Barbonne, perto de Sézanne.²⁰⁷ Teobaldo também deu permissão a seus vassalos para que presenteassem os Templários com suas terras, contanto que isso não entrasse em conflito com os interesses do conde. Outras doações

---

202. OLDENBOURG, op. cit. p. 304-305. Logo após o início do reinado de Fulque como rei de Jerusalém (1131), Melisende envolveu-se em uma relação com seu amigo de infância e primo de segundo grau Hugo de Poset, filho de Hugo I, conde de Jaffa. O caso acabou quando Hugo foi acusado de traição e, não comparecendo à sua defesa, foi condenado *in absentia*. Contudo, ele recebeu um indulto com a condição de que sairia do além-mar e voltaria à Europa. Enquanto esperava um navio para levá-lo ao Ocidente, ele foi esfaqueado por um cavaleiro, que muitos acreditavam ter sido contratado por Fulque. Apesar de Fulque mandar que o assassino fosse torturado, não se sabe se Melisende foi capaz de aceitar que ele nada teve a ver com a morte de seu amante.
203. BARBER, op. cit. p. 12.
204. Ibidem, p. 13. Apesar de alguns autores datarem o casamento de Matilda e Godofredo como tendo ocorrido em 1127, tanto Malcolm Barber quanto Christopher Tyerman datam o casamento como tendo ocorrido em 1128.
205. SAVAGE, Anne. *The Anglo-Saxon Chronicles*. Surrey: Coombe Books, 1995, p. 262. O número de recrutas listado nas crônicas anglo-saxônicas é claramente um exagero, pois se estima que Hugo voltou ao Oriente com 300 recrutas.
206. NICHOLSON, op. cit., p. 33.
207. BARBER, op. cit., p. 13.

Godofredo de Anjou, filho de Fulque de Anjou, substituiu Balduíno II como rei de Jerusalém. Godofredo foi o pai da Dinastia Plantageneta. *ClipArt.com*

O Concílio de Troyes

O duplo propósito do rei Balduíno, até agora, havia sido bem-sucedido. Guilherme de Bures e Guy de Brisebarre haviam convencido Fulque a retornar ao Oriente para se casar com a filha do rei, e Hugo havia tido êxito em recrutar tanto homens como meios para a causa oriental. Mas o melhor ainda estava por vir, quando Hugo e vários de seus companheiros cavaleiros foram a um concílio, que ocorreu no antigo local de encontro de seu Mestre em Troyes, presidido pelo sobrinho de Hugo de Champagne, Teobaldo. Foi nesse Concílio de Troyes que a Ordem recebeu a aceitação papal, assim como a sua Regra.

Se Hugo e seus companheiros foram à Europa em busca de uma Regra para guiar a nova Ordem é uma questão de debate entre os historiadores. O historiador francês Desmond Seward defende a ideia de que, até a Ordem conhecer Bernardo, eles não se viam como uma organização religiosa, mas simplesmente como um grupo voluntário de cavaleiros. De fato, o autor sugere que, na época de sua viagem à Europa, o grupo nascente estava prestes a debandar, tendo sido incapazes de atrair muitos recrutas à sua causa.[208] Contudo, outros dados indicam a ideia de que o desejo do reconhecimento e favorecimento papal já havia nascido em 1126. Em uma carta do rei Balduíno a Bernardo de Claraval, o rei diz ao abade cisterciense:

"Os Irmãos Templários que Deus alçou para a defesa de nossa província e a quem Ele conferiu proteção especial desejam obter a aprovação apostólica, assim como uma Regra que governe suas vidas".[209]

incluíram os tão necessários cavalos e armaduras. Ainda que não possamos ter certeza se todas essas doações foram especificamente para os Templários – ou se foram, pelo menos em parte, destinadas às campanhas propostas por Balduíno contra Damasco –, podemos estar razoavelmente certos de que a maior parte das doações foi dada por europeus de berço nobre que não podiam assumir a cruz, como Hugo e seus companheiros no Oriente Latino haviam feito.

---

208. SEWARD, op. cit., p. 31.
209. BURMAN, op. cit., p. 22-23.

Há razão para suspeitar que esta carta tenha sido uma falsificação, já que a referência aos "Irmãos Templários", ou *Fratres Templari* em sua forma em latim, não é consistente com a suposta data da carta. Nicholson argumenta que, até 1140, a Ordem não era chamada de Templários, mas sim como *Milites Templi Salomonis* ou Cavaleiros do Templo de Salomão.[210] Independentemente da autenticidade da carta, o que permanece importante é que a Ordem, seja qual for o nome pelo qual era conhecida, de fato, recebeu a aprovação papal e a Regra da Ordem no Concílio de Troyes, que ocorreu em janeiro de 1129.[211] A presença no concílio incluía um verdadeiro "quem é quem" da cristandade. O concílio foi presidido pelo legado papal, Mateus du Remois, bispo cardeal de Albano (que era apoiado pelos arcebispos de Rheims e Sens), por dez bispos e sete abades, incluindo Stephen Harding de Citeaux e Bernardo de Claraval.[212]

Além de Hugo, os Templários estavam representados nas pessoas de Godofredo de St. Omer, Archambaud de St. Armand, Godofredo Bisot, Payen de Montdidier e um cavaleiro chamado Rolando.[213]

O processo começou com Hugo explicando ao concílio a natureza e o propósito de sua nova Ordem. Como cônegos regulares, eles respondiam aos ofícios do coro, mas, sendo requisitados ao serviço militar no mundo exterior, eles nem sempre podiam cumprir a obrigação e recitavan um conjunto de padre-nossos. Também separando a Ordem dos cônegos regulares, a Ordem de Hugo permitia serviçais e um cavalo por cavaleiro. Eles faziam uma refeição comunal, não tinham contato com mulheres e usavam vestimentas simples que lhes eram dadas por seus patronos e apoiadores.[214]

Após Hugo completar o seu discurso no Concílio, a Regra da Ordem escrita por Bernardo foi apresentada e registrada por um escrevente chamado Jean Michel. Apesar de a similaridade com a Regra da Ordem Cisterciense demonstrar que a mão de Bernardo estava claramente presente, as questões foram discutidas em infinitos detalhes pelos presentes, que aceitavam ou rejeitavam as cláusulas como lhes parecia apropriado. No fim do Concílio, as 72 cláusulas do plano final da Regra Latina original, apesar de frutos do

---

210. NICHOLSON, op. cit., p. 28-29.
211. Assim como a data de 1118 de Guilherme de Tiro para a formação dos Templários, acredita-se tradicionalmente que a data em que ocorreu o Concílio de Troyes foi 1128 ou mesmo 1127. Entretanto, interpretações recentes das fontes primárias agora localizam a data em 1129. Um dos motivos para a data posterior é o fato de os documentos do concílio se referirem a Stephen de Chartres como o patriarca de Jerusalém. Como Warmund de Picquigny morreu antes julho de 1128, o concílio deve ter ocorrido, portanto, em janeiro de 1129.
212. A presença de Bernardo no Concílio de Troyes é aceita por praticamente todos os principais historiadores, com a exceção singular de Desmond Seward, que afirma que Bernardo enviou a Regra ao Concílio, mas não compareceu pessoalmente. Como o autor não cita a fonte dessa afirmação, não há como dizer a origem da ideia, que é contrária à da maioria dos autores.
213. BURMAN, op. cit., p. 101. É provável que a lista de presentes no Concílio de Troyes tenha sido a base para a lista de Du Cange dos membros fundadores.
214. BARBER, op. cit., p. 14-15.

gênio de Bernardo, foram uma obra do comitê.

Com a aprovação papal e a Regra da Ordem em mãos, Hugo e seus companheiros provavelmente acompanharam Fulque quando este voltou ao Levante na primavera de 1129. Dessa forma, é possível que Hugo tenha tido a oportunidade de presenciar o casamento de seu velho colega com a filha do rei, Melisende, em 2 de junho de 1129.

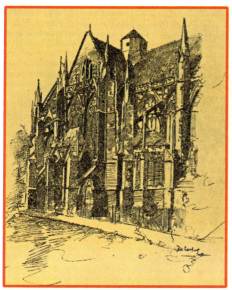

St.-Urbain, em Troyes, foi construída na segunda metade do século XIII pelo papa Urbano IV. Foi nessa cidade que o Concílio de Troyes, que deu aos Templários sua Regra da Ordem, ocorreu, em 1129. *Coleção do autor*

O Cerco de Damasco

Hugo voltou ao além-mar com cerca de 300 novos recrutas famintos de ação, e a campanha de Balduíno contra Damasco lhes daria tal oportunidade. Esta seria a primeira grande campanha com a qual os Templários se envolveram e uma de apenas duas mencionadas por Guilherme de Tiro, antes da Segunda Cruzada. A segunda campanha seria uma escaramuça em Hebron, em 1139, onde Odo de Montfaucon, um importante Templário, perdeu a vida.[215]

Após a morte de Toghtekin, em 1128, Damasco ficou sob o controle de seu filho Buri, mas o período era de turbulência religiosa que beirava a guerra civil.[216] É possível que Balduíno, que tinha a reputação de um estrategista cuidadoso, tenha visto uma fraqueza que não existia no inimigo, ou que talvez tenha sido pressionado à batalha pelo zelo de seu novo genro. Apesar do forte moral de suas forças e da chegada de novas e ávidas tropas, o plano de invadir Damasco era ambicioso. As terras a oeste do Jordão eram hostis aos cristãos, e, se uma vitória podia ser garantida, ela necessitaria de um exército maior do que os francos possuíam para ocupar a área.[217] Contudo, Balduíno ignorou essas estatísticas e, em novembro de 1129, lançou sua campanha, ajudado pelos exércitos de Joscelino de Edessa, Pons de Trípoli e Boemundo de Antioquia.[218]

Apesar de Buri ser um militar tão eficaz como seu pai, os cruzados assediaram os muçulmanos arduamente e, a despeito das graves perdas, estavam avançando em seu cerco contra Damasco, até que caiu

---

215. Ibidem, p. 35.
216. OLDENBOURG, op. cit., p. 265.
217. Ibidem, p. 262-263.
218. PAYNE, op. cit., p. 134.

uma violenta tempestade.[219] As fortes chuvas diluíram o sangue daqueles mortos em batalha e limitaram a habilidade dos francos em continuar o combate. Incapaz de navegar o mar de lama que o campo de batalha tinha se tornado, Balduíno recuou, sendo superado não por seus inimigos, mas pela Mãe Natureza.

O resultado final da viagem de Hugo ao Ocidente em busca de novos recrutas foi a contagem dos mortos que jaziam no campo de batalha lamacento e sangrento em volta de Damasco; suas vidas foram encurtadas por um inimigo cujas táticas e métodos eram diferentes de qualquer coisa a que eles estavam acostumados. Apesar de não ser a última vez que os Templários sacariam as espadas contra seus inimigos, seria a última vez que Balduíno sacaria a sua.

Traição na Família

Poucos meses após a derrota em Damasco, o genro de Balduíno, Boemundo de Antioquia, foi tomado pelo desejo de resolver o declínio de poder de seu principado no reino armênio de Cilícia. Em fevereiro de 1130, Boemundo e uma pequena força viajaram, seguindo o Rio Jihan, em direção a Anazarbus. Apesar de esperar alguma resistência dos armênios, ele não previu que Leão I da Armênia faria uma aliança com os turcos *danismendidas**

---
219. Ibidem.
*N.T.: A dinastia dos *danismendidas*, também oriunda do ramo cultural oghuz, foi estabelecida por um homem de nome desconhecido, que, em língua persa, tinha o título de DANISHMEND - termo usado para pessoas que possuíam boa educação. Ela controlou, durante os séculos XI e XII, o território entre Sivas e Melitene, ou seja, o norte da Anatólia oriental, até ser incorporada à dinastia rival dos seljúcidas.

para impedi-los.[220] Quando Boemundo marchava ao longo do rio, os turcos *danismendidas* atacaram seu exército e o massacraram. Se os turcos tivessem reconhecido o príncipe de Antioquia, eles poderiam ter poupado sua vida, preferindo mantê-lo para resgate; como muitos de seus soldados, o príncipe foi decapitado...

A cabeça do príncipe assassinado foi levada ao emir *danismendida*, que mandou embalsamá-la e enviá-la ao califa como um presente.

A notícia da morte de Boemundo criou uma reação mista em Antioquia. Como ele era querido por seu povo, eles ficaram chocados com a morte de seu príncipe. A viúva de Boemundo parece ter tido menos preocupação com seu marido morto e sua filha órfã, Constância, do que com sua própria soberania. A questão de seu controle sobre Antioquia não era tão clara quanto seria se Alice fosse um homem. O principado precisava de um homem para liderá-lo, e, como sua irmã Melisende, Alice poderia ser forçada a se casar com um homem que ela não amava para conseguir isso. Tal perspectiva não agradava à princesa, e ela decidiu tomar a questão em suas próprias mãos, fazendo um acordo com o Diabo. Ela enviou um mensageiro a Zinki, o *atabeg* de Alepo, oferecendo sua filha de 2 anos em casamento a um príncipe muçulmano se a ela fosse permitido permanecer soberana de Antioquia até sua morte.[221]

A esta altura, Balduíno havia tido notícia da morte de seu genro e partiu em direção ao norte, para Antioquia.

---
220. RUNCIMAN, op. cit., p. 182.
221. PAYNE, op. cit., p. 135.

Amigos Importantes 147

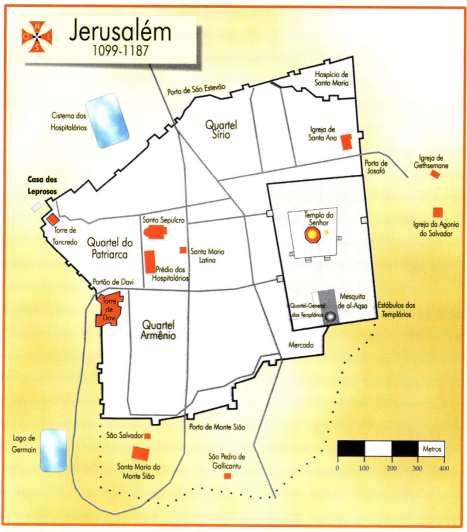

Diagrama representando como seria a cidade de Jerusalém durante o reinado de seus últimos reis.

No caminho, seu grupo capturou o mensageiro em rota para Alepo e, após questioná-lo, descobriu os planos traiçoeiros de sua filha. Diz-se que Balduíno teve um ataque de cólera e mandou matar o mensageiro, enforcando-o imediatamente.[222] Antecipando a chegada de seu pai e sua reação, caso ele descobrisse seus planos, Alice mandou trancar os portões da cidade, mas alguns no principado, cujas lealdades eram para com o rei, garantiram que alguns portões da cidade estivessem abertos no caso de sua chegada.

Quando Balduíno e seus homens chegaram, Alice trancou-se na fortaleza. Ela podia estar disposta a trair seu pai, mas não estava disposta a liderar seu exército contra ele – e é questionável que seus homens seguiriam suas

---
222. RUNCIMAN, op. cit., p. 184.

ordens caso o tivesse feito. Alice atirou-se aos pés de seu pai pedindo-lhe misericórdia, e, não querendo executar sua própria filha, Balduíno mandou destituí-la. Alice foi proibida de ter poder em Antioquia, mas seu pai permitiu que ela detivesse o poder em Lattakeih e Jabala, que eram parte de seu dote de casamento com Boemundo.[223]

A Morte de Balduíno II

Pela segunda vez em sua vida, Balduíno tornou-se regente de Antioquia, assegurando a cidade para a sua neta Constância.

Quando voltou a Jerusalém, o rei devia estar despedaçado. Talvez a traição de sua própria filha tenha acelerado seu fim, pois, dentro de poucos meses, o rei desenvolveu uma doença da qual nunca se recuperou. Em agosto de 1131, sabendo da iminência de sua morte, o rei pediu para ser movido do palácio real ao palácio do patriarca para que pudesse morrer o mais próximo possível da cavalaria. Ele sempre fora um homem devoto, e as lendas dizem que seus joelhos eram calejados de tanto tempo rezando.[224] À medida que a morte se aproximava, Balduíno convocou os membros de berço nobre de seu reino e Melisende e Fulque, que vieram com seu filho de um ano, Balduíno. De seu leito, ele abdicou do trono, transferindo o poder do reino para a sua filha e o seu genro, e pediu àqueles presentes que os aceitassem como soberanos do reino.[225] Com esta transferência, os Templários viram a soberania de seu reino passar da cabeça de seu primeiro patrono à cabeça de seu primeiro membro associado. Assim que Balduíno abdicou do trono, ele foi presenteado com um hábito de monge e aceito como um cônego do Santo Sepulcro. Dessa forma, a vida de Balduíno terminou na mesma Ordem da qual os Templários podem ter se originado pouco mais de uma década antes.

Com sua morte, em 31 de agosto de 1131, ele foi enterrado na Igreja do Santo Sepulcro ao lado de seus parentes e antecessores, Balduíno I e Godofredo de Bulhão. Trinta e dois anos haviam se passado desde que Balduíno ajudara no combate contra os infiéis na Terra Santa, e, com sua morte, o reinado dos reis cruzados originais chegou repentinamente ao fim. Escrevendo poucos anos antes da morte de Balduíno, Fulcher de Chartres – que também soubera em primeira mão da convocação de Urbano para ir ao Oriente e que agora estava no Levante há mais de uma geração – escreveu sobre as diferenças que existiam entre o Ocidente e o Oriente:

"Nós que outrora fomos os ocidentais somos agora os orientais, um romano ou francês neste país torna-se um galileu ou palestino. Aquele que era de Rheims de Chartres tornou-se um cidadão de Tiro ou de Antioquia, pois já esquecemos as terras de nossos nascimentos, que são desconhecidas de muitos de nós e nunca mencionadas entre nós.

Alguns já possuem lares, propriedades e arrendatários de herança. Alguns possuem viúvas não apenas de seu próprio povo, mas também de sírios, armênios e sarracenos que receberam a

---

223. Ibidem.
224. PAYNE, op. cit., p. 128.
225. RUNCIMAN, op. cit., p. 184-185.

graça do batismo... Aqueles que eram pobres no Ocidente, Deus os tornou ricos no Oriente. Os que possuíam pouco dinheiro lá têm inúmeras moedas de ouro aqui, e um homem que não tinha sequer uma casa no Ocidente agora tem uma cidade. Por que voltar ao Ocidente quando há um Oriente como este?".[226]

Esse modo de vida abastado adotado por Fulcher de Chartres era imensamente contrastante com o modo de vida austero e restritivo traçado para os Templários em sua Regra da Ordem.

---
226. PAYNE, op. cit., p. 138.

150 ✠ **Nascidos em Berço Nobre**

Um iniciado Templário é recebido na Ordem nesta pintura romântica do século XIX. A cerimônia de recepção era descrita em
detalhes na Regra dos Templários, mas seria posteriormente mal interpretada após as prisões de 1307. *Coleção do autor*

7 A Vida dos Templários

"Acima de tudo, aquele que for um Cavaleiro de Cristo, escolhendo tais ordens sagradas, deverá em sua profissão de fé unir pura diligência e firme perseverança, que é tão digna e sagrada e é sabidamente tão nobre que, se for mantida imaculada para sempre, fá-lo-á merecedor da companhia dos mártires que deram sua alma por Jesus Cristo."
Prólogo da Regra Primitiva dos Templários

A vida para os homens que ingressaram nas fileiras dos Pobres Cavaleiros de Cristo era imensamente diferente daquilo com que muitos deles estavam acostumados. A Ordem do Templo era uma Ordem religiosa e adotava um modo de vida que estava de acordo com sua missão sagrada. Mas, antes de examinarmos em detalhes a nova vida e vocação desses filhos da Europa de berço nobre, devemos estar conscientes da vida de onde vieram.

Os Templários nasceram em uma época de feudalismo, que havia se desenvolvido no norte da França e, por fim, difundiu-se pela Europa, assumindo diferentes formas à medida que se propagava.[227] No período medieval, havia duas formas de ocupar um território além de conquistá-lo: por posse ou arrendamento. A posse da terra era tradicionalmente um direito dado por Deus aos reis, que eram proprietários da terra que constituíam seus domínios. Entretanto, a terra também podia ser mantida por arrendamento, mediante a concessão do rei de extensões de terra, chamadas feudos, aos barões do reino e homens ricos da Igreja, que eram basicamente arrendatários do rei.[228] Havia um preço a ser pago por essa concessão de terra, que era prestar serviço militar ao rei, provendo um número de cavaleiros. A fim de conseguir esses cavaleiros, os barões sublocavam partes de suas terras

---

227. WISE, Terence. *Medieval Warfare*. London: Osprey, 1976, p. 5.
228. Ibidem, p. 2.

a eles, que adicionariam outro elo na corrente de fidelidade. Foi por meio dessa organização que Hugo de Payens devia sua lealdade a Hugo, conde de Champagne, até que o conde deu suas terras a seu sobrinho, a fim de se juntar aos Templários. Nesse sistema, essa organização da terra por serviços era chamada de taxa do cavaleiro ou *seigneuri*, da qual vem a palavra *seigneur* ou senhor.

Sob o sistema feudal, pelo menos no norte da França, qualquer um que usufruísse menos do que uma renda de cavaleiro era chamado de sargento. O termo era originalmente usado para descrever um soldado de infantaria, mas, por volta do século XII, a palavra se referia às tropas regulares e de montaria que não eram da classe cavaleira.[229] Este era certamente o caso dos Templários, como veremos em nosso capítulo sobre os estatutos hierárquicos da Ordem. Cavaleiros que recebiam terras de seus barões frequentemente as dividiam em fazendas ou senhorios. Os camponeses que tinham permissão de trabalhar nas terras eram obrigados a fornecer ao senhor tanto produção quanto serviço militar em troca. Sob o sistema, os cavaleiros podiam reunir uma comitiva de soldados grosseiramente armados, como aqueles que seguiram Pedro, o Eremita. Os soldados deixavam suas terras para cumprir suas obrigações com os barões, que cumpriam suas obrigações com o rei, que, por sua vez, possuía toda a terra.

O acordo de terra em troca de serviço militar não era contínuo. Apesar do uso da terra ser concedido por todo o ano, aqueles que a arrendavam deviam fornecer 40 dias de serviço militar sem pagamento, seja em tempos de guerra ou de paz. Durante a época de paz, o serviço militar podia consistir em fazer revezamento nas tropas reais ou trabalhar como guarda quando o rei viajava. Contudo, se o reino estivesse em guerra, o serviço, muitas vezes, estendia-se além do período exigido de 40 dias, e o exército normalmente era pago pelos períodos adicionais de serviço.[230] Mas era durante os tempos de paz que a sociedade feudal talvez tinha mais problemas. A classe cavaleira, com nada mais para fazer com seu tempo, frequentemente lutava entre si – uma situação confirmada pela reiteração do papa Urbano da Trégua de Deus no Concílio de Clermont em 1095. Todavia, como logo veremos, isso não era um problema para os cavaleiros que se tornaram Templários em virtude da falta de tempo livre em sua vida cotidiana.

A REGRA DOS TEMPLÁRIOS

Temos a sorte de poder pintar um quadro da vida cotidiana dos Templários a partir da Regra da Ordem que eles deixaram. Apesar de não haver nenhum manuscrito original – uma vez que os originais possivelmente foram destruídos na época dos aprisionamentos dos Templários –, fortuitamente temos três manuscritos sobreviventes com os quais trabalhar: os de Paris, Roma e Dijon. Dos três, Dijon é o mais antigo, datando do século XIII, enquanto os de Roma e de Paris parecem datar de fins do século XIII e início do século XIV,

---

229. Ibidem, p. 3-4.

230. Ibidem, p. 5.

respectivamente.[231] Ainda que a Regra dos Templários tenha sido originalmente elaborada no Concílio de Troyes, em 1129, ela não se manteve restrita as 72 cláusulas originais. Ao longo de um período de aproximadamente 150 anos, ela, assim como a Ordem que devia governar, expandiu-se. A versão que temos hoje consiste de 686 cláusulas fragmentadas em diversas partes: a Regra Primitiva ou Latina escrita por São Bernardo, os Estatutos Hierárquicos (que provavelmente foram adicionados em alguma época entre 1165 e a queda de Jerusalém, em 1187), uma seção sobre punições, a vida monástica, a manutenção de reuniões ordinárias, detalhes adicionais sobre as punições e um apêndice sobre a cerimônia de ingresso na Ordem. Ainda que possamos depositar uma grande confiança nesta fonte primária ao examinar a vida dos Templários, é importante considerar que a Regra nos diz como se pretendia que fosse a vida dos Templários, não como era de fato. Como todos os conjuntos de regras, os Templários certamente as contornaram ocasionalmente e até desobedeciam a elas às vezes. Isso se confirma na parte da Regra que lida com os detalhes adicionais sobre as punições. Esta seção, escrita entre 1257 e 1268, reitera as infrações e punições anteriores, mas adiciona exemplos concretos de casos em que os Templários haviam quebrado as regras e as punições que eles haviam recebido por suas transgressões. Contudo, como essas infrações e ajustes eram certamente a exceção da regra, as 686 cláusulas nos dão um registro confiável da vida dos Templários e como ela progrediu à medida que a Ordem se desenvolveu.

UM DIA NA VIDA

Em sua vida secular, o cavaleiro podia se dar ao luxo de dormir até a hora que quisesse; contudo, um Templário não tinha esse luxo. Como seus Irmãos, ele era acordado com o soar de um sino que anunciava as 'matinas' – a primeira das horas ou ofícios canônicos observados pela Ordem da qual ele agora era membro. O Sol ainda não havia nascido quando o sino das matinas soava às quatro da manhã. Ele se levantava de sua cama, que consistia de um colchão, um travesseiro e um cobertor. Sem hesitação, ele colocava sua calça, prendia seu manto e vestia seu hábito. O capuz de seu hábito devia ser usado sobre sua cabeça quando ele entrava na capela para participar da cerimônia religiosa.[232]

Quando estivesse na capela, o Templário deveria permanecer em silêncio, exceto quando recitasse os 26 Pai-Nossos. Ele devia recitar 13 para as matinas da Virgem Maria e outros 13 para o dia.[233] Essas eram as primeiras de muitas orações que ele recitaria ao longo do dia. Quando o ofício das matinas estava completo, o Templário deixava a capela em silêncio e se dirigia ao local onde os cavalos eram mantidos. Apesar de muitos selos de Mestre representarem dois cavaleiros em uma única montaria, os Templários eram proibidos de caval-

---

231. UPTON-WARD, op. cit., p. 11. Estes três manuscritos foram usados por Henri de Curzon para compilar sua edição de 1886, e é esta edição que Upton-Ward usou em sua tradução para o inglês.

232. Ibidem, p. 82 § 281.
233. Ibidem, p. 82 § 282.

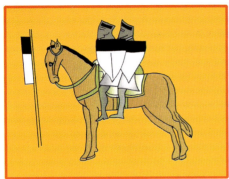

A ilustração mostra dois cavaleiros sobre um único cavalo, baseada na interpretação de Mateus de Paris do selo dos Templários. Apesar do simbolismo comum do desenho, a Regra dos Templários, na verdade, proibia que cavaleiros montassem a dois em um cavalo. *Autor*

gar desse modo.[234] Houve diversas sugestões sobre o motivo do selo, desde uma interpretação visual das palavras de Cristo – "Pois, onde dois ou três estiverem reunidos em Meu nome, lá estarei em seu meio"[235] – até as afirmações ridículas de que os dois cavaleiros em um cavalo simbolizavam a homossexualidade institucionalizada que era praticada na Ordem. A interpretação mais provável é que o selo era simplesmente uma homenagem às condições pobres que existiam na fundação da Ordem sob a liderança de Hugo de Payens e Godofredo de St. Omer, apesar de ser questionável que as condições eram tão ruins a ponto de os cavaleiros terem de dividir um cavalo. De fato, encontramos uma história diferente apresentada na Regra Primitiva de 1129:

"Cada Irmão Cavaleiro pode possuir três cavalos e não mais sem a permissão do Mestre, em razão da grande pobreza que existe no presente momento na casa de Deus e no Templo de Salomão. Para cada Irmão Cavaleiro, damos três cavalos e um escudeiro, e, se este escudeiro voluntariamente servir à caridade, o Irmão não deve surrá-lo por qualquer pecado que ele cometa".[236]

No meio da noite, o cavaleiro devia vistoriar seu equipamento. Se fossem necessários consertos, era responsabilidade do cavaleiro, ou ele deveria providenciá-lo de forma que seu escudeiro terminasse o trabalho; entretanto, todas as discussões com seu escudeiro deviam ser feitas em voz baixa.[237] A Regra dos Templários mostra uma grande ênfase no silêncio, e várias cláusulas se referem a ele. Os Templários acreditavam que muita conversa era um pecado, e todas as palavras ociosas e ataques de riso eram proibidos.

Após se assegurar de que seu equipamento estava em um estado de prontidão, o cavaleiro tinha a permissão de voltar à sua cama. Contudo, antes de dormir, ele devia rezar um pai-nosso no caso de haver pecado entre as matinas e a hora de dormir. Mas ele não dormia por muito tempo; o sono do cavaleiro devia ser interrompido por um sino que anunciava a prima: a segunda das horas canônicas observadas pela Ordem. Como na rotina estabelecida algumas horas antes, ele se vestia e ia em silêncio à capela. Dessa vez, o capuz de seu manto devia ser usado em volta do pescoço.

---

234. Ibidem, p. 104 § 379. A razão para esta regra não é totalmente clara, mas, como ela aparece em uma cláusula sobre o cuidado dos cavalos, parece possível que a preocupação de dois cavaleiros sobre um cavalo está relacionada a não machucar o animal.
235. KJV Mateus 18:20.
236. UPTON-WARD, op. cit., p. 32 § 51.
237. Ibidem, p. 82 § 283.

O ato de se vestir do cavaleiro era apenas parcial, pois a Regra exigia que ele fosse "em todos os momentos dormir vestido com camisa, calção, sapatos e cinto".[238] A cláusula também exigia que a área onde ele dormisse permanecesse acesa até a manhã. Apesar dessa exigência de dormir totalmente vestido e com a fonte de luz acesa ter sido descrita por alguns autores como uma peculiaridade dos Templários, ela era uma prática comum em muitas Ordens monásticas. Na Regra de São Benedito escrita em 530 d.C.:

"Uma vela sempre deverá estar queimando na mesma cela até o início da manhã. Eles [os monges] deverão dormir vestidos, cingidos com cintos ou com cordas e não deverão ter suas facas a seu lado enquanto dormem, a fim de que não machuquem os adormecidos por acaso em um sonho".[239]

Totalmente vestido e removendo os sinais de sono dos olhos, o Templário chegava à capela às 6 da manhã para a prima, em que ele devia ouvir todo o ofício e participar da missa que seguia. Este processo era repetido para a terça às 9 da manhã e para a sexta ao meio-dia.[240] As horas canônicas, que os Templários fielmente observavam, podem parecer estranhas aos leitores modernos e àqueles que não estão familiarizados com a fé católica. As horas do dia e da noite eram divididas em 12 porções – como resultado, no verão, as horas do dia seriam mais longas do que as horas da noite, e a situação seria reversa durante os meses de inverno.[241]

Entre as horas religiosas, o Templário devia manter-se ocupado. Ele devia seguir quaisquer ordens que o Mestre ou Comandante lhe desse, e estas ordens sempre deviam ser respondidas com as palavras "em nome de Deus".[242] Todavia, se o cavaleiro não pudesse cumprir a ordem ou não soubesse como fazê-la, ele podia pedir ao Mestre que atribuísse a tarefa a outro Irmão. Se os superiores não tivessem outras ordens para o Irmão, ele devia cuidar de seus cavalos e equipamentos. Se seu equipamento estivesse em boa ordem, o Templário deveria cuidar de pequenas tarefas produtivas, como fazer pinos ou estacas de barracas para garantir que "o inimigo [Satã] não o encontrasse ocioso, pois o inimigo ataca com mais ousadia e vontade, mediante desejos maldosos, pensamentos fúteis e palavras vis, o homem ocioso do que um que se encontra ocupado com bom trabalho".[243]

Com os serviços religiosos da manhã e as tarefas cumpridas, ele agora podia participar de uma refeição com seus Irmãos no refeitório ou sala de jantar. Para os Templários em Jerusalém, o palácio ou a Mesquita de al-Aqsa serviam como seu refeitório. Como muitos outros aspectos da vida dos Templários, a refeição comunal devia ser comida em silêncio, e uma língua de sinais devia ser usada quando necessário. Por exemplo, se um Irmão quisesse pão, ele fazia um círculo com

---

238. Ibidem, p. 25 § 21.
239. *The Rule of St. Benedict c. 530* – Medieval Sourcebook. Disponível em: *http://www.fordham.edu/halsall/source/rul-benedict.html*.
240. UPTON-WARD, op. cit., p. 83 § 284.

241. NICHOLSON, op. cit., p.138.
242. UPTON-WARD, op. cit., p. 88 § 313.
243. Ibidem, p. 83 § 285.

dois dedos e um polegar. Se chupasse seu dedo, queria leite. Lambendo o dedo, estava pedindo mel.[244] Contudo, a Regra Primitiva levava em consideração os homens que não conheciam a língua de sinais, e, nesses casos, os pedidos deviam ser feitos em voz baixa. Essas considerações mostram que o aprendizado do protocolo da Ordem levava um período para ser entendido; certamente, um membro recém-admitido não poderia conhecer todos os aspectos peculiares de sua nova vida imediatamente após ser recebido na Ordem.

As refeições eram servidas em duas sessões: a primeira para os cavaleiros e a segunda para os sargentos. É claro, antes que qualquer classe de Templários pudesse se alimentar, era importante que ela houvesse comparecido à prima, à terça e à sexta. Ainda mais importante, ela devia recitar os 60 pai-nossos cada dia em nome de seus Irmãos e benfeitores, tanto vivos quanto mortos.[245] A refeição começava com o sacerdote dando a bênção, após a qual os Templários se levantavam e recitavam outro pai-nosso antes de se sentar para comer. Durante a refeição, um clérigo lia uma lição sagrada das Escrituras, enquanto os cavaleiros permaneciam em silêncio. Os Templários comiam em pares, dividindo uma tigela entre eles[246] com qualquer comida que lhes fosse servida. Carne era servida três vezes por semana, pois acreditava-se que muita carne corrompia o corpo. Quando a carne era distribuída entre os Irmãos, era importante que a comida fosse entregue da forma mais justa possível – a Regra chega a instruir o Comandante dos Víveres a garantir que nem dois cortes bons nem dois ruins fossem servidos juntos.[247] Nas sextas, servia-se comida de Quaresma, como peixe e vegetais, enquanto que, nos outros dias da semana, servia-se uma variedade de pratos de legumes e pão para a Ordem. Ninguém devia deixar a mesa antes que o sacerdote tivesse terminado, e, quando tinham permissão de se levantar, eles deviam ir à capela agradecer a refeição que haviam recebido, permanecendo em silêncio enquanto o faziam. Apesar de o tempo após o almoço ser curto e o retorno à capela para a nona ser às 3 da tarde, esperava-se que o cavaleiro continuasse com suas obrigações e que não saísse antes do sino ser tocado.[248]

A manutenção de seus cavalos e de seu equipamento fazia parte da rotina da tarde. De todas as facetas da Regra dos Templários, colocava-se uma grande ênfase na natureza equestre da Ordem. O cavaleiro é advertido a "cuidar zelosamente de seu equipamento e de seus cavalos". Como veremos ao examinar o aspecto militar da Ordem, a cavalaria era a espinha dorsal da estratégia militar dos Templários, e um grande cuidado deveria ser tomado com estes animais. Tendo a permissão de cuidar de três cavalos, ele não deveria favorecer um em detrimento de outro, e a Regra é explícita ao afirmar que nenhum cavalo deveria ser alimentado com uma porção maior de comida do

---

244. Ibidem, p. 25.
245. Ibidem, p. 83 § 286.
246. Ibidem, p. 26 § 26.
247. Ibidem, p. 102 § 372.
248. Ibidem, p. 86 § 300.

que outro, de forma que nenhum deles sofresse por conta disso.[249] Apesar de o cavaleiro ter permissão de cavalgar sua montaria por prazer, ele não devia fazê-lo sem que o cavalo descansasse previamente, nem podia galopar sem permissão. Mas, acima de tudo, não tinha permissão, em nenhum momento, de correr com seu cavalo impetuosamente contra outra pessoa, tampouco apostar no resultado final.

Apesar de normalmente se dizer que os jogos de azar eram proibidos aos Templários, a Regra parece indicar o contrário. Somos informados que o Templário tinha a permissão de apostar contra outro Irmão com suas bestas até dez pedaços de vela. De fato, muitos jogos que teriam sido comuns em sua vida secular de cavaleiro lhes eram proibidos em sua nova vocação. Ele não podia jogar xadrez, gamão e *eschaçons*, mas *forbot* e jogo da amarelinha eram permitidos.[250] Apesar de não termos informação sobre o que eram esses jogos aprovados, eles parecem ter sido um jogo de tabuleiro jogado com pinos de barracas.

Quando o sino soava para a nona, às 3 da tarde, e para as vésperas, ao anoitecer, o processo era repetido com a volta dos Templários à capela para ouvir os ofícios da Igreja. A Regra não permitia que alguns Irmãos faltassem a esses serviços. Se um padeiro estivesse com as mãos na massa, ou se um ferreiro estivesse com um ferro no fogo, ou calçando um cavalo, ele podia permanecer, mas deveria ir à capela logo que terminasse. Assim que assistissem às vésperas, os cavaleiros voltavam ao refeitório para a refeição da noite.

Ao contrário de sua vida secular, o dia do cavaleiro não terminava com a ceia. Logo o sino da capela soava, convocando-o às completas, as últimas das horas canônicas que ele tinha de observar. Antes da cerimônia, o Irmão dividiria uma bebida comunal com seus Irmãos. Esta consistia de água ou vinho diluído, e a decisão de qual seria oferecida residia na prudência do Mestre da Ordem. Se se oferecesse vinho, ele não devia ser bebido em excesso. Assim que tivesse ouvido as completas, o cavaleiro devia mais uma vez checar seu cavalo e equipamento antes de se retirar pela noite, quando ele gozaria de umas poucas horas de sono antes que o sino tocasse novamente, chamando-o às matinas.

É claro, havia épocas e circunstâncias em que o Templário estava ausente cuidando de sua casa e não podia assistir aos ofícios da Igreja. Isso, contudo, não o libertava de suas obrigações religiosas, e a Regra era explícita sobre o que era esperado dele:

"E todo Irmão deve saber que, se ele não estiver em um lugar em que possa ouvir as horas, deve rezar, para cada uma das horas citadas abaixo, ou seja, para a prima, a terça, a sexta, a nona e as completas. Para cada hora, 14 pais-nossos: sete vezes pelas horas de Nossa Senhora e sete vezes pelas horas do dia. E as horas de Nossa Senhora devem ser rezadas e ouvidas de pé; as do dia podem ser rezadas ou ouvidas sentado. Para as vésperas, cada um deve rezar o pai-nosso 18 vezes: nove vezes pelas de

---

249. Ibidem, p. 90 § 319.
250. Ibidem, p. 89 § 317.

Nossa Senhora e nove vezes pelas do dia".[251]

Mas a observância religiosa não era a única diferença entre a nova vida e a vida secular encontrada na Regra. Eles não tinham a permissão de usar sapatos pontudos ou sapatos com laços. Os sapatos pontudos eram uma moda entre a nobreza do século XII, então a proibição contra eles era, em grande medida, uma questão de quebrar quaisquer hábitos seculares que os cavaleiros pudessem ter. De forma semelhante, os Templários não tinham permissão de ter o cabelo ou manto muito compridos por motivos parecidos: uma tendência entre os cavaleiros seculares que Bernardo de Claraval criticou tão eloquentemente em *De Laude Novae Militiae*. Além disso, o cavaleiro não podia se dedicar à caça ou à falcoaria e não devia acompanhar alguém que o fizesse, apesar de se abrir uma exceção na caça aos leões, que pode ser considerada como parte de sua missão de proteger os peregrinos. A Regra é clara ao fazer a distinção:

"Esta proibição acima para a caça não deve, de forma alguma, incluir o leão, pois ele vem cercando e buscando o que ele pode devorar, suas mãos contra todos os homens, e a mão de todos os homens contra ele".[252]

Os autores da Regra parecem ter tido um desdém semelhante quanto às mulheres, o que não era incomum nas Ordens religiosas da época:

"A companhia de mulheres é algo perigoso, pois por aí o velho Demônio desviou muitos do caminho direto ao Paraíso. Daqui em diante, não permitam que as mulheres sejam admitidas como Irmãs na casa do Templo; é por isso, Irmãos queridos, que, a partir de agora, não é adequado seguir este costume; que a flor da castidade seja sempre mantida entre vós".[253]

Este trecho da Regra causou alguma confusão entre os pesquisadores, pois parece indicar que, nos primeiros anos, antes de a Regra ser escrita, a Ordem admitia mulheres em suas fileiras. Ainda que provavelmente nunca saibamos se este era o caso ou não, sabe-se que a Ordem tinha pelo menos um convento

A Regra dos Templários proibia os membros da Ordem de se dedicar à caça ou à falcoaria. *ClipArt.com*

251. Ibidem, p. 86 § 306.

252. Ibidem, p. 33 § 56. Isto também parece ser um trocadilho com I Pedro 5:8, que diz: "*Sede sóbrios e vigiai. Vosso adversário, o Demônio, anda ao redor de vós como o leão que ruge, buscando a quem devorar*".

253. Ibidem, p. 36 § 70.

de freiras em seus anos posteriores.[254] Mas a Regra ia além na questão das mulheres. Não só elas não deveriam ser admitidas na Ordem, sendo evitadas o quanto possível, como também um Templário não tinha nem mesmo a permissão de beijar sua própria mãe.[255] Esta proibição era uma questão séria, e o cavaleiro que violasse esta ou qualquer das regras da Ordem teria graves consequências à sua espera.

Reunião dos Cônegos

Além da guerra, a reunião semanal dos cônegos era um dos poucos lugares em que os Templários podiam encontrar um pouco de tempero em sua existência de resto mundana, pois aqui os membros se reuniam para lidar com as questões da Ordem, particularmente as transgressões dos Irmãos. Essas reuniões eram somente para membros da Ordem, e os membros associados eram barrados nas portas fechadas da reunião dos cônegos.[256] Devia-se manter o máximo de sigilo sobre as questões discutidas na reunião, e um Irmão que revelasse um de seus assuntos a alguém, incluindo a outro Irmão da Ordem, poderia ser banido de futuras reuniões e da própria Ordem. A questão do sigilo tornou-se importante durante os julgamentos que se seguiram às prisões dos Templários em 1307, mas era uma conduta semelhante àquela de outras instituições monásticas do período medieval. Ao contrário de outras Ordens monásticas, como os cistercienses, os Templários nem sempre tinham um prédio reservado especificamente para o propósito de realizar as reuniões dos cônegos e usavam qualquer prédio que fosse conveniente, normalmente a capela.[257]

A reunião começava com a entrada dos Templários no prédio e o sinal da cruz em nome do Pai, do Filho e do Espírito Santo. Eles deviam remover seu casquete e barrete, mas, se um Irmão fosse calvo, ele poderia manter seu barrete.[258] Antes de tomar seu lugar na reunião, ele devia recitar um pai-nosso. Nesse ponto, o Irmão responsável pela reunião dizia: "Bons Irmãos senhores, levantai e rezai a Nosso Senhor; que Ele hoje envie Sua graça divina entre nós". Os Irmãos se levantavam novamente para outro pai-nosso, que era seguido de uma oração do capelão.[259] As orações sempre eram seguidas de um sermão, e, uma vez que este começasse, nenhum Irmão tinha permissão de sair de seu lugar, nem do prédio sem autorização por qualquer motivo. Com o cumprimento das observâncias religiosas exigidas, a questão de lidar com os negócios da Ordem podia começar.

Os Irmãos que acreditavam ter pecado ou violado a Regra da Ordem se levantavam e se apresentavam ao Irmão responsável, dizendo: "Bom senhor, rogo a misericórdia de Deus e de Nossa Senhora, de ti e dos Irmãos, pois falhei da seguinte maneira", depois disso,

---

254. NICHOLSON, op. cit., p. 131. Nicholson diz que, em 1272, um convento de freiras foi dado à Ordem pelo bispo Eberhard de Worms e que, após a dissolução dos Templários, o convento foi transferido aos Hospitalários.
255. UPTON-WARD, op. cit., p. 36 § 71.
256. NICHOLSON, op. cit., p. 137.
257. Ibidem.
258. UPTON-WARD, op. cit., p. 106 § 386.
259. É importante notar que, somente em 1139, a Ordem teve permissão de ter seus próprios sacerdotes, depois que o papa Inocêncio II publicou a bula *Omne datum optimum* (ver capítulo 9).

ele contava os detalhes de sua falta.[260] Qualquer Irmão presente na reunião dos cônegos que acreditasse haver cometido o mesmo pecado era chamado a se juntar ao Irmão confessado e a rogar a mesma misericórdia. É claro, nem todos os Irmãos estavam dispostos a admitir suas faltas, e a Regra provisionou para que um Irmão acusasse os demais de seus crimes.[261] Contudo, essas acusações não deviam ser questões triviais nem baseadas em boatos. Ao contrário, o Irmão que fizesse a acusação devia ter conhecimento direto do crime.

Aqueles que fizessem acusações deveriam se levantar quando lhes fosse dada permissão para chamar o Irmão que eles desejavam acusar. O acusado se levantaria e se apresentaria ao Irmão responsável pela reunião. Não havia delação ou xingamentos na questão; em vez disso, o acusador era advertido a fazer sua acusação calmamente, dizendo ao acusado: "Bom Irmão, rogue misericórdia por tal e tal coisa", depois ele contava a falta pela qual ele acreditava que o acusado era culpado. Esperava-se, então, que o acusado se ajoelhasse e rogasse misericórdia da mesma maneira que aqueles que se confessaram voluntariamente. Contudo, se ele acreditasse que não era culpado, devia dizê-lo de forma tão delicada quanto aquela em que foi acusado. Era uma séria violação da Regra que um Irmão acusasse falsamente outro Irmão. De fato, nenhum Irmão podia acusar outro de nada se não o fizesse na frente de um membro da Ordem.

Se houvesse outra testemunha além do acusador, ela não deveria ser chamada pelo nome abertamente na reunião. Em vez disso, aquele que fazia a acusação devia informar ao Irmão responsável que havia um Irmão ou Irmãos que sabiam da questão. O Irmão responsável, então, perguntava se algum Irmão presente sabia da questão. Se ninguém se apresentasse, o Irmão responsável perguntaria mais duas vezes. Se os Irmãos ainda assim não se apresentassem, então o acusador era instruído a chamá-los por nome, momento em que eles não eram obrigados a contar o que sabiam.

Quando as acusações ou confissões terminavam, o Irmão responsável pedia ao Irmão ou Irmãos que cometeram ofensas que se retirassem da reunião dos cônegos para que a comunidade pudesse julgar a questão e medir a pena que a transgressão autorizava. Era importante que a informação apresentada fosse pesada contra o comportamento prévio do Irmão.[262] Dessa forma, um Irmão que houvesse tido uma boa vida e que fosse acusado de uma infração menor receberia uma punição mais leve do que aquele que havia regularmente demonstrado desrespeito à Regra. Uma vez que a comunidade houvesse discutido a questão, o Irmão tinha permissão de retornar à reunião dos cônegos. Nesse momento, o Irmão responsável pela reunião informava-lhe a decisão da comunidade. Contudo, ele não revelava quais Irmãos haviam falado a favor ou contra a punição.

---

260. UPTON-WARD, op. cit., p. 106 § 389.
261. Ibidem, p. 108 § 400.
262. Ibidem, p. 111 § 414.

PUNIÇÕES

Havia diversas maneiras pelas quais os Templários lidavam com os membros que haviam violado a Regra, e a punição dependia da severidade da infração do Irmão. O que torna a Regra um documento valioso para entender os Templários é como as questões eram abordadas em várias partes. Por exemplo, os autores da Regra Primitiva fazem referência a faltas, a faltas sérias e simplesmente afirmam que a punição deve ser adequada à severidade do pecado.[263] Contudo, na seção de punições, que parece ter sido contemporânea aos Estatutos Hierárquicos (1165-1187),[264] as punições tornaram-se razoavelmente diretas. Na época da seção dos detalhes adicionais das punições, escrita entre 1257 e 1268, o documento modificou-se para incluir não apenas uma explicação direta das infrações e das penalidades, mas também exemplos de violações passadas e de como elas foram resolvidas. Havia dois objetivos para esta última seção: explicar as penalidades e fornecer aos Irmãos diretrizes para o julgamento baseadas em experiências passadas.

A penalidade mais dura que um Irmão podia enfrentar era a expulsão, e a Regra lista diversas ofensas que resultariam na retirada do Templo para sempre: simonia, sodomia, conspiração, heresia, roubo, deserção (tanto da Ordem quanto do campo de batalha) e matar, ou permitir a morte de um cristão. Desses, a sodomia não estava inicialmente listada e foi adicionada na seção que tratava das reuniões dos cônegos. A escolha das palavras mostra o total desprezo que a Ordem tinha por essa prática:

"O quarto [fundamento para expulsão] é se um Irmão for manchado com o pecado da sodomia, que é tão imundo, fétido e repugnante que não deveria ser nomeado".[265]

Apesar de os Templários serem acusados de práticas homossexuais nos julgamentos, parece haver pouca evidência de que era algo além do que uns poucos casos isolados. A historiadora Helen Nicholson, ao examinar mais de 900 testemunhos, encontrou apenas três confissões de homossexualidade que possam ser consideradas verossímeis.[266] De fato, a única ocasião realmente comprovada de homossexualidade encontra-se na própria Regra. Ela diz que o incidente acontece em Château Pélerin e que a questão foi considerada tão horrenda que nem foi trazida para a reunião dos cônegos. Em vez disso, os Irmãos foram jogados na prisão. Contudo, um escapou e se juntou aos sarracenos, outro foi morto enquanto tentava escapar, e o terceiro permaneceu na prisão por muitos anos.[267]

Outro exemplo da justiça dos Templários nos vem da mesma seção da Regra e mostra que, antes de expulsar um Irmão, os Templários queriam primeiro assegurar que o mundo secular soubesse o quão arduamente eles tratavam os membros que violavam suas obrigações. Conta-se a história de três Templários que mataram um número

---

263. Ibidem, p. 30 § 45-46.
264. Ibidem, p. 14.
265. Ibidem, p. 112 § 418.
266. NICHOLSON, op. cit., p. 140.
267. UPTON-WARD, op. cit., p. 148 § 573.

de mercadores cristãos em Antioquia. Quando trazidos diante do Comandante, eles foram perguntados por que fizeram tal coisa, a que os assassinos responderam que o pecado os havia obrigado a cometer o crime. É claro que eles foram expulsos da Ordem, mas antes foram desnudados e açoitados nas ruas de Antioquia, Trípoli, Tiro e Acre, gritando: "Vede aqui a justiça que a casa cobra de seus homens perversos".[268] Os três homens receberam prisão perpétua e morreram na prisão em Château Pélerin. Como muito do modo de vida dos Templários, a cerimônia e o ritual eram importantes, e a expulsão não era exceção.

Apesar de a expulsão nem sempre incluir a prisão, simplesmente não era o caso do Irmão expulso receber seus papéis de liberdade para voltar à sua vida secular; em vez disso, o Irmão expulso devia se juntar a uma Ordem mais rígida. Após contar sobre a vida cotidiana de um Templário e os exemplos de como os Irmãos infratores eram tratados, é difícil imaginar que poderia existir uma Ordem mais rígida do que a dos Templários. Contudo, a Regra ditava que um Irmão expulso deveria se redimir em uma das Ordens não militares, como a de São Benedito ou de Santo Agostinho. Não importava em qual Ordem o Irmão expulso ingressaria, contanto que ela possuísse uma regra rígida e que ele não tivesse permissão de se juntar aos Hospitalários por acordo mútuo, tampouco à Ordem de São Lázaro, a não ser que fosse leproso. Se o Irmão expulso considerasse que isso não era de seu gosto, ele se encontraria encarcerado até que mudasse de ideia.[269]

A segunda punição que um Templário podia enfrentar era a perda de seu hábito. O hábito branco, ou o manto do cavaleiro, era seu símbolo de honra e o que o diferenciava daqueles à sua volta. A perda do hábito para os Templários seria o equivalente à de um policial que recebe a ordem de entregar o seu distintivo. A punição da perda do hábito normalmente durava um ano mais um dia, apesar de ele poder ser restaurado em um período mais curto.

A lista de ofensas que poderiam resultar na perda do hábito é consideravelmente mais longa do que a lista para a expulsão. Isso indica que, apesar de ser uma punição severa, ela deveria ser atribuída a crimes que poderiam ser redimidos aos olhos da Ordem. Entre as 34 infrações listadas que poderiam resultar na remoção do hábito, estavam golpear um Irmão ou cristão, ter relações sexuais com uma mulher, falsamente acusar um Irmão de algo pelo qual ele poderia ser expulso, falsamente acusar-se para ser expulso, ameaçar se juntar aos sarracenos, abaixar a bandeira dos Templários durante a batalha, matar, machucar ou perder um escravo ou cavalo e recusar comida para um Irmão viajante.

Contudo, havia muito mais em sua punição além de simplesmente perder o manto da Ordem. Durante o ano e um dia em que deveria servir a punição, o Irmão tinha de ficar fora das reuniões dos cônegos e dormir no hospital, onde, se estivesse doente, receberia

---

268. Ibidem, p. 144 § 554.

269. BARBER, op. cit., p. 220.

tratamento. Se se sentisse bem o suficiente para trabalhar, ele deveria trabalhar com os escravos. Quando era hora de comer, tinha permissão de se juntar aos Irmãos no refeitório, mas não havia mesa para ele. Em vez disso, deveria comer no chão, e sérias penalidades aguardavam um Irmão que lhe permitisse o contrário. Nas segundas, quartas e sextas, ele devia jejuar e comer nada além de pão e água. Mas, de todas as punições adicionais que vinham com a perda do hábito, os domingos provavelmente eram os piores, pois, neste dia, o Irmão penitente devia se apresentar à capela para a punição corporal, que era dada com um chicote ou cinto.[270]

Apesar de um Irmão que havia perdido seu hábito poder retornar ao conforto do manto branco, quaisquer aspirações de avanço em sua carreira estavam efetivamente terminadas, pois ele estava, de agora em diante, banido de carregar o selo do Mestre ou a bandeira da Ordem. Da mesma forma, ele nunca teria permissão de ter o cargo de Comandante de Cavaleiros ou mesmo oferecer o seu conselho na reunião dos cônegos em questões de disciplina.[271]

A Regra também delineia uma série de punições menores atribuídas em casos em que um Irmão teria perdido seu hábito, mas tem permissão de mantê-lo "pelo amor de Deus". Essas punições seriam cumpridas por um período de um a três dias por semana, pelo tempo que a reunião dos cônegos considerasse adequado. Durante esse tempo, o Irmão deveria fazer trabalhos servis, como limpar tigelas ou descascar alho e cebola na cozinha.

Como vimos, a vida cotidiana dos Templários era bem diferente da noção de cavalaria que muitas pessoas têm sobre esses guerreiros de Deus de manto branco. A vida era rotineira, restritiva e imensamente diferente da vida secular da qual eles vieram. Diferentemente de sua vida anterior, o Templário não mais era Mestre de seus próprios afazeres, e, se fizesse qualquer tentativa de agir dessa maneira, ele se veria face às ações de disciplina mais rígidas. De fato, sua vida como um agente relativamente livre, que devia 40 dias do ano a seu senhor, havia sido substituída por uma vida em uma Ordem que exigia sua servidão resoluta durante todo o ano.

Apesar dessa adesão exigente e implacável à Regra, a Ordem era, de diversas maneiras, uma sociedade democrática, e o Templário que era de berço nobre logo podia se ver subindo pelas fileiras de sua nova Ordem.

---
270. UPTON-WARD, op. cit., p. 132 § 502.
271. Ibidem, p. 126 § 478.

Mestres do Templo

1119-1314

Hugo de Payens 1119-1136
Roberto de Craon 1136-1149
Everard des Barres 1149-1152
Bernardo de Tremeley 1152/3-1153
André de Montbard 1154-1156
Bertrand de Blancfort 1156-1169
Filipe de Milly 1169-1171
Odo de St. Amand 1171-1179
Arnoldo de Torroja 1181-1184
Gerard de Ridefort 1185-1189
Roberto de Sablé 1191-1192/3
Gilberto Erail 1194-1200
Filipe de Plessis 1201-1209
Guilherme de Chartres 1210-1218/9
Pedro de Montaigu 1219-1230/2
Armand de Périgord 1232-1244
Ricardo de Bures 1244-1247*
Guilherme de Sonnac 1247-1250
Reinaldo de Vichiers 1250-1256
Tomas Bérard 1256-1273
Guilherme de Beaujeu 1273-1291
Teobaldo Gaudin 1291-1292/3
Jacques de Molay 1293-1314

Durante os quase dois séculos em que os Cavaleiros Templários foram ativos na Terra Santa, uma série de homens serviu a Ordem como Mestre do Templo.

Enquanto os historiadores geralmente concordam sobre quem eram esses homens, há normalmente uma diferença de opinião a respeito das datas exatas que eles serviram como Mestre. A lista a seguinte é feita a partir de diversas cronologias dos Mestres Templários.

*Alguns historiadores não reconhecem de Bures como um Mestre do Templo.

8 A Hierarquia dos Templários

"O mais forte nunca é forte o suficiente para ser sempre o Mestre, a menos que ele transforme força em direito e obediência em obrigação."
Jean Jacques Rousseau

Assim como levaria certo tempo até que o cavaleiro recém-admitido aprendesse adequadamente as muitas regras e regulamentos que jurou manter, também levaria um tempo para entender a complexa hierarquia da Ordem à qual ele tão recentemente havia se juntado.

O Drapier

Um dos primeiros oficiais com o qual o cavaleiro lidava era o Drapier, que coletaria suas roupas seculares quando se juntasse a casa. Em troca, o Drapier dava ao cavaleiro as vestimentas que ele deveria usar como Templário: duas camisas, dois pares de calções, dois pares de calças e um pequeno cinto que deveria ser amarrado em torno da camisa.[272] Além disso, o cavaleiro recebia um colchão, um cobertor e um travesseiro para a sua cama. Se o cavaleiro quisesse doar ouro ou prata, estes eram dados ao Drapier, que manteria dez moedas para a rouparia e entregaria o resto para a casa.

Apesar de parecer que a posição de Drapier era de servidão, o ofício era, na verdade, importante e envolvia muitas outras responsabilidades do que meramente distribuir vestimentas a novos membros. Quando eram enviados mantos do exterior ou dados presentes aos Irmãos do convento, era obrigação do Drapier assegurar que estes fossem devidamente distribuídos. Além disso, devia garantir que nenhum Irmão possuísse um excesso de materiais ou estivesse de posse de itens que ele estava proibido de ter. De forma semelhante, ele devia assegurar que os Irmãos estivessem, em todos os momentos, adequadamente vestidos de acordo com a Regra da Ordem. Se não estivessem, deveria ordenar aos Irmãos que o fizessem, e estes deveriam seguir suas ordens ao pé da letra. Ao lado do Mestre e do Senescal,

---

272. UPTON-WARD, op. cit., p. 53 § 138.

o Drapier era o membro de posto mais alto da Ordem.[273]

Dado que o Drapier estava em uma posição de superioridade sobre os cavaleiros, era, portanto, necessário que fosse escolhido dentre as fileiras. Dessa forma, ele recebia os benefícios de seu posto tanto dentro da sociedade quanto da própria Ordem. Tinha permissão de manter quatro cavalos, dois escudeiros e um homem que deveria cuidar dos animais de carga. Estes animais eram usados para transportar o equipamento de alfaiataria e as barracas usadas para a rouparia.

Cada um dos territórios de Trípoli e Antioquia, e presumivelmente as regiões do Ocidente, tinham seu próprio Drapier. O Drapier do reino de Jerusalém parece ter sido superior aos outros, pois ele também tinha permissão de ter um pavilhão semelhante àquele do Marechal da Ordem.[274] A Regra menciona o ofício de Subdrapier. Como nenhum detalhe concreto é dado a respeito de suas obrigações e poderes, é possível que, assim como o ofício de Submarechal, ele tenha sido escolhido das fileiras dos sargentos.[275]

Os Comandantes

Guarnecido com as vestimentas dadas a ele pelo Drapier, o cavaleiro era levado para o controle de um Comandante de Cavaleiros ou um Comandante de Casas. As duas posições, apesar de terem títulos de ofício semelhantes, parecem estar baseadas sobre os papéis militar e administrativo, respectivamente.[276] O Comandante da Casa era responsável pela vida monástica dos cavaleiros e deveria fornecer ao novo cavaleiro o dormitório e um espaço para manter seus cavalos. Na ausência de um oficial superior, ele deveria conduzir as reuniões dos cônegos, e suas ordens tinham de ser seguidas pelos cavaleiros, como se o Mestre em pessoa as tivesse dado.[277] Para prevenir qualquer potencial abuso de poder, o Comandante não tinha permissão de punir um Irmão por quaisquer palavras duras que poderiam ser trocadas entre eles sem trazer a questão à reunião dos cônegos – nesses casos, deveria se acreditar nas palavras do Irmão tanto quanto naquelas do Comandante.[278] Contudo, o Comandante tinha a permissão de punir um cavaleiro que tivesse desobedecido às suas ordens, sem recorrer aos procedimentos normais de disciplina. Ele poderia punir o cavaleiro retirando-lhe qualquer coisa que quisesse, exceto seu hábito.

Com a responsabilidade adicional de supervisionar os cavaleiros em suas tarefas, os Comandantes recebiam alguns privilégios não concedidos a seus companheiros cavaleiros. Eles tinham permissão de manter uma maleta fechada e ter dois escudeiros e um cavalo a mais do que seus Cavaleiros Irmãos, no máximo quatro cavalos.[279] Além disso, ele tinha algum controle sobre as posses da casa. Também tinha permissão de distribuir pequenas quantias de dinheiro a vários

---

273. Ibidem, p. 51 § 130.
274. Ibidem, p. 52 § 131.
275. BRUNO, Salvatore. *Templar Organization: The Management of Warrior Monasticism*. New York: 1st Books, 2000, p. 110.
276. Ibidem, p. 127.
277. UPTON-WARD, op. cit., p. 104 § 382.
278. Ibidem, p. 52 § 134.
279. Ibidem, p. 52 § 132. A Regra permitia que o Comandante das Casas tivesse quatro cavalos se os Irmãos possuíssem três, mas, caso os Irmãos tivessem dois cavalos, ele tinha permissão de ter três.

oficiais, assim como possuía a autoridade de doar parte do estoque de comida da casa a casas irmãs.[280]

A Regra provê que os cavaleiros elejam um Comandante dentre suas fileiras, demonstrando mais uma vez o lado democrático da Ordem:

"E, se eles não tivessem nenhum Comandante de Cavaleiros nem outro Cavaleiro Irmão bailio, os próprios Irmãos, por acordo, poderiam tornar um dos Irmãos de seu grupo um Comandante de Cavaleiros, aquele que lhes parecesse mais razoável, de quem eles deveriam, a partir de então, obter as permissões".[281]

O mesmo artigo provê que um grupo de sargentos eleja dentre seu grupo um Irmão sargento para atuar como Comandante da Casa. Essa provisão somente era aceitável em casas onde não havia cavaleiros. Nessas casas, nenhum membro podia ser admitido na Ordem, a menos que um cavaleiro viesse de outra casa para conduzir a cerimônia de recepção. É claro, sua posição elevada como líder dos sargentos não permitia muito no sentido de privilégios, mas ele tinha permissão de ter um cavalo, como seus companheiros sargentos, assim como ter um sargento como escudeiro.[282] Os Irmãos rurais, que eram responsáveis pelas fazendas da Ordem e escolhidos do conjunto de sargentos, tinham até a permissão de ter dois cavalos.

O Comandante de Cavaleiros parece ter sido o mais ativo no campo de batalha, onde suas obrigações são mais claramente definidas. Ele deveria carregar a bandeira preta e branca da Ordem enrolada em torno de sua lança e ele era um dos dez cavaleiros que acompanhavam o Mestre de Cerimônias. Se estivesse presente no campo de batalha, o *turcopoliero* e todos os seus homens deveriam estar sob seu comando. O aspecto militar desse ofício e como alternava com o papel do Comandante da Casa é talvez melhor ilustrado pelo seguinte trecho da Regra:

"Se um Irmão for ao território de Trípoli ou Antioquia e se ele estiver em Tiro ou Trípoli, o Comandante da Casa lhe dará as ordens. Mas, em batalha, ou se sugir um alerta fora da cidade, e eles forem, o Comandante da Casa estará sob o controle do Comandante de Cavaleiros que governa esses Irmãos".[283]

Mas a corrente de comando não terminava com esses dois oficiais aparentemente intercambiáveis, e o novo Irmão Cavaleiro logo aprendia que havia outros membros da Ordem com um pouco mais de poder. Estes oficiais também carregavam o título de Comandante.

OS COMANDANTES DOS TERRITÓRIOS

A casa em que o novo cavaleiro havia ingressado era apenas uma da rede de casas que compunham uma jurisdição ou bailiado. Apesar de as casas individuais serem presididas por um Comandante da Casa, a rede estava sob o controle de um Comandante dos Territórios. De fato, o oficial era

---

280. Ibidem, p. 52 § 132-133.
281. Ibidem, p. 92 § 328. Além disso, § 575 da Regra fornece provisões adicionais para que os cavaleiros elejam, entre eles, um Comandante se eles entrarem em uma casa que não tenha um Comandante ou que pareça estar em perigo por causa dos sarracenos.
282. Ibidem, p. 62 § 180.

283. Ibidem, p. 162 § 633.

Mestre

Senescal   **Marechal**

Drapier

Comandante dos Territórios
Comandantes da Cidade de Jerusalém

Comandantes dos Cavaleiros / das Casas

Irmãos Cavaleiros

Irmãos Sargentos

Este diagrama mostra a hierarquia aproximada dos Cavaleiros Templários.

responsável pela administração de todas as casas, castelos e casais[284] em sua jurisdição. No Oriente, havia três distritos: Antioquia, Trípoli e Jerusalém, cada qual com seu próprio Comandante. Como Jerusalém caiu sob o controle muçulmano em 1187, é evidente que os Estatutos Hierárquicos que governavam este ofício foram escritos antes

---
284. *Casal* era uma vila ou fazenda da Ordem que estava anexada e sob o controle de uma casa ou castelo individual.

desta data.[285] Os historiadores geralmente datam a escrita dos Estatutos Hierárquicos como sendo por volta do ano de 1165.[286]

O Comandante dos Territórios tinha a permissão de presidir qualquer reunião dos cônegos em seu distrito, contanto que o Mestre da Ordem não estivesse presente, e, tanto em tempos de paz quanto em tempos de guerra, todas as pessoas que viviam nas casas de sua jurisdição estavam sob o seu controle.[287] Em tempos de paz, o papel era basicamente administrativo, e o Comandante deveria fornecer aos castelos de sua jurisdição couro, trigo, vinho, ferro e aço. Adicionalmente, era sua responsabilidade garantir que fossem fornecidos sargentos para guardar os portões dos castelos. Todas as demais coisas de que um castelo poderia precisar dizia respeito ao castelão, o equivalente ao Comandante das Casas no castelo.[288] Apesar de terem a permissão de olhar o tesouro de quaisquer dos castelos ou casas em seu domínio, eles não tinham permissão de levar bens ou outras coisas sem a permissão do Comandante da Casa.[289] Contudo, era aceitável levar homens de uma casa e enviá-los a outra, contanto que eles permanecessem dentro de sua jurisdição.[290] De fato, o Comandante dos Territórios podia apontar ou remover o Marechal dentro de sua jurisdição se tivesse a aprovação da assembleia e lhe era dada a mesma autoridade com respeito ao Drapier e aos castelãos da região.

Como à maioria dos oficiais veteranos dentro da Ordem, a ele era concedido um séquito bastante amplo. Ele tinha permissão de ter quatro cavalos mais uma mula ou um cavalo de sela,[291] assim como um sargento com dois cavalos, um diácono, um *turcopolo*[292] e um escriba sarraceno, cada qual com seu próprio cavalo. Apesar de a Regra não mencionar especificamente, é provável que ele tivesse permissão de ter dois escribas. Além disso, ele recebia um soldado de infantaria e um Cavaleiro Irmão que lhe serviam de companhia. O posto, apesar de ser de poder e autoridade, não deixava de ter certo grau de humildade: para cada dia que o Comandante dos Territórios permanecesse em qualquer casa, ele deveria alimentar três indigentes pelo "amor de Deus".

O Comandante do Território de Jerusalém era veterano em relação aos Comandantes de Antioquia e Trípoli. Como vimos anteriormente, até a perda de Jerusalém, após a Batalha de Hattin, em 1187, a Cidade Sagrada havia funcionado como o quartel administrativo da Ordem no Levante. Desta forma, o Comandante do Território de Jerusa-

---

285. Isso não significa que, antes de Zinki capturar Edessa, em 1144, os Templários tinham propriedades no condado de Edessa, mas que, se o condado não houvesse sido capturado, é provável que a Ordem teria estabelecido alguma base de operações na época da redação da Regra.
286. UPTON-WARD, op. cit., p. 13.
287. Ibidem, p. 50 § 125.
288. Ibidem, p. 50 § 126.
289. Ibidem, p. 51 § 129.
290. Ibidem, p. 49 § 119.

291. O cavalo de sela é um tipo de cavalo, e não uma raça específica. Era um cavalo leve, usado para viajar, ao contrário de um *destrier*, que era um cavalo de guerra pesado, usado em um ataque da cavalaria.
292. *Turcopolos* eram soldados de cavalaria mercenários, recrutados no Oriente de acordo com a demanda. Eles usavam cavalos leves e lutavam em estilo oriental.

lém, por causa de sua posição nessa cidade, era uma figura importante para as tarefas administrativas da Ordem. Sua posição proporcionava-lhe um séquito ligeiramente maior do que o de seus Cocomandantes: dois soldados de infantaria e um Drapier deveriam viajar com ele como companhia. O Comandante do Território de Jerusalém era o Tesoureiro do Convento, e todas as posses da Ordem, sejam trazidas de além-mar ou obtidas no Levante, deveriam ser levadas ao Tesouro de Jerusalém. Aqui os materiais deveriam permanecer até que o Mestre os tivesse visto e contado, após o que o Tesoureiro inscrevia os itens nos livros de registro da Ordem. Esse conjunto de livros poderia ser visto por qualquer "grupo de homens dignos da casa".[293]

Como o porto de Acre também estava dentro do reino de Jerusalém, ele também estava sob o controle do Comandante de Terra dessa cidade, apesar de o estaleiro ter seu próprio Comandante, que era escolhido das fileiras dos sargentos.[294] Entretanto, a Regra não menciona quantos navios da Ordem estavam estacionados em Acre durante esse período.

O COMANDANTE DA CIDADE DE JERUSALÉM

Dentro do território de Jerusalém, estava a cidade sagrada de Jerusalém, que tinha seu próprio Comandante. De todos os oficiais da hierarquia dos Templários, este oficial era talvez o mais interessante, pois é, por meio dele, que vemos que, apesar de muitas afirmações contrárias, os Templários não perderam de vista o seu propósito e a sua missão original à medida que cresceram em riqueza e poder:

"O Comandante da Cidade de Jerusalém deve ter dez Irmãos Cavaleiros sob seu comando para conduzir e guardar os peregrinos que vêm ao Rio Jordão; e ele deve carregar uma barraca redonda e um estandarte ou bandeira preta e branca, enquanto a sua autoridade durar".[295]

Todavia, o Comandante da Cidade de Jerusalém e seu séquito tinham mais a guardar do que os peregrinos. Este grupo de elite de cavaleiros era responsável pelo transporte e proteção da própria Cruz Verdadeira, possivelmente a relíquia sagrada mais venerável da cristandade, que foi tomada dos cristãos ortodoxos que a portavam logo após os cruzados capturarem Jerusalém, em 1099. Quando a relíquia era transportada, os cavaleiros deveriam acampar o mais próximo possível dela. À noite, enquanto dez cavaleiros dormiam, dois a vigiavam, a fim de protegê-la.

O intrigante nas afirmações modernas de que os Templários encontraram a Arca da Aliança ou as partes mumificadas do corpo de Jesus Cristo é que seria de se imaginar que elas eram exibidas de forma proeminente, a fim de se promover ainda mais a Ordem. Ser responsável pela proteção da Cruz Verdadeira em si não prejudicava a Ordem, e a posição de Comandante da Cidade de Jerusalém foi criada, em parte, para desempenhar essa tarefa. O *status* especial desse Comandante é indicado pelo

---

293. UPTON-WARD, op. cit., p. 47 § 111.
294. Ibidem, p. 49 § 119.

295. Ibidem, p. 49 § 121.

fato de que, como os Comandantes de jurisdições maiores, a ele era dado um amplo séquito para acompanhá-lo e permitido manter metade dos espólios de guerra tomados nos territórios além do Rio Jordão.[296] Além disso, ele comandava os cavaleiros seculares posicionados em Jerusalém que se juntavam à Ordem por um período de tempo determinado.

A Cruz Verdadeira foi descoberta em Jerusalém pela mãe do imperador Constantino, Helena. Depois que os cristãos capturaram a cidade, em 1099, eles se apossaram da relíquia após torturar os cristãos bizantinos, a fim de descobrir onde eles a haviam escondido. O objeto era carregado nas batalhas até que foi perdido, em 1187, após a Batalha de Hattin. *ClipArt.com*

É difícil imaginar como os outros membros da Ordem viam o Comandante e seu grupo de cavaleiros de elite. Mas, dada sua missão sagrada, o novo cavaleiro deve ter olhado para eles com reverência, talvez esperando um dia ser considerado digno o suficiente para ser aceito em seu grupo. Mas havia outras posições de importância dentro da Ordem, às quais o novo cavaleiro podia aspirar. E, como os protetores da Cruz Verdadeira, eles também estavam posicionados em Jerusalém.

O Marechal

O primeiro deles era o Marechal. Apesar de cada um dos territórios poder ter o seu próprio Marechal, este oficial era seu superior, sendo chamado nos Estatutos Hierárquicos de Marechal do Convento do Templo. Alguns autores sugeriram que o Marechal era o segundo oficial mais alto na hierarquia templária.[297] Contudo, a Regra o lista como terceiro, mas, mais tarde, indica que o Drapier é somente subserviente ao Mestre e ao Senescal, o que contribui para a confusão ao tentar se criar uma pirâmide precisa da autoridade dos Templários. Esse estado aparentemente contraditório dos negócios provavelmente se deve ao duplo papel da Ordem – militar e administrativa –, e, com respeito ao lado militar da Ordem, o Marechal posicionado em Jerusalém certamente seria o segundo em comando, pois sua posição está relacionada em primeiro lugar à arte da guerra.

O Marechal do Convento tinha um grau razoável de autonomia, pois, se ele estivesse nos territórios de Trípoli

---

296. Ibidem, p. 50 § 123. O resto deveria ser entregue ao Comandante do Território de Jerusalém. O Rio Jordão havia sido, há muito tempo, um lugar de peregrinação cristã, e foi em viagem a este destino sagrado que 700 peregrinos foram atacados na Páscoa de 1119. Trezentos, assassinados e outros 60, levados como escravos.

297. BRUNO, op. cit., p. 101.

ou Antioquia, o Comandante podia lhe oferecer o marechalato do território; contudo, a aceitação da oferta cabia totalmente ao Marechal.[298]

Como aos demais oficiais, ao Marechal era concedido um séquito para acompanhá-lo, mas menos substancial do que o de outros oficiais veteranos na Ordem, e a sua simplicidade refletia o seu papel militar. Ele tinha permissão de ter quatro cavalos, mais um bom cavalo turcomano ou de sela. Para cuidar de seus cavalos, assim como de outras necessidades, ele podia ter dois escudeiros. Um sargento e um *turcopolo*, cada qual com seu próprio cavalo, também faziam parte de seu séquito. Apesar de equipado como qualquer outro cavaleiro sob seu comando, ele tinha o direito a um pavilhão para si, bem como uma tenda para os seus escudeiros.[299]

Enquanto o Comandante do Território de Jerusalém era o Tesoureiro e controlava os cordões da bolsa de moedas da Ordem, o Marechal guardava o cadeado e a chave do depósito de armas, pelo menos figurativamente. Independentemente se as armas da Ordem eram compradas, dadas ou capturadas na guerra, elas caíam sob seus cuidados e comando.[300]

O Senescal

Em contraste, os poderes do Senescal eram mais claros na hierarquia templária, já que ele era subserviente apenas ao Mestre da Ordem.

O posto de Senescal foi abandonado no fim do século XII e substituído pelo ofício de Grão-Comandante, que abrangia algumas das obrigações do ofício anterior.[301] Para aumentar a confusão que é a hierarquia templária, havia um posto com o mesmo nome quando os Estatutos Hierárquicos foram escritos; contudo, este Grão-Comandante era responsável pela eleição do Grão-Mestre, como veremos adiante.

Para um homem que era claramente o segundo em comando, a Regra não diz muito sobre o ofício de Senescal. Há um bom motivo para isso. Como o Senescal era o braço direito do Mestre e assumia suas obrigações quando ele não estava presente, eles eram virtualmente a mesma coisa. De fato, o Senescal devia carregar o mesmo selo ou marca que o Mestre, a fim de cumprir suas responsabilidades.[302] O selo era semelhante àquele usado por oficiais de outras Ordens religiosas no sentido de que validava a autencidade dos documentos e diretrizes da Ordem. O grande selo usado pelo Mestre e Senescal era de dupla face e representava na frente os dois cavaleiros simbólicos sobre uma única montaria e o domo do Santo Sepulcro no verso.[303]

Acompanhava o Senescal um séquito impressionante, que excedia aqueles de outros oficiais, com exceção daquele do Mestre do Templo. Além de quatro cavalos e um cavalo de sela, o Senescal tinha dois escudeiros e um sargen-

---

298. Ibidem, p. 45 § 104.
299. Ibidem, p. 44 § 101.
300. Ibidem, p. 45 § 102. As exceções a esta regra eram as bestas, que deviam ser dadas ao Comandante dos Territórios, e armas turcas, que deviam ser dadas aos sargentos artesãos.

301. NICHOLSON, op. cit., p. 117.
302. UPTON-WARD, op. cit., p. 44 § 99.
303. NICHOLSON, op. cit., p. 114.

to com dois cavalos. Sua companhia era escolhida dentre a fileira de cavaleiros; ele tinha quatro cavalos e dois escudeiros para si. Além disso, o Senescal viajava com um diácono escriba, que lhe ajudava a observar os ofícios religiosos a que ele tinha de comparecer a cada dia. Também viajavam como parte do séquito um escriba sarraceno, um *turcopolo* e dois soldados de infantaria.

Quando a companhia viajava por terras onde o Mestre não estava presente, o Senescal devia avaliar a situação, tirando deles aquilo de que precisava e transferindo recursos e efetivo de uma casa para a outra a fim de ajudar no equilíbrio das necessidades das casas.[304]

O Mestre

Enquanto o Senescal era o chefe administrativo da Ordem e o Marechal do Convento, o chefe militar, o Mestre era o chefe-geral da Ordem. O Mestre supervisionava os três aspectos dos Templários: militante, administrativo e espiritual. Apesar de normalmente ser chamado de Grão-Mestre, a Regra simplesmente se refere a ele como Mestre.

Como se esperaria do cargo mais alto na hierarquia dos Templários, o Mestre viajava com o maior séquito. Como muitos oficiais abaixo dele, ele recebia quatro cavalos mais um turcomano, mas as semelhanças param por aqui. Ele devia viajar com um clérigo, que recebia três cavalos, um sargento com dois cavalos, assim como um escriba sarraceno e um *turcopolo*, cada qual com seu próprio cavalo. Além disso, o Mestre tinha seu próprio cozinheiro, ferrador e pajem, e este devia carregar seu escudo e lança. O pajem deve ter sido considerado uma posição importante, pois o Mestre podia torná-lo um cavaleiro depois que ele servisse bem durante um período. Além de ser acompanhado por dois sargentos, o Mestre deveria ter dois cavaleiros como companhia, mas estes deveriam ter um caráter tal que pudessem participar de todas as reuniões do conselho.[305] Se uma das companhias morresse, o Mestre tinha a permissão de pegar qualquer item do equipamento que desejasse, mas o restante deveria ser entregue ao Marechal do Convento.

Assim como o Comandante dos Territórios, ele tinha direito a um cofre para guardar seus bens pessoais, mas não tinha permissão de ter uma chave do tesouro.[306] Contudo, isso não significa que ele não tinha algum controle sobre o seu conteúdo. O Mestre poderia emprestar até mil moedas de ouro, com permissão, e, se ele fosse a Antioquia ou Trípoli, poderia sacar 3 mil moedas ou mais se precisasse ajudar as casas nesses lugares. Quando os recursos vinham de além-mar, eles deviam ser colocados no tesouro, mas não podiam ser distribuídos de qualquer maneira pelo Tesoureiro até que o Mestre os tivesse visto e contado. O mesmo ocorria em relação aos cavalos sob o cuidado do Marechal. De fato, o Mestre podia pegar o cavalo de um Irmão como bem entendesse e dá-lo a qualquer outro, incluindo algum homem secular, se ele

---

304. UPTON-WARD, op. cit., p. 44 § 100.
305. Ibidem, p. 39 § 77-79.
306. Ibidem, p. 40 § 81.

achasse que o presente beneficiaria a casa.³⁰⁷

Apesar de o Mestre ser o homem mais importante na Ordem, ele tinha restrições. Não possuía permissão de dar ou vender terras, nem tomar castelos nas regiões de fronteira, tampouco marchar em terras mencionadas na Regra. A razão para isso era bastante prática, pois as regiões afastadas eram difíceis de defender e sujeitas a ataques frequentes, algo de que a Ordem teria consciência, de forma dolorosa, após a queda de Edessa, em 1133. Preservar e defender as posses de terra da Ordem era de grande importância, e o Mestre não tinha permissão de começar uma guerra ou fazer uma trégua em qualquer território ou castelo que estava sob o domínio da Ordem sem antes consultar a comunidade religiosa.³⁰⁸

Assim como o posto tinha restrições, ele também tinha um certo grau de humildade. As roupas velhas do Mestre eram regularmente dadas aos leprosos, e, na Quinta-Feira de Endoenças,³⁰⁹ ele devia lavar os pés de 13 indigentes e dar-lhes sapatos, roupas, dois filões de pão e dois *deniers*. O intuito desse ato de humildade era simbolizar a humildade de Jesus Cristo, que havia se rebaixado de forma semelhante diante de seus discípulos, e deve ter impressionado os oficiais, cavaleiros e sargentos sob seu comando.

Esta ilustração popular dos três Templários tem a intenção de mostrar o duplo aspecto da Ordem como guerreiros e monges. A cruz é uma Cruz de Malta, que não era usada pela Ordem. *ClipArt.com*

Mas essa humildade devia ser esperada. O Mestre era inquestionavelmente um homem de frente e, quando presente, liderava seus Irmãos nas questões de prece, disciplina e batalha.

A ELEIÇÃO DO MESTRE

Ao contrário de outros oficiais na hierarquia dos Templários, o Mestre era eleito para toda a vida, e a eleição

---

307. Ibidem, p. 40 § 84.
308. Ibidem, p. 40 § 85.
309. A Quinta-Feira de Endoenças também é chamada de Quinta-Feira Santa no calendário cristão e de *Great Thursday* nas igrejas orientais e ortodoxas. É a quinta-feira antes da Páscoa e um dos diversos dias festivos observados pela Regra dos Templários. Diz-se que "endoenças"* deriva da primeira palavra na versão latina de João 13:34, "*Mandatum novum do vobis ut diligatis invicem sicut dilexi vos*" – "Dou a vós um novo mandamento: amai-vos uns aos outros, assim como Eu vos amei". (*N.T.: Em inglês, o autor indica que a palavra "endoenças" – *maundy* – vem da primeira palavra do versículo apontado: *mandatum*. Para o português, o *Dicionário Houaiss* dá uma etimologia diferente: a palavra "endoenças" vem do latim vulgar *indulgentias*, que se referia à "quinta-feira da Semana Santa e à Sexta-Feira da Paixão, dias de perdão, dias em que eram concedidas indulgências eclesiásticas".)

começava com a morte ou partida do Mestre anterior da Ordem. Apesar de muitos Mestres que lideraram a Ordem do Templo, ao longo de seus 200 anos de existência, morrerem em batalha, houve dois que deixaram a Ordem por outras razões. Em 1152, Everard de Barres renunciou a seu posto e se juntou à Ordem Cisterciense, e, em 1171, Filipe de Milly renunciou e voltou à sua vida secular.[310]

Após a morte do Mestre, organizava-se um evento funerário impressionante em sua escala, não realizável para qualquer outro membro da Ordem. Acendiam-se muitas velas em memória do Mestre e enterrava-se seu corpo com as maiores honrarias. Ao longo da semana após sua morte, cada Irmão devia rezar 200 pai-nossos, além do grande número que eles deviam recitar todos os dias, e a Ordem tinha de alimentar cem indigentes com jantar e ceia pela alma de seu Mestre falecido. Apesar de seus equipamentos serem distribuídos da mesma maneira que os de qualquer outro Irmão falecido, as roupas do Mestre deviam ser doadas aos leprosos, como era o costume com seu antigo vestuário quando estava vivo.[311]

Se o Mestre morresse no território de Jerusalém e o Marechal do Convento estivesse presente no momento, este assumia imediatamente a posição do Mestre.[312] Isto parece indicar que, apesar de o Senescal ser o segundo em comando – ao menos administrativamente –, a principal prioridade da Ordem com a morte do Mestre era preservar seu aspecto militar. Como muitos Mestres morreram em batalha, o Marechal seria a escolha lógica para assumir após a morte do Mestre.

A primeira obrigação do Marechal como líder temporário da Ordem era a de convocar todos os oficiais centrais do além-mar para comparecerem a uma reunião, na qual um Grão-Comandante seria eleito para substituir o Marechal como líder da Ordem. Assim que o Grão-Comandante houvesse sido eleito tanto por consenso ou por maioria dos votos, ele marcaria uma data com os Comandantes dos Territórios para a eleição do novo Mestre. Contudo, até a ocasião, o Grão-Comandante preenchia as obrigações do Mestre e carregava o selo da Ordem.[313]

Quando chegava o dia designado, o processo eleitoral começava assim que os Irmãos tivessem observado as matinas. O Grão-Comandante devia convocar a maioria dos homens de valor da casa a uma reunião, na qual dois ou três dos membros mais dignos da Ordem seriam apresentados como candidatos para a posição de Comandante da Eleição. Estes Irmãos, escolhidos por seu mérito e boa reputação, retiravam-se da reunião, de forma que aqueles que permaneciam pudessem votar no Irmão mais digno da honra. Uma vez que o conselho houvesse tomado sua decisão, o Comandante da Eleição devia apontar outro cavaleiro para servir de companhia.[314]

---

310. NICHOLSON, op. cit., p. 114. BARBER, op. cit., p. 186. Barber lista Filipe de Nablus, enquanto Nicholson se refere ao Mestre como Filipe de Milly. Filipe de Milly era o senhor de Nablus.
311. UPTON-WARD, op. cit., p. 67 § 199.
312. Ibidem, p. 67 § 198.
313. Ibidem, p. 68 § 203.
314. Ibidem, p. 68 § 206-207.

Enquanto os demais Irmãos retornavam às suas camas até a prima, os dois Irmãos indicados para dirigir a eleição deviam permanecer na capela a fim de rogar a Deus por orientação na tarefa que se lhes apresentava. Eles não deviam falar com qualquer outro Irmão, tampouco qualquer Irmão devia falar com eles. De fato, somente podiam conversar entre si se o assunto fosse pertinente às decisões que deviam tomar a respeito da eleição. O pleito reunia-se novamente após a sexta, com a advertência do Grão-Mestre aos dois Irmãos quanto à importância de se escolher sabiamente aqueles que os auxiliariam na eleição. A fórmula para escolher os 13 Templários que receberiam o poder de eleger um novo Mestre é apresentada na Regra e novamente demonstra a democracia inerente que estava presente na administração da Ordem:

"E estes dois Irmãos devem escolher outros dois Irmãos, de forma que sejam quatro. E estes quatro Irmãos devem escolher outros dois, de forma que sejam seis. E estes seis Irmãos devem escolher outros dois Irmãos, de forma que sejam oito. E estes oito Irmãos devem escolher outros dois Irmãos, de forma que sejam dez. E estes dez Irmãos devem escolher outros dois Irmãos, de forma que sejam 12, em homenagem aos 12 apóstolos, e os 12 Irmãos devem eleger conjuntamente um Irmão capelão para assumir o lugar de Jesus Cristo; ele deve se empenhar para manter os Irmãos em paz e em harmonia, e eles serão 13 Irmãos. E, desses 13, oito devem ser Irmãos Cavaleiros, quatro sargentos e o Irmão capelão. E esses 13 Irmãos eleitores devem ser considerados como acima do Comandante da Eleição, de diversas nações e países, a fim de se manter a paz na casa".[315]

Quando os 13 eleitores haviam sido escolhidos, eles retornavam à reunião como um grupo. Aqui, eles pediam aos Irmãos presentes que rezassem a Deus em seu nome, e, em resposta, os Irmãos colocavam-se de joelhos, em prece. Este desvio da rotina de preces normal da Ordem mostra a importância de se eleger um novo Mestre, pois o líder da Ordem não era apenas seu Comandante militar, era também seu líder espiritual e, como tal, devia claramente ser escolhido por Deus. Com a confiança de que Deus lhes ajudaria em sua decisão, os eleitores reuniam-se em outro lugar para votar.

Apesar de se dar preferência aos Irmãos no Oriente, era possível eleger um Mestre do Ocidente se os eleitores sentissem que era o Irmão mais adequado para a posição. Além disso, o período de permanência na Ordem não parecia ser de grande importância na eleição de um novo Mestre, dado que tanto Roberto de Sablé quanto Filipe de Milly foram eleitos para a direção da Ordem após um período relativamente curto de serviço. De Milly, que havia se juntado à Ordem entre 1164 e 1165, foi eleito Mestre em 1169, após ter servido por apenas quatro anos. Contudo, como vimos a seu respeito, sua função como Mestre seria igualmente breve, já que ele renunciou à posição depois de apenas dois anos, retornando à vida secular que outrora gozara. Após nomear e discutir os candidatos para a posição de

---
315. Ibidem, p. 69-70 § 211.

Mestre, os eleitores votavam. No acaso de os eleitores se dividirem em campos diferentes de opinião, o Comandante da Eleição retornava à reunião para pedir mais preces aos Irmãos.

Quando a maioria havia decidido sobre o Mestre seguinte, o Comandante da Eleição apresentava-se diante da reunião e lhes informava a decisão dos eleitores, pedindo-lhes consentimento na decisão. Assim que os presentes respondessem, o eleitor-chefe perguntava aos Irmãos se eles prometiam obedecer ao Mestre escolhido para o resto de suas vidas. Depois dessa promessa, seguia-se a do Grão-Comandante, que até este ponto havia sido o líder temporário da Ordem, jurando aderir às decisões e efetivamente cedendo seus poderes de ofícios ao líder devidamente eleito da Ordem.

Uma vez que o novo Mestre houvesse sido oficialmente proclamado, a eleição se concluía com uma cerimônia ritualística, que dedicava o novo líder ao serviço de Deus:

"E os Irmãos devem imediatamente levantar-se, considerar o Mestre com grande devoção e alegria, levá-lo em seus braços à capela e oferecê-lo a Deus diante do altar, aquele que Ele proveu para o governo da casa; e ele deve se ajoelhar diante do altar enquanto rogam a Deus por ele".[316]

Tendo sido devidamente eleito e cerimonialmente dedicado a Deus, o novo Mestre agora estava preparado para assumir seu papel vitalício como o líder espiritual, administrativo e militar de sua Ordem. Como o Mestre sempre se estabelecia no Oriente (em Jerusalém até 1187, em Acre de 1191 a 1291 e na ilha de Chipre após isso), seria bastante fácil concentrar-se puramente nas necessidades militares da Ordem. Se ele já não estivesse consciente do fato, logo aprenderia que, a fim de que sua Ordem crescesse e prosperasse, não deveria negligenciar o trabalho não militar da Ordem. Por mais importante que fosse os cavaleiros e sargentos travar guerra no Oriente, nenhuma das vitórias militares da Ordem seria possível sem os árduos esforços dos muitos Irmãos que labutavam nos campos do Ocidente. São estes membros não celebrados da Ordem que mantinham a máquina de guerra funcionando e a quem verdadeiramente se deve muito do crédito de os Templários terem subido ao poder.

---

316. Ibidem, p. 71 § 211.

O Templo Bruer, no condado de Lincoln, em estampa do século XIX. *Coleção do Autor*

Campos e Fortunas

"Toda dádiva boa e todo dom perfeito vem de cima: desce do Pai das luzes, no qual não há mudança, nem mesmo aparência de instabilidade."
Tiago 1:17 – Introdução da bula Omne datum optimum

Quando os Templários reuniram-se na capela em 24 de maio de 1136, eles o fizeram com pesar nos corações, pois Hugo de Payens, o primeiro Mestre da Ordem, havia morrido em Jerusalém com a idade de 66 anos. Por 16 anos, De Payens havia servido fielmente à Ordem como o líder espiritual, administrativo e militar e, durante esse período, viu seus queridos Templários evoluírem de uma ideia à realidade. Sob sua liderança, a organização dos Templários começou a se difundir a partir do Monte do Templo, à medida que tanto plebeus quanto nobres faziam doações de terra e presentes de todos os tipos à Ordem. Enquanto não se pode discutir que Hugo havia construído uma fundação firme para a Ordem, seria seu sucessor, Roberto de Craon, que garantiria privilégios adicionais para os Templários que Hugo nem poderia ter imaginado.

O Segundo Mestre

Roberto de Craon era o terceiro filho de Renaud de Craon e Ennoguen de Vitre e, como tal, nasceu em uma família nobre dos senhores de Craon em Anjou. Como muitos dos primeiros membros da Ordem, pouco se sabe de sua vida, e o que se sabe parece aberto à discussão entre os historiadores. Alguns afirmam que Roberto era casado e que, como seu antecessor, havia se juntado à Ordem após a morte de sua esposa, enquanto outros sugerem que ele o fez após romper o seu noivado com a filha de Jourdain de Chabanais.[317] Independentemente do estado civil de De Craon

---

317. ADDISON, Charles G. *The History of the Knights Templar*. New York: Masonic Company, 1874, p. 183. Addison sugere que De Craon foi genro de Anselmo, arcebispo da Cantuária, e fez o juramento dos Templários após a morte de sua esposa. NAPIER, Gordon. *The Rise and Fall of the Knights Templar: The Order of the Temple 1118-1314*. Staplehurst: Spellmount, 2003, p. 37-38. Napier concorda com Addison, mas sugere que De Craon era sobrinho de Anselmo. Este ponto de vista é contestado pelo dr. Christian Tourenne, que sugere que De Craon foi noivo da filha de Jourdain de Chabanais, um casamento que o teria tornado senhor de Chabanais e também senhor de Confolens. Tourenne sugere que a cisão dos dois domínios, em 1121, motivou De Craon a repensar o valor do casamento proposto e a romper o noivado, partindo logo depois para a Terra Santa.

antes de se tornar um Templário, sabe-se que ele ingressou na Ordem durante a década de 1120; contudo, quando exatamente é uma questão de versões conflituosas. Alguns historiadores são da opinião que De Craon pode ter sido um dos membros fundadores, enquanto outros localizam a sua entrada em data mais próxima ao Concílio de Troyes. Entre aqueles que apoiam a segunda teoria está principalmente Malcolm Barber, que cita uma escritura de Fulque de Anjou datada de 22 de setembro de 1127. Neste documento, De Craon é listado como uma testemunha sob o nome de Roberto Burgúndio, nome pelo qual ele era certamente conhecido. O mais interessante sobre o documento é que De Craon é chamado de "miles Sancti Stephani Jerusalem", o que poderia ligá-lo à Igreja de São Estêvão, localizada perto da Porta de Damasco, do lado de fora da cidade de Jerusalém.[318] Se De Craon não era um Templário em 1127, como o documento parece sugerir, ele certamente era em 1130, pois, antes disso, ele havia se tornado Senescal, o que o colocava como o número dois dentro da Ordem – ao menos administrativamente.[319]

Ainda que o início do envolvimento de De Craon com os Templários possa ser uma questão em aberto, sua associação a Fulque de Anjou parece, de certa forma, mais clara, pois já em 1113 vê-se De Craon agindo em nome de Fulque, e o documento de 1127 é um exemplo disso.[320] Como vimos em um capítulo anterior, os Templários tinham muitos amigos importantes, e Fulque de Anjou certamente era um deles. Ele havia se juntado à Ordem como membro associado em 1120, enquanto estava em peregrinação no Oriente, e pagou uma pensão anual após o seu retorno ao Ocidente. Fulque continuou a apoiar a Ordem quando estabeleceu uma residência permanente no Oriente, após seu casamento com a filha de Balduíno II, Melisende. Como rei de Jerusalém a partir de 1131, Fulque estava em uma posição que lhe permitia exercer sua influência em questões pertinentes a seu reino e frequentemente preenchia posições importantes com homens de sua confiança.[321] Dadas as suas ligações com De Craon e o Templo, não é inconcebível a sugestão de que Fulque possa ter se envolvido no fato de um conterrâneo seu ser eleito ao posto de Mestre do Templo. Mas, mesmo que a eleição de De Craon se devesse, de alguma forma, à influência política do rei Fulque, o novo Mestre certamente tinha mérito. De Craon é lembrado pela história como um administrador eficiente, uma habilidade que ele aperfeiçoara durante seus seis anos como Senescal da Ordem. Até mesmo Guilherme de Tiro, que frequentemente criticava os Templários, falava bem de De Craon, referindo-se a ele como um homem devoto, um excelente cavaleiro e um homem que era nobre tanto na carne quanto em sua conduta pessoal.[322]

Entre as primeiras realizações administrativas de De Craon, estava a ordem de traduzir a Regra do latim para o fran-

---

318. BARBER, op. cit., p. 8.
319. TOURENNE, Christian. Robert de Craon. In: *Templar History Magazine*, v. 3, n. 3, 11 ed., 2005, p.19.
320. BARBER, op. cit., p. 36.

321. Ibidem.
322. Ibidem.

cês, de forma a torná-la mais aproveitável para os usos da Ordem. Acredita-se que De Craon autorizou esta tradução em 1139,[323] e alguns historiadores pensam que os Estatutos Hierárquicos da Ordem foram adicionados por volta desse período.[324] Durante a administração de De Craon, os Templários parecem ter ampliado suas redes de recrutamento ao diminuir os critérios de filiação, removendo o período probatório para os novos membros e buscando cavaleiros excomungados como recrutas em potencial.[325] Contudo, essas alterações na Regra podem ter sido simplesmente uma questão de necessidade. Continuava a demanda por combatentes no Oriente, e, à medida que a Ordem recebia doações de terra no Ocidente, tornava-se cada vez mais importante ter efetivo para controlá-las.

Enquanto as modificações de De Craon na Regra latina original possam ter tido um papel importante na estrutura organizacional interna da Ordem, outro documento escrito em 1139 provaria ser de extraordinária importância em relação ao modo como a Ordem lidava com o mundo exterior. Esse documento, uma bula emitida pelo papa Inocêncio II, intitulada *Omne datum optimum* [Toda Dádiva Perfeita], deu poderes e privilégios aos Templários, que garantiriam a autonomia da Ordem. Contudo, antes de examinar esse documento, é importante entender mais sobre o homem que o escreveu e a cadeia de eventos que levou à sua criação.

O Papa e o Antipapa

O papa Inocêncio II nasceu Gregório Papareschi, um membro do clã nobre Guidoni. Ele foi nomeado cardeal durante o pontificado de Pascoal II e se exilou durante o papado do sucessor de Pascoal, Gelásio II, quando o imperador estabeleceu seu próprio antipapa no lugar de Gelásio. Este não seria o único período de exílio que Papareschi sofreria durante sua vida. Quando Honório II morreu, em 14 de fevereiro de 1130, um grupo de cardeais organizou um funeral secreto e elegeu Papareschi como seu sucessor na manhã seguinte. Este movimento aparentemente clandestino não obteve a aprovação de outros cardeais, que se mobilizaram para eleger como papa o rival de Papareschi, Pietro Pierleone. Duas semanas mais tarde, os dois papas foram consagrados no mesmo dia. Papareschi assumiu o nome Inocêncio II em Santa Maria Nova, e Pierleone assumiu o nome Anacleto II em São Pedro.[326]

Assim como o papa Urbano II, que havia lançado a Primeira Cruzada em 1095, Inocêncio II logo se encontraria do lado de fora de Roma. A poderosa família Frangipani, que havia apoiado Urbano durante o seu exílio, tomou o lado de Anacleto, e isso era o suficiente para

---

323. UPTON-WARD, op. cit., p. 12. Ward baseia esta ideia no fato de que diversos aspectos da tradução incluem elementos que se tornaram possíveis com a bula papal *Omne datum optimum*, que foi escrita em 1139.
324. BURMAN, op. cit., p. 39.
325. A tradução da Regra do latim para o francês teve a remoção do período probatório para os novos recrutas, assim como a inclusão de uma diretiva para buscar cavaleiros excomungados, ao contrário da proibição direta na versão original em latim, que afirmava especificamente que os cavaleiros não podiam ser excomungados. Ward sugere que a primeira pode ter sido uma omissão clerical, mas a segunda foi claramente feita intencionalmente.
326. COULOMBE, Charles, *A History of the Popes: Vicars of Christ.* New York: MJF Books, 2003, p. 236.

que Inocêncio tivesse de lutar por sua posição papal. Com o antipapa Anacleto estabelecido em Roma, Inocêncio retirou-se da cidade, viajando para Pisa, depois para Gênova e finalmente para a França. Lá, Inocêncio encontrou muitos partidários, entre eles, Luís VI, o abade Suger e Bernardo de Claraval. De fato, por meio desse apoio conjunto, a França jurou lealdade a Inocêncio II em Clermont, exatamente 35 anos após o discurso da cruzada que o papa Urbano II proferiu na conclusão do concílio lá realizado. Mas a França não foi o único país a apoiar o papa exilado. Na primavera do ano seguinte, o rei Lotário III organizou um sínodo em Wurzburgo, no qual os bispos germânicos juraram lealdade a Inocêncio.

Essa lealdade foi retribuída em parte quando Inocêncio coroou Lotário e sua rainha na Páscoa de 1131.[327] Quando morreu o filho mais velho do rei Luís, Filipe, Inocêncio foi a Rheims para ungir o seu filho mais novo como herdeiro do trono, posição que ele assumiria após a morte do rei Luís VI, em 1137. Contudo, essas honras papais foram dadas por um papa que estava em exílio. Apesar de Inocêncio poder voltar a Roma em 1133, a fim de efetuar a coroação imperial do rei Lotário, sua estadia na cidade não seria longa. Quando o imperador e suas tropas voltaram à Germânia no ano seguinte, foi necessário que Inocêncio se retirasse, já que ele já não tinha mais a proteção militar para permanecer em segurança em Roma. Durante os anos seguintes, ele suplicou a Lotário que libertasse Roma, de forma que ele pudesse assumir seu lugar de direito, e, em 1137, o imperador finalmente agiu, assegurando parte da cidade. Entretanto, Anacleto não estava preparado para desocupar o trono de São Pedro e manteve o controle suficiente para evitar que Inocêncio atingisse seu objetivo.

Mesmo quando Anacleto morreu, em 25 de janeiro de 1138, seus partidários agiram rapidamente para eleger um substituto, assim como os bispos cardeais haviam feito quando elegeram Inocêncio oito anos antes. Sua escolha foi Gregório Cardeal Conti, que assumiu o nome de Vítor IV. Mas onde Lotário havia falhado em remover o antipapa por força militar, outro importante membro da cristandade ocidental foi capaz de atingir o objetivo por pura persuasão. Menos de duas semanas após Vítor ter sido eleito papa, Bernardo de Claraval havia exercido influência suficiente para convencê-lo a abdicar em favor de Inocêncio II.[328]

Ao longo dos oito anos de cisma, Inocêncio havia gozado de um forte apoio de Bernardo e do clero francês, e é pouco provável que ele tivesse se esquecido da lealdade demonstrada a ele durante sua luta. Os Templários, em virtude de sua associação com Bernardo, eram certamente considerados uma parte dessa lealdade. Inocêncio começou a conceder sua graça à Ordem já em 1135, quando, no Concílio de Pisa, ele lhes deu uma pensão anual de uma onça de ouro – um ato de caridade que foi copiado em grau menor por seu chanceler, os arcebispos, bispos e aba-

---

327. Ibidem.

328. Ibidem.

des que eram leais a ele.[329] É claro que, exilado de Roma, a oferta de apoio financeiro aos Templários era o melhor que o papa podia fazer no período. Inocêncio rapidamente compensou a falta ao obter o controle de Roma, escrevendo *Omne datum optimum*.

TODA DÁDIVA PERFEITA

O interessante sobre a *Omne datum optimum* – a que alguns historiadores se referem como a Carta Magna dos Cavaleiros Templários[330] – é que ela foi

O papa Inocêncio II foi o autor da *Omne datum optimum*, que deu privilégios especiais aos Templários.

datada de 29 de março de 1139, quase uma semana antes de Inocêncio convocar o Segundo Concílio de Latrão para resolver os problemas causados pelo cisma. Apesar de isso não provar que a *Omne datum optimum* foi uma recompensa a Bernardo e aos Templários pela estima anterior, ela certamente demonstra que dar aos Templários o apoio papal era importante o suficiente para não ser descartado por outros assuntos urgentes da Igreja. De fato, como o prelúdio da bula mostra, Inocêncio II considerava a Ordem como sendo de grande importância para a cristandade, e a bula ecoa a linguagem floreada da carta anterior de Bernardo que elogiava a nova cavalaria:

"Pois, por natureza, vós éreis os filhos da ira, entregues aos prazeres do mundo, mas agora, por meio da inspiração da graça, vós vos tornastes receptivos à mensagem do Evangelho e, tendo abandonado as pompas mundanas e vossas próprias posses, além do largo caminho que conduz à morte, vós haveis humildemente escolhido a árdua estrada que conduz à vida; e, para prová-lo, vós haveis jurado em vosso peito, da forma mais contenciosa, o sinal da cruz viva, pois sois especialmente reconhecidos como membros da cavalaria de Deus. Ademais, como israelitas e guerreiros versados na santa batalha, com a chama da verdadeira caridade, vós conduzis em feitos a palavra do Evangelho, no qual se diz: 'Ninguém tem maior amor do que aquele que dá a vida por seus amigos'. E, seguindo o comando do pastor superior, vós não temeis dar a vida por seus Irmãos e defendê-los das invasões pagãs e, como sois conhecidos como os Cavaleiros do Templo, fostes estabelecidos por Deus como defensores da Igreja e devastadores dos inimigos de Cristo".[331]

Como descrito em um capítulo anterior, os Templários de De Payens encontraram uma árdua oposição por parte de alguns membros do clero, que não entenderam o conceito de uma Ordem de homens religiosos que pegavam em armas

---

329. BARBER, op. cit., p. 56.
330. BURMAN, op. cit., p. 41.

331. Ibidem, p. 40.

contra os infiéis. Tal oposição era obviamente forte o suficiente para garantir uma carta de Hugo, o Pecador, escrita para reforçar a moral decadente da Ordem. Contudo, a *Omne datum optimum*, com efeito, afastou quaisquer dúvidas acerca da dupla natureza da Ordem que ainda poderiam existir aos olhos da cristandade, pois agora os Templários haviam sido oficialmente acolhidos sob as asas da mesma Igreja e fé que eles juraram defender. Como tal, eles eram um exército de Deus sob a autoridade direta de Seu porta-voz na Terra, o papa. É claro, uma Ordem com tal importância religiosa dentro da Igreja deveria ter direito a favores da mesma, e é exatamente isso o que a *Omne datum optimum* autorizou.

A partir desse momento, os Templários respondiam somente ao Mestre da Ordem, e este respondia somente ao papa. A Ordem tinha permissão de eleger o seu Mestre dentre seus membros sem qualquer influência de forças externas, e somente o Mestre e a reunião de cônegos tinham a permissão de alterar os costumes e as observâncias da Ordem. Os Irmãos não podiam jurar fidelidade a ninguém de fora do Templo e eram obrigados a permanecer como membros da Ordem até sua morte. Eles eram proibidos de se juntar a outra Ordem ou de retornar à vida secular.[332] Isso não se aplicava a Templários que eram expulsos da Ordem, que deviam se juntar a Ordens ainda mais rígidas. Certamente houve exceções, como a de Filipe de Milly, que voltou à vida secular após abdicar como Mestre do Templo em 1171. É claro, esses aspectos da bula não eram muito diferentes daquilo que já era exigido dos Templários por meio de sua Regra, mas a bula de Inocêncio legitimou as práticas, dando-lhes o selo papal de aprovação.

Uma área importante em que a bula expande os privilégios dos Templários é com relação à admissão de sacerdotes na Ordem. A *Omne datum optimum* permitiu à Ordem, pela primeira vez, que tivesse seus próprios capelães, contanto que estes obtivessem a permissão dos bispos. Contudo, essa permissão parece ter sido nada mais do que um gesto de cortesia aos bispos, pois, se eles recusassem, a bula dizia que o papa prevaleceria. Assim que o sacerdote houvesse servido à Ordem pelo período de um ano, ele poderia se tornar um membro fazendo os votos da Ordem e jurando lealdade ao Mestre.[333] Além de permitir que os Templários tivessem seu próprio clero, a *Omne datum optimum* também concedeu à Ordem o direito de construir seus próprios oratórios ou capelas privadas, onde eles poderiam conduzir suas cerimônias religiosas sem a interrupção daqueles de fora da Ordem. No solo dessas capelas, a Ordem também tinha permissão de enterrar seus mortos.

Mas a maior dádiva da *Omne datum optimum* foi a provisão que excluía a Ordem da obrigação de pagar o dízimo à Igreja. Anteriormente, a Ordem era obrigada a dar à Igreja um décimo de tudo produzido em suas terras. A exclusão do pagamento do dízimo provaria ser um grande benefício econômico para a Ordem, mas apenas metade do benefício, pois a Ordem agora tinha a permissão de coletar o dízimo dos lai-

---

332. NICHOLSON, op. cit., p. 154.

333. Ibidem.

cos ou do clero, contanto que os bispos da região aprovassem.[334]

DÊ-ME TERRAS, MUITAS TERRAS

Com os novos privilégios conferidos à Ordem pela bula de Inocêncio, os Templários tornaram-se parte da sociedade feudal da qual eles buscaram sair. Em vez de ocupar a terra por permanência, como muitos haviam feito antes de se juntar à Ordem, eles agora ocupavam suas terras por posse, com o benefício adicional de não pagar impostos. Os sargentos, que em sua vida secular poderiam ter se ferido por seus senhores, com pouco ou nenhum benefício próprio, agora se feriam pelo bem comum da irmandade. Em muitos casos, um sargento poderia se ver responsável por uma propriedade templária e pelos Irmãos servidores e Irmãos artesãos que trabalhavam nesta terra.

Senhores e prelados locais importantes, muitos dos quais tinham um interesse sincero pelos esforços de cruzada religiosa da Ordem, frequentemente doavam essas terras que caíam sob o controle templário. Em alguns casos, estes patronos se juntavam à Ordem no Oriente como membros associados e tinham o direito ao sepultamento em um cemitério templário.[335] Mas mesmo os patronos que permaneciam no Ocidente tinham direito a privilégios graças às suas doações à Ordem. Em troca da concessão de terras, o benfeitor asseguraria que a Ordem rezaria por ele enquanto em vida ou em morte. Ainda que isso dificilmente seja um incentivo à doação de terras nos tempos modernos, isso era altamente considerado durante o período medieval, e os Templários mantinham rolos obituários daqueles por quem as preces deveriam ser feitas.[336]

Assim que os Templários aceitavam uma propriedade, eles trabalhavam a terra o quanto antes, a fim de maximizar o seu benefício econômico. É claro, as doações de terra estavam espalhadas pelos territórios, mas a Ordem tentava construir uma rede que ligava as propriedades onde fosse possível. Frequentemente as posses menores dos Templários eram agrupadas em torno da preceptoria maior da região. Por exemplo, Richerenches era uma preceptoria localizada no sudeste da França, na região de Vaucluse, que tinha oito casas menores dependentes. A preceptoria principal tinha entre dez e 20 Templários em residência, enquanto cada casa menor tinha instalados dois ou três Irmãos, normalmente sargentos. De forma semelhante, Mas-Deu, em Roussillon, tinha sete casas dependentes sob o seu controle.[337] O arranjo era eficiente, e por ele as casas menores e os recursos da Ordem, como homens, cavalos e suprimentos, podiam ser compartilhados entre as casas da rede.

Em regiões onde a Ordem tinha uma série de casas, era mais eficiente que eles mesmos cultivassem a terra; contudo, em áreas onde eles possuíam poucos ou pequenos terrenos, era mais prático sublocar a terra e receber uma parcela da colheita de seu arrendatário. Esse acordo era não só favorável ao arrendatário, mas também de grande van-

---

334. Ibidem.
335. BARBER, op. cit., p. 257.
336. Ibidem, p. 257. Barber faz referência a um rolo obituário da preceptoria dos Templários em Rheims que tinha 42 páginas de pergaminho.
337. Ibidem, p. 254.

Um Templário ajoelha-se diante de um sacerdote nesta interpretação moderna das observâncias religiosas dos Templários. *Gordon Napier*

tagem à Ordem, que conseguia ajuntar grandes quantidades de grãos dos dízimos cumulativos de suas terras afastadas. Entretanto, mesmo em áreas onde a Ordem tinha grandes quantidades de terra, pequenos pedaços eram normalmente arrendados.

O Templo Cressing, em Essex, que tinha 85 arrendatários que trabalhavam em pequenos pedaços de terra por volta de 1185,[338] dá-nos o melhor exemplo ainda existente da magnitude da agricultura dos Templários. Eustácio III, o conde de Bolonha, que participou da Primeira Cruzada ao lado dos parentes Godofredo de Bulhão e Balduíno de Bolonha, foi o proprietário original do solar de Cressing. Apesar de Eustácio decidir voltar ao Ocidente após a vitória em Jerusalém, a ele foi oferecido o reino com a morte de Balduíno I, em 1118. Contudo, quando Eustácio chegou à Apúlia, ele recebeu a notícia de que o trono havia sido ocupado por seu primo Balduíno Le Bourg, que foi coroado rei Balduíno II.

Com a morte de Eustácio, Cressing caiu nas mãos de sua única filha, Matilda, que se casou com o rei Estêvão da Inglaterra.[339] O rei Estêvão era filho de Estêvão, conde de Blois, que havia fugido da cidade de Antioquia pouco antes da captura dos cruzados em 1098. Matilda doou o solar aos Cavaleiros Templários, em 1137, em benefício à alma de seu pai.[340] A doação de Cressing foi a primeira propriedade dos Templários

---

338. LORD, op. cit., p. 62 *Britain*. Edinburgh: Pearson Education, 2004, p. 62. Esses arrendatários pagavam aos Templários entre 10 e 15s por *virgate*, que era aproximadamente 12 hectares de terra. Adicionalmente, o arrendatário prestaria outros serviços aos Templários quando necessário, como a lavra, a moenda e a colheita.

339. Cressing Temple – *The Documented History of Cressing Temple.* Disponível em: *www.cressingtemple.org.uk/History/CThist.htm.*

340. LORD, op. cit., p. 62.

registrada fora de Londres[341] e a primeira a ser o quartel original da Ordem em Holden. Essa concessão foi expandida uma década depois, quando o rei Estêvão adicionou a cidade vizinha de Witham, fazendo da doação, que media aproximadamente 566 hectares (1.400 acres),[342] uma das maiores na Inglaterra.

Cressing aloja dois celeiros ainda existentes, os quais se acredita que foram construídos pela Ordem por volta de 1206 e 1256, respectivamente.[343] O celeiro de cevada, que foi construído

O celeiro de trigo no Templo Cressing, em Essex, é um dos dois celeiros sobreviventes originalmente construídos pelos Templários. Este celeiro foi construído em meados do século XIII. *Mira Vogel*

de supressão dos Templários mostram a escala em que cada propriedade era cultivada. Além da ampla população de animais, que consistia de mais de 700, registra-se que a propriedade tinha 601 acres aráveis, dos quais 121 eram para o cultivo de feijão, ervilhas e cevada. Outros 73 acres eram plantados com aveia, e 252 eram para o cultivo de trigo.[344]

Como explicado anteriormente, boa parte das terras aráveis em Cressing eram sublocadas a arrendatários que pagavam à Ordem taxas e serviços estabelecidos pelo privilégio de trabalhar a terra. Felizmente, temos um exemplar sobrevivente do acordo de arrendamento de Cressing para ter uma ideia de como os Templários lidavam com os arrendatários:

"O herdeiro de Walter Gardiner possui meio *virgate** de terra em Cressing e dará dois *pence*** de custódia no dia de Hock*** e será dispensado de um serviço. Na festa de São Miguel [29 de setembro], ele dará dois *pence* e dois *pence* e meio pelo arrendamento. E, no Natal, ele dará meio *penny.*, na Páscoa, um

primeiro, mede 36 metros de comprimento e quase 14 metros de largura, atingindo uma altura de pouco mais de 11 metros. Construído 50 anos mais tarde, o celeiro de trigo mede 40 metros de comprimento, 12 metros de largura e 11 de altura. Os registros da época

---

341. BRIGHTON, Simon. *In Search of the Knights Templar: A Guide to the Sites in Britain*. London: Weidenfeld & Nicolson, 2006, p. 86.
342. LORD, op. cit., p. 62.
343. Cressing Temple, op. cit.

344. LORD, op. cit., p. 65-66.
* N.T.: um *virgate* equivale a 30 acres; o termo, segundo referência do *Dicionário Oxford*, é uma medida da Inglaterra medieval.
** N.T.: Um *penny* (plural: *pence*) era uma pequena moeda de prata, cujo parâmetro de valor era o seu peso. Uma libra (*pound*), uma moeda de ouro, equivalia a 240 *pence*. Wardpenny, ou "centavo de custódia" era uma taxa cobrada dos arrendatários pela manutenção da paz oferecida pelos cavaleiros. Equivalia a 16 *pence*.
*** N.T.: Hockday – Um festival inglês realizado antigamente nas segundas segundas-feiras e terças-feiras depois da Páscoa, originalmente para levantar fundos para a Igreja e para a paróquia (*Oxford Dictionary*).

À esquerda: Apesar da opinião popular, nem todas as igrejas dos Templários eram redondas e nem todas as igrejas redondas eram dos Templários. A Igreja do Santo Sepulcro, em Cambridge, é um exemplo perfeito de uma igreja redonda que não pertencia aos Templários. Ela foi construída pela confraria do Santo Sepulcro entre 1114 e 1130. *iStockPhoto.com*

À direita: A Igreja dos Templários em Londres, mostrada nesta foto tirada antes da Segunda Guerra Mundial, quando a igreja foi amplamente danificada por bombas alemãs, é um exemplo de uma igreja redonda construída pela Ordem. O telhado do século XII não foi recolocado na restauração pós-guerra. *ClipArt.com*

quarto *ad savonem.*, na véspera da ascensão do Senhor, dará uma medida redonda de aveia, que é chamada de *mina*, e duas galinhas; e ele lavrará três acres da colheita de inverno e três acres da semeadura do verão e, por lavrar esses acres, terá dois filões e quatro arenques salgados ou outra comida. Em troca da referida lavra, ele será dispensado de seis serviços na época de lavra e fará dez serviços a cada mês, sempre que o Comandante desejar... Ele deve executar essas práticas da festa de São Miguel até a festa de São Pedro acorrentado [1º de agosto] e da festa de São Pedro à festa de São Miguel, sete serviços a cada duas semanas".[345]

Em todos os lugares em que Ordem tinha colheitas de grãos, eram necessários moinhos para processar a safra, e Cressing não era exceção: um inventário de 1308 mostra que a Ordem tinha um moinho de vento e um moinho de água na propriedade.[346] Apesar de não se saber quando os moinhos de Cressing foram construídos, na época que a Ordem estava aumentando suas posses de terra, no século XII, os moinhos eram poucos; eles eram difíceis de ser mantidos, e poucos tinham os recursos financeiros para construí-los, enquanto os Templários e os Hospitalários possuíam os meios de fazê-lo. O benefício complementar dos moinhos era que as ordens militares podiam derivar rendas adicionais processando as colheitas de

---

345. *The Military Orders and Economic Growth*, Cardiff University, School of History and Archaeology. Disponível em: *www.cf.ac.uk/hisar/people/hn/MilitaryOrders/MILORDOCS9.htm#_ftnref31*. Traduzido para o inglês por Helen Nicholson.

---

346. LORD, op. cit., p. 65.

outros arrendatários e fazendeiros da região.

De vez em quando, os Templários e os Hospitalários operavam moinhos próximos um do outro, o que podia levar a conflitos entre as Ordens. Uma dessas disputas ocorreu em Acre, em 1235, onde tanto os Templários quanto os Hospitalários operavam moinhos no Rio Belus. O moinho dos Hospitalários situava-se acima do moinho dos Templários na corrente do rio, e, sempre que estes refluíam a água para movimentar o moinho, eles inundavam os campos dos Hospitalários. Isso fazia com que os Hospitalários segurassem o fluxo da água quase completamente, deixando pouco mais do que um filete de água, inutilizando o moinho dos Templários.[347] Essa disputa continuou durante algum tempo e foi resolvida na corte papal, onde o Mestre do Templo e os Hospitalários chegaram a um acordo.

Os Templários nem sempre recebiam terras que eram apropriadas ao cultivo. Frequentemente doavam-se terras que eram de difícil cultivo para a Ordem, que teria meios e homens para trabalhar tal terra. Um número cada vez maior de propriedades doadas à Ordem exigia quantidades enormes de homens para prepará-las à agricultura, e o Templo Garway, no condado de Hereford, na fronteira galesa, é um exemplo. Esta propriedade, doada à Ordem pelo rei Henrique II, presenciou a roçada de 800 acres de floresta régia, uma prática que normalmente sofreria pesadas multas. Contudo, no caso de Garway, Henrique perdoou os Templários com uma carta que lhes deu privilégios adicionais de roçada nos condados de Shrop, Oxford, Northampton, Bedford e Huntingdon, totalizando mais 66 hectares de floresta.[348]

Como os cistercienses, os Templários tornaram-se adeptos do cultivo de terras marginais, e, mesmo onde a terra não era particularmente adequada, eles faziam o melhor uso delas. Uma dessas propriedades era o Templo Bruer, no condado de Lincoln, que foi dado à Ordem na metade do século XII por Guilherme de Ashby.[349] Localizada em um pântano infértil, a propriedade era mais adequada ao pastoreio, e, em meados do século XIII, a Ordem tinha um rebanho de aproximadamente 400 ovelhas.[350] Apesar de os Templários não serem pastores tão ativos quanto seus primos cistercienses, a Ordem mantinha rebanhos substanciais na Península Ibérica e no condado de York, Inglaterra. Na Inglaterra, a Ordem estabeleceu dois moinhos de pisoagem: um no nordeste, em Newsham, no condado de York, e um segundo no sudoeste, em Barton on Windrush, no condado de Gloucester.[351] Os moinhos de pisoagem, que eram usados para manufaturar tecidos, estavam entre os primeiros processos a ser mecanizados e, assim como os moinhos de grãos operados pela Ordem, próximos às suas atividades agrícolas, eram usados ao máximo de seu potencial lucrativo.

À medida que expandia, a Ordem passou a se envolver com todos os aspectos do processo, do campo à feira. Eles plantavam em suas terras, pro-

---

347. NICHOLSON, op. cit., p. 182-183.
348. Ibidem, p. 171-172.
349. LORD, op. cit., p. 94.
350. Ibidem, p. 96.
351. NICHOLSON, op. cit., p. 187.

A Abadia Bisham, no condado de Buckingham, apesar do nome, não era uma abadia. Era, na verdade, um solar que fazia parte de uma preceptoria dos Templários. A propriedade foi doada aos Templários por volta da mesma época de Cressing, em Essex. *ClipArt.com*

cessavam em seus moinhos e transportavam os grãos com suas próprias carroças ou aquelas de seus arrendatários para feiras e mercados, onde podiam se converter em moeda. Não importa qual pedaço de terra recebessem, os Templários garantiam a extração de toda a renda que podiam obter dela. À medida que a Ordem expandiu durante o século XII, os Templários envolveram-se com uma ampla variedade de atividades econômicas, incluindo a mineração, a fundição, a manufatura de vidros e a produção de sal.[352]

Como vimos em um capítulo anterior, muitos autores apresentaram a ideia de que a riqueza e o poder dos Templários vieram de uma descoberta feita durante os primeiros anos. Se os Templários tinham posse de qualquer descoberta, esta foi a de criar uma organização bem disciplinada, capaz de administrar seus próprios ramos e interesses de negócio no Oriente e no Ocidente. Nesse sentido, os

---

352. Ibidem. Em Castelo Peregrino, na costa mediterrânea, a Ordem operava uma salina onde eles destilavam a água do mar para extrair o sal.

Templários eram, de diversas formas, o equivalente medieval de uma corporação internacional moderna.

E, como muitas corporações modernas, eles aprenderam que, quando se adquire dinheiro e poder político, abre-se facilmente o caminho para uma riqueza ainda maior.

Esta ilustração do século XII, intitulada *O Usurário Inglês*, representa o desprezo com o qual os agiotas eram considerados pela sociedade. ClipArt.com

Os Mutuários e os Banqueiros

"Amai os vossos inimigos, fazei o bem e emprestai, sem daí esperar nada. E grande será a vossa recompensa e sereis filhos do Altíssimo, porque Ele é bom para com os ingratos e maus."
Lucas 6:35

Assim como a noção de que a riqueza e o poder dos Templários vieram da descoberta de um tesouro enterrado ou de um grande segredo que a Igreja queria suprimir, a ideia de que a Ordem inventou o sistema bancário moderno como conhecemos hoje também foi construída sobre uma base errônea. Apesar de a Ordem se envolver em uma ampla variedade de atividades financeiras, muitas das quais têm paralelos com o mundo financeiro contemporâneo, os Templários não operavam como um banco no sentido moderno da palavra.

Ainda que certamente seja verdade que os Templários aceitavam depósitos de sua clientela, a Ordem não ajuntava somas de dinheiro e as emprestava a outros clientes como os bancos hoje em dia.[353] Como veremos, os Templários tinham uma absoluta política de distância em relação ao dinheiro que lhes era confiado. Nesse sentido, o sistema bancário dos Templários, se assim o podemos chamar, era bastante limitado à oferta de cofres seguros – pelo menos com o dinheiro de seus clientes. Isso certamente não era nada novo, pois outras Ordens monásticas há muito tempo agiam como depositárias de documentos e outros itens valiosos.[354]

Contudo, a Ordem não fechava seus próprios cofres tão firmemente como os de sua clientela, e, à medida que os ativos da Ordem cresciam, eles começaram a emprestar seu dinheiro a outros com juros. Um falso juízo comum sobre o envolvimento dos Templários com empréstimos a juros é que eles foram os

---
353. NICHOLSON, op. cit., p. 162.
354. BARBER, op. cit., p. 266.

primeiros agiotas na Europa. Apesar de essa afirmação ter sido repetida em muitos livros modernos sobre os Templários, a verdade é que os judeus da Europa estavam ocupados com o empréstimo de dinheiro havia muitos anos, antes de a Ordem se envolver com a prática.

Os Primeiros Agiotas

A situação econômica e social dos judeus na Europa piorou em fins do século XI. Na sociedade amplamente agrária que existia antes da Primeira Cruzada, os judeus haviam prosperado como banqueiros, mercadores e até mesmo senhores de terra.[355] Contudo, na época da Primeira Cruzada, o Cristianismo havia se tornado mais militante e a devoção cristã, um passatempo popular. Com essas mudanças na sociedade europeia, o antissemitismo começou a crescer e os judeus descobriram que seu *status* como mercadores internacionais respeitados estava em declínio. Em meados do século XII, o antissemitismo havia crescido a ponto que os judeus estavam sendo acusados de se envolver com o assassinato ritualístico de crianças cristãs, assim como os pagãos antes deles.[356]

Concomitantemente ao crescimento do antissemitismo, havia o crescimento da classe mercantil na Europa, que, em acordo com a popularidade da fobia aos judeus, começou a excluir os judeus das empreitadas nas quais eles haviam florescido anteriormente.[357] Os mercadores cristãos agora viajavam pelas rotas comerciais outrora percorridas por mercadores judeus, e as crescentes guildas comerciais começaram a barrar a filiação dos artesãos judeus.[358] Apesar de alguns judeus continuarem a trabalhar como artesãos ou em negócios menores, muitos se viram com recursos financeiros, mas sem maneiras de se sustentar com isso além de emprestá-los a juros.

Os agiotas judeus eram conhecidos por cobrar até 50% de juros; contudo, as taxas aparentemente exorbitantes não eram tanto uma questão de ganância quanto de necessidade. À medida que a economia europeia se tornou mais mercantil, os novos negócios demandavam novo capital, mas, como muitos empreendimentos que surgiam, eles frequentemente faliam tão rápido quanto começavam. Como muitas instituições financeiras de hoje, os agiotas judeus taxavam os juros de acordo com o nível de risco envolvido. Havia uma grande probabilidade de que os empréstimos não seriam recuperados quando os negócios falissem, e não era simplesmente uma questão do agiota judeu levar o devedor à corte de pequenas causas. Os cristãos tinham um *status* nas cortes de que os judeus não gozavam, e o retorno de

---

355. CANTOR, Norman. *Medieval History: The Life and Death of the Civilization*. New York: Macmillan, 1963, p. 431. No início do século XI, os judeus ocupavam extensas propriedades no sul da França.
356. POTOK, Chaim. *Wanderings: Chaim Potok's History of the Jews*. New York: Fawcett Crest, 1989 p. 413. A calúnia do sangue era o mito de que os judeus bebiam o sangue dos cristãos e obtinham o sangue por meio de assassinato ritualístico. Potok registra a primeira ocorrência da acusação como tendo acontecido na Inglaterra em 1144. Estas acusações eram comumente usadas pelos cristãos para demonizar todos os tipos de não cristãos.

357. CANTOR, op. cit., p. 432.
358. POTOK, op. cit., p. 414.

uma dívida irrecuperável era quase impossível.³⁵⁹ Contudo, os mutuários raramente entendiam a necessidade de ser cobradas as altas taxas de juros, e os judeus eram ainda mais difamados aos olhos da cristandade como usurários imundos.

A definição moderna de usura é um empréstimo cobrado com uma alta taxa de juros, mas, nos tempos medievais, o termo significava algo completamente diferente. Usura não era definida por quantos juros um empréstimo tinha, mas se o empréstimo tinha qualquer valor de juros. Qualquer quantia cobrada acima do essencial era considerada usura aos olhos da Igreja de Roma, e a prática era proibida entre os cristãos. O interessante é que, no Oriente, não havia esse tipo de proibição. Não só a Igreja Bizantina permitia o empréstimo, como o governo estabelecia as taxas de juros que podiam ser cobradas.³⁶⁰

Apesar de a Bíblia conter diversas passagens que parecem proibir o empréstimo de dinheiro a juros, a prescrição da Igreja de Roma contra a usura foi baseada amplamente em Lucas 6:35: "Amai os vossos inimigos, fazei o bem e emprestai, sem daí esperar nada. E grande será a vossa recompensa e sereis filhos do Altíssimo, porque Ele é bom para com os ingratos e maus". As palavras-chave no trecho são "emprestai, sem daí esperar nada" ou, em latim, *mutuum date nihil inde sperantes*. Embora a interpretação do trecho esteja aberta a questões e pos-sa simplesmente significar "emprestai, sem desistir da esperança de que o seu empréstimo retornará", a Igreja de Roma o interpretava como uma regra dura e direta contra o lucro de cristãos por meio do empréstimo de dinheiro a outros cristãos.

Essa interpretação do conceito não se estendia aos não cristãos e permitia aos judeus uma brecha pela qual conseguir se manter em uma época em que a maioria das ocupações não lhes era acessível. De fato, até o Quarto Concílio de Latrão, em 1215, a Igreja tinha pouco a dizer sobre os agiotas judeus – ao menos oficialmente.³⁶¹ É claro que as proibições da Igreja contra a prática de usura dos cristãos não os impedia de emprestar dinheiro a outros e cobrar o serviço. Talvez um dos oponentes da usura que mais se manifestavam dentro da cristandade era Bernardo de Claraval, que, certa vez, escreveu que os cristãos que emprestavam dinheiro eram piores que os judeus. De fato, Bernardo acreditava que os usurários cristãos mal podiam ser chamados de cristãos e que mereciam mais o rótulo de "judeus batizados" – uma clara indicação do antissemitismo que prevalecia na Igreja da época.³⁶²

Dado o grau de envolvimento dos Templários no empréstimo de dinheiro, talvez seja irônico que Bernardo fosse tão eloquente em sua oposição, pois, na

---

359. CANTOR, op. cit., p. 432.
360. POTOK, op. cit., p. 414.

361. *Twelfth Ecumenical Council: Lateran IV 1215* – Medieval Sourcebook. Disponível em: www.fordham.edu/halsall/basis/lateran4.html. O cânone 67 do Quarto Concílio de Latrão proibia os judeus de cobrar taxas excessivas de juros.
362. BURMAN, op. cit., p. 83.

época em que o abade cisterciense elogiava a Ordem em sua *De Laude Novae Militiae*, os Templários já faziam empréstimos. É claro que Bernardo dificilmente seria crítico em relação ao envolvimento dos Templários com esses assuntos, pois a Ordem não cobrava de seus clientes um centavo de juros – ao menos não tecnicamente.

OS MUTUANTES TEMPLÁRIOS

Embora uma grande inventividade tenha sido frequentemente atribuída aos Templários com relação às finanças internacionais, uma visão objetiva da história mostra que eles eram mais oportunistas do que inovadores. De forma bem simples, estavam no lugar certo na hora certa. Após a vitória da Primeira Cruzada, do estabelecimento dos Estados Latinos e da evolução das Ordens militares, a peregrinação à Terra Santa multiplicou-se. E, com o crescimento do número de peregrinos viajantes, veio o aumento das oportunidades para lucrar com eles.

Um dos primeiros empréstimos documentados feito pelos Templários ocorreu durante os primeiros anos da Ordem, quando Hugo de Payens era Mestre do Templo. Em 1135, um homem chamado Petre Desde, que queria fazer uma peregrinação de sua casa em Zaragoza (Espanha) para Jerusalém a fim de ver o Santo Sepulcro, conseguiu uma soma de 50 morabitinos dos Templários para financiar a sua viagem. De acordo com o documento escrito para a soma, Desde não estava recebendo um empréstimo; ao contrário, o dinheiro estava lhe sendo dado pelos Templários "por caridade".[363] Desde concordou, em sua morte, em doar à Ordem sua casa, terras e vinhas em Zaragoza. Embora a Ordem não possa ser acusada de cobrar juros sobre seu empréstimo de 50 morabitinos, o benefício pecuniário *post-mortem* de suas considerações caridosas ultrapassava de longe qualquer juro que eles pudessem ter cobrado de Desde enquanto ele estava vivo.

Contudo, esta hábil manobra não era a única maneira pela qual a Ordem ladeava a proibição da Igreja sobre a usura. Os Templários criaram diversos modos de fazer dinheiro sem cobrar juros. Um método que eles usavam era tomar a taxa imediatamente: se um cliente queria emprestar 100 florins, 90 seriam emitidos, apesar de o documento registrar os 100. Quando o empréstimo era pago, a Ordem teria o lucro de 10 florins sobre um empréstimo de 90. Essa abordagem beneficiava ambos os lados: os Templários lucravam e o mutuário evitava a alta taxa de juros que os agiotas judeus lhe teriam cobrado por um empréstimo semelhante. Nem todos os métodos envolviam a necessidade dos Templários falsificarem os seus livros. O departamento de empréstimos normalmente continha uma cláusula em que, se o dinheiro desvalorizasse entre a época do empréstimo e a época de reembolso, a Ordem deveria ser compensada pela perda de ativos. Um exemplo desta cláusula ilustra como os Templários podiam lucrar sem quebrar as regras sobre usura. Em 1170, Raimon de

---

363. Ibidem, p. 78-79.

O rei João da Inglaterra (1199-1219) usava os Templários e seus serviços financeiros. ClipArt.com

Cornus e seu sobrinho Ricart empenharam uma fazenda a Elias, Mestre do Templo de Santa Eulália, em troca de um empréstimo de 200 *sous** de Mauguio: cem para cada homem. Se o dinheiro desvalorizasse antes de reembolsado, os homens deviam pagar aos Templários um marco de prata para cada 48 *sous* "por amor", até que o empréstimo fosse liquidado.[364] Além disso, o documento dizia que, embora os Templários mantivessem a fazenda como garantia pelo empréstimo, a sua produção deveria ser protegida pela Ordem e não contava como pagamento pelo empréstimo.

Mesmo que os Templários não se limitassem ao empréstimo de dinheiro a peregrinos e fazendeiros, seu envolvimento nessa atividade era basicamente secundário a seu mandato original de assistência aos peregrinos, como os 50 morabitinos dados a Petre Desde parecem indicar. Dentro de uma década após o empréstimo a Desde, a Ordem estava financiando as cabeças coroadas da Europa e suas viagens à Terra Santa. Contudo, eles não estavam financiando uma peregrinação à Terra Santa, mas sim à Guerra Santa.

Em 1147, durante a Segunda Cruzada, o rei Luís VII partiu da França para a Terra Santa acompanhado de um exército e 130 Cavaleiros Templários, incluindo Everard des Barres, o Mestre da Ordem na França. Quando Luís e seu exército chegaram a Antioquia na primavera de 1148, o rei havia exaurido seus recursos financeiros separados para a expedição e precisou pedir dinheiro emprestado. Embora os Templários e os Hospitalários tivessem emprestado dinheiro ao rei,[365] as contribuições dos Templários para a campanha quase levaram a Ordem à falência.[366] A dívida colossal foi feita em 10 de maio, quando Everard des Barres, que, nesta época, havia se tornado um íntimo confidente do rei, viajou de Antioquia para Acre a fim de buscar os fundos necessários de seus Irmãos para permitir que a cruzada de Luís continuasse.

Mais tarde naquele ano, o rei escreveu a seus regentes na França instruindo-lhes a encontrar dinheiro para reembolsar a Ordem. Como ele disse ao abade Suger em sua carta, se não fosse pelo apoio financeiro dos Templários,

---

* N.T.: Antiga moeda francesa equivalente a uma pequena quantia.

364. *The Military Orders and Economic Growth*, Cardiff University, School of History and Archaeology. Disponível em: www.cf.ac.uk/hisar/people/hn/MilitaryOrders/MILORDOCS9.htm. Traduzido para o inglês por Helen Nicholson. "Por amor" parece ter sido colocado para indicar que o marco de prata estava sendo pago para cobrir as perdas dos Templários e não como um ganho financeiro sobre o empréstimo.

365. NICHOLSON, op. cit., p. 163.
366. BARBER, op. cit., p. 67.

ele não teria sido capaz de continuar sua campanha. O abade Suger foi instruído a fornecer 2 mil marcos de prata, enquanto Raul de Vermandois deveria encontrar 30 mil libras parisienses para pagar a dívida do rei com a Ordem. Esta quantia não era dinheiro trocado – 30 mil libras era o equivalente a cerca de metade da renda anual do reino francês na época.[367] Quando os regentes levantaram o capital necessário para pagar o empréstimo, foram os Templários que transportaram o dinheiro da França para a Terra Santa, onde ele era enormemente necessário para reabastecer o tesouro exaurido da Ordem.

OS *TRAVELLER'S CHEQUES* DOS TEMPLÁRIOS

A capacidade de movimentar homens, dinheiro e materiais entre as localizações havia sido bem estabelecida à época da Segunda Cruzada por causa da vasta rede de propriedades dos Templários no Oriente e no Ocidente. Com exceção dos cistercienses, que tinham uma grande rede de casas no Ocidente, não havia nada como a rede dos Templários em toda a cristandade. Os francos eram regionalizados, fracionados e ainda basicamente agrários, enquanto os Templários haviam se transformado em uma verdadeira organização internacional, com posses de terra em muitos territórios e ferros em muitos fogos. O que começou como um sistema interno para manter a máquina dos Templários funcionando com o máximo de eficiência logo foi utilizado pela Ordem para gerar rendas adicionais. Pelo fato de os Templários terem uma rede tão extensa, um peregrino podia depositar seus itens de valor em uma preceptoria na França ou na Inglaterra e sacar os fundos na moeda apropriada quando ele chegasse a seu destino. Se houve uma área de atividade financeira na qual os Templários foram pioneiros, foi o fornecimento da "nota de câmbio".

Embora não haja dúvidas de que os Templários forneciam tais serviços, há uma boa dose de mito sobre como exatamente o processo funcionava. Afirmou-se com frequência que o viajante recebia um documento codificado que só podia ser traduzido por outro Templário. Contudo, como tantos aspectos da história dos Templários, há poucas evidências que fundamentem essa afirmação – tal teoria foi citada de autor para autor até que se tornou arraigada na lenda dos Templários. Os exemplos sobreviventes desses documentos desmentem a noção, pois eles não são escritos em código, mas em latim. Como a maioria das pessoas era analfabeta ou podia ler e escrever somente em sua língua nativa, é compreensível que um documento em latim fosse visto como sendo escrito em um código cifrado, ininteligível à pessoa que o portava. Por mais estranho que pareça, talvez seja por essa razão que a nota de câmbio era considerada um documento codificado.

Um exemplo desse tipo de documento foi reimpresso em 1884 no livro *Documents Inédits sur le Commerce de Marseille au Moyen Âge* [Documentos Inéditos sobre o Comércio de Marselha

---

367. Ibidem, p. 68.

na Idade Média],* de Luís Blancard. A nota de câmbio, datada de 9 de agosto de 1229, indicava que Etienne de Manduel, que havia viajado do porto de Marselha para Acre a bordo de um navio templário, havia depositado uma quantia de 30 libras de coroas reais (equivalentes a 90 moedas sarracenas) com um templário chamado Bertrand de Cavaillon. O documento indicava que De Manduel deveria receber a soma em sua chegada à Terra Santa.[368] As notas de câmbio eram carimbadas com o selo da Ordem, e a nota lacrada era então levada com a pessoa até ser amortizada em seu destino. O lucro dos Templários para a condução da transação teria sido na forma de uma tarifa de serviço ou uma taxa de câmbio entre as moedas. O que é interessante é que a cláusula de depreciação da moeda que os Templários escreviam em seus acordos de empréstimo não parece ter sido oferecida em suas notas de câmbio.

Cofres dos Templários

Nem todo dinheiro depositado com os Templários devia ser recolhido pelo dono em terras estrangeiras. Os Templários também guardavam itens de valor, como moedas, joias ou documentos importantes enquanto o dono estava em viagem. Os itens de valor do proprietário ou seriam recobrados quando voltava de sua viagem ou seriam recobrados de tempos em tempos. Como vimos

anteriormente, a Ordem tinha uma regra rígida: o dinheiro depositado com os Templários pertencia ao depositante e não podia ser tocado ou usado, exceto por seu proprietário de direito. Fazê-lo constituía roubo, e a Regra da Ordem dos Templários lidava com ladrões em suas fileiras com a expulsão. Nenhum membro da Ordem devia carregar dinheiro para o qual não tinha permissão de carregar,[369] e, se algum dinheiro fosse encontrado entre seus pertences com sua morte, a ele devia ser negado um enterro cristão.[370] De fato, se ele já houvesse sido enterrado, o corpo deveria ser exumado. Sem dúvida, a adesão rígida dos Templários à Regra da Ordem reforçava sua reputação de homens confiáveis em questão de dinheiro.

Sua reputação de integridade colocava-os na posição para agir como intermediários entre facções que não se confiavam mutuamente. Uma dessas situações ocorreu em 1214. O rei João da Inglaterra, querendo obter o apoio de alguns barões franceses, ofereceu-lhes pagar uma pensão. Contudo, como os barões tinham pouca confiança no rei, João colocou o dinheiro na preceptoria dos Templários em La Rochelle com as instruções de pagar as pensões aos barões como necessário.[371]

Contudo, esses depósitos régios não se limitavam a fundos de pensão. Não levou muito tempo até que os maiores centros de atividade dos Templários, como Londres e Paris, se tornassem o lar dos ativos financeiros de reinos inteiros. Já em 1185, o Templo de Londres tornou-se a casa do

---

* N.E.: Sugerimos a leitura de *Sociedades Secretas da Idade Média*, de Thomas Keightley, Madras Editora.
368. BLANCARD, Louis. *Documents Inédits sur le Commerce de Marseille au Moyen Âge*. Trad. de Christian Tourenne. 2. v. Marseille: Barlatur-Feissat, 1884.

369. UPTON-WARD, op. cit., p. 92 § 329.
370. Ibidem, p. 147 § 566.
371. BURMAN, op. cit., p. 82.

tesouro real, e, em 1204, o rei João da Inglaterra depositou as joias da coroa naquele lugar para protegê-las.³⁷² Na França, os reis Filipe II (1180-1223) e Filipe IV (1285-1314) usaram o Templo de Paris para armazenar seus tesouros. Mesmo quando Filipe IV criou seu próprio tesouro no Louvre, em 1195, ele ainda usava os serviços do Templo de Paris.³⁷³ De fato, pouco menos de uma década antes de Filipe organizar seu próprio tesouro, os Templários forneciam ao rei um pacote de serviços financeiros que foi registrado em um documento enorme que percorria 299 artigos.³⁷⁴

Uma organização na qual se podia confiar, em relação à proteção e à contabilidade da riqueza de nações, certamente podia ser incumbida de proteger os itens de valor de cidadãos, mercadores, fazendeiros e camponeses. Entretanto, esses itens de valor frequentemente podiam ter algumas formas pouco comuns. A preceptoria dos Templários de Gardeney em Aragão tinha uma casa de

A Igreja Redonda do Templo de Londres como é hoje. Em 1185, o Templo de Londres tornou-se o lar do tesouro real, e, em 1204, o rei João colocou as joias da coroa sob os cuidados dos Templários. *Autor*

depósitos para armazenar produtos, mulas, cavalos e até escravos mouros ocasionalmente.³⁷⁵

Para tudo que fosse depositado com a Ordem, o cliente tinha a garantia dos Templários de que seria mantido em segurança até que voltasse a seu proprietário. É claro, assim como muitos aspectos da Regra dos Templários, havia ocasiões em que as regras eram contornadas ou quebradas.

O RESGATE EM OURO DE UM REI

Em fevereiro de 1250, durante a Sétima Cruzada, os Templários foram gravemente derrotados na Batalha de

O Templo de Paris, destruído por Napoleão Bonaparte após a Revolução Francesa, foi usado pela monarquia francesa do fim do século XII até o início do século XIV para guardar o tesouro da nação. *ClipArt.com*

---

372. Ibidem, p. 81.
373. NICHOLSON, op. cit., p. 164.
374. BURMAN, op. cit., p. 88-89.

375. Ibidem, p. 80.

O rei Luís IX foi capturado durante a Batalha de Mansurá em fevereiro de 1250. *ClipArt.com*

Mansurá.[376] Durante a batalha, um dos poucos sobreviventes, o rei Luís IX, foi capturado. As negociações iam e vinham, mas decidiu-se que o rei francês seria trocado por Damieta, que havia sido capturada pelos cristãos no ano anterior. Os sobreviventes do exército de Luís que haviam se rendido deveriam ser trocados pela quantia de 400 mil libras francesas.[377] Enquanto se conduziam as negociações, Turanshá, o último sultão *aiúbida* do Egito, foi assassinado por seu general mameluco. O novo líder, Aybeg, não só herdou o poder egípcio, mas também um prisioneiro real.

---
376. A cruzada de 1248-1250 às vezes é chamada de Sexta Cruzada por autores que não consideram o empreendimento do imperador do Sacro Império Romano-Germânico, Frederico II, em 1229, como uma verdadeira cruzada.

377. BARBER, op. cit., p. 152. O resgate foi inicialmente estabelecido em 500 mil libras, mas foi posteriormente reduzido a 400 mil libras.

Mantendo o tratado previamente negociado, Aybeg libertou o rei assim que Damieta foi entregue a ele. Contudo, ele não permitiria que Luís saísse do Egito até que 200 mil libras francesas do resgate exigido fossem pagas. Os homens de Luís começaram a coletar o dinheiro necessário para libertar seu rei, mas faltavam 30 mil libras. Jean de Joinville, um franco de berço nobre da região de Champagne, que havia viajado em uma cruzada com o rei francês, sugeriu que o valor restante fosse emprestado dos Templários. Luís concordou.

Contudo, quando De Joinville se encontrou com o Comandante e o Marechal da Ordem, ele teve o seu pedido de empréstimo negado. Estêvão de Otricourt, o Comandante Templário, disse a De Joinville: "*Sir* de Joinville, este teu parecer não é bom, tampouco razoável, pois sabes que recebemos nossos depósitos de tal modo que não podemos, por juramento, renunciá-los a ninguém, exceto àqueles de quem os recebemos".[378] Em vez de se impressionar com a dedicação dos Templários de guardar o dinheiro de seus clientes, De Joinville ficou indignado e discutiu com De Otricourt. O Marechal da Ordem, Reginaldo de Vichiers, gentilmente sugeriu que aquilo que De Otricourt dissera era verdade: os Templários estavam sob juramento para proteger os pertences de seus clientes. Mas, se De Joinville tomasse o dinheiro à força, os Templários não poderiam ser responsabilizados pela quebra de suas regras ou pela violação da confiança do cliente.

De Joinville foi levado em um navio dos Templários à galé principal da Ordem, em que o tesouro era guardado. Quando De Joinville sugeriu que De Otricourt descesse ao cofre como testemunha, o Comandante respondeu que não participaria disso. Contudo, De Vichiers concordou em ir em seu lugar como testemunha. No cofre, os homens descobriram que o Tesoureiro da Ordem era tão dedicado a manter as regras como De Otricourt. Quando o Tesoureiro recusou-se a passar as chaves, De Joinville lançou-se em fúria, pegou uma machadinha e lhe disse

---

378. WEDGWOOD, Ethel. *The Memoirs of the Lord of Joinville: A New English Version*, p. 191-192. Disponível em: *http://etext.lib.virginia.edu/etcbin/toccer-new2?id=WedLord.sgm&images-images/modeng&data=/texts/english/modeng/parsed&tag=public&part=16&division=div2*.

Ilustração do século XIX que mostra a libertação do rei Luís IX do cativeiro. Os Templários forneceram 30 mil libras francesas para a sua liberdade. *ClipArt.com*

que a arma serviria como a chave do rei.[379] Quando parecia que De Joinville iria esmagar os cofres e levar o dinheiro à força, De Vichiers segurou o seu pulso e mandou o Tesoureiro entregar as chaves.[380] O Tesoureiro concedeu, e De Joinville conseguiu suas 30 mil libras, as quais ele depois descobriu que pertenciam a Nicholas de Choisy, um dos sargentos do rei.[381] A libertação do rei Luís foi assegurada, e De Vichiers foi eleito Mestre do Templo por levantar o dinheiro do resgate e contornar as regras.

A disputa sobre o dinheiro do resgate não foi a única vez que De Joinville teria problemas em extrair o dinheiro mantido nos cofres dos Templários. Contudo, na segunda vez, ele estava tentando sacar os seus próprios fundos. No verão de 1250, De Joinville depositou 360 libras francesas no tesouro dos Templários enquanto o exército estava posicionado em Acre.[382] Ele havia recentemente recebido um pagamento de 400 libras e decidido que 40 era suficiente para suas necessidades. Mais tarde, quando De Joinville enviou o padre João Caym de São Menchould para conseguir outras 40 libras, o padre retornou de mãos vazias.[383] O Comandante respondeu que não só o Templo não tinha qualquer dinheiro de De Joinville, como nunca havia ouvido falar dele. Dados os eventos de poucos meses antes, é difícil acreditar que o Comandante não soubesse quem era De Joinville.

Embora De Joinville possa não ter perdido o sono por ter despojado os Templários do dinheiro para o resgate do rei da França, ele certamente perdeu o sono quando a Ordem o despojou de seu dinheiro. Incapaz de se satisfazer na questão, De Joinville foi ter com Reginaldo de Vichiers, que era Mestre do Templo, principalmente em razão da influência e gratidão do rei Luís IX. Não só De Vichiers não levou o dilema de De Joinville a sério, como ficou enfurecido por este ousar acusar a Ordem de roubo. "*Sir* De Joinville", disse De Vichiers, "estimo-lhe bem, mas tenha certeza de que, se não abandonares esta tua afirmação, deixarei de ser teu amigo, pois queres fazer as pessoas acreditar que nossos Irmãos são ladrões!"[384] Apesar da ameaça do Mestre, De Joinville continuou perseguindo a questão.

Depois de quatro dias de grande ansiedade, em que De Joinville disse se sentir como "um homem que não tinha um centavo para gastar",[385] ele ficou aliviado ao ouvir De Vichiers lhe informar que o dinheiro havia reaparecido e que o Comandante templário havia desaparecido, tendo sido transferido à aldeia de Saffran.[386] Não é claro por que exatamente o dinheiro

---

379. Ibidem, p. 193.
380. BARBER, op. cit., p. 152. NICHOLSON, op. cit., p. 163. A versão de Nicholson da história é semelhante à de Barber; contudo, ela não indica que De Vichiers fez a sugestão de fingir levar o dinheiro à força. Barber retira sua informação da própria versão de De Joinville dos eventos, o que torna a versão certamente plausível, se não provável.
381. WEDGWOOD, op. cit., p. 193.
382. Ibidem, p. 269. De 1187, quando Jerusalém foi capturada por Saladino, até 1291, quando Acre caiu nas mãos dos mamelucos, a cidade portuária de Acre serviu como o quartel dos Templários no Oriente.
383. WEDGWOOD, op. cit., p. 212.
384. Ibidem.
385. Ibidem.
386. Ibidem.

Das nove efígies da Igreja Redonda de Londres, a mais famosa é de Guilherme Marechal, conde de Pembroke, que se tornou um Templário pouco antes de sua morte, em 1219. Era comum a Ordem receber homens em seu leito de morte pelo amor de Deus. Estes homens frequentemente haviam sido patronos da Ordem e haviam ajudado os Templários financeiramente durante suas vidas. *Autor*

de De Joinville lhe foi negado. Talvez o Comandante templário não soubesse quem ele era. Talvez fosse por ressentimento pelo fato de ele ter levado o dinheiro que não era seu de direito. Ou talvez fosse uma das poucas instâncias em que um Templário havia violado os juramentos da Ordem, cobiçando o dinheiro do cliente para si. Seja qual for o motivo, os problemas que De Joinville teve para recobrar o seu depósito, apesar de certamente raros, não eram sem precedente. Em 1198, o bispo de Tiberíades, recentemente nomeado, teve de abrir um processo contra a Ordem para recuperar 1.300 moedas e outros itens importantes que haviam sido depositados com os Templários por seu antecessor.[387]

IMPOSTOS E DÍZIMOS

Embora houvesse vezes em que as pessoas tinham dificuldade de extrair dinheiro dos Templários, a Ordem não tinha dificuldade em tirar dinheiro das pessoas. Como tal, a Ordem frequentemente agia em nome de governantes seculares e até de mercadores como coletores de impostos, dízimos e dívidas. Guilherme Marechal, conde de Pembroke, usava um Templário como doador, assim como o rei Henrique II. Esses doadores não faziam apenas caridades

---
387. BURMAN, op. cit., p. 80.

reais aos pobres. Durante o período do rei João da Inglaterra, seu doador, Rogério, o Templário, era responsável pela coleta de impostos de cargas dos juros de remessa do rei.[388] Quando os impostos dos cruzados foram introduzidos na Inglaterra, em 1166, e novamente em 1188, tanto os Templários quanto os Hospitalários eram usados para coletar os impostos. O mais conhecido destes impostos, o Dízimo de Saladino, foi arrecadado para financiar a Terceira Cruzada, lançada em 1188 como uma resposta à queda de Jerusalém no ano anterior. A taxação exigia que todas as pessoas dessem um décimo de suas rendas e bens móveis a fim de recapturar Jerusalém; contudo, os cavaleiros e membros do clero que haviam aceitado a cruz estavam isentos da taxação, pois já apoiavam a causa.[389]

O artigo dois do documento de taxação mostra o papel que as Ordens Militares tiveram no processo, assim como o nível de confiança que os Templários e os Hospitalários receberam nos anos finais do século XII:

"Que o dinheiro seja coletado em todas as paróquias na presença do sacerdote paroquial, do diácono rural, de um Templário, um Hospitalário, de um servidor do senhor rei, um clérigo do rei, de um servidor de um barão e seu clérigo, do clérigo do bispo; que os arcebispos, bispos e diáconos em todas as paróquias excomunguem todos aqueles que não pagarem o dízimo legítimo, na presença, e pelo conhecimento, daqueles que, como mencionados acima, devem estar presentes. E, se qualquer um, de acordo com o conhecimento daqueles homens, der menos do que deveria, que sejam eleitos da paróquia quatro ou seis homens seguidores da lei, que devem dizer sob juramento qual é a quantia que ele deveria haver declarado; então será justo adicionar a seu pagamento o que ele falhou em dar".[390]

Embora os Templários tivessem um papel na coleta da renda inglesa durante a Terceira Cruzada, eles não se envolveram com a administração financeira cotidiana das monarquias inglesas da mesma forma que fizeram com as coroas da França.[391] Ainda assim, havia dinheiro a ser ganho, e, mesmo na coleta de impostos – sendo em nome de um rei ou de um mercador –, os Templários certamente cobravam uma comissão por fornecer o serviço. Sob o reinado do papa Inocêncio III, os Templários obtiveram um benefício adicional dos impostos coletados. Em 1202, ele ordenou que 2% das rendas de certas abadias e Ordens religiosas fossem enviadas ao Templo de Paris para o uso na Terra Santa. Seis anos mais tarde, ele decretou que as esmolas dos cistercienses, mais 2,5% das rendas depositadas pelo bispo de Paris, deviam ser aplicadas e usadas de acordo com os objetivos do patriarca de Jerusalém e dos Mestres tanto dos Templários quanto dos Hospitalários.

Como vimos, a riqueza e o poder dos Templários não vieram de alguma relíquia sagrada ou de um grande segredo obscuro descoberto no Oriente, mas

---

388. NICHOLSON, op. cit., p. 161.
389. STUBBS, William. *Select Chartres of English Constitutional History*, p. 189. Disponível em: www.fordham.edu/halsall/source/1188Saldtith.html.

---

390. Ibidem.
391. NICHOLSON, op. cit., p. 164.

dos frutos de seu próprio trabalho. Eles haviam desenvolvido uma Ordem altamente disciplinada e organizada que se estendia pelas nações e não devia lealdade a nenhum poder temporal, salvo o da Santa Sé. O favor e o reconhecimento papal trouxeram doações de terra à Ordem e, desta forma, permitiram que ela gerasse rendas a partir da produção ou do arrendamento, não raro os dois. À medida que a Ordem adquiria recursos financeiros, foi capaz de explorar e ganhar ainda mais dinheiro por meio do empréstimo engenhosamente com juros e do fornecimento de serviços financeiros, muito necessários em uma economia mercantil emergente.

À medida que suas atividades econômicas aumentavam, trazendo-lhes grande riqueza, confiança e poder, lançaram-se acusações de ganância contra a Ordem. Um satírico que escreveu em meados do século XIII, ao mesmo tempo que creditava os Templários por sua resoluta coragem, acusava a Ordem de ser muito afeiçoada aos centavos e de cuidar dos interesses de seu próprio benefício.[392] Mas os mordazes comentários do satírico sobre a Ordem não eram as únicas acusações de ganância, tampouco foram as primeiras acusações taxadas contra os Templários. Quase um século mais tarde, os Templários envolveram-se em um escândalo que levou o rei Amalrico de Jerusalém a cotejar o pedido ao papa para que a Ordem fosse dissolvida. Em 1173,[393] Rashid ed-Din se tornou o governante da região de Nosairi, controlada pelos Assassinos (Hashshasin), uma seita de muçulmanos ismaelitas que se especializaram no terror e no assassinato. Rashid é mais conhecido pelo nome de Velho da Montanha, e as lendas sobre ele são quase tantas como a dos próprios Templários.

Os Templários e os Assassinos tinham um inimigo comum em Nureddin, que crescia em poder e estava se tornando uma ameaça cada vez maior tanto aos cristãos quanto aos muçulmanos. Rashid enviou o seu negociador, Abdullah, ao rei Amalrico, sugerindo uma aliança entre os dois grupos contra o seu inimigo comum, chegando mesmo a sugerir que ele e seus seguidores estavam cotejando a conversão à fé cristã.[394] Havia outras condições para a aliança. Na época, os Templários estacionados em Tortosa estavam recolhendo um tributo anual de 2 mil moedas das vilas muçulmanas vizinhas, como um imposto para garantir sua proteção. Esse tributo era em muitos aspectos semelhante à *jizya*,[395] que os muçulmanos frequentemente cobravam de não muçulmanos que viviam em suas comunidades. Contudo, Rashid não

---

392. Ibidem, p. 181. Nicholson cita a partir de uma obra de meados do século XIII, intitulada *Sur les états du monde* [Sobre os estamentos do mundo]. A obra critica os diferentes aspectos da sociedade medieval, do clero às Ordens Militares.

393. BARBER, op. cit., p. 101. RUNCIMAN, op. cit., p. 397. *Sir* Steven data o evento como de 1163, o que seria durante o período em que Filipe De Milly era Mestre. Contudo, Barber menciona o envolvimento de Odo de St. Amand, o que coloca a data de Runciman em xeque, pois De Milly renunciou ao cargo em 1171.

394. RUNCIMAN, op. cit., p. 397.

395. ARMSTRONG, Karen. *Islam: A Short History*. New York: The Modern Library, 2000, p. 205. A *jizya* era um imposto por cabeça, cobrado pelos muçulmanos dos não muçulmanos para proteção militar.

via as similaridades de propósito e queria que a cobrança dos Templários parasse. O rei Amalrico, tendo ele acreditado na oferta de Rashid de conversão ou não, certamente estava contente com a ajuda contra Nureddin e enviou Abdullah de volta a seu líder com a notícia de que um contingente franco seguiria logo após.

Quando Abdullah chegou ao norte de Trípoli, ele sofreu uma emboscada de um grupo de Templários e foi morto. Runciman acreditava que um cavaleiro de um olho chamado Walter de Mesnil havia matado Abdullah e agia em nome do Mestre do Templo.[396] Indignado com o fato de que sua autoridade havia sido comprometida, Amalrico enviou o comunicado ao Mestre Odo de St. Amand dizendo que ele queria que entregassem os culpados pelo assassinato. De St. Amand aproveitou o privilégio de autonomia dado à Ordem pelo papa e recusou o pedido do rei. Amalrico não aceitou e se moveu com suas tropas ao norte, onde ele havia aprisionado Walter, em Tiro.[397]

Ainda que o assassinato de Abdullah possa ter sido uma simples questão de aproveitar uma oportunidade de matar alguns inimigos de Cristo, outros não viram dessa forma. Guilherme de Tiro, que certamente não gostava dos Templários, afirmou que o homicídio do enviado Assassino foi motivado pela pura avidez dos Templários por dinheiro. Embora seja verdade que os Templários pareciam – e provavelmente eram – obcecados com a

Um Cavaleiro Templário em vestimenta de viagem representado em uma xilogravura do artista alemão do século XVI Jost Amman (1539-1591). *Coleção do Autor*

ideia de fazer dinheiro, a opinião popular de que a Ordem estava juntando uma fortuna para sua própria ganância não tinha fundamento, ao menos nos anos em que a cristandade se esforçava para manter um controle sobre a Terra Santa. A necessidade dos Templários de aumentar as rendas no Ocidente era diretamente proporcional à sua necessidade de levantar as armas no Oriente. Como as pessoas sabiam bem, quando chegavam notícias do Oriente, eram normalmente sobre guerras nas quais os Templários sempre pareciam estar envolvidos.

---

396. RUNCIMAN, op. cit., p. 397.
397. BARBER, op. cit., p. 101.

208 ✠ Nascidos em Berço Nobre

O Cavaleiro Templário de berço nobre *(à esquerda)* vestia-se e armava-se de forma diferente do que sua contraparte de berço humilde, o sargento *(à direita)*. Por serem soldados de infantaria, os sargentos não recebiam a armadura de malha completa como seus companheiros de montaria.
Gordon Napier

Guerreiros e Monges

"Não sei se seria mais apropriado me referir a eles como monges ou como soldados, a não ser, talvez, que fosse melhor reconhecê-los como sendo ambos."[398]
Bernardo de Claraval

Bernardo de Claraval, que apoiou o ideal dos Templários desde os primórdios até a sua morte, em 1153, foi o primeiro a articular a dicotomia existente entre a nova cavalaria, pois, em uma única sentença de seu *De Laude Novae Militiae*, citado acima, Bernardo explicou sucintamente o que era visto na cristandade como um oximoro: a ideia de que podia existir um grupo de homens que viviam como monges devotos e, ainda assim, lutavam como guerreiros por Cristo.

Em menos de um século, o conceito não só foi aceito pela cristandade, como também evoluiu como um modelo a ser imitado. Jacques de Vitry, o bispo cardeal de Acre, escrevendo no século XIII, elogiou os Templários pela coragem de uma maneira que certamente tinha a intenção de inspirar os seus leitores:

"Então eles se tornaram tão terríveis aos inimigos da fé em Cristo que um deles implorava para perseguir mil, e dois deles, 10 mil; quando eram chamados às armas, eles não perguntavam quantos eram os inimigos, mas onde estavam".[399]

Mas, nos nove séculos que se passaram desde que a descrição dos Templários foi escrita por Bernardo, o conceito de soldados de Deus de berço nobre e de manto branco desenvolveu sua própria lenda e elevou os Templários a guerreiros de condição sobre-humana.

Muito do que viemos a acreditar sobre o lado militar da Ordem é pouco mais do que uma coleção de noções românticas. Autores como Chrétien de Troyes e Wolfram von Eschenbach

---

398. Bernard of Clairvaux. *De Laude Novae Militiae*. Traduzido para o inglês por Conrad Greenia.
399. BURMAN, op. cit., p. 59.

moldaram seus cavaleiros do graal a partir dos Templários, e maçons como Andrew Michael Ramsay e Karl Gotthelf von Hund viram a Ordem como uma oportunidade de criar uma distinta linhagem para seus ritos e observâncias maçônicas particulares.

Como veremos nos próximos capítulos, nossa impressão moderna do Cavaleiro Templário altruísta, que voluntariamente daria sua vida pela causa da cristandade, é frequentemente baseada no ideal e não na realidade de como eles agiam no Oriente. Quando os Templários são examinados por meio dos registros históricos das muitas batalhas nas quais eles se envolveram, vemos uma Ordem que perdeu mais batalhas do que ganhou. Era uma Ordem que muitas vezes agia em seus próprios interesses, em detrimento daqueles que queriam proteger, e cujos líderes eram tão impetuosos quanto seus equivalentes seculares. Mas, sobretudo, era uma Ordem tão humana em suas partes quanto aqueles que os cercavam em ambos os lados no campo de batalha – um fato que torna a sua história ainda mais interessante.

Mas, antes de examinarmos a realidade da vida no campo e como as batalhas eram conduzidas, é importante compreender como o lado militar da Ordem devia funcionar. Nenhum documento nos dá uma ilustração melhor desse ideal do que a própria Regra da Ordem dos Templários, que dedica uma parte considerável explicando qual era a tarefa de cada membro no campo de batalha.

As Vestimentas e a Armadura Fazem o Homem

Como vimos em um capítulo anterior, havia uma grande distinção entre o Templário de berço nobre e seus Irmãos sargentos. As posições eram diferenciadas pelos papéis que eles tinham no convento, desde o que comiam no refeitório até o que vestiam nas costas. Os cavaleiros recebiam uma capa e um manto brancos, enquanto os sargentos vestiam uma capa preta com um manto preto ou marrom.[400] O comum às duas classes era a adição de uma cruz vermelha tanto na capa quanto no manto.

Embora os Templários tenham recebido a permissão de adotar os mantos brancos para os cavaleiros no Concílio de Troyes, em 1129, a adição da cruz foi um privilégio provavelmente concedido duas décadas depois, na época da Segunda Cruzada. De acordo com Guilherme de Tiro, foi o papa Eugênio III que conferiu aos Templários a sua cruz vermelha: uma insígnia que simbolizava a disposição para sofrer o martírio em defesa da Terra Santa.[401] Contudo, a *Crônica de Ernoul e Bernard, o Tesoureiro* afirma que, mesmo após os Templários abandonarem a sua associação com a Igreja do Santo Sepulcro, "ainda assim, eles portam parte do emblema do Sepulcro. O signo do Sepulcro é uma cruz com dois braços escarlates, assim como a que os Hospitalários carregam. E aque-

---

400. UPTON-WARD, op. cit., p. 54 § 141.
401. BARBER, op. cit., p. 66. Barber sugere que a data mais provável do evento foi durante uma reunião de cônegos dos Templários que ocorreu em Paris em 27 de abril de 1147, à qual o rei Luís VII e o papa Eugênio III compareceram.

Representações da época da Ordem frequentemente mostram os Templários usando uma variedade de cruzes sobre seus mantos. *Autor*

les do Templo portam uma cruz que é completamente escarlate".[402] Apesar de a Regra ser específica sobre quando a cruz podia não ser usada no hábito, ela não fornece detalhes sobre qual era a sua forma, independentemente de quando os Templários começaram a usá-la. Infelizmente, as representações dos Templários feitas na época e posteriormente são de pouca ajuda para resolver a questão; as ilustrações dos Cavaleiros Templários que foram produzidas ao longo dos séculos mostram diversas formas da cruz, desde a Cruz Grega ou de São Jorge até a Cruz de Malta, usada pela Ordem rival dos Hospitalários. Contudo, normalmente se concorda que a Ordem adotou a Cruz Pátea, que pode assumir uma variedade de formas.

Cruz Pátea do tipo que se acredita que os Templários usavam encontrada na Igreja Uncastillo, em Zaragoza, Espanha. *iStockPhoto.com (Rafael Laguillo)*

Além da cor das vestimentas, a distinção de classe era aparente nos diferentes equipamentos que cada um devia ter. Os cavaleiros usavam cota de malha, que incluía uma coifa para cobrir a cabeça, calças e sapatos também de malha, um elmo ou morrião, uma capa e um laudel reforçado. As armas do cavaleiro incluíam lança, espada, escudo, maça turca e punhal.[403] Em contraste, os sargentos eram armados com espadas, punhais e alabardas, maças turcas e bestas, e eram um pouco menos protegidos do que seus Irmãos de manto branco; suas camisas de malha não tinham mangas, suas calças não tinham sapatos de malha, e eles usavam um chapéu de ferro em vez de um elmo.[404] Entretanto, as diferenças na armadura e na proteção, embora favorecessem o cavaleiro de alto valor, não eram tanto uma distinção de classe como uma questão de ter o equipamento adequado para a tarefa. Os sargentos, que geralmente excediam os cavaleiros em uma proporção de dez para um, eram soldados de infantaria, enquanto a principal função do cavaleiro era o ataque pesado de cavalaria, que requeria menos mobilidade e maior proteção.

Qualquer que fosse o equipamento que o Templário recebia, ele devia ser mantido em um estado de prontidão em todos os momentos, e sua posse não devia ser subestimada. A Regra fornece alguns exemplos de quão valiosas eram as armas e a armadura para a Ordem. Um Irmão templário estacionado em Montpellier, no sul da França, estava praticando com sua espada quando a lâmina trincou. Quando ele atravessou o mar para responder às acusações, implorou perdão durante a reunião por haver quebrado

---

402. NICHOLSON, Helen. *Contemporary Reactions to the Foundation of the Templars.* Disponível em: www.deremilitari.org/resources/sources/templars1.htm.
403. UPTON-WARD, op. cit., p. 53 § 138.

404. Ibidem, p. 54 § 141.

Guerreiros e Monges ✣ 213

Os Templários eram uma das Ordens Militares que lutavam pela cristandade durante as cruzadas. Os Cavaleiros Hospitalários (*à esquerda*) começaram, nos anos anteriores à Primeira Cruzada, como uma Ordem dedicada aos cuidados dos doentes, apesar de, no final, também assumir um papel militar. Os Cavaleiros Teutônicos (*à direita*) tiveram início no fim do século XII, em Acre. Os Hospitalários usavam um manto preto com uma Cruz de Malta branca, o que os tornava semelhantes aos sargentos templários na aparência, enquanto os Cavaleiros Teutônicos usavam um manto branco com uma cruz preta, semelhante àquela dos Cavaleiros Templários. *Autor*

sua espada.[405] O segundo exemplo aconteceu quando alguns Templários andavam perto de Casal Brahim. Um dos Irmãos jogou sua maça em um pássaro na praia, mas ele errou o alvo, e a maça se perdeu na água. O Irmão implorou perdão na reunião por ter perdido a sua arma.[406] Ambas as ocorrências foram sérias ofensas, castigáveis com a perda do hábito, mas os dois Templários receberam a permissão de manter seus hábitos "pelo amor de Deus", o que era uma pena menor. Mas havia uma razão prática para se lidar severamente com aqueles que usavam mal o seu equipamento: custava muito dinheiro equipar um exército, e os Irmãos no Ocidente trabalhavam duro para garantir que fundos suficientes fossem levantados para financiar os esforços de guerra no Oriente. Apesar de os Templários usarem armas capturadas de seus inimigos e dos companheiros mortos, a maioria de seu equipamento não estava prontamente disponível no Oriente e tinha de ser importada do além-mar.[407] Dessa forma, não havia garantia de que uma maça ou espada perdida hoje seria substituída amanhã.

Mas as maças, as espadas e os escudos não eram as únicas armas no arsenal dos Templários, pois eles tinham o próprio Deus a seu lado e eram, de acordo com Bernardo de Claraval, "as tropas escolhidas por Deus, que ele recrutou dos confins da Terra".[408]

No Campo

A capela era central no modo de vida dos Templários, e isso não era diferente no campo. Quando a Ordem acampava, a barraca da capela era a primeira a ser erguida. Os Irmãos deviam montar suas barracas em torno dela, mas nenhum deveria fazê-lo até que a ordem tivesse sido dada e o Marechal, que era o oficial-chefe no campo, houvesse escolhido o seu lugar.[409] Assim que os Templários montassem o acampamento, ninguém podia sair da área sem permissão, seja por prazer ou para coletar madeira, a não ser que permanecesse próximo o suficiente para ouvir o alarme.[410] Ao soar o alarme, aqueles que estavam próximos deveriam pegar seus escudos e armas e correr para repelir a ameaça; contudo, aqueles que não estavam próximos deveriam reunir-se na capela e esperar as ordens do Marechal. Se o alarme fosse tocado de fora do acampamento, nenhum Templário deveria levantar as armas sem a permissão para fazê-lo, seja qual fosse a causa.[411]

Quando era o momento dos Templários levantarem o acampamento, continuava a disciplina controlada. Nenhum Irmão deveria carregar a sua bagagem ou pôr sela em seu cavalo até que o Marechal desse ordem. Contudo, ele podia manter-se ocupado recolhendo os pinos

---

405. Ibidem, p. 156 § 607.
406. Ibidem, p. 156 § 605.
407. NICHOLSON, Helen; NICOLLE, David. *God's Warriors: Templar Knights, Saracens and the Battle for Jerusalem.* Oxford: Osprey, 2005.

408. Bernard of Clairvaux, op. cit.
409. UPTON-WARD, op. cit., p. 56 § 148.
410. Ibidem, p. 56 § 149.
411. Ibidem, p. 57 § 155.

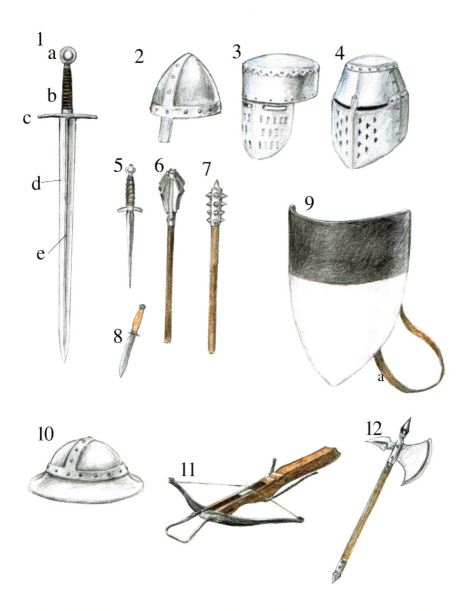

Ilustração que mostra as várias armas usadas pelos Templários, como descritas na Regra da Ordem Templária. 1: Espada: (a) pomo, (b) cabo, (c) guarda-mão, (d) lâmina, (e) vinco; 2: Elmo, início do século XII, com placas de ferro rebitadas e com proteção para o nariz; 3: Elmo, fim do século XII, com proteção para o rosto; 4: Grande elmo, meados e fim do século XIII, totalmente fechado; 5: Punhal do cavaleiro, com lâmina delgada para perfurar através de buracos na armadura, por exemplo, na fenda dos olhos dos elmos; 6 e 7: Maças; 8: Faca de uso geral. 9: Escudo de madeira reforçada com alça de couro (a) e tampa pintada de preto e branco; 10: Morrião ou *chapeau de fer* (chapéu de ferro), elmo com placas rebitadas de ferro; 11: Besta; 12: Alabarda. *Gordon Napier*

da barraca, frascos vazios e outros itens pequenos como redes de pesca.[412] Quando o Marechal dava a ordem para formar a fila indiana, os Templários percorriam o acampamento para garantir que nada fora deixado para trás. Quando tudo estivesse pronto, o Cavaleiro Templário carregava sua bagagem, colocava a sela em sua montaria e se direcionava à fila com seu escudeiro atrás.[413] Uma vez que a fila indiana houvesse sido formada, o escudeiro marchava à frente do cavaleiro carregando sua lança. Nenhum Irmão deveria sair da fila por qualquer motivo sem permissão, nem mesmo para dar água a seu cavalo; contudo, se o Porta-Bandeira parasse para dar água a seu cavalo, os outros tinham permissão de fazer o mesmo. Se o alarme fosse tocado enquanto formavam a fila, os cavaleiros tinham a permissão de montar em seus cavalos e se armar com escudo e lança, mas não deveriam praticar outra ação sem serem instruídos.[414] Quando os Templários formavam esquadrões, eles não deveriam mover-se de um para outro. Quando o esquadrão movimentava-se para a frente, os escudeiros que carregavam as lanças de seus cavaleiros iam à frente, enquanto aqueles que cuidavam dos cavalos iam atrás.[415] Como o cavalo de guerra era o equipamento mais importante no arsenal dos Templários, eles deviam estar sempre prontos para a batalha: os cavaleiros viajavam a seus destinos em uma mula ou cavalo de sela.[416] Embora os Templários não pudessem sair do esquadrão sem permissão, havia exceções. Se ele quisesse testar o seu cavalo ou ajustar a sela, podia cavalgar a uma curta distância; contudo, se quisesse pegar seu escudo e lança, precisaria de autorização.[417] O segundo exemplo ilustra como os Templários consideravam-se superiores em habilidade e disciplina em relação aos seus equivalentes seculares:

"Se acontecer, por acaso, que um cristão aja de forma tola, um turco o ataque a fim de matá-lo, ele esteja em perigo de morte, qualquer um que estiver na área quiser abandonar o seu esquadrão para ajudá-lo, e sua consciência disser que ele pode assisti-lo, ele pode fazê-lo sem permissão, e então retornar a seu esquadrão calma e silenciosamente".[418]

Tanto na fila indiana quanto alinhados em seus esquadrões, a disciplina era essencial, especialmente quando a Ordem preparava-se para atacar. Quando chegava a hora da batalha, o Marechal levantava a bandeira da Ordem e juntava até dez cavaleiros à sua volta para ajudar na sua guarda.[419] Entre eles, estava o Comandante dos Cavaleiros, que tinha uma segunda bandeira enrolada em sua lança, no caso da bandeira do Marechal cair ou se danificar.[420]

A Beauséant

Assim como a Cruz Pátea, a bandeira dos Templários tem sido uma fonte de confusão e especulação, especialmente em relação a sua etimologia. Entre as muitas Ordens Neotemplárias de hoje, a bandeira é comumente chamada de Beauséant, o que levou alguns

---
412. Ibidem, p. 58 § 156.
413. Ibidem, p. 58 § 157.
414. Ibidem, p. 58 § 159.
415. Ibidem, p. 59 § 161.
416. Ibidem, p. 63 § 179.

417. Ibidem, p. 59 § 162.
418. Ibidem, p. 59 § 163.
419. Ibidem, p. 59 § 164.
420. Ibidem, p. 60 § 165.

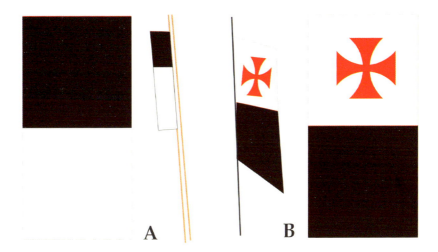

Duas representações da bandeira dos Templários feitas a partir de fontes da época. A representação à esquerda é de uma ilustração de Mateus Paris, enquanto a da direita é modelada de um dos afrescos dos próprios Templários na Itália central.

autores modernos a oferecer uma variedade de especulações fantasiosas sobre o que a palavra queria dizer.[421] Contudo, a Regra dos Templários refere ao estandarte como uma bandeira malhada ou *confanon baucon*, que não só fornece a explicação mais lógica para Beauséant como também descreve qual era a aparência da bandeira. Ela era dividida em duas metades: uma parte branca e outra preta, mas diferentes representações da bandeira colocam as cores em seções opostas. Na obra de Mateus Paris, o cronista da Abadia de St. Albans, no condado de Hertford, a bandeira era representada como tendo o preto acima do branco, enquanto os afrescos templários, como os da Igreja de São Bevignate na Itália central, representam a bandeira com o branco acima do preto, além da Cruz Pátea no meio do campo branco.[422]

Seja qual for a verdadeira disposição, o mais importante é que a bandeira era um ponto de encontro central depois que o ataque fosse feito. Ao longo de sua existência, os Templários contavam com o poder do ataque da cavalaria pesada para destruir as fileiras de seus inimigos, mas os cavaleiros muitas vezes viam-se espalhados pelo campo na luta corpo a corpo que se seguia. Ainda que os cavaleiros selecionados para proteger a bandeira devessem permanecer o mais próximo possível dela, os demais eram coman-

---

421. ROBINSON, John J. *Dungeon, Fire and Sword: The Knights Templar in the Crusades.* New York: Evans & Co., 1991, p. 45. Robinson sugeriu que "Beauséant" não era apenas o nome da bandeira, mas também o grito de guerra, que significava "sejam nobres" ou "sejam gloriosos".

422. NICHOLSON, Helen. *The Knights Templar: A New History*, op. cit., p. 118. Nicholson sugere que a bandeira representada no afresco dos Templários pode ser a do Mestre da Ordem, enquanto aquela desenhada por Mateus Paris pode ter sido a bandeira usada no campo de batalha.

dados pela Regra a atacar o inimigo em qualquer direção que lhes parecesse a melhor para acossá-lo.[423] Se um cavaleiro se visse em uma posição em que não pudesse ver a bandeira da Ordem, ele deveria proteger a primeira bandeira cristã que visse no campo de batalha. Se a tal bandeira fosse dos Hospitalários, ele deveria informar ao líder do esquadrão de sua situação e lutar a seu lado até que pudesse reunir-se com sua própria bandeira.[424]

Apesar de ser tarefa do Porta-Bandeira cuidar dela e mantê-la no alto, sua principal obrigação era cuidar dos escudeiros, que também eram dispostos em esquadrões. Quando os cavaleiros faziam o seu ataque, os escudeiros os seguiam a fim de fornecer a seus senhores novos cavalos, caso precisassem.[425] Com novos cavalos em prontidão, os cavaleiros poderiam continuar a batalha e se juntar em torno do estandarte para se reagrupar.

Mesmo se parecesse que os cristãos haviam sido derrotados, enquanto a bandeira malhada estivesse de pé, nenhum Templário deveria abandonar o campo de batalha: fazer o contrário era equivalente a sofrer a pena de expulsão da Ordem.[426] Normalmente afirma-se que os Templários deveriam permanecer no campo de batalha, a não ser que fossem excedidos em uma proporção de três para um. A origem dessa teoria pode ter vindo do elogio comum à Ordem por parte de cronistas como Jacques de Vitry, que sugeriam que os Templários não se preocupavam com quantos inimigos havia, mas onde estavam no campo de batalha. Não há nenhuma instrução na Regra sobre a proporção de forças opositoras necessárias para recuar, somente a ênfase na presença da bandeira. Não só um Irmão podia ser punido por haver fugido do campo de batalha enquanto a bandeira estivesse de pé, como podia também encarar uma árdua disciplina se ele a abaixasse:

"Pois, se a bandeira estiver abaixada, aqueles que estão distantes não sabem por que ela está abaixada, pelo bem ou pelo mal, pois um turco poderia mais facilmente tomá-la ou arrancá-la quando está abaixada do que quando está de pé; e os homens que perdem sua bandeira são amedrontados, podem sofrer uma grande derrota, e, por causa desse medo, isso é proibido tão rigidamente".[427]

Os Turcopolos

Os Templários eram ajudados no campo de batalha pelos *turcopolos*: combatentes locais, empregados à medida que era necessário e pagos com um salário de mercenários. Estes homens – que eram normalmente recrutados de campanha a campanha – estavam sob o comando do *Turcopoliero*, que também era responsável pelos sargentos da Ordem quando estavam no campo de batalha. Embora não fossem contratados somente pelos Templários, os *turcopolos* formavam uma parte considerável das atividades militares da Ordem. Nas palavras

---

423. UPTON-WARD, op. cit., p. 60 § 164.
424. Ibidem, p. 60 § 167.
425. Ibidem, p. 61 § 179.
426. Ibidem, p. 60 § 168.

427. Ibidem, p. 157 § 611.

Esta pintura do fim do século XIX ou início do século XX mostra o que parece ser um estandarte malhado dos Templários esvoaçando ao fundo. *ClipArt.com*

Os Templários tinham de lutar contra cavalos mais leves e mais rápidos usados pelos arqueiros muçulmanos, que podiam atacar e retroceder com muito mais manobrabilidade do que os cavalos pesados usados pela cavalaria cristã. *Autor*

de Runciman, eles "cresceram na região, eram armados e treinados como a cavalaria leve bizantina, cujo nome eles pegaram para si".[428] Como tais, tinham um papel vital no campo de batalha, especialmente nas primeiras campanhas, em que a Ordem tentava se adaptar ao modo como os muçulmanos travavam a guerra. A espinha dorsal da estratégia militar dos francos era o ataque pesado, mas seus oponentes muitas vezes estavam montados em cavalos mais leves e mais rápidos, que podiam se desviar do ataque dos Templários se não fossem executados com precisão. Além disso, os muçulmanos contavam com arqueiros habilidosos, que podiam atormentar os Templários ao mesmo tempo que mantinham uma distância segura – uma tática que faria com que a Ordem perdesse muitos homens e cavalos. Assim, a inclusão dos *turcopolos* na força combatente dos Templários que podiam empregar o estilo de combate oriental ajudava a nivelar o campo de batalha, ao mesmo tempo que mantinha a vantagem da Ordem da cavalaria pesada.

O sucesso do ideal militar dos Templários dependia de um exército bem treinado e disciplinado, no qual cada homem sabia sua posição, tarefa e o fato de que nunca deveria agir em favor

---

428. RUNCIMAN, op. cit., p. 293.

de seus próprios interesses, mas sim em favor da Ordem e da causa da cristandade. Ao menos era assim que se visualizava a bandeira, mas, no campo de batalha, os eventos raramente corriam de acordo com o livro de regras.

Representação de Gustave Doré da travessia da Ásia Menor pelos cruzados durante a Primeira Cruzada. O exército de Luís sofreu dificuldades semelhantes no início da Segunda Cruzada, por causa da disciplina dos 130 Templários que haviam acompanhado a campanha. *ClipArt.com*

Soldados em Causa Própria

"Que não digam os pagãos: 'Onde está o seu Deus?' Tampouco me surpreendo, pois os filhos da Igreja, aqueles que carregam o rótulo de 'cristãos', foram abatidos no deserto, ou foram assassinados pela espada ou consumidos pela fome..."[429]
Apologia de Bernardo de Claraval ao papa Eugênio III pela Segunda Cruzada

Na manhã de 19 de março de 1148, uma série de navios bizantinos chegou à costa de São Simeão no principado de Antioquia. A bordo estava o restante do exército, que incluía o Mestre da França, Everard des Barres, e 130 de seus Cavaleiros Templários. Sobretudo estavam presentes o rei Luís VII da França e sua rainha, Eleanor da Aquitânia.

Os francos foram recebidos com o aperto de mão amigável do tio de Eleanor, Raimundo de Antioquia, que levou o casal régio e seu séquito à capital, onde eles gozaram diversos dias de boa hospitalidade oriental. Como ocorria frequentemente no Oriente, a generosidade e cortesia de Raimundo não era tanto uma questão de prática da caridade cristã, mas um posicionamento em prol de favores políticos, pois, assim que Luís pareceu descansado da viagem, Raimundo alugou seus ouvidos para uma nova campanha contra os inimigos muçulmanos.

Seria injusto criticar indevidamente Raimundo por tentar obter o apoio do rei. Luís e Eleanor não haviam viajado ao Oriente de férias ou para uma visita de família, e Raimundo sabia muito bem disso. O rei havia excursionado ao além-mar para uma cruzada, e o príncipe estava ávido por colocar isso em prática. Quatro anos antes, os cristãos haviam perdido o primeiro dos chamados Estados Cruzados, quando Zinki, o governante de Alepo, capturou Edessa. A perda dessa cidade em 1144 incitou o papa

---

429. *St. Bernard: Apologia for the Second Crusade* – Medieval Sourcebook, traduzido para o inglês pelo prof. James Brundage. Disponível em: *www.fordham.edu/halsall/source/bernard-apol.html*.

Eugênio III a convocar uma nova cruzada. Bernardo de Claraval promoveu a causa entusiasticamente com um zelo igual à pregação da Primeira Cruzada de Urbano II, meio século antes. Foi por meio da influência de Bernardo que o rei Luís decidiu assumir a cruz.[430]

Raimundo contou ao rei francês que, nos quatro anos que se passaram, os muçulmanos não se contentaram em capturar Edessa – de fato, as coisas haviam piorado progressivamente. O segundo filho de Zinki e sucessor como governante de Alepo, Nureddin,[431] havia se estabelecido firmemente ao longo do cenário entre Edessa e Hamá. E, ainda pior, durante o outono anterior, ele havia começado a capturar fortalezas cristãs a leste do Rio Orontes.[432] Com Nureddin chegando cada vez mais perto de seu território, Raimundo estava penosamente consciente de que o Principado de Antioquia poderia facilmente ser o próximo alvo do líder muçulmano, e o príncipe tinha esperanças de acertar as coisas golpeando-o em seu próprio terreno em Alepo.

Embora Raimundo dificilmente pudesse ser culpado por buscar ajuda para lidar com os perigos que encaravam o Principado de Antioquia, eles poderiam ter sido evitados, caso ele houvesse feito alguma coisa para remediar a situação em 1144. Na época em que Zinki planejava tomar Edessa, a situação política que existia no Oriente Latino certamente estava a favor de Raimundo. O rei Fulque de Jerusalém havia morrido no outono anterior, e seu herdeiro, Balduíno III, ainda era uma criança sob a tutela de sua mãe, Melisende. O conde Raimundo de Trípoli estava apenas levemente preocupado com os problemas de Edessa; o condado era um tanto distante do seu. Raimundo de Antioquia estava mais perto do exército em apuros e era mais apto a oferecer ajuda; contudo, havia uma forte animosidade entre o conde Joscelino de Edessa e ele, e, dessa forma, Raimundo não estava preparado para ajudá-lo. De fato, Raimundo, na verdade, deleitava-se com a má situação de Joscelino. Era uma atitude da qual ele, em última instância, teria

O papa Eugênio III (1145-1151) convocou a Segunda Cruzada. Acredita-se que ele seja o papa que deu aos Templários o direito de usar a cruz vermelha em seus mantos. *ClipArt.com*

---

430. PAYNE, op. cit., p. 156. Bernardo escreveu uma série de cartas severas ao rei francês criticando o modo como ele vivia e sugerindo que, se ele continuasse naquele caminho, sua alma passaria uma eternidade no inferno. O caminho correto, Bernardo disse a Luís, envolvia o arrependimento, e este arrependimento certamente podia ser conquistado se o rei participasse da cruzada. Outras versões sugerem que Luís e Eleanor assumiram a cruz após ouvir um dos sermões de Bernardo sobre a nova cruzada.
431. Quando Zinki foi assassinado, em 1146, seu reino foi dividido entre Nureddin e seu irmão mais velho, Saifeddin, que assumiu o controle de Mosul.
432. RUNCIMAN, op. cit., p. 278.

arrependimento, se é que já não o tivesse. Em sua *História dos Feitos Realizados no Ultramar*, Guilherme de Tiro colocava a culpa da queda de Edessa firmemente sob responsabilidade de Raimundo:

"Assim, enquanto o príncipe de Antioquia, tomado por seu ódio leviano, demorou-se em dar a ajuda que devia a seus irmãos e enquanto o conde esperava pela assistência de fora, a cidade antiga de Edessa, devotada ao Cristianismo desde o tempo dos apóstolos e livre das superstições dos infiéis mediante as palavras e pregação do apóstolo Tadeu, passou para uma servidão não merecida."[433]

Todavia, Raimundo de Antioquia não era o único príncipe latino que buscava o apoio do rei francês e de seu exército. Raimundo de Trípoli esperava recuperar Montferrand, que havia sido perdida para Zinki, em 1137, durante uma batalha em que, em meio às graves perdas cristãs, somente 18 Templários sobreviveram.[434] Talvez o mais ávido pela ajuda do rei era Joscelino de Edessa, que estava vivendo em Turbessel, no que foi outrora o condado de Edessa. O conde exilado queria desesperadamente que o rei Luís retomasse a cidade, pois, afinal de contas, foi a queda de Edessa que havia em primeiro lugar trazido os cruzados ao Oriente. Apesar de ser puxado por todos os lados ao mesmo tempo, o rei disse que não estava preparado para tomar qualquer ação até que houvesse cumprido seus votos de cruzado, visitando Jerusalém e vendo os locais sagrados para a sua fé.

Em sua história das cruzadas, *sir* Steven Runciman afirma que a insistência de Luís em ver os locais sagrados era uma desculpa para esconder a sua indecisão.[435] Contudo, se o rei tivesse quaisquer dúvidas sobre qual curso de ação tomar, elas teriam um bom motivo, pois a viagem até então não havia corrido tão tranquilamente quanto ele esperava, e sua confiança devia estar abalada. Luís chegou ao Oriente praticamente sem um centavo, tendo exaurido seus recursos para chegar lá, e teve de fazer pesados empréstimos dos Templários para continuar. Mas o empréstimo não foi a única ocasião em que o rei francês foi salvo pelos Templários durante a sua viagem.

Em janeiro de 1148, os cruzados atravessavam o terreno montanhoso que levava a Atalia, na Ásia Menor. A jornada já era difícil nas melhores épocas

Manuscrito medieval retratando o casamento do rei Luís VII da França com Eleanor da Aquitânia, em 1137, e seu embarque para a Segunda Cruzada uma década depois. *ClipArt.com*

---

433. William of Tyre, *Historia rerum in partibus transmarinis gestarum* [História dos Feitos Realizados no Ultramar], XIV, 4-5, *Patrologia Latina*, n. 201, p. 642-45. Traduzido para o inglês por James Brundage, *The Crusades: A Documented History*. Milwaukee: Marquette University Press, 1962, p. 79-82. Disponível em: www.fordham.edu/halsall/source/tyre-edessa.html.
434. BARBER, op. cit., p. 35.

435. RUNCIMAN, op. cit., p. 279.

e, por causa das tempestades comuns da estação, foi dura e traiçoeira. Enquanto os francos abriam caminho, eles passavam pelos cadáveres dos soldados germânicos que haviam morrido lá vários meses antes. Se a visão de corpos apodrecendo não fosse suficiente para afundar o moral dos francos, o pobre estado de seus suprimentos certamente seria. Os cavalos estavam tornando-se escassos, e o suprimento de comida ainda mais. Contudo, ao contrário dos cruzados indisciplinados, a maioria dos quais não estava acostumada a longas jornadas, os Templários, com sua prática institucionalizada, haviam racionado os seus suprimentos.[436] Enquanto o grupo se aproximava cada vez mais de Atalia, os francos foram atacados e acossados pelos turcos, que viram uma vantagem sobre as tropas enfraquecidas. Luís, aproveitando a força que tinha à sua disposição, passou o controle do exército aos Templários, que o organizou em unidades de 50 homens, cada qual sob o controle direto de um Cavaleiro Templário.[437]

Esta talvez tenha sido a decisão mais sábia que Luís tomou durante o seu tempo no Oriente, pois permitiu o que sobrava de seu exército chegar a Atalia, onde o rei conseguiu os navios que trouxeram ele e seu séquito a São Simeão em meados de março. O rei nunca se esqueceria da ajuda dos Templários, e sua gratidão e seu posterior apoio à Ordem, particularmente a Everard des Barres, devia-se tanto à disciplina dos Templários no campo de batalha quanto ao dinheiro em seu tesouro. Não obstante os reais motivos da hesitação de Luís em escolher um plano de ataque, sua rainha não parecia compartilhar de sua indecisão. Ela depositou seu total apoio em Raimundo e estava se tornando cada vez mais eloquente quanto ao que seu marido devia

O rei Luís VII ajoelha-se aos pés do abade cisterciense Bernardo de Claraval, que pregou a Segunda Cruzada convocada pelo papa Eugênio III. *ClipArt.com*

fazer. No entanto, pode ter havido mais de um motivo para o seu apoio do que a percepção da lógica no plano de seu tio. À medida que o tempo passava, a rainha – que tinha uma reputação de ser namoradeira – ficava mais tempo com

---

436. BARBER, op. cit., p. 67.
437. Ibidem. Os grupos individuais, por sua vez, estavam sob as ordens de um Comandante Templário chamado Gilbert.

seu tio, e começaram a circular rumores de que o interesse do príncipe em sua sobrinha havia se tornado carnal.[438] Independentemente de as alegações de um caso incestuoso serem verdadeiras ou não, Luís partiu para Jerusalém como planejado, forçadamente arrastando sua rainha com ele, contra a vontade dela.

O Conselho de Príncipes

Apesar da súbita partida para Jerusalém, Luís foi um dos últimos ocidentais a chegar à cidade. Conrado III da Germânia havia aportado em Acre em meados de abril e partido para a Cidade Sagrada, onde o rei Balduíno III e sua mãe, a rainha Melisende, calorosamente lhe deram as boas-vindas. Na Páscoa, o rei germânico passou alguns dias com os Templários em seu quartel-general no Monte do Templo,[439] onde a Ordem sem dúvida o avisou sobre a campanha que se aproximava. Alfonso Jordan, o conde de Toulouse, havia chegado ao Oriente poucos dias antes de Conrado, e sua chegada foi amplamente festejada, principalmente pelo fato de que ele era o filho do legendário Raimundo de Toulouse, um dos líderes da Primeira Cruzada. Alfonso partiu para Jerusalém para se juntar a seus companheiros cruzados, mas, durante uma breve parada em Cesareia, ele repentinamente adoeceu e morreu na terra

Luís VII da França, Balduíno III de Jerusalém e Conrado III da Germânia são vistos sentados no Conselho de Acre no painel superior desta ilustração medieval. O painel inferior representa a campanha desastrosa contra Damasco. *ClipArt.com*

em que nascera havia 45 anos.[440] Ainda que sua morte possa ter sido por causa de uma apendicite, logo começaram a circular alegações de que Raimundo de Trípoli ou Melisende de Jerusalém o haviam envenenado.[441] Assim que Luís finalmente chegou a Jerusalém, seus votos cruzados foram cumpridos, e os ocidentais foram convidados a viajar a Acre para um conselho de guerra.

A assembleia, que ocorreu em 24 de junho de 1148, foi uma reunião importante. Estavam presentes o rei Balduíno III e Fulcher, o patriarca de Jerusalém,

---

438. RUNCIMAN, op. cit., p. 279. TYERMAN, op. cit., p. 331. Tyerman reconhece a afirmação de que Eleanor pudesse estar tendo um caso com seu tio, mas sugere que a questão foi adornada pelo fato de que o casal se divorciou em 1152.
439. BARBER, op. cit., p. 68. Otto of Freising. *The Deeds of Frederick Barbarossa*. New York: W.W. Norton & Co., 1953, p. 102.

440. RUNCIMAN, op. cit., p. 280. Alfonso Jordan nasceu em 1103 em Monte Peregrino enquanto seu pai sitiava Trípoli.
441. Ibidem. As alegações de que Raimundo assassinou Alfonso Jordan deviam-se ao fato de que Raimundo de Trípoli era filho ilegítimo e possivelmente temia que o conde de Toulouse reivindicasse Trípoli, o que seria difícil de recusar pelos fundamentos feudais. Houve rumores de que o envolvimento da rainha Melisende acontecera a pedido da esposa de Raimundo, Hodierna.

assim como os arcebispos de Cesareia e Nazaré. Conrado estava acompanhado de vários de seus nobres maiores e menores, assim como o rei Luís. Também estavam presentes Roberto de Craon, o Mestre dos Templários, e Raimundo de Puy, o Mestre dos Hospitalários. Notável era a ausência de outros líderes do Oriente Latino; Raimundo estava indignado pela súbita partida de Luís de Antioquia e evitou qualquer participação, enquanto Joscelino de Edessa não estava em posição de viajar para qualquer lugar por medo de perder mais territórios para seus inimigos. A ausência de Raimundo de Trípoli deveu-se principalmente à morte de Alfonso Jordan e à insistência do filho bastardo do falecido, Bertrand, de que Raimundo era responsável pela morte de seu pai.[442] Mais uma vez, a defesa da cristandade seria empreendida com a maioria dos Estados Cruzados virados de costa, esperando o melhor.

A história não registra precisamente o que foi dito durante o grande conselho de Acre no verão de 1148, ou quem era a favor da tomada de qual curso de ação. A cruzada havia sido convocada em resposta à queda de Edessa, mas Nureddin tinha assassinado os habitantes cristãos remanescentes e destruído a fortificação em 1146, quando Joscelino tentara retomar a cidade. Havia pouco a ser recuperado, e os cruzados certamente devem ter descartado esta opção. Outro alvo em potencial era Ascalon, ao sul da costa mediterrânea. Como era a última cidade portuária na região ainda sob o controle muçulmano, seria uma aquisição bem-vinda ao reino; contudo, pode ter havido alguma hesitação por parte de Balduíno III, que via a sua captura como um possível benefício futuro para o seu filho mais novo, Amalrico.[443] Isso deixava duas opções: Alepo ao norte e Damasco a nordeste. No fim, para a decepção dos príncipes do norte, os cruzados optaram por atacar Damasco.

A cidade era de grande importância religiosa para os cristãos. Era na estrada para Damasco que São Paulo havia se convertido ao Cristianismo; era em Damasco que estava o túmulo de São João Batista, e havia muitos outros locais sagrados para a fé cristã na região. Damasco também era um importante centro de comércio e de comunicação, e sua captura seria um benefício tão grande aos cristãos quanto a sua perda seria um prejuízo aos muçulmanos. Durante toda uma geração, o reino de Jerusalém havia cobiçado Damasco como uma posse, repetidamente tentando mantê-la sob seu controle por meio de conquista ou de acordos. Contudo, o acordo mais recente entre o reino de Jerusalém e Damasco havia se degenerado, e os damascenos estavam ficando um pouco amigáveis demais com Nureddin. Em última instância, a campanha de Damasco devia ser um ataque preventivo a fim de obter o controle da cidade antes que seu adversário Alepo o fizesse. Ela acabaria se provando um desastre humilhante.

O FIASCO EM DAMASCO

Os cruzados partiram da Galileia no meio de julho com o maior exército que os francos haviam colocado em marcha. O cronista árabe Ibn al-Qalanissi fixou o número de francos em 50 mil entre

---

442. Ibidem. TYERMAN, op. cit., p. 331.

443. TYERMAN, op. cit., p. 332.

homens de infantaria e de cavalaria;[444] contudo, como vimos, os cronistas de ambos os lados muitas vezes exageravam o número de combatentes. Seja qual for o número real, o exército de Luís VII e dos Templários compunha a maior parte das tropas. Pelo fato de os locais conhecerem melhor o território, decidiu-se que Balduíno e seus homens liderariam a marcha, seguidos pelo rei Luís e seus homens no centro, e Conrado e seu exército protegeriam a retaguarda contra um ataque.[445]

O esforço dos cruzados a caminho de Damasco em uma interpretação moderna da campanha. *ClipArt.com*

Em 24 de julho de 1148, os cruzados aproximaram-se de Damasco, vindos do sudoeste, onde encontraram o denso pomar que rodeava a cidade. Os pomares eram como uma densa floresta entrelaçada com paredes de barro que serviam para separar os terrenos individuais dos fazendeiros, bem como para fortificar a cidade. Todo o arranjo criava um labirinto de estradas e caminhos estreitos, os quais, apesar de não serem um obstáculo para os fazendeiros locais, provaram-se um terreno difícil para os cruzados passarem. A decisão de tomar esta rota era atingir o objetivo duplo de assegurar primeiro a parte fortificada da cidade e dar aos cruzados um suprimento de comida e água durante o cerco.

Contudo, havia mais do que frutas suculentas esperando pelos cruzados entre as árvores. Os damascenos haviam se escondido lá e começaram a acossar o rei Balduíno e suas tropas à medida que eles abriam caminho pelas veredas estreitas. Enquanto o exército lentamente marchava adiante, os muçulmanos lançavam flechas sobre os cruzados e os apunhalavam com lanças através dos buracos das paredes de barro.[446] Apesar de muitos homens terem sido abatidos pela emboscada, os cruzados perseveraram e mataram ou capturaram o máximo de inimigos que puderam.

Quando o exército prosseguiu em direção a um córrego próximo, eles encontraram a cavalaria do outro lado, que começou a lançar flechas a fim de evitar que os cruzados chegassem ao córrego. Ressecados pela jornada e pela batalha, o exército direcionou-se ao rio, onde encontrou uma força ainda maior, que fez com que a fileira parasse. Incapaz de ver a causa do bloqueio, Conrado exigiu uma explicação quanto à parada. Quando ele ouviu que o inimigo estava bloqueando o rio, ele atacou por entre a fileira de seus tenentes, a pé, e começou a lutar com o inimigo em um combate corpo a corpo. Em sua versão da batalha, Guilherme de Tiro

---

444. GABRIELI, Francesco (trad.) *Arab Historians of the Crusades.* New York: Barnes & Noble, 1993, p. 57.
445. William of Tyre. *The Fiasco at Damascus 1148*. Medieval Sourcebook, traduzido para o inglês por prof. James Brundage. Disponível em: *www.fordham.edu/halsall/source/tyre-damascus.html*.

446. Ibidem.

O portão oriental da velha cidade de Damasco como era no século XIX. Os cruzados abandonaram sua posição no lado oeste da cidade e se realocaram para perto desta área, o que em última instância levou à sua derrota. *ClipArt.com*

disse a respeito da coragem do rei germânico nas armas:

"Neste combate, diz-se que o senhor imperador realizou um feito que será lembrado ao longo dos tempos. Reporta-se que um dos inimigos resistia viril e vigorosamente e que o imperador, com um golpe, cortou a cabeça, o pescoço, o ombro e o braço esquerdos, além de uma parte do flanco – apesar do fato de o adversário estar usando uma couraça. Com este feito, os cidadãos, tanto os que presenciaram quanto os que ouviram de outros, ficaram com um tal medo que perderam a esperança de resistir e mesmo da vida em si".[447]

Com o rio assegurado à sua frente e os pomares desobstruídos atrás, os cruzados montaram acampamento. Tanto os francos quanto os damascenos começaram a erguer barricadas para a batalha vindoura. O cerco continuou durante vários dias até que os esforços dos cruzados verteram para o pior.

Embora as razões sejam bastante diferentes entre as versões, todas concordam que os cruzados deixaram o seu suprimento de comida e água em 27 de julho e foram para o outro lado da cidade, uma posição que lhes dava muito menos vantagem do que a antiga base de operações. Runciman afirma que os cruzados foram expulsos de sua posição pela chegada de novos reforços que vieram para ajudar a cidade. Contudo, os primeiros cronistas foram menos generosos. Guilherme de Tiro afirmava que os damascenos subornaram al-

---

447. Ibidem.

guns dos cruzados para erguer o cerco, enquanto o cronista árabe Ibn al-Athir defendia que o emir de Damasco, Moinuddin, apelou aos francos orientais, questionando sua lealdade aos francos ocidentais. De acordo com o emir, se os cristãos ocidentais capturassem Damasco, eles a manteriam para si, e as posses cristãs orientais na costa logo cairiam nas mãos dos ocidentais gananciosos. Além disso, de acordo com esta versão, o emir disse que, se lhe parecesse que perderiam Damasco, ele simplesmente a entregaria para os seus vizinhos muçulmanos mais poderosos, e então toda a região estaria em perigo.[448]

Independentemente de suas motivações para trocar de posição, os cruzados logo saíram da ofensiva para a defensiva e, apesar disso, mesmo ainda não tendo capturado a cidade, começaram a discutir entre si sobre o que seria feito, uma vez que a cidade fosse capturada. Jerusalém esperava que a cidade fosse incorporada ao seu território, enquanto Thierry, conde de Flandres, que havia viajado ao Oriente com Luís, queria mantê-la para si. Balduíno, Luís e Conrado estavam de acordo, o que insuflou a ira dos barões orientais e baixou sua disposição para continuar a lutar.[449] Enquanto rumores de suborno e traição começaram a correr entre as tropas, os cruzados souberam que Nureddin e seus homens estavam a caminho. Os barões locais começaram a persuadir seus Irmãos ocidentais que agora era a hora da retirada. Luís e Conrado, apesar de desconcertados pela ostensiva deslealdade entre seus companheiros cruzados, ordenaram a retirada.

Enquanto os cruzados voltavam para Jerusalém, os muçulmanos os acossaram com um zelo maior do que durante sua chegada a Damasco. Nesta versão da batalha, Ibn al-Qalanissi conta sobre a devastação ainda maior do exército franco:

"Eles os alvejaram com flechas e mataram muitos de sua retaguarda dessa forma, assim como cavalos e animais de carga. Inúmeros cadáveres de homens e suas esplêndidas montarias foram encontrados em seu bivaque e ao longo de sua rota de fuga, os corpos fedendo tão intensamente que os pássaros quase caíam do céu".[450]

CONSEQUÊNCIAS E ACUSAÇÕES

O fracasso em capturar Damasco de forma efetiva trouxe a Segunda Cruzada a um fim desastroso e improdutivo. A aliança entre os reis ocidentais estava terminada. Conrado voltou imediatamente à sua terra natal por Constantinopla, e, apesar de Luís continuar mais um ano no Oriente, ele não fez quaisquer tentativas de se ocupar de outras atividades militares. De Atalia a Damasco, o Oriente estava repleto de cadáveres de cruzados mortos inchados e em decomposição, deixados para cozinhar sob o Sol do Levante. A decisão de atacar Damasco em vez de Alepo, como queria Raimundo de Antioquia, em última instância, permitiu que a base de operações de Nureddin crescesse, fortificando sua aliança com Damasco. Em 1149, as forças unidas de Alepo e Damasco levaram à morte de

---

448. GABRIELI, op. cit., p. 61.
449. RUNCIMAN, op. cit., p. 283.

450. GABRIELI, op. cit., p. 59.

Raimundo na Batalha de Inab,[451] e, em 1150, Nureddin capturou e aprisionou Joscelino de Edessa, onde ele passou a última década de sua vida.

A incapacidade dos barões do Oriente de colocar de lado suas diferenças pessoais e trabalhar em prol de um objetivo comum contra um inimigo em comum estava começando a empurrar os francos orientais cada vez mais para o Mar Mediterrâneo. Seria apenas uma questão de tempo até que fossem forçados a cruzá-lo. Como todos os desastres militares, deveria haver alguém para se culpar pelos fracassos, e Guilherme de Tiro não tinha problemas em jogar a culpa em seu próprio povo:

"Então uma companhia de reis e príncipes, tais como nós temos, sobre quem nunca se leu por todos os tempos, havia se reunido e, por nossos pecados, havia sido forçada a retornar, coberta de vergonha e desgraça, com sua missão incompleta. Eles voltaram ao reino pela mesma rota que vieram. A partir de então, enquanto permaneciam no Oriente, consideravam os modos de nossos príncipes com desconfiança. Com bons motivos, eles recusaram todos os seus planos maldosos, e, desde então, os líderes da cruzada tornaram-se tépidos ao serviço do reino. Mesmo após retornarem às suas próprias terras, constantemente lembravam das injúrias que haviam sofrido e detestavam nossos príncipes como homens perversos. Tampouco somente eles foram afetados, pois também causaram a outros, que não haviam estado lá, a negligência do cuidado de seus reinos, de forma que, a partir de então, aqueles que empreendiam a cruzada eram menores em número e menos fervorosos. Mesmo hoje [década de 1170], aqueles que vêm são cuidadosos a fim de não caírem em uma armadilha, e eles se empenham em voltar para casa o mais rápido possível".[452]

Alguns dizem que o fracasso em capturar Damasco deveu-se ao desejo dos Templários pelo dinheiro, ao orgulho e mesmo à inveja dos cruzados ocidentais. Entre os que defendiam este ponto de vista, estava Ralph de Coggeshall, um cronista cisterciense inglês, que escreveu que os Templários haviam impelido os cruzados a retroceder após receberem um suborno do próprio Nureddin. Outro cronista da época, Gervásio de Cantuária, mantinha a mesma crença e acrescentava que, quando os Templários receberam o suborno, eles encontraram jarras cheias de cobre em vez de moedas valiosas que esperavam. Isso foi, de acordo com Gervásio, um milagre de Deus em vez da traição dos muçulmanos.[453]

O interessante sobre as acusações é que, já na Segunda Cruzada, os Templários estavam sendo usados como bode expiatório no Ocidente para explicar os fracassos no Oriente. Nós não podemos nunca de fato saber se os Templários abriram mão do cerco de Damasco em favor de ganho financeiro, mas, apenas cinco anos depois, a Ordem se comprometeria com outra campanha na qual eles novamente seriam acusados de agir em prol de seus próprios interesses. Entretanto, dessa

---

451. TYERMAN, op. cit., p. 189.

452. William of Tyre, op. cit.

453. NICHOLSON, op. cit., p. 73.

vez, as acusações não eram totalmente infundadas.

OS TEMPLÁRIOS EM GAZA

Dois anos após o fiasco em Damasco, Balduíno III tomou a decisão de fortificar novamente a cidade de Gaza, cujas ruínas ficam ao sul de Ascalon. Ele deu a localização aos Templários para que eles pudessem usá-la como uma base de operações a fim de proteger o sul e para, em última instância, abrir o caminho a um ataque à cidade portuária de Ascalon. Apesar de o Egito tentar capturar Gaza na primavera de 1150, eles foram expulsos com êxito, e, a partir daquele ponto, suas atividades na região foram bastante reduzidas. Eles não mais forneciam suprimentos a Ascalon por terra; em vez disso, os materiais eram trazidos pelos fundos por rota marítima.[454]

Contudo, os Templários, em sua nova base, não fizeram tal coisa e regularmente faziam incursões no território de Ascalon, assim como Ascalon havia feito com tanta frequência anteriormente, quando os cristãos tinham posse da terra. Guilherme de Tiro, quem, como vimos, não era um dos maiores fãs da Ordem, falava com alta estima dos Templários em Gaza ao dizer: "Repetidamente, eles [os Templários] têm atacado Ascalon vigorosamente, às vezes abertamente e às vezes por meio de emboscadas".[455] O que é particularmente interessante a respeito do elogio de Guilherme à Ordem é o fato de ele

Durante o cerco de Ascalon, em 1153, Bernardo de Tremeley e uma série de Templários perderam suas vidas. A cidade, por fim, caiu nas mãos do rei Balduíno, que a deu a seu irmão mais novo, Amalrico. *Autor*

mencionar que os Templários empregaram uma emboscada contra a guarnição de Ascalon. Isso indica que, neste estágio da evolução militar da Ordem, eles estavam bastante à vontade para usar os métodos orientais de guerra que haviam sido frequentemente usados contra eles.

Apesar de Balduíno ter sido de grande ajuda à Ordem, dando-lhes seu maior castelo dentro do reino de Jerusalém,[456] sua própria posição dentro do reino estava sendo colocada à prova. Quando o rei Fulque morreu, em 1144, sua esposa, Melisende, ganhou o controle do reino de Jerusalém em nome de seu filho. Mesmo quando Balduíno chegou à idade madura, Melisende apegava-se às rédeas, e sua relutância em abrir mão do controle em favor de seu filho levou o reino à beira da guerra civil. Quando Balduíno fez 22 anos, ele exigiu que o reino fosse dividi-

---

454. BARBER, op. cit., p. 73.
455. BURMAN, op. cit., p. 67.

---

456. BARBER, op. cit., p. 73.

do.[457] Embora Melisende, de fato, tenha dado a seu filho uma parte considerável, a sua parte incluía a cidade de Jerusalém. Balduíno sentia que a posse de Jerusalém era essencial se ele quisesse proteger o reino com êxito contra o poder cada vez maior de Nureddin. Melisende não via as coisas dessa forma e fortificou as muralhas da cidade para manter seu filho do lado de fora.[458] Contudo, os cidadãos de Jerusalém estavam contra ela e logo entregaram a cidade a seu filho.

Foi exatamente esse tipo de luta interna pelo poder entre os muçulmanos que permitiu aos cristãos ganhar tantos territórios durante a Primeira Cruzada. Mas a desunião começou a mudar as coisas nos anos antes e depois da Segunda Cruzada, o que permitiu que os muçulmanos, que se aproximavam cada vez mais, começassem a fazer avanços substanciais no alémmar. Todavia, com uma possível guerra civil suprimida, o reino de Jerusalém foi capaz de assegurar uma última vitória antes de as coisas entrarem em uma espiral negativa.

O Cerco de Ascalon

Em 25 de janeiro de 1153, o Comandante da cidade de Jerusalém com dez cavaleiros sob seu controle guardavam a Verdadeira Cruz, enquanto um exército de Templários, Hospitalários, seculares e eclesiásticos marchava para Ascalon. O enorme exército chegou às muralhas da cidade portuária com o maior número de torres de cerco que o rei Balduíno conseguiu juntar para a guerra que estava adiante.[459]

Ascalon situava-se na costa mediterrânea, e suas fortificações formavam um semicírculo, o raio ao longo da costa e o semicírculo do lado da terra, em direção leste. Guilherme de Tiro descreveu a cidade como sendo uma bacia que descia em direção ao mar, cercada de colinas artificiais sobre as quais se construíram muralhas cravadas com torres. As pedras, de acordo com o registro de Guilherme, eram juntadas com cimento, o que as tornavam bastante fortes. Também havia quatro portões ao longo das muralhas da cidade, e uma muralha era ladeada por duas torres altas.[460]

Os francos sitiaram a cidade durante meses, seu contingente sendo aumentado na Páscoa com a chegada de peregrinos, incluindo muitos cavaleiros e sargentos.[461] A guarnição fatímida em Ascalon foi auxiliada, em junho, com a chegada de tropas vindas do Egito, que vieram de navio para trazer novos suprimentos. Com novos reforços em ambos os lados da batalha, o cerco continuou ao longo do verão.

A maior das torres de cerco dos francos era tão grande que se elevava a uma boa distância acima das muralhas da cidade e permitia que os cristãos lançassem rajadas de mísseis de fogo

---

457. BILLINGS, Malcolm. *The Cross and the Crescent: A History of the Crusades*. New York: Sterling & Co., 1990 p. 94.
458. RUNCIMAN, op. cit., p. 334.

459. Ibidem, p. 338.
460. William of Tyre. *Historia rerum in partibus transmarinis gestarum*, XVII, 22-25, 27-30, *Patrologia Latina,* n. 201, p. 696-708. Traduzido para o inglês por James Brundage (*The Crusades: A Documentary History*). Disponível em: *www.fordham.edu/halsall/source/tyre-cde. html#ascalon.*
461. Ibidem.

com grande pontaria e precisão.[462] Na noite de 15 de agosto, alguns membros da guarnição saíram furtivamente e tocaram fogo na torre.[463] Contudo, eles não atentaram para a direção do vento, e logo as chamas não só estavam destruindo a torre de cerco, mas também enfraquecendo as muralhas da cidade.

Na manhã seguinte, as muralhas estavam tão fragilizadas pelo calor e pelos meses de bombardeio cristão que elas desmoronaram, criando uma fenda que deu aos francos a primeira oportunidade, em quase sete meses, para capturar a cidade. Quando a poeira começou a baixar, os cristãos ficaram extremamente excitados com a vitória ao alcance e imediatamente pegaram suas armas para entrar pela fenda.

Entretanto, Bernardo de Tremeley, que havia sucedido a Everard des Barres como Mestre do Templo quando este renunciou ao cargo em 1152, chegou à muralha primeiro, com uma série de Templários. Em sua versão do cerco, Guilherme de Tiro disse que De Tremeley não deixava ninguém mais entrar, a não ser seus homens, para que eles pudessem ser os primeiros a conseguir os espólios de guerra.

Apesar de Guilherme estar na França durante o cerco de Ascalon e escrever um quarto de século após o evento, de fato, o costume na época era o mesmo que havia sido quando Ascalon foi sitiada. Sempre que uma cidade era capturada pela força, qualquer coisa que um homem tomasse pertencia a ele e a seus herdeiros pela eternidade. Portanto, certamente havia precedente entre os cavaleiros seculares, e, embora os Templários fossem imensamente diferentes dos cavaleiros seculares de muitos modos, é razoável admitir que De Tremeley quisesse obter o máximo de recompensas pelos esforços de sua Ordem. De fato, a bula papal *Omne datum optimum* havia declarado, entre seus muitos privilégios dados aos Templários, o direito de manter o espólio capturado dos muçulmanos, e é certo que os Templários tirariam proveito desse privilégio.

De Tremeley entrou pela fenda com cerca de 40 homens de sua Ordem, e diz-se que os demais que permaneceram do lado de fora o fizeram para evitar que outros entrassem até que os Templários obtivessem sua parte do espólio. Infelizmente, para De Tremeley e seus homens, 40 Templários, não importa quão bem treinados, não eram páreos para a guarnição que os esperava, que abateu cada um dos invasores assim que perceberam que as chances estavam a seu favor.

Percebendo que nenhum outro cristão viria, eles movimentaram-se rapidamente para defender a fenda, empilhando vigas e outros pedaços de madeira transversalmente no buraco. Como o fogo da noite anterior havia se extinguido, eles retornaram às suas posições nas torres e repararam sua defesa imediatamente. Logo, os muçulmanos não só olhavam os cristãos de cima, como também os Templários assassinados foram amarrados a cordas e pendurados sobre as muralhas da cidade para insultar os cristãos.[464]

---

462. RUNCIMAN, op. cit., p. 339.
463. BARBER, op. cit., p. 74.
464. William of Tyre, op. cit.

Eleanor da Aquitânia representada em uma ilustração vitoriana. Quando voltou à França, Eleanor mandou anular o seu casamento com Luís e logo depois casou-se com Henrique II da Inglaterra. Ricardo I da Inglaterra, que foi um participante importante da Terceira Cruzada, foi filho de sua união com o monarca inglês. *ClipArt.com*

Como era o costume na guerra medieval, uma trégua foi convocada para que cada parte pudesse enterrar seus mortos. Apesar de a batalha haver reiniciado, os muçulmanos logo se exauriram e buscaram termos de rendição. Os cristãos aceitaram as propostas e deram aos cidadãos de Ascalon três dias para abandonar a cidade. Eles partiram em dois dias, e a cidade capturada foi dada ao irmão mais novo de Balduíno, Amalrico.

Embora fosse fácil aceitar a asserção de Guilherme de Tiro de que o Mestre Bernardo de Tremeley e seus Templários agiram em favor de seus próprios interesses em Ascalon, a sua é a única versão da batalha que faz tal afirmação. Dado que Guilherme não foi uma testemunha ocular dos eventos e nem sempre estava em pleno acordo com os Templários, é possível que sua versão, vinda de fontes secundárias, fosse manipulada para passar sua própria mensagem. O que se sabe é que os Templários perderam muitos homens durante o cerco, incluindo seu Mestre Bernardo de Tremeley.

Mais uma vez, como havia feito diversas vezes anteriormente, a Ordem reuniu 13 dentre eles para eleger um novo Mestre, e, desta vez, escolheram o Senescal da Ordem, André de Montbard, talvez o último dos membros fundadores da Ordem, para ser o quinto Mestre dos Templários.

Embora De Tremeley estivesse extinto, as acusações de que a Ordem agia em nome de seus próprios interesses no campo de batalha certamente não estavam.

OURO DO CAIRO

No mesmo ano em que os francos tentavam capturar Ascalon, o Egito estava vivendo sua própria luta interna pelo poder no Cairo. O conflito terminou com o assassinato do califa reinante por seu vizir Abbas, que desejava empossar seu filho, Nasir al-Din, no lugar do califa morto. Contudo, o plano do vizir não foi tão bem como esperado: iniciou-se uma revolta, e, logo, o pai e o filho estavam fugindo do Egito com o máximo de ouro que eles podiam carregar.[465]

Enquanto os fugitivos seguiam em direção a Damasco, em junho de 1154, eles sofreram uma emboscada de um exército cristão. Abbas foi morto no conflito, mas Nasir al-Din foi capturado. Novamente, pelo fato de os Templários terem mais cavaleiros no campo de batalha, a maior parte dos espólios ficou com eles. Entre as recompensas estava Nasir al-Din; após um curto período como prisioneiro, ele foi vendido de volta aos egípcios, que desesperadamente queriam sua cabeça, por uma quantia de 60 mil moedas. O resgate foi uma sentença de morte, pois, assim que voltou ao Egito, Nasir foi despedaçado por uma turba enfurecida.

A devolução dos Templários de seu refém aos egípcios enfurecidos foi alvo de críticas. De acordo com Guilherme de Tiro, antes de sua libertação, Nasir havia expressado seu desejo de se tornar um cristão e tinha começado um processo de conversão. Novamente, Guilherme viu uma vontade, por parte dos Templários, de agir em prol de seus próprios interesses, especialmente quando se envolvia dinheiro, mas a realidade é que, mesmo que os Templários acreditassem em seu desejo de se tornar um cristão, a Ordem provavelmente sentia que o ouro ganho para a defesa do reino de Jerusalém era muito mais precioso do que uma alma ganha para o reino de Deus.

Gaza continuava a ser tão importante para os Templários quanto Ascalon seria para o jovem Amalrico. Quando ele chegou ao trono após a morte de Balduíno, em 1162, Ascalon tornou-se uma importante base de operações para a nova invasão do Egito – uma série de campanhas pelas quais os Templários demonstraram pouco interesse. Mas, assim como o fracasso de Balduíno em capturar Damasco, em 1148, permitiu que Nureddin expandisse sua base de poder, o fracasso de Amalrico em suas incursões no Egito permitiu o crescimento da base de poder de outro líder muçulmano. Contudo, se os cristãos haviam considerado Nureddin um inimigo terrível, eles ainda não haviam conhecido Saladino e logo desejariam que nunca tivessem.

---

465. BARBER, op. cit., p. 75.

Uma representação do século XII de Saladino. *Autor*

Um Inimigo Impiedoso

"Deus Todo-Poderoso disse: 'E aqueles que lutam por Nossa causa guiaremos em Nosso caminho, e Deus está com aqueles que agem com nobreza', e as obras sagradas estão repletas de passagens que se referem à Guerra Santa: Saladino foi mais assíduo e zeloso nisso do que em qualquer outra coisa."[466]
Bahā Ad-Dīn

Em 15 de maio de 1174, a mão direita de Nureddin, que tivera tanto poder durante seu reinado de 28 anos, subitamente apertou sua garganta enquanto ele caía no chão. Foi em Damasco, onde seu pai havia sido assassinado quase três décadas antes, que o homem de 60 anos também encontraria o fim de sua vida, abatido não pelo punhal de seus inimigos, mas por complicações da amidalite.[467]

Antes de sua morte prematura, ele planejava invadir o Egito a fim de tirá-lo das mãos de um antigo associado seu chamado Saladino, quem Nureddin, apesar de sua estima prévia, agora via como um covarde.[468] O próprio Nureddin enviara Saladino ao Egito para trabalhar em seu nome, mas ultimamente achava que Saladino não havia feito progressos o suficiente contra seus inimigos cristãos ao norte. Nureddin via a situação como se Saladino estivesse tentando manter um estado-tampão entre ele e seu Mestre.[469] Verdade ou não, Saladino certamente não era covarde.

---

466. GABRIELI, op. cit., p. 99. Esta é uma citação de Bahā Ad-Dīn sobre o zelo de Saladino em travar a Guerra Santa.
467. RUNCIMAN, op. cit., p. 398. GABRIELI, op. cit., p. 69-70. A versão de Ibn al-Athir fornece a causa da morte como sendo um ataque cardíaco.
468. Ibidem, p. 69.
469. Ibidem.

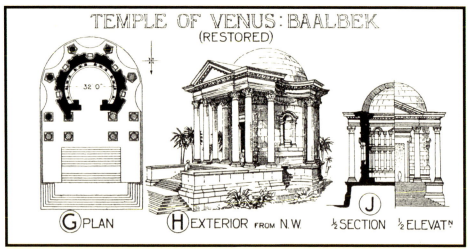

Diagrama do Templo de Vênus em Baalbek. A cidade era antiga mesmo no tempo de Zinki. *ClipArt.com*

A Ascensão de Saladino

Salah al-Din, ou Saladino, como é conhecido no Ocidente, nasceu Yusuf ibn Ayyub, o terceiro filho de Najm ad-Din Ayyub, um curdo que havia servido ao pai de Nureddin, Zinki. Quando Zinki capturou Baalbek de Damasco, foi Ayyub que segurou as chaves da cidade para o seu Mestre. Contudo, quando Zinki foi assassinado pelo punhal de um escravo, em 1146, Ayyub rapidamente agarrou a oportunidade de se aliar a Damasco dando-lhes Baalbek de volta. Nureddin não ficou contente com o que deve ter considerado deslealdade, mas a sua insatisfação não foi o suficiente para romper seus laços com o irmão de Ayyub, Chirkuh, que continuou a servir ao líder turco.[470] De fato, foi Chirkuh que matou Raimundo de Antioquia na Batalha de Inab em 1149.[471]

Cinco anos mais tarde, Chirkuh chegou a Damasco como embaixador de Nureddin, mas o governante da cidade não o deixou entrar, tampouco saiu da cidade para encontrá-lo. Nureddin, insultado pela forma que seu embaixador foi tratado, desceu à cidade com um exército considerável, que penetrou os portões da cidade dentro de uma semana, sendo recebido na entrada pelos próprios cidadãos de Damasco.[472] Ele instruiu seus homens a não pilhar a cidade, mas, ao contrário, encher os mercados com produtos de alta necessidade, e retornou a Alepo, deixando Ayyub no comando, como o novo governador da cidade conquistada. Com a captura de Damasco, Nureddin teve êxito em conseguir, com facilidade, aquilo em que os cruzados haviam fracassado completamente há menos de uma década.

Foi em Damasco que o jovem Saladino recebeu seus primeiros estudos. Quando fez 14 anos, ele entrou para o serviço

---

470. HINDLEY, Geoffrey. *Saladin: A Biography*. London: Constable, 1976, p. 47.
471. Ibidem, p. 48.

472. RUNCIMAN, op. cit., p. 341.

militar em Alepo sob a tutela de seu tio Chirkuh, voltando a Damasco quatro anos mais tarde para um cargo administrativo. Saladino continuou a servir a Nureddin como parte de seu séquito pessoal e por fim substituiu Chirkuh como vizir do Egito com a morte de seu tio em março de 1169.[473]

Em novembro de 1170, Saladino, que estava em guerra com os cristãos enviados para invadir o Egito, decidiu contra-atacá-los em seu próprio território e marchou sobre a fortaleza templária em Daron. Os Templários receberam a ajuda do rei Amalrico e de um grupo de seus Irmãos da guarnição em Gaza. Apesar de o exército dos Templários ser capaz de quebrar o cerco de Daron, Saladino imediatamente marchou para Gaza, onde massacrou os cidadãos da parte baixa da cidade, mas não fez qualquer esforço para tentar capturar a fortaleza.[474] Logo depois, Saladino voltou ao Egito, onde continuaria a fortalecer sua posição, ao mesmo tempo que tentava minimizar a de Damasco.

Em agosto de 1171, Nureddin enviou a notícia a Saladino de que ele queria que o governo e o califa fatímidas do país se desfizessem, e, se seu representante no Egito não estivesse preparado para a tarefa, ele não teria problemas em viajar para lá em pessoa.[475] Apesar da hesitação de Saladino em consentir as ordens de Nureddin, apenas um mês depois, o governo xiita de 200 anos dos fatímidas acabou quando morreu o califa Al-Adid. Dentro de uma semana, Saladino mandou trazer e prender o que restava da família real fatímida e partiu em uma campanha para atacar o castelo cruzado em Montreal.

O cerco de Montreal de Saladino começou bem. Amalrico recebeu poucas informações sobre a situação e partiu de Jerusalém muito tarde para poder ajudar. Como resultado, a guarnição em Montreal estava pronta para se render quando chegou a notícia de que Nureddin estava próximo, em Kerak.[476] Saladino quebrou o cerco imediatamente com a desculpa de que havia chegado a notícia de problemas no Alto Egi-

Kerak de Moab, na atual Jordânia, foi um importante castelo cruzado normalmente confundido com Krak des Chevaliers, que se localiza muito mais ao norte. Saladino recebeu as ordens de atacá-lo em 1173, mas por fim o capturou em 1189 após a Batalha de Hattin e da queda de Jerusalém. *iStockPhoto.com (Paul Cowan)*

---

473. HINDLEY, op. cit., p. 61.
474. RUNCIMAN, op. cit., p. 390.

475. HINDLEY, op. cit., p. 65.
476. RUNCIMAN, op. cit., p. 394.

A fortaleza de Alepo foi construída pela primeira vez no século X d.C. e foi amplamente expandida durante o século XIII. *iStockPhoto.com (Simon Gurney)*

to que exigiam atenção urgente.[477] A realidade é que um confronto com Nureddin poderia ter tido consequências para a posição de Saladino no Egito, uma posição que ele havia trabalhado arduamente para obter e que não estava disposto a pôr em risco.

Durante os três anos que se seguiram, Saladino seguiu o conselho de seu pai de manter discrição e enviar os tributos a Alepo a fim de remediar a situação com Nureddin. Mas o tesouro e as riquezas do Cairo não foram suficientes para apaziguá-lo, e, em 1173, Nureddin ordenou que Saladino cercasse a fortaleza cristã de Kerak. Novamente, assim como em Montreal, Saladino levantou o cerco no momento que soube que Nureddin estava a caminho para ajudar. Contudo, dessa vez, ele tinha uma razão legítima para voltar rapidamente ao Egito: seu velho pai, Ayyub, havia caído do cavalo e estava seriamente machucado. O velho morreu antes de Saladino chegar ao Cairo.[478]

Embora Nureddin estivesse entristecido com a morte de Ayyub, seu empregado de longa data, ele estava enfurecido com a deslealdade de Saladino e jurou ir ao Egito na primavera seguinte.[479] Mas, à medida que se passaram as estações de 1174, também passou o poder muçulmano na Síria. Na primavera, o rival de Saladino, Nureddin, estava morto em Damasco; no verão, a notícia de sua morte chegou ao Cairo, e Saladino agora era sultão. No outono, o

---

477. HINDLEY, op. cit., p. 66.

478. Ibidem, p. 67.
479. RUNCIMAN, op. cit., p. 396.

novo sultão do Egito estava a caminho de Damasco, onde foi recebido de braços abertos como regente do herdeiro de Nureddin, As-Salih.

Em 1175, Saladino conseguiu adicionar Homs, Hamá e Baalbek às suas conquistas e, durante 1176, ainda somou Manjib e Azaz a seu território. Alepo, contudo, continuaria além de seu alcance, apesar de seus esforços para tomar a cidade. Em sua volta a Damasco naquele ano, ele ainda provocou Nureddin do lado de fora da cova ao se casar com uma de suas viúvas, Asimat ad-Din.[480] No outono, ele estava de volta ao Cairo, – não apenas com o título de sultão do Egito, mas também de rei da Síria.

A construção da Fortaleza de Saladino no Cairo começou em 1176, logo após ele ter se tornado sultão do Egito. Na foto, está uma das torres da fortaleza. *iStockPhoto.com (Ranjan Chari)*

CONFUSÃO NA CRISTANDADE

Não era somente o mundo muçulmano que vivia uma mudança no poder. Simultaneamente às vitórias de Saladino no norte, a cristandade vivia suas próprias dificuldades no sul.

Em 11 de julho de 1174, o rei Amalrico de Jerusalém, que havia passado muito de seu reinado tentando fazer incursões no Egito, morreu de disenteria.[481] Isso deixou seu filho de 13 anos, Balduíno, como herdeiro do trono. Como se esta idade não fosse problemática o suficiente, o futuro rei também era leproso.[482] Apesar de suas óbvias limitações, quatro dias após a morte de seu pai, ele foi coroado Balduíno IV na Igreja do Santo Sepulcro. Era claro, contudo, que o reino de Jerusalém necessitaria de um regente.

Essa função, apenas no papel, foi inicialmente cumprida por Miles de Plancy, que era o amigo mais próximo do rei e Senescal. Todavia, De Plancy não era benquisto, e sua impopularidade com os barões locais preparou o terreno para Raimundo – conde de Trípoli, que era o parente de sexo masculino mais próximo do rei – assumir como regente.[483] Três semanas depois, Miles de Plancy foi assassinado em Acre, e Raimundo era suspeito. Ele podia ser mais popular com os barões locais, mas Raimundo assim como De

---

480. HINDLEY, op. cit., p. 79-86.
481. RUNCIMAN, op. cit., p. 374.
482. Foi Guilherme de Tiro quem descobriu a lepra de Balduíno quando ele era o professor do menino. O jovem herdeiro ao trono estava brincando com seus amigos um jogo de resistência em que eles enterravam as unhas nos braços dos outros para ver quem seria o primeiro a gritar de dor. O jovem Balduíno venceu a competição, não por sua coragem, mas porque ele não sentia nada.
483. RUNCIMAN, op. cit., p. 404.

Plancy, também tinha seus oponentes. De fato, sua regência dividiu o reino em duas facções: o grupo de Raimundo consistia de barões locais, como os Ibelins, e dos Hospitalários, que buscavam maneiras de trabalhar cooperativamente com seus vizinhos muçulmanos, enquanto o outro lado era composto de ocidentais e dos Templários, que propunham uma abordagem mais militar para lidar com os mesmos problemas.[484]

Entre aqueles que ficaram do lado dos Templários estava um homem chamado Reinaldo de Châtillon, que foi libertado da prisão em Alepo, em 1176, com um ódio fanático ao Islã. A posição de Reinaldo era tanto pessoal quanto ideológica. Poucos meses depois de ser libertado da prisão, Reinaldo casou-se com a viúva de De Plancy, Stephanie, e, pelo casamento, tornou-se senhor de Oultrejordain. Já que a viúva de De Plancy estava convencida de que o conde Raimundo havia participado do assassinato de seu marido, estava claro com qual facção eles se aliaram.

De forma semelhante, os problemas dos Templários com o conde Raimundo eram, ao menos parcialmente, pessoais. Em 1173, um cavaleiro flamengo chamado Gerard de Ridefort veio a Trípoli e entrou a serviço de Raimundo. Em troca, Raimundo havia prometido a De Ridefort a mão de sua primeira herdeira. No entanto, quando surgiu a oportunidade, alguns meses depois, Raimundo aparentemente se esqueceu da promessa. Em vez de casá-la com De Ridefort, Raimundo deu sua mão em casamento a um rico homem de Pisa que literalmente ofereceu ao conde o peso da princesa em ouro.[485] Pouco depois, Gerard de Ridefort juntou-se aos Templários, mas ele nunca se esqueceria do menosprezo de Raimundo.

A fissura entre as facções espalhou-se tão rapidamente quanto a lepra de Balduíno, e com o mesmo dano. Sabia-se bem que Balduíno não teria uma vida longa, e, portanto, era necessário assegurar o futuro do reino de Jerusalém. Balduíno tinha duas meias-irmãs, Isabela e Sibila, nenhuma das quais tinha marido. Sibila, a mais velha, foi a primeira a se casar, unindo-se a Guilherme de Montferrat em outubro de 1176. Contudo, apenas três meses após o casamento, Guilherme morreu de malária, deixando Sibila grávida de um filho.[486] Embora se tentasse encontrar um marido para Sibila na pessoa de Filipe de Flandres, o conde estava mais interessado em casar seus dois primos do que ele próprio contrair um matrimônio.[487] Levaria alguns anos até que Sibila finalmente escolhesse seu marido e, ao fazê-lo, selasse o destino do reino de Jerusalém.

A Batalha de Montgisard

Quando o rei Balduíno chegou à idade de 16 anos, em 1177, a regência de Raimundo do reino de Jerusalém chegou

---

484. Ibidem, p. 405.

485. Ibidem, op. cit., p. 406. PAYNE, op. cit., p. 183-184. BARBER, op.cit., p. 109-110. Barber dá a data posterior de 1180, sugerindo que De Ridefort havia servido como Marechal de Jerusalém em 1179 e se juntado à Ordem dos Templários em 1180.
486. PAYNE, op. cit., p. 184-185.
487. RUNCIMAN, op. cit., p. 415.

Hamá, mostrada nesta ilustração, foi uma das diversas cidades muçulmanas capturadas por Saladino em 1174-1175. ClipArt.com

ao fim. Agora no poder, o rei leproso imediatamente se envolveu com campanhas militares, apesar do desenvolvimento da doença. Quando Filipe de Flandres decidiu ir ao norte para ajudar Raimundo de Trípoli em uma campanha contra os muçulmanos, Balduíno enviou mil cavaleiros e 2 mil soldados de infantaria para ajudar, assim como uma série de Templários.[488] Isso deixou o reino com muito menos homens do que havia enviado,[489] e Saladino logo soube da condição enfraquecida do reino.

Em 18 de novembro de 1177, Saladino entrou em território cristão com um exército gigantesco, o qual, diz-se, era composto de 26 mil soldados de cavalaria leve, 8 mil homens em camelos e mais mil homens que faziam a proteção de Saladino.[490] Sabendo que seu exército em muito excedia o dos cristãos, Saladino confiantemente começou a marchar em direção ao norte pela costa palestina. Contudo, o reino também tinha seu serviço de inteligência, e, assim que chegou a notícia de que o sultão estava a caminho, Odo de St. Amand, que era então Mestre dos Templários, ordenou cada cavaleiro que pôde encontrar para se dirigir ao sul, para Gaza, a fim de se defender contra os muçulmanos.

Saladino, talvez percebendo que os Templários responderiam dessa forma, navegou para além de Gaza e armou o cerco a Ascalon, que havia sido capturada duas décadas antes. Balduíno, que havia conseguido juntar cerca de 500 cavaleiros, dirigiu-se imediatamente para o porto da cidade, chegando poucas horas antes de Saladino e seu exército.[491] Mas Saladino novamente mudou de planos. Já que os Templários defendiam Gaza e o rei e seus homens estavam defendendo Ascalon, o sultão percebeu que a estrada entre ele e Jerusalém estava vazia de seus inimigos cristãos. Deixando um pequeno contingente para manter Balduíno ocupado, Saladino pôs-se em direção norte para Jerusalém (com sua boca certamente salivando pela perspectiva de capturar a Cidade Sagrada). Mas a arrogância fez com que Saladino baixasse sua guarda. As rédeas normalmente curtas que ele mantinha sobre seus homens foram soltas, e eles puderam perambular e pilhar os campos.

Balduíno de alguma forma conseguiu enviar uma mensagem à guarnição templária em Gaza sobre o que estava acontecendo. Seu mensageiro disse aos Templários que abandonassem Gaza

---

488. NICHOLSON, op. cit., p. 66.
489. PAYNE, op. cit., p. 188.
490. Ibidem, p. 187.

491. RUNCIMAN, op. cit., p. 416.

e se dirigissem ao norte para Ascalon a fim de ajudar o rei. Quando os Templários chegaram a Ascalon, Balduíno, com Reinaldo de Châtillon e o exército, abandonou a cidade e foi em direção norte para Ibelin, de onde as forças unidas cristãs voltaram pelo interior em direção a Jerusalém.[492]

Exatamente uma semana após ter vindo do Egito, Saladino e seu exército estavam cruzando um desfiladeiro perto de Montgisard, a sudeste de Jerusalém, quando os cristãos começaram a esmagá-los vindos do norte. Saladino não tinha ideia do que vinha em sua direção.

Com o elemento-surpresa a seu lado, os cristãos, apesar de estarem em número incrivelmente menor, foram capazes de afugentar o exército de Saladino do campo de batalha. A vitória deveu-se aos Templários e a seu ataque pesado, liderado por Odo de St. Amand e 80 Irmãos. Ralph de Diss, registrando o evento como testemunha ocular da Batalha de Montgisard, escreveu sobre o efeito devastador do ataque dos Templários:

"Cavalgando rapidamente todos juntos, como se fossem um homem, eles [os Templários] fizeram um ataque, não se desviando nem à esquerda nem à direita. Reconhecendo o batalhão no qual Saladino comandava muito cavaleiros, eles virilmente aproximaram-se dele, imediatamente o penetraram, incessantemente derrubaram, dispersaram, abateram e esmagaram. Saladino foi golpeado com admiração, vendo seus homens dispersos por todos os lados, toda parte, todos os lados transformados em fuga e entregues ao fio da espada".[493]

Muitos dos homens de Saladino abandonaram o campo de batalha antes da onda de ataque dos Templários; aqueles que tiveram coragem de permanecer em suas posições foram destruídos pelos cristãos. Logo o exército egípcio estava em fuga, abandonando não só os espólios que haviam capturado enquanto pilhavam o caminho até Jerusalém, mas também muitas de suas armas.[494] Se a humilhação no campo de batalha ainda não houvesse sido o suficiente, a jornada para casa somou-se a ela. À medida que o exército cruzava o deserto de Sinai, eles foram regularmente acossados pelos beduínos, enquanto outros que paravam nas vilas para implorar comida e água eram mortos ou entregues aos cristãos como prisioneiros.[495]

Quanto a Saladino, sempre preocupado com o abalo de sua posição no poder, enviou mensageiros ao Egito na frente, montados em camelos rápidos, para avisar a todos que ele ainda estava vivo. Quando chegou, pombas mensageiras foram mandadas para todos os lados do território para avisar aos egípcios que seu sultão havia retornado.

No final, Saladino fracassou em capturar Jerusalém como pretendia, principalmente em razão da coragem do rei leproso de Jerusalém e da habilidade e disciplina dos Templários comandados por Odo de St. Amand. Todavia, qualquer humilhação que Saladino possa ter sofrido em Montgisard, no outono

---

492. Ibidem, p. 417.

493. NICHOLSON, op. cit., p. 66.
494. RUNCIMAN, op. cit., p. 417.
495. PAYNE, op. cit., p. 187.

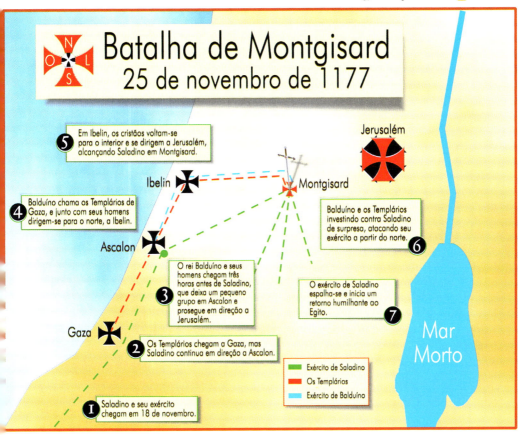

de 1177, seria esquecida uma década mais tarde, quando a Cidade Sagrada finalmente seria dele.

AS SEMENTES DA DESTRUIÇÃO

Saladino não ficou ocioso durante a década entre sua grande derrota em Montgisard e o que seria sua maior vitória em Jerusalém. Em 1179, o sultão foi bem-sucedido na captura do Mestre do Templo, Odo de St. Amand, assim como de Balduíno d'Ibelin, que também havia lutado em Montgisard. O resgate de Balduíno foi fixado em 150 mil dinares mais o retorno de mil muçulmanos prisioneiros mantidos pelos cristãos. O Mestre dos Templários deveria ser trocado por apenas um prisioneiro muçulmano, mas um que o sultão considerava de grande importância.[496] Não disposto a aceitar que qualquer homem fosse seu igual, De St. Amand permaneceu na prisão em Damasco até sua morte um ano mais tarde. De St. Amand foi sucedido por Arnoldo de Torroja, que havia servido como Mestre da Ordem na Espanha. Dessa forma, De Torroja não estava familiarizado com a política no Oriente e passou um tempo considerável tentando mediar as diversas facções.[497] Ele morreu em 1184 durante uma viagem ao Ocidente a fim de angariar apoio para o que sobrava dos Estados Cruzados. De

---

496. RUNCIMAN, op. cit., p. 420.
497. BARBER, op. cit., p. 109.

Torroja foi, por sua vez, sucedido em 1185 por Gerard de Ridefort, o homem que havia se juntado aos Templários após ser negado a ele a mão da princesa de Botron. Embora fosse De Ridefort que levaria muito da culpa pela perda de Jerusalém, as sementes da destruição foram, na verdade, plantadas vários anos antes.

Intriga no Reino

O rei Balduíno estava morrendo, e sua irmã Sibila ainda não havia encontrado um marido. Embora ela houvesse se apaixonado por Balduíno d'Ibelin e planejado se casar com ele, ele havia sido capturado por Saladino com Odo de St. Amand na Batalha de Marj Ayun. Quando Balduíno foi libertado da prisão, Sibila informou-lhe que não poderiam se casar enquanto ele estivesse com dívidas. Contudo, quando Balduíno conseguiu garantir o dinheiro para pagar a dívida do resgate, Sibila havia encontrado outro homem, um cavaleiro de Poitou chamado Guy de Lusignan. Os dois casaram-se na Páscoa de 1180, e Guy recebeu Ascalon e Jaffa como feudos.[498]

Um mês depois, o rei fez uma trégua de dois anos com Saladino, que permitia que ambos os lados passassem livremente pelo território do outro. Entretanto, nem todos no reino estavam preparados para respeitar a trégua. Reinaldo de Châtillon viu as ricas caravanas muçulmanas que passavam por sua casa como uma oportunidade muito grande de pilhagem e começou a atacá-las. Saladino ficou indignado e levou a questão ao rei Balduíno, que, embora concordasse que Reinaldo havia violado a trégua, não podia forçar o senhor de Oultrejordain a fazer as pazes.[499] Saladino aumentou seu poder de barganha poucos meses depois, quando um grupo de peregrinos forçados a desembarcar no porto de Damieta por causa do mau tempo foi capturado. Saladino ofereceu os 1.500 peregrinos em troca da pilhagem da caravana que Reinaldo havia tomado, mas De Châtillon ainda não estava disposto a fazer as pazes. De fato, Reinaldo havia se tornado tão corajoso que tinha, na verdade, planejado lançar uma esquadra a Meca pelo Mar Vermelho. Sua intenção era atacar a cidade mais sagrada do Islã, destruir a Caaba e roubar o túmulo do profeta Maomé em Medina. Ainda que ele não conseguisse tudo o que havia esperado, sua incursão foi suficiente para selar seu destino em relação a Saladino.[500]

A Vingança de De Ridefort

A administração de De Riderfort começou quando a instabilidade política que havia infestado o reinado do rei Balduíno chegava ao fim. O rei leproso finalmente sucumbiu à doença em março de 1185 e foi substituído por seu sobrinho, Balduíno V, que morreu pouco mais de um ano depois, com 8 anos.[501] Antes de sua morte, Balduíno IV havia escrito em seu testamento que, se seu sobrinho morresse antes da idade de dez anos, Raimundo deveria reassumir sua posição como regente; contudo, havia aqueles dentro do reino de Jerusa-

---

498. RUNCIMAN, op. cit., p. 424.
499. Ibidem, p. 431.
500. Ibidem, p. 437.
501. BARBER, op. cit., p. 110.

lém que não queriam ver este desejo se realizar. Com a ajuda de De Ridefort e dos Templários, Sibila e Guy encenaram um golpe de Estado, em setembro de 1186, que garantiu que eles, e não Raimundo de Trípoli, governassem o reino.

Havia três chaves para o cofre que guardava as joias da coroa. O patriarca e De Ridefort, ambos apoiadores de Sibila, possuíam cada um uma das chaves, enquanto que a terceira era guardada pelo Mestre dos Hospitalários, Rogério des Moulins. Des Moulins recusou-se a entregar a chave, mas por fim jogou-a da janela em um ato de puro desgosto pela questão.[502] De Ridefort avidamente pegou a chave da lama, olhando-a não só como a chave para destravar as joias da coroa, mas como a chave para destravar sua vingança a Raimundo de Trípoli. Enquanto os Templários guardavam os portões da cidade para manter Raimundo do lado de fora, Sibila foi coroada rainha de Jerusalém e imediatamente a nova rainha coroou Guy como seu rei. De acordo com algumas versões, quando De Ridefort saiu da Igreja do Santo Sepulcro, ele gritou que a coroação foi uma vingança pelo casamento da princesa de Botron.[503] Esta não seria a única ação de De Ridefort contra Raimundo de Trípoli.

Durante o inverno de 1186, De Ridefort tentou convencer o rei Guy a lutar contra Raimundo e tomar Tiberíades a fim de enfraquecê-lo. Como contramedida, Raimundo fez uma trégua com Saladino para proteger Trípoli e a Galileia.[504] O rei Guy, que tendia a aceitar qualquer conselho que lhe fosse oferecido a qualquer momento, poderia ter feito isso caso ele não tivesse sido persuadido por Balian d'Ibelin a fazer algo mais sábio. Em vez de marchar para Tiberíades com armas, decidiu-se marchar com diplomatas, e, em 29 de abril de 1187, o arcebispo de Tiro com o Mestre do Templo e o Mestre dos Hospitalários partiram para Tiberíades. O plano era encontrar Balian em seu castelo em Nablus, mas o irmão mais novo de Ibelin estava ocupado e enviou o grupo ao norte, prometendo se encontrar com eles no castelo dos Templários em La Féve.[505]

Simultaneamente à ida da embaixada ao norte, o filho de Saladino, Al-Afdal, havia pedido a Raimundo que permitisse que um grupo de escolta de seu exército se dirigisse ao sul. O pedido era nada mais do que formalidade, uma cortesia, já que a trégua entre Raimundo e Saladino o permitia. Contudo, isso não evitou que o conde enviasse a notícia à embaixada para que soubessem o que esperar. O que deveria ter sido um aviso amigável logo se tornou derramamento de sangue desnecessário. Ao receber a notícia de que os muçulmanos estavam a caminho, De Ridefort entrou imediatamente em ação, convocando o máximo de Templários que ele podia reunir rapidamente.

A Fonte de Cresson

No dia primeiro de maio, o exército composto de 90 Templários, outros 50

---

502. RUNCIMAN, op. cit., p. 448.
503. Ibidem, p. 448.

504. BARBER, op. cit., p. 111.
505. Ibidem.

Uma representação romântica do ataque impetuoso de De Ridefort contra os muçulmanos na Fonte de Cresson em 1º de maio de 1187. *Coleção do autor*

cavaleiros, incluindo o Mestre dos Hospitalários, Rogério des Moulins, e 300 soldados de infantaria, chegou à Fonte de Cresson, um pouco ao norte de Nazaré. Abaixo deles estava um exército de muçulmanos que, diz-se, tinha 7 mil homens, mas provavelmente contava com não mais do que 700.[506] Se acreditarmos nos números, para cada cristão na colina, havia 50 muçulmanos esperando abaixo. Se havia apenas 700, os cristãos estavam em menor número, em uma proporção de cinco para um.

Des Moulins e o Marechal Templário Tiago de Mailly, vendo as chances desfavoráveis, incitaram De Ridefort a retroceder, mas ele não estava interessado. Em vez de acatar o conselho de seu Marechal, ele o provocou, dizendo-lhe que ele era muito apegado às suas madeixas loiras para arriscar perdê-las. O Marechal respondeu que ele morreria em batalha como um homem valente, enquanto seu Mestre fugiria do campo de batalha como um traidor.[507] Era uma profecia que se tornaria verdade mais cedo do que De Mailly previa. Gerard, insultado pela insubordinação de seu Marechal, esporou seu cavalo imediatamente e liderou o ataque vale adentro, onde os muçulmanos esperavam.

Quando a batalha terminou, tanto o Marechal dos Templários quanto o Mestre dos Hospitalários, que haviam apelado a De Ridefort para retroceder, estavam mortos no campo de batalha.

---

506. Ibidem. NICHOLSON, Helen; NICOLLE, David. *God's Warriors: Knights Templar, Saracens and the Battle for Jerusalem*. Oxford: Osprey, 2005, p. 66. Barber dá o número de 7 mil, assim como Nicholson e Nicolle; contudo, os últimos indicam que o amplo número é um exagero, sendo 700 mais realista.

507. RUNCIMAN, op. cit., p. 453. BARBER, op. cit., p. 111-112.

Ao lado deles, jaziam os corpos de 140 cavaleiros e 300 sargentos.[508] Daqueles que entraram no campo de batalha, apenas três homens sobreviveram, entre eles, De Ridefort.

O massacre em Cresson foi sem dúvida um desastre trazido pela natureza impetuosa de De Ridefort, e, embora o Mestre Templário fosse o único responsável por enviar 90 de seus homens à morte, um benefício inesperado de seu martírio foi a unificação das duas facções políticas. Afinal de contas, era Raimundo que havia permitido que os muçulmanos cruzassem seu território para começar, e, dessa forma, parte da culpa batia às suas portas. Pouco tempo depois do massacre de Cresson, Raimundo e o rei Guy fizeram as pazes, a trégua com Saladino acabou e a guarnição muçulmana, estacionada em Tiberíades, foi expulsa.[509] Pela primeira vez em muitos anos, parecia que a cristandade mais uma vez estava preparada para voltar sua atenção a um inimigo comum. Guy conseguiu juntar um exército de Trípoli, Antioquia e seu próprio reino de Jerusalém que nunca outrora havia sido visto.

Infelizmente, isso seria um esforço muito pequeno e muito tardio.

---

508. TYERMAN, op. cit., p. 367.

509. Ibidem, p. 367.

252 ✠ Nascidos em Berço Nobre

Uma representação do século XIX da batalha final em Hattin. *Coleção do autor*

A Queda de Jerusalém

"O número de mortos e capturados era tão grande que aqueles que viram o massacre não podiam acreditar que alguém pudesse ser levado vivo, e aqueles que viram os prisioneiros não podiam acreditar que alguém pudesse ter sido morto."[510]

Ibn al-Athir sobre a Batalha de Hattin

Em 29 de dezembro de 1170, quatro cavaleiros entraram na Catedral de Cantuária, na Inglaterra, onde assassinaram o arcebispo, Thomas Becket. A sangue frio e com nervos de aço, os cavaleiros haviam respondido a uma simples questão feita por seu rei: "Quem vai me livrar deste sacerdote intrometido?".

Embora seja improvável que o rei Henrique II da Inglaterra, o neto do rei Fulque de Jerusalém, quisesse que suas palavras fossem tomadas literalmente, ele foi, todavia, forçado a tomar atitudes para remediar o assassinato do padre. Parte do reparo foi enviar uma grande quantia de dinheiro ao além-mar, onde deveria ser depositado pelos Templários para uma cruzada da qual o rei havia jurado participar.

Em junho de 1187, os cofres de Henrique no tesouro dos Templários foram abertos por Gerard de Ridefort, não para ajudar a planejada e longamente atrasada cruzada do rei, mas para contratar tropas mercenárias. Como sempre, havia uma razão para quebrar a política da Ordem a respeito de proteger o dinheiro de um cliente, e, neste caso, De Ridefort considerava a ação necessária a fim de vingar a vergonha que os muçulmanos haviam trazido para a cristandade em geral e para ele em particular, um mês antes, em Cresson.[511]

De fato, o reino de Jerusalém estava prestes a encarar uma vergonha ainda maior, pois Saladino estava trazendo tropas de Alepo, Mosul e Mardin,[512] e, combinados, os muçulmanos haviam juntado 50 mil homens.[513] Em 26 de junho, Saladino revistou

---

510. GABRIELI, op. cit., p. 123. Tradução para o inglês da versão de Ibn al-Athir sobre a Batalha de Hattin.
511. BARBER, op. cit., p. 112.
512. RUNCIMAN, op. cit., p. 454.
513. DICKIE, Iain et. al. *Battles of the Medieval World: 1000-1500*. New York: Barnes & Noble, 2006, p. 40.

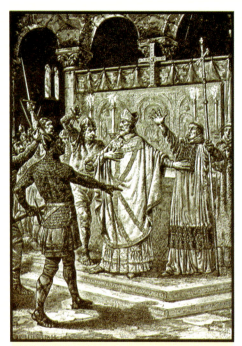

O assassinato de Thomas Becket, em 29 de dezembro de 1170, levou Henrique II a enviar dinheiro aos Templários para ajudar a financiar uma cruzada. *ClipArt.com*

Simultaneamente à passagem de Saladino pelo Jordão, o rei Guy organizou uma reunião do conselho na cidade portuária de Acre para desenhar o plano de ataque dos cristãos. Raimundo de Trípoli sabia que o calor do verão seria um problema para ambos os lados do conflito vindouro, mas percebeu que o exército que atacasse estaria com uma imediata desvantagem. Dessa forma, sua sugestão foi a de que o exército cristão, que somava cerca de 38 mil homens,[515] incluindo as tropas mercenárias contratadas com o dinheiro do rei Henrique, assumisse uma posição de defesa. Saladino não poderia, segundo Raimundo, forçar a luta por um longo tempo na árida região e seria obrigado a recuar.[516] Reinaldo e De Ridefort acusaram Raimundo de covardia e sugeriram uma abordagem mais agressiva. Como normalmente ocorria, Guy fiou-se pelo vento que batia em seus ouvidos e deu a ordem de marchar em direção a Tiberíades.

O exército cristão chegou a Séforis, a nordeste de Nazaré, em 2 de julho, e montou o acampamento. Assim como os pomares ao lado de Damasco, o lugar era excelente para acampar: havia bastante água, pasto para os cavalos e a localização lhes daria a vantagem na batalha que chegava. Mas, assim como o fiasco de Damasco, o rei logo se persuadiria a mudar de lugar.

Naquela noite, chegou um mensageiro informando aos cristãos que Saladino havia cercado Tiberíades. Raimundo novamente recomendou a mesma estratégia defensiva que havia

suas tropas em Ashtera e as organizou em formação de marcha: Taki-ed-Din, sobrinho de Saladino, assumindo a ala direita; Kukburi, emir de Harran, a ala esquerda; e o próprio Saladino, a coluna central. O exército marchou para o norte a partir de Ashtera até Khisfin e então ao sul contornando a ponta do Mar da Galileia, onde permaneceu por cinco dias enquanto obtinha informações sobre os cristãos.[514] Saladino cruzou o Rio Jordão em 1º de julho e enviou metade de suas tropas ao norte para fazer cerco a Tiberíades, enquanto a outra metade dirigiu-se a oeste para Cafarsset, onde montaram o acampamento.

---

514. RUNCIMAN, op. cit., p. 455.

515. DICKIE, et. al., op. cit., p. 40.
516. RUNCIMAN, op. cit., p. 455.

oferecido anteriormente. Embora Tiberíades pertencesse a ele e sua mulher estivesse na fortaleza da cidade, Raimundo estava disposto a deixar a cidade ser capturada pelo bem de salvar o reino. Dessa vez, o rei Guy acatou o conselho de Raimundo e espalhou a notícia de que eles manteriam sua posição. Contudo, mais tarde naquela mesma moite, Gerard de Ridefort voltou à tenda de Guy com a intenção de convencê-lo do contrário e fazê-lo abandonar o seu plano. O Mestre Templário perguntou ao rei se ele estava preparado para confiar em um traidor; aos olhos de De Ridefort, isso é o que era seu velho adversário, Raimundo de Trípoli. Era uma desgraça ficar ocioso enquanto uma cidade cristã tão próxima caía nas mãos dos infiéis. De Ridefort até ameaçou o rei de que, se ele ficasse inerte, os Templários seriam forçados a abandonar seus hábitos: a morte dos Irmãos em Cresson devia ser vingada.[517] Novamente, o maleável Guy foi persuadido pela última voz a chegar a seus ouvidos e deu a ordem de que o acampamento marcharia ao alvorecer. É claro que havia pouco que ele podia dizer em oposição aos pedidos de Gerard. Se não fosse pelo Mestre do Templo e seus Irmãos, seria Raimundo de Trípoli, não ele, que estaria tomando decisões.

Quando o Sol nasceu na manhã seguinte, os cristãos levantaram o acampamento e deixaram sua posição favorável em Séforis por Tiberíades, movendo-se pelo nordeste em direção a Tourran. Enquanto o exército viajava pelo feudo de Raimundo, ele, de acordo com o costume feudal, assumiu a posição dianteira. O rei Guy e seus homens compunham a coluna central, enquanto Balian d'Ibelin, Reinaldo de Châtillon e os Templários formavam a retaguarda. As divisões eram compostas de cavalaria, e cada unidade estaria protegida por todos os lados por soldados de infantaria que acompanhavam o exército. No centro da linha de marcha estava a relíquia sagrada, a Cruz Verdadeira.

Saladino, recebendo a notícia da movimentação dos cristãos, levantou o acampamento em Cafarsset e, com seu exército, começou a se movimentar na mesma direção. Apesar de alguns destacamentos serem enviados para incomodar a linha de marcha, o exército de Saladino não teve qualquer outro contato maior com o exército cristão até chegar em Tourran pela manhã.

Enquanto os cristãos continuavam a marchar em direção a Tiberíades, a cavalaria leve muçulmana começou a combater o exército, atacando cavalos

Henrique II da Inglaterra era o filho de Godofredo, conde de Anjou, e Matilda. Dessa forma, ele era o neto de Fulque de Anjou, que se tornou o rei de Jerusalém após a morte de Balduíno II. ClipArt.com

---

517. BARBER, op. cit., p. 112-113. Esta é a versão da história de acordo com o relato de Bernardo, o Tesoureiro.

mudasse o curso e se dirigisse à vila de Hattin, a seis quilômetros, onde o exército poderia pegar água da fonte, acampar e partir para Tiberíades na manhã seguinte. Guy concordou, e o exército moveu para aquela direção. Contudo, como os cristãos viajavam em terreno mais baixo em direção a duas colinas conhecidas como os Cornos de Hattin, Saladino tinha a vantagem de poder ver o que eles faziam e ordenou a Taki-ed-Din que bloqueasse a chegada a Hattin.

Com a dianteira parada, Saladino mandou que sua outra ala atacasse a retaguarda cristã, fazendo com que Raimundo ordenasse uma segunda parada do exército. Os Templários atacaram os muçulmanos que os atormentavam na esperança de afastá-los, mas o ataque não teve o resultado desejado, e o exército, agora exaurido pela abundância de calor e pela falta de água, decidiu acampar onde estava. Nessa hora, de acordo com uma versão da época da batalha, Raimundo gritou: "Ai, Senhor Deus, a batalha terminou! Fomos traídos e levados à morte. O reino está acabado!"[519]

e homens um a um. Como se o ataque não fosse o suficiente para drenar o moral, eles agora sofriam com o calor, incapazes de saciar a sede que se acumulava desde que haviam partido de Séforis. Ao meio-dia, o exército cristão havia parado completamente.[518]

Foi nesse momento que Raimundo sugeriu ao rei Guy que o exército

---

518. NICHOLSON, Helen; NICOLLE, David. *God's Warriors: Knights Templar, Saracens and the Battle for Jerusalem*. Oxford: Osprey, 2005, p. 62.

519. *De Expugatione Terrae Sanctae per Saladinum* – Medieval Sourcebook. Traduzido para

Os Cornos de Hattin, vistos do nordeste na direção da cadeia de montanhas, e o Corno Sul. Foi aqui que Saladino exterminou as forças cristãs em 4 de julho de 1187. *iStokPhoto.com* (*Linda Winkler*)

O relato continua descrevendo as dificuldades que o exército cristão sofreu durante a noite:

"E assim, com tristeza e angústia, eles acamparam em um lugar seco, onde, durante a noite, jorrou-se mais sangue do que água. Os filhos de Esaú [o exército de Saladino] cercaram o povo de Deus [os cristãos] e incendiaram o deserto em torno deles. Por toda a noite, os homens famintos e sedentos foram atacados por flechas, pelo calor e pelas chamas do fogo".[520]

Quando os soldados que conseguiram dormir em meio ao tormento da noite acordaram, eles estavam ainda mais sedentos do que na noite anterior, e seu primeiro pensamento deve ter sido encontrar água. Os homens de Saladino, por outro lado, tinham água sobrando, pois o exército tinha uma caravana de camelos para transportar água do lago a seu acampamento.[521]

A Batalha de Hattin

A luta teve início assim que o exército começou a avançar, com Saladino enviando seus homens para atacar os cristãos mortos de sede. Os Templários responderam com um contra-ataque. Embora o ataque tenha funcionado, os Templários perderam uma série de cavalos. Enquanto a luta continuava, os soldados de infantaria, que deviam proteger os cavaleiros, perderam o moral e se desligaram do exército principal em números cada vez maiores, dirigindo-se em direção às águas que cintilavam à sua direita, apesar de estarem mais longe do que pareciam. Eram águas que eles nunca beberiam, pois muitos da infantaria foram massacrados, sendo o resto capturado para ser vendido posteriormente como escravos.

Com a proteção destruída, havia pouco que os cavaleiros restantes podiam fazer. Nem mesmo as Ordens Militares mais disciplinadas podiam avançar muito no terreno sem a assistência da infantaria. O autor anônimo de *De Expugatione Terrae Sanctae per Saladinum* conta sobre o caos e a carnificina que se seguiram:

---

o inglês por James Brundage. Disponível em: *www.fordham.edu/halsall/source/1187hattin.html*.
520. Ibidem.
521. NICHOLSON, op. cit., p. 64.

O mapa mostra a direção das forças opositoras. *Autor*

"Os Templários, os Hospitalários e os *Turcopolos*, enquanto isso, estavam ocupados com uma violenta ação na retaguarda. Contudo, eles não podiam ganhar, pois os inimigos brotavam de todos os lados, dando flechadas e ferindo os cristãos. Quando eles prosseguiram um pouco, gritaram ao rei, pedindo ajuda. O rei e os outros viram que a infantaria não voltaria e que eles próprios não podiam resistir às flechas turcas sem os sargentos. Dessa forma, pela graça da cruz do Senhor, eles ordenaram que as tendas fossem levantadas para bloquear os ataques sarracenos, de forma que eles pudessem resistir mais facilmente. As formações de batalha, portanto, estavam rompidas. As unidades juntaram-se em volta da Cruz Sagrada, confusos e misturados por toda a parte. Os homens que estavam com o conde de Trípoli no primeiro grupo viram que o rei, os Hospitalários, os Templários e todo o restante estavam amontoados e misturados com os turcos. Eles também viram que havia uma multidão de bárbaros entre eles e o rei e que não podiam atravessar para voltar à cruz do Senhor. Eles gritaram: 'Aqueles que conseguirem atravessar podem ir, já que a batalha não está a nosso favor. Agora perdemos inclusive a chance de fugir'. Enquanto isso, milhares de sírios estavam atacando os cristãos, mandando flechas e matando-os".[522]

Muitos cavaleiros agora lutavam a pé; o peso de suas armaduras de cotas de malha colocava-os em uma enorme desvantagem, sendo sua proteção adicional apenas os cadáveres de suas montarias e os companheiros assassinados. Raimundo de Trípoli havia fugido da batalha, assim como Balian d'Ibelin e Reinaldo de Sídon. Contudo, não havia muito o que o conde poderia fazer. Quando ele liderou seus homens em um ataque contra os muçulmanos, Taki-ed-Din abriu suas fileiras, deixando que o ataque passasse, e então fechou sua formação rapidamente. Raimundo percebeu que atacar novamente seria tão impossível quanto inútil e partiu para Tiro.

O rei Guy também estava vendo que as coisas estavam rapidamente indo de mal a pior e moveu o que restava de suas

---

522. *De Expugatione Terrae Sanctae per Saladinum*, op. cit.

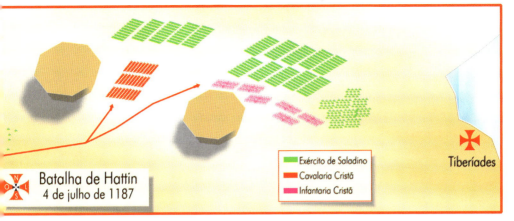

tropas para um terreno mais alto em direção ao Corno Sul, onde ele montou a tenda real, talvez na esperança de que sua cor vermelha vibrante serviria como um ponto de encontro para as tropas.

Saladino e seu filho al-Afdal assistiam aos últimos momentos da luta dos cristãos a distância. O cronista árabe Ibn al-Athir contou a história da queda dos francos da perspectiva de al-Afdal:

"Estava ao lado de meu pai, Saladino, durante a batalha, a primeira que vi com meus próprios olhos. O rei franco havia recuado para a colina com o seu bando, e, de lá, ele liderou um ataque tempestuoso contra os muçulmanos que estavam diante dele, forçando-os de volta em direção de meu pai. Vi que ele estava amedrontado e perturbado, e ele puxava sua barba enquanto prosseguia gritando: 'Fora com a mentira do Diabo!'. Os muçulmanos voltaram-se para contra-atacar e conduziram os francos de volta ao topo da colina. Quando vi os francos retrocedendo ante o ataque muçulmano, gritei de alegria: 'Conquistamo-los!'. Mas eles voltaram ao combate com o mesmo ardor e levaram nosso exército em direção a meu pai. Sua resposta foi a mesma que anteriormente, os muçulmanos contra-atacaram e conduziram os francos de volta ao topo da colina. Novamente gritei: 'Derrotamo-los!', mas meu pai voltou-se para mim e disse: 'Fique quieto, não os derrotaremos até que a tenda caia!'. Enquanto ele falava, a tenda caiu, e o sultão desceu do cavalo e se prostrou em agradecimento a Deus, chorando de alegria".[523]

A perda da tenda do rei deve ter sido uma fonte de pesar aos cristãos tanto quanto foi uma fonte de alegria aos muçulmanos. Contudo, não foi o único símbolo da autoridade cristã a cair naquele dia. Logo depois que a tenda de Guy foi posta ao chão, a Cruz Verdadeira foi tirada das mãos cristãs. Imadeddin, outro dos cronistas árabes que contou a história da Batalha de Hattin, escreveu sobre a perda da mais sagrada das relíquias cristãs:

"Sua captura foi para eles mais importante do que a perda do rei e foi o golpe mais grave que levaram na batalha. A cruz foi um prêmio sem igual, pois era o objeto supremo de sua fé. Venerá-la era seu dever, pois era seu

---

[523]. GABRIELI, op. cit., p. 122-123. Tradução para o inglês da versão de Ibn al-Athir sobre a Batalha de Hattin.

Deus, perante quem eles abaixavam suas cabeças ao chão e a quem suas bocas cantavam hinos".[524]

Os restos terrenos do sofrimento e sacrifício de Cristo não foram tudo o que os muçulmanos conseguiram capturar dos cristãos. O rei Guy, Reinaldo de Châtillon, Gerard de Ridefort e Guilherme Borrell, o Mestre dos Hospitalários, assim como muitos outros nobres francos, agora eram prisioneiros de Saladino. Dada a magnitude da chacina, é difícil imaginar se eles se consideravam sortudos por terem sobrevivido, ou se desejavam a mesma morte que seus soldados encontraram. Como Imadeddin descreveu a carnificina:

"Os mortos espalhavam-se pelas montanhas e vales, imóveis. Hattin ignorava as suas carcaças, e o perfume da vitória era abundante com o fedor dos cadáveres. Passei por eles e vi os membros caídos cruamente no campo de batalha, espalhados em pedaços sobre o local do encontro, dilacerados e desarticulados, com as cabeças abertas, as gargantas cortadas, as espinhas quebradas, os pescoços estilhaçados, os pés em pedaços, os narizes mutilados..."[525]

A Vingança de Saladino

Quando os francos foram trazidos à tenda de Saladino, o sultão ofereceu ao rei Guy um copo de água fresca, o primeiro que ele bebia desde que partira de Séforis há dois dias. Depois que Guy bebeu sua parte, ele passou o copo a Reinaldo de Châtillon; no entanto, a oferta não foi bem-vista pelo sultão da mesma forma que por Reinaldo. "Este herege não tinha minha permissão para beber e não salvará sua vida dessa forma",[526] disse Saladino. O costume muçulmano dizia que, se um homem recebesse comida ou bebida, a sua proteção estaria garantida. Este era um privilégio ao qual Reinaldo não tinha o direito, especialmente porque Saladino havia jurado matá-lo por seus ataques contínuos a caravanas muçulmanas e por causa de seu plano de invadir as cidades mais sagradas do Islã. Após ser lembrado de suas muitas transgressões contra os muçulmanos, Reinaldo foi decepado e Saladino mergulhou seus dedos no sangue do franco assassinado, esfregando-o em sua própria testa.[527] Em algumas versões, o próprio Saladino decepou Reinaldo, enquanto outras indicam que ele mandou que o serviço fosse feito; mas, independentemente de quem de fato decepou o senhor de Oultrejordain, Saladino havia finalmente se vingado de seu inimigo.

Ver seu amigo decepado diante de seus olhos pouco ajudou a acalmar o medo do rei Guy, e ele começou a tremer, antecipando um destino semelhante. Saladino garantiu-lhe que sua vida não seria tomada. Em vez disso, foi jogado na prisão com De Ridefort, o Mestre dos Templários.

Os Templários que haviam sobrevivido à provação não compartilharam do destino de seu Mestre. Os homens que sobreviveram a Hattin foram coletados como qualquer ou-

---
524. Ibidem, p. 132.
525. Ibidem, p. 135.

526. Ibidem, p. 124-125. Retirado da versão de Ibn al-Athir.
527. NICHOLSON, op. cit., p. 72.

tro espólio capturado e tratados como uma mercadoria comercializável. Os *Turcopolos* seriam de pouco valor aos muçulmanos e provavelmente tiveram uma morte instantânea por terem traído sua fé.[528] Os Templários e os Hospitalários, entretanto, eram altamente valorizados por seus captores, que previam um grande resgate. Saladino estava bastante ciente disso e ofereceu 50 dinares egípcios para cada Templário ou Hospitalário que havia sido capturado. A quantia foi suficiente para assegurar que 200 dos melhores combatentes da cristandade fossem trazidos diante dele. De forma bastante simples, Saladino não estava interessado em ver os Templários como escravos; ele queria se livrar deles, embora cada um tenha recebido a escolha de conversão ou morte.[529] Como Ibn al-Athir explicou a questão: "Ele [Saladino] mandou matar esses homens porque eles eram os mais ferozes de todos os guerreiros francos e, dessa forma, livrou o povo muçulmano deles."[530]

A Queda do Reino

À medida que se passavam os meses restantes de 1187, assim também passavam as várias cidades, vilas e castelos do Levante das mãos dos cristãos para as dos muçulmanos. A estratégia de Saladino foi sábia, pois ele atacou primeiro as posses costeiras dos cristãos, efetivamente eliminando qualquer exército cristão que chegasse do Ocidente pelo mar. Dentro de uma semana após a vitória muçulmana em Hattin, a cidade portuária de Acre havia se rendido ao exército de Saladino, e, em um mês, Toron, Sídon, Gibelet e Beirute também haviam cedido. Escrevendo entre a rendição de Acre, em 10 de julho, e a de Beirute, em 6 de agosto, o Grão-Comandante templário Terrico informou ao papa Urbano III e a todos que leriam sua carta a grave situação que afrontava o Oriente Latino:

"Pois, no presente momento, eles [os muçulmanos] estão cercando Tiro com todas as suas forças, e não param de atacá-la dia e noite, ao mesmo tempo que seus números são tão vastos que eles cobriram toda a face da terra de Tiro até Jerusalém e Gaza, como formigas. Dignai-vos, pois, com toda a pressa possível, a trazer socorro a nós e à cristandade completamente arruinada no Oriente, de forma que, pela ajuda de Deus e os louvados méritos da irmandade, apoiados por sua assistência, possamos salvar o restante daquelas cidades".[531]

A carta do Grão-Comandante templário não seria sua única missiva ao Ocidente; sua segunda carta, escrita em janeiro de 1188, contaria sobre perdas ainda maiores da cristandade.

Ascalon, que exigira vários meses dos cruzados para ser capturada em 1153, havia capitulado a Saladino em 5 de setembro de 1187, após ser sitiada por apenas duas semanas. Entretanto, no caso de Ascalon, Saladino teve uma ajuda dos cristãos. O sultão

---

528. Ibidem.
529. Ibidem.
530. GABRIELI, op. cit., p. 124-125.
531. The Letter of Terricius, Master of the Temple, on the Capture of the Land of Jerusalem. In: Roger of Hoveden, *The Fall of Jerusalem*, 1187 – Medieval Sourcebook. Disponível em: *www.fordham.edu/halsall/source/hoveden1187.html*.

trouxe o rei Guy e Gerard de Ridefort para convencer seus correligionários a se renderem.[532] Guy fez como lhe foi mandado, ajudado pelo Mestre Templário, mas seus pedidos não foram bem recebidos por aqueles detrás das muralhas, que lançaram insultos aos homens, enquanto as manganelas de Saladino lançavam projéteis contra as muralhas.

Embora o pedido de De Ridefort não tenha sido escutado em Ascalon, seus Templários estacionados em Gaza não tiveram a mesma atitude um ano mais tarde, quando seu Mestre informou-lhes para esvaziar a fortaleza. Eles eram, pela própria Regra da Ordem, obrigados a obedecer a seus comandos, e foi a rendição de Gaza que garantiu a Gerard a sua liberdade.[533]

Não sobrava nada das posses costeiras do reino, exceto Tiro, onde muitos que haviam escapado do ataque de Saladino agora se refugiavam. Saladino agora podia voltar toda a sua atenção para Jerusalém.

Antes do cerco, Balian d'Ibelin, que estava em Tiro, enviou um pedido ao sultão, solicitando-lhe uma passagem segura para poder retirar sua família de Jerusalém. Saladino concordou com a condição de que Balian não permanecesse na cidade por mais de um dia, pegasse sua família e saísse novamente. No entanto, quando ele chegou a Jerusalém, encontrou uma cidade incapaz de juntar homens para a defesa contra o cerco vindouro e foi convencido a assumir a liderança na batalha que seguiria.[534] Ele havia dado a sua palavra a Saladino, mas agora a responsabilidade para com seu povo o colocava na infeliz posição de ter de trair sua palavra. Ele escreveu ao sultão explicando a situação, e Saladino não só aceitou o seu pedido de desculpas como enviou seus próprios homens para escoltar a família de Balian de volta a Tiro.[535]

A situação na Cidade Sagrada, que havia sido o quartel-general dos Templários desde o seu início havia quase sete décadas, era severa. Os cavaleiros que outrora enchiam al-Aqsa agora estavam em número muito menor do que os fantasmas dos Irmãos que caíram na Batalha de Hattin há dois meses. De fato, em toda a Jerusalém, só havia dois cavaleiros seculares, e os homens não tinham suprimentos suficientes.[536] Balian nomeou cavaleiro todos os homens nobres acima de 16 anos e até mesmo homens de ranque inferior.[537] Todos que podiam carregar armas receberam-nas.

O exército de Saladino chegou a Jerusalém em 20 de setembro e começou seu ataque na parte ocidental da cidade no dia seguinte. Por cinco dias, as manganelas de Saladino lançaram rochas e fogo grego contra as muralhas, mas elas não cediam. Em 26 de setembro, ele retirou-se para a parte norte da cidade, o que deu esperanças aos habitantes de Jerusalém de que Saladino havia levantado o cerco. Contudo, sua esperança, assim como as muralhas da cidade, logo foi reduzida a pó quando

---

532. RUNCIMAN, op. cit., p. 462.
533. Ibidem, p. 462.
534. Ibidem, p. 463.
535. Ibidem.
536. Ibidem.
537. Ibidem, p. 464.

A Queda de Jerusalém ✠ 263

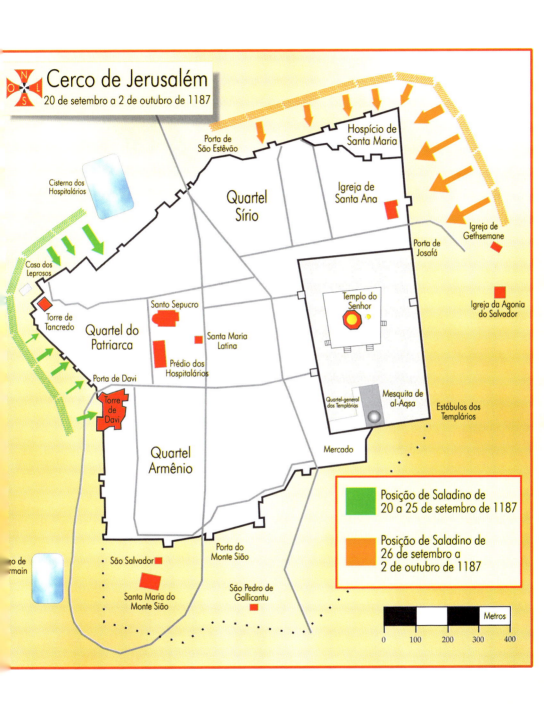

as manganelas do sultão recomeçaram seus ataques.

Enquanto Jerusalém era castigada, os mineradores de Saladino trabalhavam nas muralhas, e finalmente abriram uma brecha em 29 de setembro. O patriarca e outros nobres ofereceram 5 mil moedas a qualquer homem que fosse guardar a brecha, mas não houve quem se voluntariasse.[538] Percebeu-se que a continuação da luta somente custaria mais vidas na defesa de uma cidade que não podia mais resistir ao exército de Saladino.

Em 30 de setembro, Balian deixou a pouca segurança que ofereciam as muralhas desmoronadas de Jerusalém e buscou uma audiência com Saladino, a fim de negociar os termos da rendição. Saladino informou a Balian que a cidade já estava perdida e que a única opção era a rendição incondicional; contudo, Balian disse ao sultão que, a menos que se garantissem termos favoráveis aos cristãos, eles destruiriam o que restava da cidade antes que seu exército pudesse tomá-la. O Domo da Rocha e a Mesquita de al-Aqsa seriam completamente destruídos, e os muçulmanos dentro da cidade seriam assassinados, assim como quando a cidade foi capturada quase um século antes.

Com a perspectiva de entrar em uma cidade em ruínas, Saladino fixou os termos de rendição em dez dinares por cada homem, cinco por cada mulher e um por cada criança.[539] Contudo, dentro da cidade, havia muitos cristãos pobres que não podiam arcar com o preço do resgate. Balian comprou a liberdade de 7 mil pela soma de 30 mil dinares, tomados não só do próprio tesouro da cidade, mas também dos Templários e dos Hospitalários. As Ordens Militares não ficaram contentes com a decisão de usar seu dinheiro para libertar os pobres.[540]

Em 2 de outubro, após sitiar a cidade por menos de duas semanas, Saladino entrou em Jerusalém, terminando 88 anos da posse dos cristãos sobre a Cidade Sagrada. No entanto, ao contrário da captura dos cristãos em 1099, Saladino e seu exército não entraram na cidade com as armas em punho. Enquanto os muçulmanos entravam pelos portões, os cristãos partiam na direção oposta. Alguns haviam comprado sua liberdade, outros tiveram sua liberdade comprada em seu nome, e outros ainda encaravam o prospecto de uma vida de escravidão. Mas mesmo nisso Saladino demonstrou compaixão ao dar a muitos deles a liberdade sem o pagamento do resgate,[541] ainda que muitos viessem a passar suas vidas como escravos dos muçulmanos.

Havia se passado uma década desde que o sultão marchara pela primeira vez contra Jerusalém, quando foi demovido pelo ataque pesado dos Templários em Montgisard. Mas

---

538. NICHOLSON, op. cit., p. 79. Os autores acrescentam que alguns cidadãos propuseram uma missão suicida, preferindo morrer em batalha a morrer na cidade; contudo, eles foram dissuadidos da ideia pelo patriarca, que achava que suas mortes deixariam as mulheres e as crianças à mercê dos muçulmanos.

539. RUNCIMAN, op. cit., p. 465.
540. NICHOLSON, op. cit., p. 79.
541. RUNCIMAN, op. cit., p. 466.

agora os Templários haviam sido removidos da Cidade Sagrada, e Saladino agiu rapidamente para apagar qualquer memória da presença cristã no Monte do Templo. A grande cruz dourada que se elevava do Domo da Rocha foi destruída, os lugares sagrados foram lavados com água de rosa para remover a poluição causada pelos cristãos, e al-Aqsa, que havia sido dada à Ordem por Balduíno II em 1120, foi restaurada a seu propósito pré-templário.[542]

Jerusalém estava novamente em mãos muçulmanas, e de novo a notícia do além-mar chegou ao Ocidente em menos de 15 dias. Duas semanas após os cristãos conquistarem a cidade, em 1099, o papa Urbano II estava morto, nunca tendo ouvido a boa notícia. Duas semanas após os cristãos perderem a cidade, em 1187, o papa Urbano III também estava morto, tendo morrido logo após ouvir as más notícias.

---

542. GABRIELI, op. cit., p. 144.

Ricardo e Filipe cavalgam pelas ruas de Acre após a sua captura em 12 de julho de 1191.
ClipArt.com

Acre: O Século Final

"Ela ocupava um amplo terreno no mar, como um castelo. Tinha, em sua entrada, uma torre alta e forte, e a muralha era grossa, com oito metros e meio de largura."[543]
A descrição do Templário de Tiro sobre a Fortaleza dos Templários em Acre

Em junho de 1190, um filho em luto chegou às muralhas de Antioquia, carregando os restos de seu pai morto preservados em vinagre.[544] O morto era o imperador do Sacro Império Romano-Germânico, Frederico I Hohenstaufen, mais conhecido como Barba-Ruiva. Ele havia participado da desastrosa Segunda Cruzada quando era o duque de Suábia. Ao ouvir sobre a queda de Jerusalém em 1187, ele enviou um mensageiro a Saladino exigindo a devolução da Cidade Sagrada, mas o melhor que o sultão estava preparado para oferecer era a libertação de seus prisioneiros cristãos e das abadias cristãs para os monges que outrora as ocuparam.[545] A oferta não foi o suficiente. Em maio de 1189, o imperador juntou um exército germânico gigantesco e começou a longa marcha para a Terra Santa.

O exército de Frederico encontrou as mesmas dificuldades daqueles que haviam tomado o caminho por terra nas cruzadas anteriores – conflitos no território bizantino, fome e sede, severas condições climáticas e ataque constante das flechas turcas. Apesar de numerosas mortes, o imperador e seu exército conseguiram derrotar o filho do sultão que havia sido enviado para impedir seu progresso, e eles seguiram em direção ao Rio Salef. Enquanto o imperador cavalgava na frente de seu guarda-costas e começava a cruzar o rio, ele perdeu sua vida. Se ele tivesse parado para se refrescar no rio, ou se ele tivesse sido jogado do seu cavalo durante o cruzamento e tivesse sofrido um ataque cardíaco por causa do choque da água, o fato é que o imperador se afogou, sendo levado para baixo por conta do peso de sua armadura.

---

543. NICOLLE, David. *Acre 1291: Bloody Sunset of the Crusader States*. Oxford: Osprey, 2005, p. 82.
544. RUNCIMAN, Steven. *A History of the Crusades: The Kingdom of Acre and the Later Crusades*. V. 3. New York: Cambridge University Press, 1954, p. 16.
545. READ, Piers Paul. *The Templars*. London: Phoenix Press, 1999, p. 167.

A perda do imperador do Sacro Império Romano-Germânico foi devastadora, e, embora seu filho Frederico, o duque de Suábia, assumisse o controle do exército, ele não tinha a mesma figura de líder que seu pai, e logo o exército se desfez.

Aqueles que conseguiram continuar a cruzada, ao chegarem ao Levante, encontraram um clima político diferente. O rei Guy, que havia sido responsabilizado pelo massacre em Hattin e pela subsequente perda de Jerusalém, foi expulso por Conrado de Montferrat, um parente de Barba-Ruiva, que conseguira manter Tiro nas mãos dos cristãos durante a conquista da costa por Saladino. Quando Guy foi libertado da prisão em 1188, ele chegou a Tiro com a intenção de ser recebido como rei, mas, em vez disso, ele encontrou os portões fechados. Uma segunda tentativa de assegurar seu trono, em abril de 1189, recebeu uma resposta semelhante, e, após acampar em frente à cidade por quatro meses, Guy finalmente levantou o acampamento e marchou para Acre com a intenção de sitiá-la.

O rei deposto chegou a Acre em 28 de agosto de 1189 e armou o acampamento dois quilômetros a leste da cidade, perto do Rio Belus, de forma que seus homens tivessem um grande suprimento de água. Se Hattin lhe ensinara alguma coisa, era a importância da água. Mas Saladino logo se moveu contra ele. Em 4 de outubro, o sobrinho de Saladino, Taki-ed-Din, que havia lutado contra os Templários em Hattin, novamente tentou atraí-los para o combate. Mas a manobra pegou

Frederico I, o Barba-Ruiva, é mostrado sobre seu cavalo nesta estátua heroica. Frederico tinha vindo ao Oriente durante a Segunda Cruzada com seu tio, Conrado III. *ClipArt.com*

Saladino de surpresa, fazendo que ele enfraquecesse sua coluna central ao correr para resgatar seu sobrinho. Os francos atacaram as fileiras de Saladino à direita e ao centro, fazendo-os fugir. Contudo, o flanco esquerdo não foi detido e atacou as tropas espalhadas de Guy, enquanto uma tropa da guarnição de Acre também se juntou à batalha. Embora muitos conseguissem voltar às fileiras cristãs, os germanos e os Templários sofreram graves perdas. Durante a batalha, Gerard de Ridefort, o Mestre do Templo, foi capturado pela segunda vez. Dessa vez, isso lhe custou a vida.[546] Levaria quase dois anos até que os Templários encontrassem um substituto.

---

546. RUNCIMAN, op. cit., p. 26.

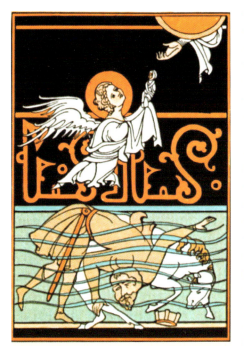

Barba-Ruiva se afogou enquanto cruzava o Rio Salef em seu caminho para a Terra Santa. Seu corpo foi levado a Antioquia por seu filho, Frederico, que assumiu o comando do exército germânico. *ClipArt.com*

O Coração de Leão

Quando Ricardo I da Inglaterra chegou a Acre na primavera de 1191, encontrou uma cidade que estava sitiada havia quase dois anos. Ele também descobriu que o inimigo de seu falecido pai, Filipe Augusto, o rei da França, havia chegado sete semanas antes dele. Tanto Filipe quanto Ricardo haviam partido do Ocidente por volta da mesma época e se encontraram na Itália, mas a travessia até Acre havia sido claramente diferente para os dois francos de berço nobre. A frota de Ricardo encontrou mau tempo e foi forçada a parar em Creta e Rodes. Dois dos navios naufragaram na costa de Chipre, enquanto outro que levava a irmã do rei, Joana, e seu noivo foi forçado a aportar em Limassol, um porto na costa sul da ilha. O homem que se autonomeou governante da ilha, Isaac Ducas Comneno, que era aliado de Saladino, mandou prender os passageiros naufragados. Quando Ricardo chegou em 8 de maio, ele não estava de bom humor em virtude da viagem, e o tratamento que seu povo recebeu não ajudou a melhorá-lo. Embora Isaac houvesse inicialmente concordado em devolver o que havia tomado da frota de Ricardo, ele posteriormente cancelou a sua oferta, pensando que o rei inglês estivesse mais fraco do que imaginara. Isso foi um grande erro, pois Ricardo enviou um navio a Acre para anunciar a sua chegada. Três dias depois, outro navio voltou com Guy, seu irmão Godofredo e uma série de Templários. Apesar da morte de De Ridefort dois anos antes, a Ordem permanecia fiel ao rei deposto. Quando o resto da

Isaac Ducas Comneno, o homem que se autonomeou governante de Chipre, rende-se a Ricardo nesta interpretação do evento. *ClipArt.com*

frota inglesa chegou no dia seguinte, Ricardo começou a conquista da ilha, que foi ajudada pelo fato de Isaac não ser popular entre seus súditos.

A Captura de Acre

Em 5 de junho de 1191, a frota inglesa partiu de Famagusta, na costa oriental de Chipre, e aportou no dia seguinte em Tiro, onde eles foram proibidos de entrar na cidade por ordens de Conrado de Montferrat e Filipe Augusto. A disputa sobre o reino de Jerusalém ainda continuava; Ricardo apoiava Guy, enquanto Filipe havia ficado do lado de seu primo Conrado.[547] Em 8 de junho, as 25 galés de Ricardo chegaram a Acre. Embora Filipe houvesse chegado havia quase dois meses, ele fizera pouco progresso em ganhar terreno na cidade, que já estava sitiada havia muito tempo quando ele chegou. Apesar de sua paixão por máquinas de cerco, que estavam destruindo as muralhas da cidade desde sua chegada, Filipe não tinha as qualidades necessárias para finalmente conquistar a cidade. Contudo, a chegada do rei da Inglaterra trouxe tanto uma nova perspectiva quanto novas tropas para a batalha.

Ainda levaria mais um mês até a cidade ser capturada, pois as doenças no acampamento, a luta interna entre as facções rivais e as repetidas tentativas dos homens de Saladino para quebrar o cerco teriam um papel no impedimento dos esforços francos. Em 3 de julho, as catapultas finalmente conseguiram criar uma quebra substancial na muralha, mas todas as tentativas de entrar por ela foram repelidas, assim como uma segunda tentativa oito dias mais tarde. Contudo, nesta hora, a guarnição já estava preparada para oferecer sua rendição, pois os reforços prometidos por Saladino ainda não haviam chegado. Os termos da rendição foram fixados: 200 mil moedas deviam ser pagas aos cruzados pelas vidas dos habitantes da cidade, 1.500 cristãos aprisionados por Saladino deveriam ser devolvidos com a Cruz Verdadeira, que havia sido capturada na Batalha de Hattin quatro anos antes.[548] Em 12 de julho de 1191, os habitantes muçulmanos de Acre saíram da cidade algemados, enquanto os cristãos entravam cheios de alegria.

Como havia ocorrido em conquistas anteriores, os francos de berço nobre se desentenderam ao colocarem suas reivindicações. Ricardo reivindicou o palácio real ao norte da cidade, enquanto Filipe ocupou as antigas posses dos Templários na ponta peninsular da cidade. Após a morte do filho do Barba-Ruiva durante o cerco, Leopoldo, o duque da Áustria, assumiu o controle do exército germânico. Dessa forma, ele acreditava que tinha direito a uma porção igual àquela de outros monarcas. Contudo, quando ele hasteou sua bandeira perto de Ricardo, os ingleses apanharam-na e jogaram-na mar abaixo. Foi um insulto que não seria esquecido tão cedo, e, três dias depois, Leopoldo partiu para casa.

Com a cidade em mãos cristãs, os nobres encontraram-se para resolver a disputa sobre o reino de Jerusalém. Foi decidido que Guy manteria a coroa até a sua morte e que, após isso, ela passaria a Conrado de Montferrat e sua esposa, Isabela, a filha do rei Amalrico de Jerusalém. Logo depois, Filipe voltou

---

547. Ibidem, p. 49.

548. Ibidem, p. 50. READ, op. cit., p. 171.

à França queixando-se de uma doença, mas sua partida foi vista como covardia pelos ingleses.

Havia, porém, outras questões a ser tratadas, pois Saladino ainda não havia pago o resgate dos prisioneiros muçulmanos. Em 2 de agosto, uma embaixada foi enviada ao acampamento de Saladino para sugerir que o pagamento do resgate e a devolução dos cristãos fossem feitos em três parcelas. Duas semanas depois, o primeiro lote de dinheiro e de cativos foi enviado ao acampamento de Ricardo. Embora o dinheiro fosse a quantia especificada, o número de cativos não era; o sultão não enviara os prisioneiros de patente que haviam sido pedidos. Como resultado, Ricardo recusou-se a cumprir seu lado do acordo. Isso levou a um impasse sobre os termos do acordo original, e, como nem Ricardo nem Saladino confiava um no outro, nenhum deles estava disposto a ceder. Após declarar que Saladino havia quebrado o acordo e querendo partir de Acre para marchar a Jerusalém, Ricardo decidiu lidar com os prisioneiros à sua maneira. Em 20 de agosto, 2.700 prisioneiros muçulmanos mantidos em Acre foram levados para fora das muralhas da cidade e massacrados. Bahaeddin, um cronista árabe da época que começou a servir Saladino após a queda de Jerusalém, escreveu sobre o massacre:

"Então os francos trouxeram os prisioneiros muçulmanos – cujo martírio Deus havia ordenado –, mais de 3 mil homens acorrentados. Eles desceram sobre eles como um e os massacraram a sangue-frio, com a espada e a lança".[549]

A Batalha de Arsuf

Dois dias depois do massacre, Ricardo partiu com seu exército para Jaffa. Seu objetivo era Jerusalém, mas primeiro seria necessário capturar a cidade portuária que serviria como uma base de operações. Enquanto o exército marchava pela costa, eles permaneceram próximos à margem da praia para gozar da brisa fresca e do apoio dos navios que seguiam a marcha ao longo do litoral. O exército estava divido em três colunas. A primeira era composta de cavaleiros e mantida do lado da praia, enquanto as duas outras colunas, compostas de soldados de infantaria, ocupavam o lado da terra. Na vanguarda, estavam os Templários, com

Ricardo Coração de Leão mandando decepar as cabeças dos sarracenos – uma ilustração do século XIX de Alfonso de Neuville. *ClipArt.com*

---
549. GABRIELI, op. cit., p. 224.

Uma representação do século XIII de Ricardo Coração de Leão e Saladino em batalha. *ClipArt.com*

quem Ricardo contou ao longo de sua cruzada. De fato, foi por causa de sua influência que Roberto de Sablé, um angevino que havia viajado ao Oriente com o rei, foi eleito para suceder De Ridefort como Mestre da Ordem, apesar do fato de não ser um Templário quando partiu da Inglaterra.[550]

À medida que o exército cruzado marchava ao longo da costa, sua movimentação era seguida pelos arqueiros de Saladino, montados em cavalaria leve, que lançaram uma série de ataques sobre os cristãos, cavalgando próximos o suficiente para alvejá-los e retrocedendo tão rapidamente quanto haviam surgido. Apesar dos tormentos das flechadas de Saladino, o exército conseguiu manter sua disciplina, e a infantaria dos cruzados, armada com bestas, matou uma série de arqueiros muçulmanos.

Apesar de os cavaleiros e seu ataque pesado frequentemente receberem a maior parte da atenção nas discussões sobre os conflitos medievais, a disciplina da infantaria merece a mesma consideração, pois, enquanto os cavaleiros se refrescavam com a brisa do mar e eram protegidos por duas fileiras de alvos humanos, os soldados de infantaria sacrificavam suas vidas para proteger as contrapartes de berço nobre e seus cavalos. O cavalo de guerra medieval era o tanque da época, e a perda de um cavalo era de grande custo a um exército. É por esse motivo que a Regra dos Templários ia tão longe a fim de assegurar que eles não sofressem nenhum dano.

Depois de duas semanas marchando, o exército de Ricardo havia percorrido menos da metade da distância a Jaffa, e, em 6 de setembro, eles passaram por uma área de floresta cerca de 16 quilômetros ao norte de Arsuf. Embora eles houvessem sido atormentados durante a marcha, os muçulmanos não haviam infligido um dano real. Isso mudaria na manhã seguinte.

Em 7 de setembro, enquanto os cruzados começavam sua marcha em direção a Arsuf, Saladino começou sua marcha em direção à vitória. Durante a manhã, os muçulmanos atacaram os cristãos usando as táticas que haviam empregado ao longo da marcha. Contudo, pouco antes do meio-dia, eles iniciaram um ataque maciço. Os cruzados continuaram a resistir a seus ataques, novamente graças à disciplina dos soldados comuns. Entre os muçulmanos e os cavaleiros, havia duas fileiras de soldados de infantaria. A linha de frente ajoelhou-se com a lança e o escudo, enquanto os arqueiros atacavam. Enquanto os arqueiros rearmavam, os lanceiros levantavam-se com seus escudos a fim de lhes dar proteção.[551]

Enquanto isso, os cavaleiros estavam alinhados em formação de batalha

---

550. BARBER, op. cit., p. 119, 123. Barber indica que De Sablé era leigo quando viajou ao Oriente com Ricardo I.

551. DICKIE, op. cit., p. 56.

atrás da linha de frente. Os Templários estavam na ponta ao sul da fileira, formando o flanco direito com os bretões, os angevinos e o grupo do rei Guy. O rei Ricardo e suas tropas inglesas e normandas compunham o centro, assistidos pelas tropas flamengas e francesas. Na retaguarda, estavam os Hospitalários.[552] No total, o exército cruzado era composto por 1.200 cavaleiros e 10 mil soldados de infantaria, enquanto os muçulmanos somavam 20 mil homens igualmente divididos entre cavalaria e infantaria.[553]

À medida que o dia passava, era cada vez mais difícil de os soldados de infantaria manter a fileira. Os ataques muçulmanos chegavam cada vez mais perto e, por fim, perto o suficiente para que substituíssem seus arcos e flechas por lanças e espadas. Logo a infantaria cristã estava caindo em números cada vez maiores.

Na expectativa de levar os cruzados a um ataque precipitado, as tropas de Saladino concentraram-se na divisão dos Hospitalários. Os ataques começaram sobre os Hospitalários, e, em diversas ocasiões, Garnier de Nablus, o Mestre da Ordem, aproximou-se de Ricardo implorando-lhe que desse o sinal de ataque, mas Ricardo continuou a lhe pedir paciência. Finalmente os ataques muçulmanos foram tantos que o Marechal da Ordem e um de seus cavaleiros quebraram a fileira e começaram a atacar. Embora o sinal não houvesse sido dado, todos os Hospitalários assumiram que sim e atacaram com seus companheiros. Dentro de segundos, os

Uma estátua de Ricardo I, que fica do lado de fora do Palácio de Westminster (Câmaras do Parlamento) na Inglaterra. *iStockPhoto. (Paul Cowan)*

cavalos foram incitados pelas esporas ao longo da fileira cristã, à medida que cada cavaleiro se juntava ao ataque.

Ricardo, vendo que não havia escolha a não ser se juntar à batalha, caso contrário, aqueles que já estavam nela seriam massacrados, ordenou que os Templários, os bretões e os angevinos em sua fileira atacassem o flanco esquerdo de Saladino.[554] Finalmente os Templários conseguiram dissipar a frustração que os Hospitalários não haviam sido capa-

---

552. RUNCIMAN, op. cit., p. 55.
553. DICKIE et. al, op. cit., p. 52.

554. Ibidem, p. 59.

zes de conter, e seu ataque afugentou os sarracenos do campo de batalha, espantados com a impetuosidade dos Hospitalários e eliminados pela disciplina dos Templários. Embora as perdas houvessem sido pequenas em ambos os lados, os muçulmanos haviam sido afastados, e, assim como a captura de Acre, a batalha deve ter sido uma vitória que levantou o moral dos cristãos em geral e dos Templários em particular. Era a primeira batalha aberta desde Hattin, quatro anos antes, e os Templários não haviam se esquecido do papel que a Ordem tivera lá.

Em outubro de 1191, Ricardo escreveu ao abade de Claraval, informando-lhe sobre o sucesso de sua cruzada:

"Com a orientação de Deus, chegamos a Jaffa, em 29 de setembro de 1191, e fortificamos a cidade com trincheiras e uma muralha a fim de proteger os interesses do Cristianismo com nossos maiores esforços. Após sua derrota [em Arsuf], Saladino não ousou encarar os cristãos, mas, como um leão em sua cova, ele vem secretamente se escondendo e planejando matar os amigos da cruz como ovelhas para abate. Então, quando ouviu que estávamos rapidamente nos dirigindo a Ascalon, ele a derrotou e a colocou no chão. De forma semelhante, assolou e menosprezou a Síria".[555]

A TRÉGUA DE SALADINO

Logo após escrever ao abade, Ricardo começou a negociar tanto com os Templários quanto com Saladino; com os primeiros, era sobre a compra de Chipre, enquanto que, com o segundo, era sobre a rendição de Jerusalém. Contudo, ele logo descobriu que seus aliados estavam mais propensos a seus termos do que seus inimigos. Saladino havia enviado para conduzir as negociações seu irmão al-Adil, que voltou ao sultão com a primeira oferta de Ricardo, que era, na verdade, uma exigência. O rei queria Jerusalém, todas as suas terras a oeste do Jordão e a devolução da Cruz Verdadeira. A oferta foi recusada.[556] A segunda oferta de Ricardo deve ter parecido tão inacreditável quanto a primeira: al-Adil deveria receber toda a área capturada pelo rei até então; ele e Joana se casariam e viveriam em Jerusalém, e o acesso à Cidade Sagrada deveria ser aberto tanto aos muçulmanos quanto aos cristãos; além disso, a Cruz Verdadeira deveria ser devolvida à cristandade, e os Templários e os Hospitalários deveriam receber de volta todas as posses capturadas após a Batalha de Hattin.[557] Saladino não foi o único a considerar as propostas de Ricardo uma pilhéria; Joana não tinha intenções de se casar com um muçulmano e, enquanto Saladino ria, sentia-se ultrajada.

Pouco após o Natal de 1191, o exército de Ricardo estava a 19 quilômetros de Jerusalém, e, embora aqueles que vieram em cruzada quisessem sitiar a Cidade Sagrada, os Mestres das duas Ordens pediram cautela. O consenso era que, mesmo que eles conseguissem tomar a cidade pela força, seria virtualmente impossível mantê-la assim que os cruzados retornassem ao Ocidente. Ricardo acatou o conselho, talvez na esperança de que uma solução pacífica

---

555. HALLAM, Elizabeth. *Chronicles of the Crusades: Eye-Witness Accounts of the Wars Between Christianity and Islam*. New York: Weidenfeld & Nicolson, 1989, p. 191.

556. RUNCIMAN, op. cit., p. 59.
557. Ibidem.

ainda fosse possível, e passou os quatro meses seguintes em Ascalon, reconstruindo a cidade que Saladino havia destruído após sua derrota em Arsuf.

Entre março e agosto, Ricardo e Saladino alternaram entre a luta e a negociação. A pedra no meio das negociações era sempre Ascalon, que Saladino queria destruir de uma vez por todas. Enquanto Saladino e Ricardo tentavam chegar a um acordo sobre Jerusalém, os francos tentavam chegar a um acordo quanto a quem deveria usar a coroa. Embora a questão houvesse sido decidida havia algum tempo, ela não era completamente aceita, e, com esse fim, Ricardo convocou um conselho de barões para decidir a questão. Quando se apresentou a escolha entre Conrado e Guy, o conselho unanimemente escolheu o primeiro, o que chocou o segundo. Três dias após receber as boas notícias, Conrado foi assassinado nas ruas de Tiro por dois assassinos. O assassinato do marquês, contudo, não significou que Guy recuperou sua coroa. Embora Conrado estivesse morto, a viúva Isabela era a herdeira de direito ao trono, e, logo depois, ela escolheu Henrique, conde de Champagne, como seu novo marido. Embora Guy tivesse perdido um reino, logo ele ganharia outro, pois, no mês seguinte, Ricardo vendeu Chipre, que os Templários não conseguiram controlar, ao rei deposto.[558]

Em 28 de agosto de 1192, três anos depois que Guy começara seu cerco a Acre, o mensageiro de al-Adil entregou a oferta final de Saladino a Ricardo. As condições deveriam durar por cinco anos, e seu conteúdo era mais favorável do que os anteriores. Os cristãos manteriam as cidades costeiras até Jaffa, assim como Jerusalém e outros lugares sagrados à sua fé seriam novamente abertos aos cristãos, e ambos os lados estariam livres para viajar através do território do outro. No entanto, havia uma advertência: Ascalon deveria ser destruída. Ricardo, apesar de favorável às condições, não estava disposto a fazer juramento; ele era, afinal de contas, rei. Todavia, em 2 de setembro, Hugo de Champagne, Balian d'Ibelin e ambos os Mestres dos Templários e dos Hospitalários, tomando a mão de Ricardo, juraram em seu nome, adicionando seus nomes ao documento. No dia seguinte, a Terceira Cruzada terminou quando Saladino adicionou sua própria assinatura, completando a trégua.

Pela primeira vez em quase cinco anos, Jerusalém estava novamente aberta aos cristãos, e muitos dos cruzados que vieram ao Oriente para resgatar a cidade aproveitaram a oportunidade para visitar a Cidade Sagrada. Ricardo não estava entre eles.[559] Em 9 de outubro, o rei da Inglaterra partiu para casa, nunca tendo visto a cidade que ele viera resgatar.

A viagem de volta seria tão cheia de acontecimentos quanto a viagem ao Oriente. Naufragado perto de Aquileia, o rei da Inglaterra logo se veria nas mãos do duque da Áustria – o mesmo

---

558. BARBER, op. cit., p. 120. Embora se saiba que Guy comprou Chipre, vários historiadores parecem discordar sobre se ele teria comprado a ilha dos Templários ou de Ricardo. A Ordem havia pagado 40 mil moedas de seu preço de 100 mil, mas nunca pagou o restante. Alguns acreditam que Guy comprou a ilha pelo valor restante que ainda era devido pelos Templários.

559. RUNCIMAN, op. cit., p. 74.

homem cuja bandeira ele havia jogado no mar. Ricardo passaria mais de um ano na prisão, sendo inicialmente acusado do assassinato de Conrado pelo duque. Cinco anos mais tarde, em 6 de abril de 1199, a vida de Ricardo chegaria ao fim. Após ter sobrevivido a uma rajada de flechas apontadas diretamente a seu corpo enquanto estava na Terra Santa, o rei da Inglaterra morreria com uma única flecha perdida, lançada da bateria de um castelo rebelde dentro de seu próprio território.

OS TEMPLÁRIOS E AS CRUZADAS

A vida de Ricardo havia acabado, mas a cidade que ele ajudara a capturar durante a Terceira Cruzada permanecia viva. Os Templários, que haviam usado o Monte do Templo como uma base de operações durante 67 anos, agora ocupavam a península da cidade portuária de Acre como seu principal quartel-general no Oriente. Dessa base de operações, a Ordem seria liderada por 11 Mestres, começando com Roberto de Sablé, que, como outros antes e depois dele, conseguiu seu posto em razão tanto da vontade de um monarca quanto da dos Irmãos que tinham a responsabilidade de elegê-lo. Assim como os reis haviam apoiado os Templários por muito tempo, a Ordem também continuaria a apoiar os monarcas e as cruzadas que eles lutariam no Oriente.

Embora as cruzadas conduzissem os Templários a uma série de conflitos militares ao longo do século seguinte, as batalhas mais significativas foram lutadas em Damieta em 1218 e 1249, em La Forbie em 1244 e em Mansurá em 1250.

Das quatro campanhas, duas foram vitoriosas, enquanto as outras duas foram derrotas esmagadoras. A campanha em Damieta, em 1218, viu os Templários perderem seu Mestre, Guilherme de Chartres, não em Batalha, mas pela doença. Contudo, a morte não evitou que os Templários tivessem um papel fundamental na captura da cidade. Na batalha de La Forbie, em 1244, os Templários também perderam seu Mestre, Armando de Périgord, embora não se saiba ao certo se ele morreu em batalha ou se foi capturado vivo. O certo, contudo, é que a Ordem perdeu entre 260 e 300 homens durante a campanha.[560] Embora o cerco a Damieta, em 1249, tenha sido inicialmente uma vitória para os cruzados, a cidade seria perdida um ano depois, quando os cruzados foram derrotados na Batalha de Mansurá. Naquela campanha, os Templários perderam 280 homens, incluindo o Mestre da Ordem, Guilherme de Sonnac.[561]

Na desastrosa Batalha de La Forbie, os Templários foram derrotados por um jovem emir mameluco chamado Baibars. Em menos de uma década após a Batalha de Mansurá, Baibars havia assegurado, por meio de conquistas, a posição de sultão do Império Mameluco. Em 1263, quando Thomas Bérard era Mestre da Ordem, o sultão concordou em dar trégua aos cristãos com a condição de que uma série de muçulmanos aprisionados fosse libertada. No entanto, os Templários e os Hospitalários que estavam usando os prisioneiros como artesãos habilidosos recusaram-se a

---
560. BARBER, op. cit., p. 147.
561. Ibidem, p. 149, 151.

libertá-los.⁵⁶² Isso fez com que as negociações terminassem abruptamente e o sultão marchasse em território franco, onde saqueou Nazaré, destruiu a Igreja da Virgem e lançou um ataque a Acre. Embora o sultão conseguisse saquear os subúrbios, ele nunca sitiou a cidade de fato. Todavia, três décadas mais tarde, os mamelucos conseguiriam tomar a cidade dos cristãos para sempre.

Interlúdio Político

Guilherme de Beaujeu, que sucedeu Bérard como Mestre, em 1273, juntou-se aos Templários alguns anos após a Batalha de Mansurá. Ele era parente distante da monarquia francesa pelo casamento da irmã de sua bisavó paterna, Isabel de Hainault, que foi a primeira esposa de Filipe Augusto. Contudo, De Beaujeu tinha ligações mais próximas e menos complicadas com a coroa francesa, pois é provável que ele veio ao Oriente com o neto de Filipe, Luís IX, quando este veio em cruzada em 1248.⁵⁶³ O irmão de Luís, Carlos de Anjou, que também foi rei da Sicília de 1262 a 1282, frequentemente se referia a De Beaujeu como *consanguineous*, ou "de mesmo sangue". Isto, combinado ao fato de que De Beaujeu havia sido preceptor no sul da Itália e na Sicília antes de sua eleição, torna ainda mais provável que Carlos tenha tido uma participação na nomeação de De Beaujeu como Mestre.⁵⁶⁴ É também esta ligação familiar, por mais distante que fosse, que encorajou De Beaujeu e

Impressão do século XVI dos cruzados liderados por Luís IX desembarcando antes do cerco. *ClipArt.com*

Estampa do século XVIII do cerco de Damieta em 1249.

os Templários a continuar o seu apoio aos interesses angevinos no Oriente.

Apesar de eleito em 1273, Guilherme não chegou a Acre até 1275 – o ano depois do Concílio de Lyon, onde ele sentara ao lado do papa para discutir os prospectos de uma nova cruzada.⁵⁶⁵ Quando retornou, ele liderou os Templários no apoio a Carlos de Anjou, que havia enviado seu representante a Acre, em 1277, com uma carta do papa afirmando que Carlos agora era o rei de Jerusalém. Essa política, que os Templários apoiaram, colocou a Ordem em conflito com Hugo III de Chipre, que havia feito a mesma reivindicação anteriormente. Quando Hugo tentou ga-

---

562. RUNCIMAN, op. cit., p. 317.
563. BARBER, op. cit., p. 169.
564. Ibidem, p. 169.

565. Ibidem, p. 170-171.

Carlos de Anjou (1227-1285) era o irmão de Luís IX e rei da Sicília de 1262 a 1282. *ClipArt.com*

nhar o controle de Acre, em 1279, os Templários entraram para impedi-lo, e, em retaliação, ele destruiu uma série de propriedades dos Templários em Chipre.[566] É improvável, contudo, que os Templários percebessem que, dentro de outra geração, eles seriam forçados a operar a partir da mesma ilha de cujo governante eles agora se opunham. Antes disso, no entanto, De Beaujeu estaria morto, e seus Templários seriam expulsos da cidade que seus parentes distantes haviam ajudado a capturar uma geração antes.

A QUEDA DE ACRE

Em janeiro de 1289, Badr al-Din, um informante mameluco que trabalhava para os Templários, abordou Guilherme de Beaujeu com a notícia de que o sultão mameluco Qalawun estava preparando um ataque a Trípoli.[567] De Beaujeu agiu imediatamente e informou Trípoli dos perigos que os esperavam. Contudo, eles não acreditaram na advertência de De Beaujeu. A cidade caiu em mãos mamelucas três meses mais tarde, em 26 de abril. Dois anos mais tarde, o filho de Qalawun, al Ashraf Khalil, atacou Acre.

Khalil chegou a Acre em 5 de abril de 1291 e começou a sitiar a cidade na manhã seguinte. Durante a primeira semana, a batalha consistiu principalmente em combates fora das muralhas da cidade, mas, em 11 de abril, as enormes manganelas muçulmanas, que haviam levado dois dias para serem construídas, começaram a atacar as muralhas da cidade.[568] Pelo fato de Acre ser uma cidade costeira, os cristãos tinham a vantagem de receber ajuda do mar, e, dessa forma, uma série de navios, um deles armado com uma manganela, começou a atacar as forças mamelucas. Como suas próprias armas estavam concentradas nas muralhas da cidade, eles não conseguiram usá-las para atacar os navios. Todavia, a sorte estava do lado dos mamelucos, pois uma tempestade violenta logo destruiu a manganela.

Em 15 de abril, De Beaujeu liderou os Templários em uma incursão fora das muralhas da cidade contra o exército muçulmano que viera de Hamá. A intenção era pôr fogo em uma das enormes máquinas de cerco; contudo, a bomba incendiária não chegou a seu alvo e ficou queimando no chão. No processo, muitos Templários ou foram mortos ou capturados. Três dias depois, uma segunda incursão foi lançada, liderada pelos Hospitalários, mas esta tentativa também foi frustrada pelos muçulmanos, e novamente se perderam vidas cristãs durante o combate. Isso levou ao fim das incursões por causa

---

566. Ibidem, p. 173.
567. NICOLLE, op. cit., p. 45.

568. Ibidem, p. 57.

A cidade portuária de Acre como era em 1291, quando foi capturada pelos mamelucos: A) A Torre Maldita. B) Composto dos Hospitalários. C) Composto dos Cavaleiros Teutônicos. D) Quartel-General dos Templários. *Autor*

do número de vidas que já haviam se perdido.[569]

O cerco continuou por mais duas semanas, ponto em que os cidadãos de Acre começaram a perder a esperança. Contudo, a chegada de Henrique II de Chipre, em 4 de maio, com uma frota de 40 navios contendo cem cavaleiros e 200 soldados de infantaria, logo trouxe de volta a fé de que a cidade poderia ser salva.[570] Henrique, no entanto, apesar de trazer um contingente de tamanho considerável, logo percebeu que uma solução pacífica seria melhor.

Com esse intuito, convocou-se um cessar-fogo, e dois Templários, Guilherme de Cafron e Guilherme de Villiers, foram enviados para se encontrar com o sultão e propor uma trégua. Quando os Templários chegaram à tenda do sultão, as primeiras palavras que saíram de sua boca foram para perguntar se os Templários lhe haviam trazido as chaves da cidade. Khalil prosseguiu dizendo que era na cidade e não nos seus cidadãos que ele estava interessado e que, se a cidade se rendesse, a vida dos cidadãos seria poupada. Ele mal havia terminado de falar quando uma manganela dos cruzados de dentro da cidade lançou uma rocha que aterrissou perto da tenda. Khalil ficou ultrajado e ameaçou matar os Templários, mas foi impedido por um de seus homens. Os Templários voltaram à cidade, e Khalil retornou a seu cerco. Logo depois, 3 mil nobres de Acre saíram da cidade para se refugiar em Chipre.[571]

Ao longo das semanas seguintes, os mineradores do sultão continuaram a trabalhar nas torres da cidade. Em 15 de maio, os defensores estavam se preparando para defender a cidade de dentro das muralhas interiores, enquanto os homens do sultão estavam construindo uma rampa para poder escalar as ruínas das muralhas exteriores da cidade, que haviam finalmente desmoronado. Três dias depois, a batalha chegou às ruas de Acre.

Em 18 de maio, os mamelucos concentraram seus ataques na Torre Maldita, que estava sendo defendida pelas tropas de Henrique, oriundas de Acre e Chipre, com a ajuda dos Templários e dos Hospitalários. Apesar de seus esforços, a torre logo sucumbiu aos mamelucos, que penetraram ainda mais em Acre. Foi durante a batalha que se seguiu que De Beaujeu perdeu a vida. De acordo com o relato do Templário

---

569. RUNCIMAN, op. cit., p. 416.
570. NICOLLE, op. cit., p. 68.

571. Ibidem, p. 68-69.

de Tiro, De Beaujeu estava lutando sem um escudo, e, enquanto levantava o braço, ele foi atingido por uma lança, que se alojou um palmo abaixo de sua axila.[572] O Mestre, agora mortalmente ferido, foi carregado por seus guarda-costas pela cidade, buscando refúgio e chegando por fim ao castelo templário na península. Foi no pátio dos Templários, que o último Mestre a dirigir a Ordem a partir de Acre morreu nos braços de um Hospitalário chamado Mateus de Claremont, que havia ficado para cuidar do Templário caído.

Aqueles que permaneceram na cidade não receberam mais piedade dos muçulmanos do que os muçulmanos haviam recebido 192 anos antes, quando os cruzados atacaram Jerusalém no fim da Primeira Cruzada. Aqueles que conseguiram escapar do massacre juntaram-se no quartel-general dos Templários, e foi ali que a Era dos Estados Cruzados chegou ao fim.

Em 20 de maio, as Ordens dos Hospitalários e dos Teutônicos renderam suas torres fortificadas. Logo depois, um negociador mameluco foi enviado à Fortaleza dos Templários para garantir que eles seguissem os termos. Os Templários aceitaram as condições e deixaram os mamelucos entrar no composto. No entanto, assim que eles entraram, as coisas não seguiram como acordado, e os muçulmanos começaram a molestar os habitantes. Tanto as fontes cristãs quanto as árabes confirmam o evento. O cronista mameluco Abu Al-Mahasin, que escreveu uma das versões muçulmanas mais pormenorizadas e interes-

Impressão de Gustave Doré sobre o cerco de Acre em 1291. *ClipArt.com*

santes do cerco de Acre,[573] fornece os detalhes do que aconteceu depois que os Templários renderam sua fortaleza:

"Ele [o sultão] enviou-lhes um estandarte, que eles aceitaram e levantaram sobre a torre. A porta foi aberta, e uma horda de soldados e outros entraram como formigas. Quando chegaram frente a frente com os defensores, alguns dos soldados começaram a pilhar e a botar as mãos nas mulheres e crianças que estavam com eles, ao que os francos responderam fechando a porta e atacando-os, matando uma série de muçulmanos. Eles desceram o estandarte e endureceram a resistência. O cerco continuou".[574]

---

572. Ibidem, p. 77.

573. GABRIELI, op. cit., p. xxxvi.
574. Ibidem, p. 348.

As antigas muralhas de Acre nos dias atuais. *iStockPhoto.com (Dorit Jordan Dotan)*

Durante a semana seguinte, enquanto os Templários continuavam a defender o composto, o Marechal Pedro de Sevrey enviou alguns civis e o tesouro da Ordem a Chipre, onde um grande número de refugiados já havia se reunido. Em 28 de maio, o sultão ofereceu novamente os termos de rendição; contudo, quando o Marechal e alguns de seus irmãos saíram para discutir a questão, eles foram executados por terem matado os prisioneiros muçulmanos.[575] A queda do corpo do Marechal foi seguida logo depois pela queda dos corpos de cinco prisioneiros muçulmanos, jogados da torre dos Templários em retaliação à execução de seu Mestre. Não levou muito tempo até que os mineradores do sultão conseguissem derrubar as muralhas da fortaleza e, com elas, a posse dos cristãos sobre a cidade.

Antiga fortaleza cruzada na antiga Acre (Akko). *iStockPhoto.com (Michal Anna Safker)*

---

575. NICOLLE, op. cit., p. 84.

Jacques de Molay, o último Mestre dos Cavaleiros Templários, nasceu em 1244 d.C. e se juntou à Ordem na França em 1265. Ele foi eleito a seu posto em 1293. *Coleção do Autor*

O Fim de uma Era

> *"Algo amargo, algo lamentável, algo que é horrível contemplar, terrível de se ouvir, um crime detestável, um mal execrável, um trabalho abominável, uma desgraça detestável, algo quase inumano, de fato apartado de toda a humanidade..."*[576]
> **Início da ordem de Filipe IV para prender os Templários**

Hoje, muito do que resta do quartel-general dos Templários em Acre foi inundado por uma elevação do nível do mar, mas, nos dias que se seguiram à sua captura em 1291, foram os mamelucos, e não a água, que inundaram as cidades – o resultado final da maré crescente do Islã, contra a qual os cruzados vieram ao Oriente lutar havia dois séculos. Ao contrário dos homens que infestavam a costa mediterrânea em 1099, muitos dos que fugiram da cidade de Acre, em 1291, não eram invasores, mas pessoas que haviam nascido na mesma cidade que agora eram forçadas a deixar. Para eles, a perda de Acre não era tanto uma derrota política ou religiosa quanto uma perda pessoal. Eles haviam perdido suas casas, suas posses e, o mais trágico, as pessoas que amavam. Os Templários também haviam vivenciado uma grande perda em Acre, pois não apenas perderam seu Mestre e muitos de seus companheiros, mas também perderam o seu quartel-general, que haviam ocupado durante o último século.

Os Templários que partiram antes da queda da cidade foram cem quilômetros ao norte para Sídon, onde a Ordem ainda tinha uma fortaleza. Ali, Teobaldo Gaudin foi eleito para substituir Guilherme de Beaujeu como Mestre. Logo após a eleição, ele foi para Chipre a fim de conseguir ajuda; no entanto, os reforços nunca chegaram, e, em 14 de julho de 1291, os Templários abandonaram a fortaleza em Sídon e se juntaram aos Irmãos na ilha.[577]

---

576. BARBER, Malcolm. *The Trial of the Templars*. New York: Cambridge University Press, 1978, p. 45.
577. NICHOLSON, Helen. *The Knights Templar: A New History*. Phoenix Mill: Alan Sutton, 2004, p. 198.

Tão logo a notícia da queda de Acre chegou ao Ocidente, o papa Nicolau IV começou a fazer arranjos para retomar a Terra Santa. Em agosto de 1291, ele convocou uma série de concílios provinciais para ocorrer em fevereiro do ano seguinte, em que o clero se encontraria para discutir os desafios de assumir uma nova cruzada, incluindo a possibilidade de unir as Ordens Militares. O conceito certamente não era novo. A ideia havia sido lançada durante o Concílio de Lyon em 1274, mas foi rejeitada principalmente porque os reis espanhóis temiam que uma Ordem unida seria muito poderosa.[578] Contudo, Nicolau morreu em março de 1292, antes de ter a oportunidade de ouvir o relatório do concílio. Um mês depois, os Templários estavam de luto pela morte de outro líder espiritual, quando Teobaldo Gaudin, que havia servido como Mestre da Ordem por menos de um ano, morreu.[579] Seu sucessor, Jacques de Molay, seria o último Templário a carregar o ofício.

O Último Grão-Mestre

De Molay era borgonhês, tendo nascido na vila de Molay, no departamento de Haute-Saône, na atual França oriental. Embora não se saiba a data exata de seu nascimento, normalmente acredita-se que seja entre 1244 e 1245. Quando De Molay foi questionado após as prisões em 1307, ele indicou que havia sido recebido na Ordem havia 42 anos.[580] Isso significa que ele tinha se juntado em 1265, durante a administração de Thomas Bérard. Dado que muitos Templários juntavam-se à Ordem como cavaleiros e que os cavaleiros geralmente recebiam o título com 21 anos, chegamos à possível data de nascimento em 1244. Se esse era o caso, De Molay teria 47 anos quando foi eleito o Mestre da Ordem.

Alain Demurger, em seu livro *The Last Templar* [O Último Templário], sugeriu que De Molay provavelmente foi ao Oriente entre 1273 e 1282, durante o mandato de Guilherme de Beaujeu como Mestre da Ordem. De fato, é possível que De Molay tivesse vindo ao Oriente com De Beaujeu quando voltou do Ocidente em 1275.[581] O cer-

As capelas gêmeas dos Templários e Hospitalários estão localizadas ao norte de Famagusta. Embora haja certa discordância sobre qual era de qual Ordem, o consenso geral parece ser que a capela à esquerda foi construída pelos Templários. No fim, ambas tornaram-se propriedade dos Cavaleiros Hospitalários e hoje funcionam como uma galeria de arte e um teatro. *Simon Brighton*

---

578. BARBER, Malcolm. *The New Knighthood: A History of the Order of the Temple*, op. cit., p. 283.
579. Há muito tempo se acredita que Gaudin morreu em abril de 1293, mas Demurger acreditava que a data deveria ser 1292 e cita uma carta daquele ano, publicada por A. Forey em 1973, para dar base à sua afirmação.
580. DEMURGER, Alain. *The Last Templar: The Tragedy of Jacques de Molay, Last Grand Master of the Temple*. London: Profile Books, 2004, p. 2.
581. Ibidem, p. 28. BARBER, op. cit., p. 171. Barber registra que De Beaujeu voltou a Acre em 1274.

to é que o novo Mestre dos Templários estava no Oriente durante a queda de Acre e havia sobrevivido para contar a história, embora não haja evidências que indiquem que ele tenha sido um participante ativo na batalha.

De Molay partiu de Chipre na primavera de 1293, pouco após sua eleição, e, durante os três anos seguintes, viajou pela Inglaterra, pela França, por Aragão e pela Itália, angariando apoio para o seu plano de recapturar a Terra Santa e reformar a Ordem, de maneira que ela estivesse mais preparada para liderar o ataque.[582] Há muito tempo, acredita-se que a queda de Acre, em 1291, levou a *raison d'être* dos Templários a um fim brusco e impetuoso. Contudo, a presença de De Molay na Europa, cinco anos após a captura de Acre, mostra que esse não era o caso e que a Ordem ainda estava dedicada à sua causa. O mesmo era verdadeiro para os Hospitalários, que permaneceram em Chipre com os Templários até eles conseguirem capturar Rodes em 1309.[583]

Entretanto, a presença de De Molay no Ocidente não era para recrutar cruzados, mas simplesmente obter apoio para ajudar em sua causa – armas, cavalos e outros suprimentos para substituir aqueles perdidos nos anos recentes. Como os governantes seculares gostavam de cobrar imposto sobre qualquer coisa que entrasse ou saísse de seus portos, De Molay também esperava estabelecer algumas indulgências comerciais a esse respeito.[584] Com esse propósito, o papa Bonifácio VIII, em cuja coroação, em 1295, De Molay esteve presente, deu aos Templários os privilégios que eles buscavam por meio de uma série de bulas escritas em 1297.

Os favores adicionais dados à Ordem pelo papa são prova contra a noção de que a Ordem não mais possuía as graças da Igreja nos dias que se seguiram à perda de Acre. Certamente havia aqueles dentre o povo que tinha ódio dos Templários, mas isso não era nada novo. Já em 1160, o papa Alexandre III havia lançado uma bula que proibia as pessoas de puxar os Templários de seus cavalos e maltratá-los de outras formas.

Embora seja certamente verdade que as Ordens Militares levaram parte da culpa pelos trágicos eventos de 1291, eles não estavam sós na recepção das críticas; naquela época, assim como hoje, um bode expiatório tem de ser oferecido sempre que há uma derrota militar. Para muitos europeus, a culpa deveria recair sobre o fracasso do papa em fornecer assistência, assim como sobre a liderança ineficaz de Henrique II, o rei de Chipre. Até mesmo os cidadãos de Acre foram culpados pela destruição da última cidade oriental da cristandade, e alguns achavam que era o resultado direto dos pecados de sua população.[585]

---

582. DEMURGER, op. cit., p. 78-82.
583. A Ordem Teutônica, que estava presente no Levante desde sua formação, havia quase um século, deixou a região completamente, indo primeiro a Veneza e depois a Marienburgo, na Prússia. Entretanto, ela continuou uma próspera carreira como uma Ordem Militar cristã.

584. Ibidem, p. 86.
585. NICHOLSON, op. cit., p. 205.

OS TEMPLÁRIOS EM CHIPRE

Pouco se sabe sobre as atividades de De Molay no período entre sua volta a Chipre, em 1296, as suas visitas à Armênia, em 1299, e os ataques costeiros subsequentes lançados na virada do século, o que resultou na expulsão dos Templários da ilha de Ruad, em 1302. Contudo, é possível que boa parte desse tempo tenha sido empregada na tentativa de lidar com o rei de Chipre. Como vimos no capítulo precedente, nos anos anteriores a 1291, a relação entre os Templários e o reino de Chipre ficara tensa por causa do apoio dos Templários a Carlos de Anjou em vez de Hugo III de Chipre em sua rivalidade pelo reino de Jerusalém.[586] Henrique II era o irmão mais novo de Hugo III e chegou ao poder com a morte de seu irmão João I, em 1285. Logo depois que os Templários e os Hospitalários haviam evacuado para a ilha de Chipre, Henrique começou a interferir em seus privilégios. Ambas as Ordens foram proibidas de adquirir qualquer nova propriedade na ilha, independentemente se fosse comprada ou doada, e um imposto foi cobrado, reduzindo ainda mais as suas rendas.[587]

Era uma situação que De Molay havia herdado de seu antecessor, Teobaldo Gaudin, e as coisas certamente não haviam melhorado nesse meio-tempo. De fato, os atritos entre os Templários e o rei de Chipre tornaram-se tão amplos que Bonifácio VIII foi forçado a tentar mediar os grupos, lembrando ao rei que os Templários eram uma parte importante da defesa da ilha e lembrando aos Templários que o rei os havia acolhido após a queda de Acre.[588]

Os problemas chegaram ao ápice em 1306, quando o irmão de Henrique, Amauri, ajudado por uma série de no-

---

586. DEMURGER, op. cit., p. 117.
587. Ibidem, p. 112.
588. BARBER, op. cit., p. 289.

bres cipriotas, depôs o rei. De acordo com um relato, De Molay e o bispo de Limassol haviam redigido os papéis, enquanto outra versão indica que os Templários haviam emprestado a Amauri 50 mil moedas, sugerindo que os Templários haviam financiado o golpe.[589] Embora De Molay não tenha orquestrado a ação contra Henrique, ele e os Templários ainda assim estavam envolvidos, e seu envolvimento teria consequências. Amauri foi assassinado em 1310, e, quando Henrique recuperou o trono, ele mandou destruir o convento central dos Templários na ilha em retaliação ao apoio que eles haviam dado a seu irmão.[590] Todavia, nessa hora, os Templários tinham problemas muito maiores com os quais lidar.

O PONTÍFICE E O REI

Muitas obras populares sobre os Cavaleiros Templários contam uma versão bastante conhecida, agora quase mítica, sobre o fim da Ordem. Subitamente, em uma manhã de outono, após De Molay ser convocado para ir à França, os Templários foram cercados por ordem do rei e aprisionados. Ajudando o rei nesse plano nefando estava um papa servil que governava não de Roma, como os papas devem fazer, mas da França, onde ele podia ser controlado pelo rei. Embora haja um pouco de verdade nessa versão, há outros aspectos enganadores. Para entender o que aconteceu com os Templários depois que De Molay foi convocado para ir à França, precisamos antes saber um pouco das personalidades envolvidas e

Filipe IV da França, conhecido como "o Belo".

por que ele foi convocado em primeiro lugar.

O REI

Filipe IV chegou ao trono da França em 1285, o décimo primeiro em uma linha contínua de herdeiros homens, que traçavam sua linhagem desde 987 d.C., quando Hugo Capeto, o fundador da Dinastia Capetíngea, assumiu o trono. Talvez, mais do que seus ancestrais, Filipe considerasse que seu trono lhe havia sido dado em confiança por Deus e, desta forma, sentisse que era sua obrigação governar mediante os princípios cristãos mais rígidos.[591] É claro que não havia mal no fato de seu avô ter sido proclamado um santo durante o seu rei-

---

589. Ibidem, p. 289-290.
590. NICHOLSON, op. cit., p. 237.

591. BARBER, *The Trial of the Templars*, op. cit., p. 27.

nado. O avô de Filipe era Luís IX, que os Templários haviam resgatado após sua captura, em 1250, durante a Batalha de Mansurá. De fato, apesar de ser capturado em sua primeira excursão, Luís participou de uma cruzada novamente em 1270, quando o rei cruzado adoeceu e morreu. Em 1297, no décimo segundo ano do reinado de Filipe, o papa Bonifácio VIII proclamou Luís santo.

Durante o seu reinado, Filipe foi conhecido como *le Bel*, ou o Belo, por causa não de sua agradável personalidade, mas graças a seu formoso semblante. Um resumo de suas várias ações como rei indica que ele raramente era justo. Em uma busca pelo dinheiro, a fim de apoiar os custos crescentes de suas operações militares e aliviar as dívidas enormes acumuladas pela guerra de seu pai com Aragão, Filipe mexeu com a moeda, perseguiu os judeus e lombardos e até impôs a cobrança de impostos ao clero em suas terras. Esta última ação motivou o papa Bonifácio VIII a lançar a bula *Clericis laicos* em 1296, que proibia os governantes seculares de taxar a Igreja sem a aprovação papal. A resposta de Filipe foi proibir o clero em suas terras de enviar qualquer dinheiro a Roma. Bonifácio não estava contente e começou o processo de excomunhão do rei francês em 1303. Contudo, Guilherme de Nogaret, um dos ministros de Filipe, e Sciarra Colonna, um dos inimigos do papa italiano, agrediram o pontífice e mandaram prendê-lo. Apesar de ser libertado da prisão, ele morreu logo depois dessa humilhante provação. Filipe havia se voltado contra o mesmo homem que transformou seu avô cruzado em santo. Dessa for-

Clemente V tornou-se papa em 1305 e governou a partir da França, finalmente se fixando em Avignon em 1309. *ClipArt.com*

ma, não é surpresa que ele se voltasse contra os homens que haviam ajudado a libertar seu avô quando ele estava na prisão egípcia.

O Papa

Bertrand de Got, que assumiria o nome papal Clemente V, nasceu em 1264, em Villandraut, na Gasconha, e, antes de sua coroação, serviu como bispo de Bordeaux, o que lhe tornava súdito do rei da Inglaterra em vez de servir ao rei da França.[592] Apesar de Bertrand e Filipe terem sido amigos de infância,[593] Bertrand permaneceu um forte partidário do inimigo de Filipe, Bonifácio VIII. Com a morte do sucessor de Bonifácio, Bento XI, que governou durante oito meses, Bertrand

---

592. COULOMBE, Charles A. *A History of the Popes*: *Vicars of Christ*. New York: MJF Books, 2003, p. 287.
593. Ibidem.

foi eleito pelo Colégio de Cardeais com dois terços dos votos. A sua eleição foi uma questão arrastada, que levou 11 meses para ser resolvida em razão da política e das controvérsias que pairavam sobre o domínio de Bonifácio. Mas como Bertrand não estava relacionado com as famílias Colonna ou Orsini, que haviam causado os problemas de Bonifácio, sua posição de bispo de Bordeaux o tornava aceitável às facções antifrancesas, e o fato de que ele era francês o tornava aceitável ao rei da França.[594]

Com sua eleição, Bertrand foi convidado para ir a Roma para a sua coroação, mas ele ordenou, em vez disso, que a cerimônia ocorresse em Lyon. De fato, Clemente serviria todo o seu pontificado na França, escolhendo finalmente Avignon como sua base de operações em 1309 – base que seria usada por seus sucessores até 1378. Embora essa resistência de governar em Roma tenha sido usada como prova do servilismo de Clemente ao rei da França, permanece o fato de que, assim como na época do papa Urbano II, que havia lançado a Primeira Cruzada, a situação política em Roma era tal que o novo papa não poderia se sentir seguro na Itália.

AS ORDENS MILITARES UNIFICADAS

Jacques de Molay partiu de Chipre para a França no outono de 1306, um ano depois que Clemente tornou-se papa, e nunca mais voltou à ilha. Ele, com o Mestre dos Hospitalários, Fulque de Villaret, havia sido convocado para ir à França por Clemente a fim de fornecer ao pontífice suas opiniões sobre os prospectos de uma nova cruzada e sobre a unificação das duas Ordens. Muitas obras a respeito dos Templários disseram que De Molay foi convocado pelo papa para levá-lo a uma armadilha de Filipe. Contudo, a presença do Mestre dos Hospitalários e a prova do relatório de De Molay ao pontífice mostram que não foi este o caso.

Como vimos anteriormente, a ideia de unificar as Ordens Militares havia sido apresentada no Concílio de Lyon em 1274 e também foi sugerida por vários ocidentais, tais como Ramon Lull, que escreveu diversos tratados sobre a recaptura da Terra Santa. Em 1292, Lull sugeriu que as Ordens fossem unidas sob um *Bellator Rex* ou Rei Guerreiro, que serviria como líder da organização unificada. Treze anos mais tarde, Filipe expressou o desejo de renunciar ao seu próprio reino em troca de receber o papel de liderança em uma nova Ordem, a ser chamada Ordem dos Cavaleiros de Jerusalém. Os próximos líderes dessa Ordem deveriam ser os filhos dos reis ou pessoas nomeadas pela realeza, caso o rei morresse sem um herdeiro homem.[595] Contudo, esses planos feitos por homens que nunca haviam experimentado o Sol do Levante em suas costas devem ter parecido impraticáveis, se não complemente ridículos, para De Molay.

O relatório de De Molay ao papa em maio de 1307, apesar de apresentar os prós e os contras do conceito, basicamente se opunha à ideia. As duas Ordens haviam existido em separado

---

594. NICHOLSON, op. cit., p. 201.

595. BARBER, *The New Knighthood*: *A History of the Order of the Temple*, op. cit., p. 285.

por muitos anos, e os homens que nelas ingressavam escolhiam se juntar a uma ou a outra. Além disto, havia uma longa rivalidade entre as duas Ordens, o que havia sido proveitoso, já que uma Ordem tentava superar a outra na defesa da cristandade. Talvez o mais importante era que a unificação dos Hospitalários e dos Templários veria a criação de uma nova Regra para a nova organização. A Regra dos Templários era mais rígida que a dos Hospitalários, e De Molay não queria que a sua Ordem se suavizasse com a introdução de ideias hospitalárias. Em contraste, Villaret não ofereceu qualquer opinião sobre a unificação das duas Ordens, principalmente por causa do fato de que sua Ordem estava começando sua conquista de Rodes. Dessa forma, ele esperava que, com a ajuda papal, pudesse resistir às crescentes ambições do rei francês.

RUMORES DE HERESIA

A conversa sobre uma Ordem unificada não era o único rumor que circulava sobre os Templários. Enquanto o Mestre discutia suas ideias com o papa, corriam rumores pelas ruas de que essa grande Ordem de cavaleiros cristãos era um pouco menos cristã do que eles gostariam que seus correligionários acreditassem. Os rumores foram postos em circulação por um homem que havia sido um membro da Ordem, um Templário renegado chamado Esquin de Florian. De Florian, de acordo com alguns relatos, havia sido um prisioneiro e espalhado os rumores aos seus companheiros de cela.[596] Suas acusações contra a Ordem, que ele finalmente trouxe à atenção de Filipe, na esperança de amenizar sua sentença, consistiam de quatro alegações. Esquin disse ao rei francês que, quando os Templários eram recebidos, eles eram instruídos a negar Cristo e a cuspir sobre Sua Cruz Sagrada. Durante a sua recepção, eles tinham de beijar as nádegas, o umbigo e a boca do receptor, e, pelo fato de a Regra Templária proibi-los de ter relações com mulheres, diziam aos novos Irmãos que era permitida a atividade sexual entre eles. Mas talvez o mais assombroso fosse que os Templários não adoravam Deus, mas sim um ídolo.[597] Não era a primeira tentativa de Esquin de manchar a reputação da Ordem, pois ele já havia feito sugestões a Jaime II, rei de Aragão,[598] mas o monarca não acreditou nas acusações. Se acreditava nas acusações ou não, Filipe provaria ser um tipo diferente de monarca.

Depois de ouvir o relato do renegado Templário, Filipe informou o papa do que havia ouvido e entregou a questão nas mãos de seu braço direito, Guilherme de Nogaret, que começou uma investigação entre os Templários, entrevistando uma série de Irmãos que haviam sido expulsos da Ordem. Além disso, conduziu uma pesquisa para verificar exatamente quais propriedades os Templários possuíam. Para evitar suspeitas, a avaliação foi alargada para incluir todas as Ordens religiosas que tinham terras no reino.

Em 24 de agosto de 1307, Clemente escreveu a Filipe informando-lhe que planejava lançar uma investigação a

---

596. Ibidem, p. 157.

597. NICHOLSON, op. cit., p. 215.
598. BARBER, *The Trial of the Templars*, op. cit., p. 51.

respeito das recentes acusações levantadas contra os Templários, mas que a investigação não começaria até outubro.[599] Contudo, Filipe não tinha intenção de esperar tanto tempo; sua opinião sobre a questão já estava definida e havia uma possibilidade de De Molay partir para Chipre a qualquer momento. Em 14 de setembro, o rei lançou uma carta a seus bailios em todo o reino descrevendo os crimes dos Templários e ordenando a sua prisão em uma data posterior, que deveria ser mantida em segredo até chegada a hora.

A Prisão dos Templários

No início da manhã de sexta-feira, 13 de outubro de 1307, os homens de Filipe levaram adiante as ordens que haviam recebido no mês anterior. Em uma série de ataques simultâneos às propriedades templárias por toda a França, praticamente todos os Templários no país foram levados em custódia. Os homens do rei certamente estavam familiarizados com a prática – eles haviam anteriormente cumprido ordens semelhantes quando Filipe mandou prender os judeus e os lombardos.[600] Apesar de as incursões aurorais serem um grande sucesso na captura de Templários, alguns conseguiram escapar. As fontes

Uma interpretação moderna das prisões dos Templários em 13 de outubro de 1307 feita pelo artista gráfico americano Stephen McKim. *Stephen McKim*

oficiais registram 12 Templários que se esquivaram do ferro dos bailios, embora possa ter havido até quatro dúzias. Entre os que fugiram, estava Gérard de Villiers, o antigo Mestre da França, que, com uma série de Irmãos e Imbert Blanke, o Mestre de Auvergne, cruzou o canal para a Inglaterra.[601] Houve outros Irmãos de ranque inferior que conseguiram escapar, mas, no fim das contas, a maioria se viu aprisionada de um jeito ou de outro; até mesmo

---

599. DEMURGER, op. cit, p. 173.
600. BARBER, op. cit., p. 46.

601. Ibidem. DEMURGER, op. cit., p. 175. Barber dá referência de mais 12 além dos 12 mencionados nas fontes oficiais, enquanto Demurger indica que 40 Templários acompanharam Gérard de Villiers, o antigo Mestre da França.

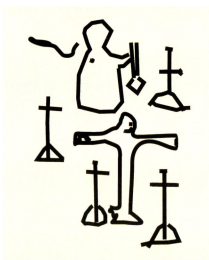

Os Templários que foram aprisionados em Domme deixaram uma série de entalhes geométricos, o que levou a especulações de práticas anticristãs dentro da Ordem. Contudo, a grande maioria dos entalhes são claramente de natureza cristã, como mostra esta ilustração. *Coleção do Autor*

Blanke foi posteriormente capturado e teve um papel na defesa dos Templários ingleses.

Há muito tempo, teoriza-se entre os autores modernos que os Templários descobriram cedo sobre as ordens de prisão de Filipe e, dessa forma, fugiram em grandes números para restabelecer a Ordem em outro lugar. Muitos acadêmicos como Barber, Nicholson e Demurger acreditam que a Ordem tinha pouco ou nenhuma noção prévia das prisões planejadas, embora Demurger forneça provas de que De Molay estava consciente das alegações e dos rumores que circulavam sobre a Ordem.[602]

A questão que normalmente se levanta acerca das prisões é por que os Templários não reagiram. A resposta mais lógica, além do fato de que muitas casas eram ocupadas por Irmãos ativos, é que os Templários estavam convencidos de sua inocência e, como tal, sentiam que seu cárcere seria curto. Em resumo, os Templários haviam estado sob a tutela da Igreja desde o Concílio de Troyes em 1129 e tinham toda a confiança de que nada havia mudado desde aquela época. Isso é confirmado em uma carta datada de novembro de 1307 de um Templário na cúria papal, que foi enviada ao Comandante dos Templários em Ascó:

"Santo Pai, não temermos, pois Vós defender-nos-eis, preservareis a justiça e porque todos nós, Irmãos do Templo, somos bons cristãos, católicos e fortes na fé. E os Irmãos Templários sempre morreram e caíram prisioneiros nas mãos dos sarracenos pela fé católica e ainda o fazem hoje".[603]

Mas os Templários não estavam nas mãos do papa, e sim, do rei da França. Três dias após a prisão dos Templários, Filipe escreveu aos demais governantes ocidentais explicando as ações que havia tomado contra a Ordem e os motivos por trás. Apesar de lhes encorajar a tomar ações semelhantes contra os Templários em suas terras, recusaram-se a fazê-lo. Enquanto Filipe sem dúvida ficou surpreso com as suas reações, Clemente estava chocado, não pelo fato de eles não concordarem, mas por Filipe não buscar a sua permissão antes de prender os Templários. No entanto, havia pouco que o pontífice podia fazer, pois os Templários já estavam sendo interrogados e Filipe não estava disposto a soltá-los.

---

602. DEMURGER, op. cit., p. 155-156.

603. Ibidem, p. 187.

Domme, na França, foi um dos lugares em que os Templários franceses foram aprisionados. *iStockPhoto.com (Rafael Laguillo)*

O Interrogatório dos Templários

Em menos de uma semana após suas prisões, Filipe submeteu os Templários a uma série de interrogatórios, cujo propósito era extrair confissões que confirmassem as acusações levantadas contra a Ordem. Em 19 de outubro, os 138 Templários presos em Paris começaram a dar seus testemunhos. O processo de interrogação era politicamente brilhante. Enquanto os depoimentos deveriam ser enviados ao rei em cartas seladas, ele também queria que os detalhes circulassem entre o povo a fim de abalar a opinião pública sobre a Ordem. Para garantir que somente a informação certa fosse recebida nos depoimentos dos Templários, os carcereiros foram instruídos a manter os Irmãos isolados, informando-os que tanto o rei quanto o papa sabiam da natureza escandalosa de sua recepção e que seriam perdoados se confessassem as acusações contra eles, enquanto que a recusa resultaria em sua morte. Para ajudar a convencer os Templários a obedecer, os carcereiros foram instruídos a usar ameaças e tortura antes que os Irmãos fossem enviados para encontrar os inquisidores. A tática funcionou, e o rei conseguiu as confissões que desejava.

Pode-se perguntar como um grupo de cavaleiros que era treinado para resistir aos rigores da batalha, que preferia sofrer a morte a abandonar a sua fé podia ceder a tais táticas. Contudo, é importante lembrar que a maioria dos Templários que compunham as casas ocidentais não eram cavaleiros endurecidos pela batalha, mas, simplesmente, Irmãos servis responsáveis pelo trabalho de apoio aos cavaleiros que ainda lutavam contra os inimigos de Cristo no Oriente. Dos 138 depoimentos que ainda existem das Inquisições de Paris, entre outubro e novembro de 1307, somente quatro Templários foram capazes de resistir às torturas que lhes foram impostas.[604] Até mesmo Jacques de Molay, o Mestre da Ordem, confessou em razão do medo das torturas que o esperavam, caso ele recusasse.

Um escritor anônimo da época, que acreditava que os Templários eram inocentes, escreveu uma carta aos doutores e acadêmicos da Universidade de Paris em 1308, explicando como as confissões dos Templários foram arrancadas pela tortura:

"Mas, quando os Irmãos se recusavam a produzir tais mentiras, apesar de não conhecerem nada disso, os tormentos dos servidores que os forçavam diariamente os compeliram a dizer as mentiras, dizendo que eles deveriam recitá-las diante dos jacobinos e afirmar que são verdadeiras, se quisessem preservar suas vidas e obter a graça plena do rei".[605]

---

604. BARBER, op. cit., p. 54-55.
605. Anônimo. *Lament for the Templars*. The ORB On-Line Reference Book for Medieval Studies. Traduzido para o inglês por Helen Nicholson. Disponível em: *www.the-orb.net/encyclop/religion/monastic/anonlamt.html*.

Os artigos da acusação de agosto de 1308 expandiram muito as acusações originais levantadas contra a Ordem. Nesta interpretação moderna de Stephen McKim, vemos uma cruz invertida, simbolizando as práticas não ortodoxas das quais a Ordem foi acusada, a cabeça barbada que a Ordem foi acusada de adorar e uma interpretação moderna do Baphomet, nome usado para descrever o suposto ídolo em apenas dois depoimentos. *Stephen McKim*

A carta continua dizendo que 36 Templários em Paris morreram como resultado das torturas impostas a eles.[606]

AS ACUSAÇÕES CONTRA A ORDEM

Esquin de Florian havia balbuciado apenas quatro acusações contra seus antigos Irmãos ao rei de Aragão e da França. Em agosto de 1308, quando as acusações contra a Ordem haviam sido formalmente redigidas, elas foram amplamente adornadas e expandidas. O interessante sobre os artigos das acusações é que eram uma inteligente mistura de acusações comuns de heresia, semelhantes àquelas lançadas contra os cátaros e os valdenses da França, e algumas interpretações equivocadas sobre as verdadeiras práticas dos Templários.

Houve a acusação comum oferecida por De Florian que os Templários negavam Cristo, profanavam Sua Cruz Sagrada e participavam de sodomia, beijavam seu receptor nas nádegas e idolatravam ídolos. Adicionadas à lista, havia outras acusações: que eles não acreditavam na missa e em outros sacramentos sagrados da Igreja, que pensavam que o Mestre e outros oficiais de alto ranque podiam absolver seus pecados e que eles até podiam confessar seus pecados a outro Irmão da Ordem.[607]

O ídolo que De Florian afirmou que os Templários adoravam se desenvolveu na afirmação de que a Ordem venerava uma cabeça barbada, que eles tocavam com os cordões que vestiam em torno da cintura. A realidade é que a cabeça barbada simplesmente não existia. Contudo, isso não quer dizer que os Templários não tivessem uma ou duas cabeças. Entre as muitas relíquias sagradas conseguidas pela Ordem, estava uma cabeça que se acreditava ter pertencido a uma das 11 mil virgens de Santa Úrsula, assim como a cabeça de Santa Eufêmia. Aquela era mantida em Paris, enquanto esta ficava no Oriente.[608] Contudo, essas relíquias, nenhuma das quais poderia ter tido barba em vida ou em morte, eram bem conhecidas, assim como todas que a Ordem possuía. Os Templários de fato

---

606. Ibidem.
607. BARBER, op. cit., p. 248-252. Barber apresenta uma tradução de todos os artigos da acusação contra os Templários.
608. NICHOLSON, op. cit., p. 213.

usavam um cordão em volta de suas cinturas como um símbolo de castidade, e o cinturão ou cinto, como é chamado, ainda faz parte da vestimenta litúrgica até os dias de hoje. Não seria incomum que os Templários tocassem suas relíquias com o cordão, e, por mais estranha que a ideia pareça hoje, não havia nada de incomum nisso na época. As Ordens religiosas não mantinham as relíquias sagradas por acreditar que elas não tinham poderes. Como vimos em capítulos anteriores, as relíquias da Cruz Verdadeira e da Lança do Destino eram ambas usadas em batalha porque pensava-se que continham poderes divinos.

Mas os Templários de fato confessaram estas e outras acusações que foram levantadas contra eles, e, em 27 de novembro de 1307, o papa Clemente lançou a bula *Pastoralis praeminentiae*, que ordenava a prisão dos Templários por toda a cristandade. Entretanto, a obediência à ordem do papa teve resultados diferentes em cada lugar.

Na Inglaterra, os Templários foram relutantemente aprisionados, mas não receberam o mesmo tratamento que na França. Mesmo após Clemente ordenar que fossem torturados, ninguém estava disposto a obedecer.[609] Em Chipre, o rei Amauri estava relutante em prender os Templários, pois eles o haviam apoiado em seu golpe contra seu irmão, e, mesmo quando o fez, os Templários foram confinados em suas próprias propriedades. Em Veneza, as investigações sobre a Ordem foram conduzidas pelo Estado, enquanto os Templários permaneceram livres. Em Nápoles, usou-se a tortura – mas é de se notar que Carlos II era parente de Filipe IV. Na Germânia, os Templários chegaram ao conselho em Mainz armados e acompanhados dos barões locais, que juraram sua inocência, e, como resultado, eles foram libertados. Em Aragão, os Templários proclamaram sua inocência de dentro de seus castelos. Embora Jaime II cercasse os castelos e prendesse a Ordem, eles foram libertados em 1312 e receberam pensões. Mas, na França, não obtiveram qualquer delicadeza de Filipe, o Belo.

Entre as duas cabeças que sabidamente estavam na posse dos Templários, estava a de Santa Eufêmia de Chalcedon, uma antiga mártir cristã. *ClipArt.com*

---

609. Ibidem, p. 226.

Por fim, Clemente exigiu que a questão na França fosse entregue à autoridade da Igreja e, em fevereiro de 1308, suspendeu o julgamento. Filipe continuou a angariar o apoio público contra a Ordem e pressionou o papa a reiniciar os julgamentos. Clemente finalmente capitulou em julho, mas insistiu que os julgamentos continuassem sob a direção do clero. Em agosto de 1308, Clemente lançou a bula *Regnans in coelis*, que convocava um concílio geral a ser realizado em 1º de outubro de 1310, em Viena, a fim de lidar com a questão dos Templários; e, para este propósito, a Ordem foi instruída a enviar defensores adequados ao concílio. A segunda série de investigações começou em 1309, mas os Templários não estavam dispostos a se defender, principalmente em virtude do medo de mais torturas. Embora De Molay inicialmente se voluntariasse a defender os Templários, contanto que tivesse assistência legal, mais tarde, recusou a oferta, afirmando que somente daria seu depoimento diretamente ao papa.

Os interrogatórios dos inquisidores de Filipe haviam sido conduzidos com a clara intenção de conseguir que os Templários lhes dissessem o que queriam ouvir; no entanto, a comissão papal parecia estar sinceramente interessada em obter a verdade. Enviou-se uma convocação pedindo que aqueles que desejassem testemunhar e defender a Ordem se juntassem em Paris, e, embora o movimento demorasse a tomar fôlego, em fevereiro de 1310, cerca de 600 Templários haviam expressado o desejo de consentir.[610]

Entretanto, ao fazê-lo, eles criaram um problema ainda maior para si, já que a maioria deles havia confessado anteriormente durante a Inquisição inicial. A posição de Filipe ganhou preeminência, argumentando que os Templários haviam confessado em um julgamento, mas se contradiziam em outro. Filipe afirmava que, ao retirarem suas confissões, os Templários haviam se tornado hereges de nível mais baixo, e a punição era a morte. Em 12 de maio, 54 deles foram entregues aos homens de Filipe e queimados na fogueira em Paris. Execuções semelhantes ocorreram em outros lugares da França, até que finalmente aqueles que continuavam vivos ficaram em silêncio.

O Concílio de Viena

O concílio geral, que havia sido convocado no outono de 1310, foi adiado por mais um ano, iniciando-se finalmente em 16 de outubro de 1311. A razão para o atraso não foi a procrastinação do papa, mas sim o fato de que os comissários papais em Paris estavam tendo dificuldades em obter confissões coerentes. Uma testemunha contradizia outra e às vezes até conseguia contradizer a si mesma. No fim, a comissão papal determinou que os Templários eram ortodoxos. Aqueles que haviam reconhecido os aspectos desrespeitosos do ritual de recepção foram absolvidos de seus pecados e receberam novamente os privilégios da Igreja.[611] Contudo, seria necessário garantir que a Ordem fosse reformada e que sua Regra estivesse de acordo com a ortodoxia. A comissão acreditava que a Regra, da

---

610. DEMURGER, op. cit., p. 177.

611. Ibidem, p. 178.

qual eles tinham cópias, não tinha problemas, mas que práticas não escritas e não ortodoxas haviam sido anexadas a ela. Foram essas observações que formaram a base do Concílio de Viena.

Os padres da Igreja que haviam se reunido no concílio para lidar com a questão dos Templários, em sua maioria, duvidavam da culpa da Ordem e pareciam genuinamente interessados em ouvir o que seus membros tinham a dizer. Contudo, Filipe não tinha qualquer intenção de permitir que isso acontecesse, e continuou a pressionar o papa. Em 20 de março, as questões chegaram a um fim repentino quando o rei, com um exército considerável, reuniu-se em Viena. Dois dias mais tarde, Clemente teve uma reunião com uma série de cardeais e seus representantes especiais, que votaram pela maioria de quatro quintos pela dissolução da Ordem. O resultado do encontro foi a bula *Vox in excelso*, que foi lida publicamente em 3 de abril. Era claro que Clemente sabia que a bula encontraria resistência e que os presentes iriam querer debater a questão; no entanto, com o exército de Filipe por perto e o próprio Filipe sentado a seu lado no concílio, Clemente não estava preparado para se arriscar. Antes de apresentar sua bula, um clérigo levantou-se no concílio e afirmou que qualquer um que falasse sem permissão seria excomungado.

No fim, foi a reputação difamada dos Templários e não sua suposta culpa que dissolveu a Ordem. Depois de lutarem pela cristandade por quase dois séculos, os Templários foram destruídos, não pela espada do inimigo, mas pela pena de seus benfeitores:

"Portanto, com pesar no coração, não por uma sentença definitiva, mas por provisão ou ordenança apostólica, suprimimos, com a aprovação do concílio sagrado, a Ordem dos Templários e sua Regra, hábito e seu nome, por um decreto inviolável e perpétuo, e proibimos completamente que qualquer um, de agora em diante, ingresse na Ordem, ou receba, ou vista seu hábito, ou ouse agir como um Templário".[612]

No fim das contas, Filipe havia destruído os Templários, mas não conseguiu adquirir nenhuma de suas propriedades, o que parece ter sido seu motivo provável, dado que ele havia conduzido uma pesquisa sobre suas posses na França, no outono de 1307. Em 2 de maio de 1312, Clemente lançou uma segunda bula, *Ad providam*, que passava a propriedade dos Templários para a Ordem rival dos Hospitalários:

"Para que possamos dar aos Hospitalários um maior apoio, lhes damos, com a aprovação do concílio sagrado, a própria casa dos Cavaleiros Templários e outras casas, igrejas, capelas, oratórios, cidades, castelos, vilas, terras, granjas, locais, posses, jurisdições, rendas, direitos, todas as demais propriedades, tanto imóveis quanto móveis ou que se movem por si, e os membros com seus direitos e posses, tanto neste quanto do outro lado do mar, em todas as partes do mundo, no momento em que o próprio Mestre e alguns Irmãos da Ordem foram presos no reino da França, a saber, em outubro de 1307".

---

612. *Vox in excelso: A History and Mythos of the Knights Templar.* Disponível em: *www.templarhistory.com/excelso.html*.

As propriedades fora da França nos reinos de Castela, Aragão, Portugal e Maiorca foram isentas da decisão da bula.[613]

Mas e os próprios Templários? Sua Ordem agora estava dissolvida, suas posses e propriedades foram entregues aos Hospitalários, e eles já estavam velhos. Quando a Ordem foi presa na França, a média de idade dos membros capturados era de 42 anos,[614] mas, em 1312, a média de idade era de quase 50 anos. É provável que estes homens, a maioria na meia-idade e pacíficos em sua posição dentro da Ordem, tenham fugido para alguma terra estrangeira para começar do zero como muitas versões modernas sugerem?

Na bula *Considerantes dudum*, lançada em 6 de maio de 1312, Clemente fez provisões para os membros da Ordem que foram considerados inocentes ou que haviam confessado ou se reconciliado com a Igreja. Ainda se considerava que estavam presos a seus votos monásticos, e eles não tinham a permissão de voltar à vida secular; contudo, podiam viver nas antigas propriedades da Ordem, agora de posse dos Hospitalários, e deveriam receber uma pensão que vinha de duas posses transferidas aos Hospitalários.[615] Isso certamente ocorreu na França, na Inglaterra e em Aragão. Em alguns casos, os Templários de Aragão juntaram-se à Ordem de Montesa, assim como em Portugal uni-

A capela rotunda do Convento de Cristo em Tomar, Portugal, foi construída em meados do século XII e passou à Ordem de Cristo, que foi formada depois que os Templários foram dissolvidos, em 1312. iStockPhoto.com (Mel Bedggood)

ram-se à Ordem de Cristo, duas Ordens que receberam antigas terras dos Templários. Estas novas Ordens, apesar de sancionadas pela Igreja, estavam sob o controle dos governantes seculares.

Contudo, os Templários em Chipre não tiveram a mesma sorte. Em 1311, Henrique II, que havia reassumido seu trono no ano anterior, soube de um plano para novamente tomarem o controle do reino. O filho mais velho de Amauri devia assumir a coroa, enquanto Ayme d'Oselier, o Marechal dos Templários, receberia o controle do governo. Quando a conspiração foi desvendada, Ayme foi afogado e muitos Templários, aprisionados onde eles passariam os últimos anos de suas vidas.[616]

---

613. *Ad providam: A History of Mythos of the Knights Templar.* Disponível em: www.templarhistory.com/providem.html.
614. BARBER, op. cit., p. 54.
615. *Considerantes dudum: A History and Mythos of the Knights Templar.* Disponível em: www.templarhistory.com/consider.html.

616. NICHOLSON, op. cit., p. 230.

Mas os Templários em Chipre não foram os únicos membros sobreviventes da Ordem condenados a morrer na prisão. A bula de Clemente, de 6 de maio de 1312, havia reservado para si o mesmo destino dos líderes da Ordem, a saber, o Mestre Jacques de Molay, o visitante da França Hugo Pairaud, o Comandante da Normandia Godofredo de Charney e o Comandante da Aquitânia e de Poitou, Godofredo de Gonneville.[617] Contudo, ainda levaria mais dois anos antes de seu destino ser pronunciado e até ter início o mito templário.

---

617. *Considerantes dudum,* op. cit.

Igreja em Temple, Midlothian. Até o século XVI, a região era conhecida como Balantrodoch. Embora muitos acreditem que os Templários construíram a igreja no século XII, é possível que ela não tenha sido construída até que o território fosse passado para a mão dos Hospitalários após 1312. *Gordon Napier*

A Lenda dos Templários

"Toda a história da civilização está espalhada em credos e instituições que eram inestimáveis a princípio e mortais depois."
Walter Bagehot

A história das horas finais da vida de Jacques de Molay, assim como muitos aspectos da história dos Templários, foi amplamente adornada ao longo dos anos. Contudo, os cronistas da época não deram uma grande atenção. Escritores, como Jean de São Vítor e Bernardo Gui, que era o inquisidor em Toulousain durante os julgamentos dos Templários[618] e que escreveria um guia para outros inquisidores na década de 1320, mencionaram a execução de De Molay somente de passagem, dando-nos alguns detalhes que podemos utilizar. O mais confiável dos relatos da época é o de um monge anônimo que continuou a crônica de Guilherme de Nangis.[619]

De seu relato, sabemos que, no dia da festa de São Gregório, em 18 de março de 1314, De Molay e outros líderes foram levados para a frente da Catedral de Notre-Dame, em Paris, para escutar a decisão dos três cardeais que haviam sido designados para determinar o seu destino. Enquanto os quatro homens e aqueles que haviam se juntado para testemunhar o evento ouviam com atenção, os cardeais leram sua sentença. Os antigos Templários deviam passar o resto de suas vidas na prisão. Hugo Pairaud e Godofredo de Gonneville receberam sua sentença em silêncio; Jacques de Molay e Godofredo de Charney, por outro lado, levantaram-se e interromperam um dos cardeais. Tanto De Molay quanto De Charney teimosamente se defenderam e negaram as confissões que haviam feito previamente. Ao retratarem suas confissões, eles foram entregues ao superintendente de Paris, um agente do rei, que levou os homens em custódia até que os cardeais deliberassem sobre o assunto no dia seguinte. Con-

---

618. BARBER, op. cit., p. 21.
619. DEMURGER, op. cit., p. 196. De Nangis morreu em 1300, e sua história foi continuada por um escritor anônimo.

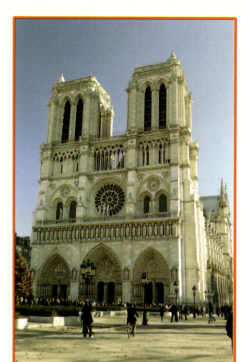

A frente da Catedral de Notre-Dame, em Paris. Foi neste local que Jacques de Molay e outros líderes templários ouviram a sua sentença. *iStockPhoto.com (David Lentz)*

tudo, quando Filipe soube de suas confissões desmentidas, ele agiu sem consultar o clero. Naquela tarde, De Molay e De Charney foram levados a uma pequena ilha no Sena, entre o jardim real e a casa agostiniana, e foram queimados na fogueira. De acordo com o continuador da crônica de Guilherme de Nangis, De Molay e De Charney aguentaram as chamas com dignidade, de acordo com seu ranque:

"Eles pareciam estar tão preparados para aguentar o fogo com a mente tranquila e a força de vontade que eles despertaram, em todos aqueles que os viam, muita admiração e surpresa pela constância de sua morte e negação final..."[620]

Estas palavras de um homem que pode ter sido uma testemunha ocular dos eventos reais deveriam ser suficientes para terminar a trágica história dos Cavaleiros Templários. Contudo, a história do heroísmo de De Molay logo deu origem a novas narrações mais expressivas que chegaram até os nossos dias. Entre elas, estão os relatos divergentes sobre o que aconteceu com os restos queimados do líder templário. Em uma versão, os restos de De Molay e De Charney foram apanhados como relíquias sagradas tão logo as brasas começaram a se extinguir, enquanto em outra versão os restos foram consumidos pelas chamas até serem reduzidos a cinzas.[621] Godofredo de Paris, um dos clérigos do rei e uma testemunha ocular da imolação dos líderes templários, foi talvez o primeiro a introduzir as palavras finais de De Molay. Em sua versão, escrita em versos, Godofredo sugere que De Molay tenha pedido que suas mãos ficassem livres para que ele as pudesse juntar em oração. O poema continua e sugere que o último Mestre disse que Deus vingaria as mortes dos Templários, pois ele sabia quem realmente estava errado.[622]

Mas o adorno mais perene é outra versão do discurso feito pelo último Mestre enquanto a pira era acesa sob ele. Enquanto as chamas lambiam suas vestimentas, diz-se que De Molay afirmou que, antes do final do ano, tanto Filipe quanto Clemente seriam convocados por Deus para responder por

---

620. BARBER, op. cit., p. 241.
621. DEMURGER, op. cit., p. 199.
622. Ibidem, p. 197-198.

Ilustração do século XIX que representa a imolação de De Molay e De Charney. *ClipArt.com*

livro publicado em 1548 por Paul Émile, intitulado *De rebus gestis francorum*.[624] Mas o livro de Émile não era um trabalho de ficção ou uma crônica poética, e sim uma obra de história, e, como tal, sua versão foi escolhida tanto direta quanto indiretamente pelos escritores históricos subsequentes, tais como o historiador inglês James Anthony Froude, que escreveu em 1886:

"Houve, a partir de então, uma convicção universal de que os Templários foram injustamente tratados. O sentimento popular mol-

seus crimes. É certamente verdade que ambos os homens morreram dentro do tempo profetizado: Clemente, em 20 de abril, como resultado de uma longa doença, e Filipe, em 29 de novembro, após cair do cavalo enquanto caçava. Contudo, a maldição não foi responsável pela data de suas mortes, mas a data de suas mortes que foi responsável pelas histórias da maldição.

Entre as fontes escritas mais próximas aos eventos reais, simplesmente não há menção da maldição de De Molay, fora a indicação de Godofredo de Paris que De Molay acreditava que Deus impingiria as leis da justiça. De fato, a versão mais antiga da história da maldição foi escrita em 1330 por um cronista italiano chamado Feretto de Ferretis.[623] Contudo, na versão de De Ferretis, não foi De Molay, mas sim um Templário anônimo que proferiu a maldição. Embora outros repetissem a versão de De Ferretis, foi apenas no século XVI que as palavras do Templário anônimo seriam proferidas da boca de De Molay, em um

Uma representação da execução de De Molay e de De Charney. Diz-se que, enquanto o último Mestre da Ordem era consumido pelas chamas, ele proferiu uma maldição que acabaria com a vida de Filipe IV e Clemente V.

---

623. Ibidem, p. 202. BARBER, op. cit., p. 315.

624. DEMURGER, op. cit., p. 202.

O ponto na Île de La Cité onde De Molay foi executado. *iStockPhoto.com*

dou-se em uma tradição (possivelmente foi um fato real) que, enquanto as chamas estavam-no sufocando, o último Grão-Mestre convocou o papa e o rei para encontrá-lo diante do tribunal de Deus. Clemente morreu em agonia semanas depois. Pouco depois, Filipe, o Belo, foi atirado por um cavalo cruel, e ele também foi prestar contas".[625]

Para seu crédito, Froude apresenta a história da maldição de De Molay como uma tradição em vez de um fato histórico, apesar de ele permanecer aberto à possibilidade de que isso possa ter realmente acontecido. Contudo, os outros autores não foram tão perspicazes quanto Froude em sua narração da famosa maldição. Charles Addison, em seu livro de 1842 sobre os Templários, fornece um diálogo completo do evento com alguns adornos teatrais seus:

"Uma pilha foi erguida na ilha do Sena, onde agora há uma estátua – ou antigamente havia – de Henrique Quatre [Henrique IV], e aqui, na mesma tarde, eles foram levados para execução diante de uma multidão que excedia as assembleias anteriores, e o Grão-Mestre dirigiu-se aos cidadãos dessa forma: 'A França lembra-se de nossos últimos momentos. Morremos inocentes. O decreto que nos condena é um decreto injusto, mas no céu há um tribunal augusto ao qual o fraco nunca apela em vão. A este tribunal, dentro de 40 dias, convoco o pontífice romano'. A multidão tremeu, mas o Grão-Mestre continuou: 'Ó Filipe, meu Mestre, meu rei! Eu te perdoo em vão, pois tua vida

---

625. FROUDE, James Anthony. *The Knights Templars*. New York: John B. Alden, 1886, p. 52.

está condenada. No tribunal de Deus, dentro de um ano, espero-te'".[626]

Setenta e sete anos mais tarde, o martírio de De Molay serviria de inspiração para uma nova organização criada por um membro da fraternidade maçônica. Em 1919, um maçom chamado Frank S. Land, preocupado com o número de meninos órfãos após a Primeira Guerra Mundial, decidiu criar uma nova organização para preencher o vazio. De acordo com o *website* da organização: "O grupo precisava de sua própria identidade e de seu próprio nome. Depois que o padre Land contou a história de Jacques deMolay [sic], o grupo decidiu nomear-se pela figura histórica ligada à Maçonaria".[627] Dois anos mais tarde, quando a organização tornou-se oficial, H. L. Haywood, um dos acadêmicos maçônicos mais conhecidos e respeitados de sua época, foi encarregado de escrever um livro chamado *A Story of the Life and Times of Jacques de Molay* [Uma narrativa da vida e da época de Jacques de Molay]. O livro foi escrito para apresentar os novos membros dessa nova fraternidade à pessoa a quem devia seu nome e à Ordem à qual ele pertencia. Apesar de Haywood ser claro ao apontar que o episódio da maldição de De Molay era uma tradição, ele de fato apresentou aos jovens outras informações errôneas sobre o último Mestre dos Templários. Ao recontar a história da viagem de De

Uma estampa da edição de 1815 de *Les Templiers*, do poeta e dramaturgo francês François Juste Marie Raynouard, que mostra as mãos de De Molay desatadas.

Molay à Armênia, em 1299, o autor oferece o seguinte relato das explorações militares de De Molay:

"Depois disto e trabalhando com um general tártaro [mongol], De Molay teve a sorte de recapturar algumas das cidades que haviam sido perdidas para os sarracenos, Jerusalém entre elas, onde os Templários celebraram a Páscoa".[628]

Essa publicação maçônica não foi a única a repetir tal informação errônea. Em 1944, William Moseley Brown escreveu um livro para o Grande Acampamento dos Cavaleiros Tem-

---

626. ADDISON, Charles G. *The History of the Knights Templars*. New York: Masonic Company, 1874, p. 418.
627. LAND, Frank S. *The Founder of de Molay*, De Molay International. Disponível em: http://www.demolay.org/history/people/land/index.shtml.

628. HAYWOOD, H. L., *The Story of the Life and Times of Jacques de Molay*. St. Louis: The Order of De Molay, 1925, p. 27.

Sir Abelard Reynolds foi o prelado do Comando de Monroe nº 17, em Monroe, Nova York. Esta foto de gabinete, tirada em fins do século XIX, mostra as vestes de gala usadas pelos Templários norte-americanos depois da guerra civil. É um uniforme que pouco mudou desde aquela época. *Autor*

maçons e jovens que posteriormente se tornariam maçons, suas intenções não eram maliciosas. O fato é que a história, popular no Ocidente em certa época, era relacionada a um general mongol de nome Mûlay, e não ao último Mestre dos Templários, De Molay.[630]

Infelizmente, o mesmo não se pode dizer de outros maçons, que foram amplamente responsáveis direta ou indiretamente por muitas das lendas templárias que existem hoje.[631] Já na década de 1730, pouco mais de um decênio depois que a Maçonaria assumiu sua forma organizada em 1717, Andrew Michael Ramsey, um escocês jacobita que vivia em exílio na França, apresentou a ideia de que os primeiros maçons haviam sido pedreiros que trabalhavam na Terra Santa na época dos cruzados. Esses pedreiros, conforme Ramsey, "fizeram um acordo acerca de diversos signos antigos e palavras simbólicas tiradas do poço da religião a fim de se reconhecerem mutuamente entre os pagãos e os sarracenos".

Embora Ramsey não fizesse uma ligação com os Templários, ele de fato ligava os maçons com a Ordem dos Hospitalários, e foi por este motivo, Ramsey dizia, que as Lojas Maçônicas* eram dedicadas a São João. Seriam os maçons alemães que adicionariam a ligação com os Templários via Rito da Estrita Observância, que começou em fins da década de 1740 e foi reforçado pelos esforços de Karl Gotthelf, barão

plários nos Estados Unidos, chamado de *Highlights of Templar History* [Os Grandes Momentos da História dos Templários], no qual a afirmação novamente recebeu uma ampla divulgação:

"Quando Acre caiu, os Templários retiraram-se para Chipre, que compraram de Ricardo Coração de Leão. Eles tiveram mais um dia de glória quando, em 1299, novamente entraram na Cidade Sagrada e adoraram o Santo Sepulcro".[629]

Embora as versões de Haywood e Brown da história certamente permanecessem nas memórias de muitos

---

629. BROWN, William: *Highlights of Templar History.* London, Phoenix Press, 1999, p. 27.

630. DEMURGER, op. cit., p. 204.
631. BARBER, op. cit., p. 317. NICHOLSON, op. cit., p. 240. READ, op. cit., p. 303.
* N.E.: Sugerimos a leitura de *Manual Completo para Lojas Maçônicas*, de Amado Espósito dos Santos, Carlos Brasílio Conte, Cláudio Roque Buono Ferreira e Wagner Veneziane Costa, Madras Editora.

Von Hund. Os maçons alemães afirmaram que, quando os Templários haviam ocupado o Templo de Salomão,* eles adquiriram poderes mágicos e uma sabedoria secreta, que De Molay passou a seu sucessor antes de sua execução.[632]

Quem exatamente era o suposto sucessor de De Molay depende da divisão da Maçonaria Templária a que se deseja apoiar. A alegação dos franceses era que, com sua morte, De Molay passou as rédeas a John Mark Larmenius, que prosseguiu secretamente.[633] Também havia a alegação de que a tocha dos Templários foi passada a Pedro d'Aumont, que fugiu para a Escócia, onde os Templários exilados estabeleceram a Maçonaria. Da Escócia, ela voltou à França e, de lá, para a Alemanha. Nos países escandinavos, os maçons desenharam sua linhagem a partir da Ordem de Cristo em Portugal, que era uma verdadeira Ordem; contudo, além da linhagem, havia a alegação de que o sobrinho de De Molay havia carregado suas cinzas a Estocolmo, enterrado-as, e depois estabelecido a Ordem dos Templários sueca. Também havia a alegação de que os Templários ajudaram Roberto Bruce na Batalha de Bannockburn, quem posteriormente estabeleceu a Ordem de Heredom em seu nome como uma recompensa.[634]

Nos Estados Unidos e no Canadá, o Templarianismo Maçônico consiste de três Ordens: a Ilustre Ordem da Cruz Vermelha, a Ordem de Malta (Hospitalários) e a Ordem do Templo. Apesar da popularidade da teoria entre os maçons, a organização maçônica não alega ser descendente direta dos Templários originais. *Autor*

Nenhuma dessas versões tem o mínimo de verdade, mas, como o autor maçônico Burton E. Bennett escreveu em 1926:

"Essas invenções foram feitas com o propósito de estabelecer uma Ordem à que não apenas os nobres de todos os países pudessem se juntar, mas que os que nela ingressassem acreditassem que se enobreciam. Os homens que as criaram aproveitaram-se disso para conseguir tanto dinheiro quanto poder por meio de 'segredos perdidos', Ocultismo e magia.* Era uma época que acreditava não só no contato pessoal com Deus, mas também com o Diabo;* e os supostos segredos dos antigos maçons proveram a semente de todo este enorme crescimento".[635]

---

* N.E.: Sugerimos a leitura de *Os Segredos do Templo de Salomão – os Mitos em Torno do Rei Bíblico*, de Kevin L. Gest, Madras Editora.
632. BARBER, Malcolm. *The New Knighthood: A History of the Order of the Temple.* New York: Cambridge University Press, 1996, p. 318.
633. Esta afirmação também seria usada por Bernard Raymond Fabre-Palaprat quando ele lançou sua Ordem Neotemplária, em 1804.
634. BENNETT, Burton E. *The Rite of Strict Observance. The Builder*, v. 12, n. 10, out. 1926.

---

* N.E.: Sugerimos a leitura de *Magia Cerimonial – A Conexão entre o Ocultismo e as Sociedades Secretas*, de Carlos Brasílio Conte; *Rituais e Cerimônias para o Dia a Dia – Práticas de Magia*, de Lorna St. Aubyn; e *Lúcifer – O Diabo na Idade Média*, de Jeffrey Burton Russel, Madras Editora.
635. Ibidem.

O porto de La Rochelle, na França, de onde muitos autores afirmam que os Templários partiram rumo ao poente a bordo de 18 galés templárias, conseguindo fugir das perseguições de Filipe em 1307. *iStockPhoto.com (Jacques Croizer)*

Mas Bennett não foi o primeiro a condenar a obra de seus Irmãos mais antigos. Albert Mackey, em sua *History of Freemasonry* [História da Maçonaria], escreveu com desprezo sobre a teoria adotada pela Estrita Observância de Von Hund:

"Dessa besteira nasceu a lenda de Pedro d'Aumont e sua restauração da Ordem dos Cavaleiros Templários na Escócia. Mesmo sem qualquer partícula de evidência histórica para embasá-la, ela exerceu uma poderosa influência na organização maçônica até mesmo nos dias atuais. Vemos seus efeitos emanando nos ritos mais importantes e dando uma forma templária a muitos de altos graus. Não se pode duvidar que a incorporação de templarianismo no moderno sistema maçônico se deve principalmente às ideias sugeridas por esta lenda de d'Aumont".[636]

Mas estas teorias sobre a Escócia por fim se enraizaram lá, e, em 1837, o cavaleiro James Burns escreveu um livro chamado *The Knights Templars of Scotland* [Os Cavaleiros Templários da Escócia], que criou uma linhagem direta entre os Templários e os maçons que foi aceita por muitas pessoas, entre elas, uma série de maçons. Em seu livro *The Rosslyn Hoax* [O Embuste de Rosslyn], Robert Cooper explicou que Burns inventou o mito "para seus companheiros maçons que estavam interessados em criar uma Ordem Maçônica que espelhava suas próprias atitudes e ideais cavalheirescos do século XIX".[637] Burns, ao esculpir suas histórias sobre os Templários na Escócia, usou-se da ligação de d'Aumont, que afirmava que ele com outros refugiados Templários "continuavam a carregar os mistérios da Ordem".[638]

---

636. MACKEY. Albert G. *The History of Freemasonry*. New York: Gramercy Books, 1996, p. 262.

637. COOPER, Robert L. D. *The Rosslyn Hoax*. London: Lewis Masonic, 2006, p. 245.
638. Ibidem, p. 300.

Mais de um século depois de Burns escrever estas palavras, as lendas da sobrevivência dos Templários após sua dissolução continuam por meio de uma variedade de versões igualmente ficcionais, escritas tanto por maçons quanto por não maçons, mas apresentadas como fatos históricos. Começando com o tema comum que um grande número de Templários havia escapado do aprisionamento em 1307, estes autores apresentaram uma variedade de destinos finais para a Ordem, desde a América, de um lado do Atlântico, até a Escócia, no outro. Em quase todas as teorias, os Templários conseguiram escapar em 18 galés que os esperavam no porto de La Rochelle.

A fonte desta teoria está no testemunho de um Irmão chamado Jean de Châlons, que declarou, em 1308, que Gérard de Villiers havia conseguido receber uma advertência prévia sobre as prisões e fugiu com 50 cavalos. De Châlons continua afirmando que ele ouvira que De Villiers havia partido com 18 galés.[639] O testemunho de De Châlons sobre as galés templárias não se baseava em conhecimento de primeira mão, mas sim na repetição de um rumor, e, dado que o resto de seu testemunho censura a Ordem, é duvidoso que houvesse qualquer verdade em suas afirmações. De fato, após a dissolução dos Templários em 1312, os Hospitalários envolveram-se em mais guerras navais; contudo, naquela época, registra-se que eles tinham somente quatro galés.[640] Portanto, torna-se menos provável que estas galés existissem entre os Templários nos números sugeridos tanto por De Châlons quanto pelos autores modernos que usaram seu testemunho como base para obras inteiras.

É claro, a bordo das galés estava o tesouro dos Templários, que os Irmãos fugitivos haviam conseguido tirar do Templo de Paris, sem que ninguém percebesse. O destino mais comum das galés e do tesouro que supostamente estava em sua posse era a Escócia, lar das primeiras fantasias sobre os Templários Maçônicos dos séculos XVIII e XIX, pois, dali, após aportar na Ilha de Mull, na costa ocidental da Escócia, os autores modernos afirmam que os Templários continuaram no caminho das grandes coisas.

O argumento mais frequentemente apresentado é que os Templários escolheram a Escócia porque Roberto Bruce foi excomungado na época e, portanto, iria protegê-los do papa. Mas, como vimos em um capítulo anterior, embora Clemente V estivesse consciente das

A construção da Capela Rosslyn começou 134 anos depois da dissolução dos Templários. Este fato não impediu a lenda de que os Templários ajudaram em sua construção. *Linda Berthelsen*

---

639. BARBER, *The Trial of the Templars*, op. cit., p. 101. BURMAN, Edward. *Supremely Abonimable Crimes*. Chattam: Allison & Busby, 1994, p. 225.

Ilustração do século XIX do interior da Capela Rosslyn. *ClipArt.com*

alegações de Filipe contra a Ordem, ele não intencionava começar uma investigação antes de outubro.

Além disso, não ficaria encolerizado pelo golpe preventivo de Filipe, caso soubesse que ele os prenderia. Portanto, se os Templários soubessem previamente, seria do rei e não do papa de quem estariam fugindo, e a posição de Roberto com a Igreja não os teria beneficiado em nenhum dos casos. Não só os Templários teriam fugido para a Escócia, onde estariam sob a proteção de Roberto Bruce, como alguns autores querem que acreditemos que eles também o ajudaram na Batalha de Bannockburn, apesar de não haver qualquer menção a isso nos muitos relatos da época sobre a batalha e nas fontes históricas que surgiram deles.[641]

Contudo, a mais constante das afirmações relacionadas com os Templários na Escócia é que a Ordem construiu a enigmática Capela Rosslyn 139 anos depois de terem escapado das garras de Filipe. Foi aqui que os Templários, que agora eram maçons, entalharam seu conhecimento secreto nas paredes e nos pilares da capela. Embora a Capela Rosslyn tenha sido mencionada pela primeira vez em um contexto maçônico em 1738, com a publicação das constituições revisadas de Anderson,[642] levaria mais dois séculos e meio até que se associasse com os Cavaleiros

---

641. COOPER, op. cit., p. 217-218. Cooper fornece uma página e meia de fontes da época, ou próximas da época, relacionadas à Batalha de Bannockburn – 23/24 de junho de 1314.
642. Ibidem, p. 123.

Templários. Em seu livro de 1982, *The Holy Blood and the Holy Grail* [O Santo Graal e a Linhagem Sagrada], os autores Michael Baigent, Richard Leigh e Henry Lincoln mencionaram Rosslyn rapidamente, ligando-a diretamente à Maçonaria e à Cruz Vermelha, mas indiretamente ao mencionar que ela estava geograficamente próxima ao quartel-general dos Templários na Escócia, o Templo Balantrodoch.[643] É claro, a ligação com os Templários foi sugerida, além disso, pela repetição da informação em sua breve biografia de Marie de St. Clair, uma das supostas Grã-Mestras da misteriosa Prieuré de Sion e ancestral do homem que construiu a Capela Rosslyn.[644]

Esta Prieuré de Sion, que há muito tempo provou-se ser uma obra de ficção criada por um francês chamado Pierre Plantard, era a principal base do *best-seller* de Baigent, Leigh e Lincoln. Essa organização fictícia estava, é claro, ligada aos Templários. De acordo com os autores, a Prieuré de Sion e os Templários tinham um líder em comum até 1188, quando eles se separaram e escolheram cada qual seu próprio líder. A razão dada para a separação entre os dois grupos tinha a ver com uma disputa sobre uma árvore de olmo perto de Gisors, na França. Caminhando entre as "versões distorcidas" relacionadas aos eventos, os autores nos dizem que Henrique II da Inglaterra e Filipe II da França haviam se encontrado em um "campo sagrado" onde estava o olmo, mas, por razões desconhecidas, a árvore

Entre as muitas esculturas intricadas na Capela Rosslyn, está uma que muitos autores usaram como prova de uma ligação com os Templários. Vendo o que querem ver, estes autores sugeriram que a escultura é de dois cavaleiros sobre um único cavalo. Um exame mais próximo revela que a segunda figura está de pé atrás do cavalo, e o que alguns dizem ser a perna do segundo cavaleiro é, na verdade, o rabo do cavalo. *Autor*

tornou-se o objeto de uma "disputa sangrenta". Sem citação, os autores fazem referência a uma crônica medieval que indica que os franceses, que estavam em maior número que os ingleses, começaram a atacar. Quando os ingleses buscaram refúgio em Gisors, os franceses cortaram a árvore, e Filipe voltou a Paris afirmando que não fora a Gisors para ser um cortador de árvores.[645]

É claro que a realidade é que as versões não eram nem um pouco distorcidas. Houve de fato um encontro entre Henrique e Filipe em Gisors, em

---

643. BAIGENT, Michael; LEIGH, Richard; LINCOLN, Henry. *The Holy Blood and the Holy Grail*. London Jonathan Cape, 1982, p. 152.
644. Ibidem, p. 373.
645. Ibidem, p. 90.

janeiro de 1188. Os dois estavam em guerra havia dois anos, e o objetivo do encontro era a convocação de uma trégua. Jerusalém havia sido capturada no ano anterior por Saladino, e chegava a hora de se unir contra um inimigo comum. Enquanto os reis discutiam a questão, eles encontraram Josias, o arcebispo de Tiro, que estava em viagem ao Ocidente a fim de conseguir apoio para a Terceira Cruzada. Josias, por sua eloquência, foi capaz de convencer ambos os reis a tomar a cruz, e concordou-se que os dois exércitos marchariam juntos.[646] É claro, seis meses depois, a guerra recomeçou entre a Inglaterra e a França, o que atrasou a cruzada proposta ainda mais. Apesar de Henrique morrer em 1189, seu sucessor, Ricardo I, por fim se juntaria a Filipe na cruzada, e foi principalmente graças a eles que Acre foi capturada em 1191, como vimos detalhadamente em um capítulo anterior.

Mas não só *The Holy Blood and the Holy Grail* relacionava Rosslyn aos Templários, criando um *pedigree* para a Ordem que a ligava à fictícia Prieuré de Sion, como também foi responsável pela propagação da noção de que os Templários eram os guardiões secretos do verdadeiro graal,* que era a linhagem de sangue criada a partir do casamento de Cristo com Maria Madalena.* Esta ideia certamente era tão controversa entre os fiéis cristãos em 1982 quanto uma geração mais tarde, quando Dan Brown apanhou a ideia para o *Código Da Vinci*. De fato, a subida meteórica deste último nas listas dos mais vendidos pode tê-lo tornado mais controverso do que o livro que popularizou o mito inicialmente. Contudo, ao escrever seu *best-seller*, Brown conseguiu gravar a narrativa fictícia sobre os Cavaleiros Templários nas mentes de uma nova geração de leitores, que, por sua vez, abriu caminho para muitas outras versões ficcionais da história dos Cavaleiros Templários.

Talvez seja irônico que, há 700 anos, os Templários tenham sido destruídos por informações falsas, e hoje, no entanto, sejam falsas informações em vez de fatos históricos que os mantêm vivos. Como disse Napoleão Bonaparte certa vez: "O que é a História, além de uma fábula com a qual concordamos?". Na verdade, ele disse: "A História é a versão dos fatos passados com a qual as pessoas decidiram concordar". Mas, como a primeira soa muito melhor, é a que se tornou a versão aceita, servindo justamente para provar seu argumento.

---

646. RUNCIMAN, op. cit., p. 5-6.
* N.E.: Sugerimos a leitura de *A Espada e o Graal*, de Andrew Sinclair, e *A Linhagem do Santo Graal – A Verdadeira História do Casamento de Maria Madalena e Jesus Cristo*, de Laurence Gardner, ambos da Madras Editora.

Índice Remissivo

– A –

Abadia Bisham 190
Abadia de Claraval 137, 140
Abraão (patriarca) 48, 51, 52, 131
Acre, Conselho de (1148) 228
Addison, Charles 304
Ademar (bispo de Le Puy) 63, 72, 73, 75, 80, 83, 84, 87, 91
Ad providam 17, 297, 298
Ager Sanguinis (Campo de Sangue) 14, 111, 116, 123, 140
Agnus Dei 105
Al-Afdal 249
Al-Balat 111
Alberto de Aix 66, 73, 110
Aleixo Comneno 66
Alexíada 66
Alfonso Jordan 227, 228
Al-Hakim 54
Alp Arslan 14, 55, 56, 57
al-Walid 13, 53, 55
Amalrico I (rei de Jerusalém) 15, 96
André de Montbard 15, 102, 113, 137, 236
Arca da Aliança 31, 35, 41, 46, 50, 119, 120, 170
Arga 84
Arnoldo de Torroja 16, 247
Arsuf, Batalha de 8, 10, 16, 86, 271, 272, 274, 275
Ascalon, cerco de 8, 234
Assassinos 206

– B –

Baibars 16, 276
Balantrodoch 300, 311
Balduíno de Bolonha 76, 78, 92, 98, 186
Balduíno I (rei de Jerusalém) 98, 112, 114, 148, 186
Balduíno IV (rei de Jerusalém) 15, 16, 39, 96, 243, 248
Balian d'Ibelin 108, 249, 255, 258, 262, 275

313

Barba-Ruiva (ver Frederico I) 16, 267, 268, 269, 270
Barber, Malcolm 47, 110, 114, 139, 142, 180
Batalha de Bannockburn 18, 307, 310
Batalha de Dorileia 5, 14, 75, 76, 83
Beauséant 7, 216, 217
Bernardo de Claraval 14, 15, 38, 39, 95, 102, 143, 144, 158, 182, 195, 209, 214, 223, 224, 226
Bernardo de Tremeley 15, 233, 235, 236
Bernardo Gui 301
Boemundo de Taranto 72, 74, 110
Boemundo II 112, 140
Bolonha 15, 76, 78, 92, 96, 98, 186
Bonifácio VIII, papa 285, 288
Bruer, Templo 178, 189
Burns, James 18, 308

– C –

Caaba 52, 54, 248
Cairo 8, 86, 237, 242, 243
Campo de Sangue (Ager Sanguinis) 6, 14, 110, 111, 116, 120
Cange, Charles du Fresne 112, 113
Capela Rosslyn (mito templário) 18, 45, 134, 309, 310, 311
Carlos de Anjou 277, 278, 286
Carlos Magno 13, 71
Carlos Martel 55, 56
Catedral de Notre-Dame 301, 302
Cavaleiros Teutônicos 20, 32, 213, 279
cerco de Damasco 15, 232
Chirkuh 15, 240, 241
Chrétien de Troyes 36, 209
Christopher Tyerman 47, 63, 86, 142
Cidade de Davi 50, 126
Clemente III (antipapa) 14, 59, 60
Colônia 14, 66, 70
Comandante da cidade de Jerusalém 234

Comandante de Cavaleiros 163, 166, 167
Comandantes 7, 166, 167, 169, 171, 175
Comnena, Ana 66, 68, 77
Comneno, Manuel (imperador bizantino) 96
Concílio de Clermont (1095 d.C.) 5, 14, 60, 61, 66, 71, 138, 152
Concílio de Piacenza 5, 14, 59, 138
Concílio de Pisa 182
Concílio de Viena 9, 17, 296, 297
Considerantes dudum 17, 298, 299
Constantinopla 22, 35, 57, 62, 67, 68, 71, 72, 73, 77, 79, 80, 130, 131, 231
Constantino X 13, 55
Credo de Niceia 74
Crônica Anglo-Saxônica 142
Cruz Pátea 133, 212, 216, 217
Cruz Verdadeira 170, 171, 255, 259, 270, 274, 295

– D –

Daron (forte templário) 15, 241
Demurger, Alain 47, 284
Deus Lo Volt 5, 61, 63
Dijon 23, 102, 152
Domme (prisão dos Templários) 292, 293
Domo da Rocha 13, 18, 53, 54, 55, 88, 89, 90, 109, 124, 129, 131, 264, 265
Drapier 7, 165, 166, 169, 170, 171

– E –

Elogio da Nova Cavalaria 103, 104
Emrich de Leisingen 69, 90
Esquin de Florian 290, 294
Estábulos de Salomão 6, 18, 125, 131
Estados Cruzados 76, 110, 111, 116, 223, 228, 247, 280
Estêvão de Blois 78, 79

Eustácio de Bolonha 15
Everard des Barres 15, 197, 223, 226, 235

– F –

Famagusta 270, 284
Filipe de Milly 15, 175, 176, 184
Filipe I 59, 138
Filipe II (rei da França) 200, 311
Filipe IV (rei da França) 17, 139, 200, 283, 287, 295, 303
Fontaines 102
Fonte de Cresson (batalha) 8, 16, 249, 250
Frederico I Hohenstaufen (Barba-Ruiva) 267
Fulcher de Chartres 61, 62, 63, 137, 148, 149
Fulque V (conde de Anjou) 14, 114, 138, 139
Fundo de Exploração da Palestina 18, 118, 126, 127, 129, 131, 132, 133

– G –

Galileia 110, 120, 141, 228, 249, 254
Gaza 8, 15, 16, 39, 233, 237, 241, 245, 246, 261, 262
Gerard de Ridefort 15, 16, 22, 244, 248, 253, 255, 260, 262, 268
Gisors 22, 311
Godofredo de Anjou 143
Godofredo de Bulhão 64, 71, 74, 83, 84, 88, 92, 101, 112, 116, 148, 186, 130
Godofredo de Charney 18, 299, 301
Godofredo de St. Omer 97, 98, 113, 116, 144, 154
Gotthelf, Karl (barão Von Hund) 210, 306

Grão-Mestre (ver Mestre da Ordem) 8, 20, 21, 22, 23, 24, 25, 29, 30, 31, 39, 40, 109, 172, 173, 176, 284, 304
Gregório VII papa 14, 58, 59, 60
Gualtério Sem-Haveres 66
Guibert de Nogent 66
Guilherme de Beaujeu 17, 277, 278, 283, 284
Guilherme de Chartres 276
Guilherme de Nogaret 288, 290
Guilherme de Sonnac 276
Guilherme Marechal 204
Guy de Lusignan 16, 248

– H –

Hamá 224, 243, 245, 278
Hancock, Graham 120, 133
Hattin, Batalha de (1187) 8, 16, 108, 121, 169, 171, 241, 253, 257, 259, 262, 270, 274
Helen Nicholson 47, 139, 140, 161, 188, 197, 293
Helenópolis 68
Henrique II 15, 17, 19, 95, 189, 204, 236, 253, 254, 255, 279, 285, 286, 298, 311
Henrique I (rei da Inglaterra) 141, 142
Henrique IV (Sacro Imperador Romano) 14, 58, 60, 69, 304
H. L. Haywood 305
Hugo, conde de Champagne 114, 116, 137, 152
Hugo, conde de Vermandois 71
Hugo de São Vítor 107
Hugo, o Pecador 106, 184

– I –

Ibn al-Athir (cronista árabe) 76, 78, 231, 239, 253, 259, 260, 261
Iftikhar ad-Dawla 86
Ilghazi (emir de Mardin) 111, 112, 120, 123
Império Bizantino 69, 74, 96
Inab, Batalha de 15, 232, 240
Inocente II, papa 15
Isaac (filho de Abraão) 48, 51, 131, 269, 270
Isra e Miraj (jornada noturna de Maomé) 52

– J –

Jacques de Molay 16, 18, 30, 39, 40, 139, 282, 284, 289, 293, 299, 301, 302, 305, 320
Jacques de Vitry 209, 218
Jaffa 16, 87, 121, 126, 142, 248, 271, 272, 274, 275
Jaime II (rei de Aragão) 290, 295
Jean de Joinville 202
Jebus (Jerusalém) 49, 50
erusalem Survey 118
João I (rei da Inglaterra) 286
Jordão, Rio 110
Joscelino (conde de Edessa) 120, 145, 224, 225, 228, 232

– K –

Karbuka (atabeg de Mossul) 14, 78, 79, 80, 81, 83, 85
Kerak de Moab 15, 16, 241
Khalil 278, 279
Kilij Arslan 69, 74, 75
Krac des Chevaliers 116
Kukburi 254

– L –

La Forbie, Batalha de 276
Laidler, Keith 120, 133
Lança do Destino 5, 14, 79, 80, 81, 84, 85, 88, 295
La Rochelle (porto francês) 199, 308, 309
Luís IX (rei da França) 17, 201, 202, 203, 277, 278, 288
Luís VII (rei da França) 15, 17, 39, 197, 210, 223, 225, 226, 227, 229
Luís VI (rei da França) 141, 182

– M –

Ma'arrat 84
Mainz 70, 295
Mansurá, Batalha de 17, 200, 201, 276, 277, 288
Manzikert, Batalha de 5, 14, 55, 57, 60
Maomé 48, 52, 54, 55, 89, 131, 248
Marechal 7, 166, 169, 171, 172, 173, 175, 202, 204, 214, 216, 244, 250, 273, 281, 298
Marj Ayun, Batalha de 16, 248
Mas-Deu 185
Meca 22, 52, 54, 248
Melisende (filha de Balduíno II) 140, 141, 142, 145, 146, 148, 180, 224, 227, 233, 234
Mesquita de Al-Musalla al-Marwani 18
Mestre da Ordem 15, 16, 17, 21, 30, 31, 39, 102, 113, 157, 169, 172, 179, 184, 197, 217, 247, 272, 273, 276, 284, 293, 303
Miles de Plancy 243
Monte das Oliveiras 87, 88
Montferrand 225

Montgisard, Batalha de 8, 15, 244, 246
Mûlay 306

– N –

Nablus, Concílio de 14, 115, 117, 121
Nasir al-Din 237
Niceia (cerco de) 5, 14, 68, 69, 74, 75, 76
Nicolau IV, papa 284
Nureddin 15, 206, 207, 224, 228, 231, 232, 234, 237, 239, 240, 241, 242, 243

– O –

Odo de St. Amand 16, 206, 207, 245, 246, 247, 248
Omar ibn al-Khattab 13, 49
Omne datum optimum 15, 38, 159, 179, 181, 183, 184, 235
Osama ibn Munqidh (emir de Shaizar) 121
Otto (bispo de Freising) 13, 14, 58, 59, 101, 227, 320

– P –

Paganus (Hugo de Payens) 99, 100
papa Clemente V 17, 29, 30, 40, 288, 303, 309
papa Eugênio III 39, 101, 103, 210, 223, 224, 226
papa Honório II 181
Parker, Montague 18, 129, 130, 132
Pedro Bartolomeu 14, 79, 84, 85
Pedro de Sevrey 281
Pedro, o Eremita 65, 66, 67, 69, 77, 88, 152
Pons (conde de Trípoli) 111, 112, 145
Porta de Sião 87, 88
Portão Dourado 127

– Q –

Quarto Concílio de Latrão 195

– R –

Raimundo de Aguilers 75, 79, 80, 84, 88, 90
Raimundo de Antioquia 15, 223, 224, 225, 231, 240
Raimundo de Puy 228
Raimundo IV (conde de Toulouse) 72
Ramla 86
Ramsey, Andrew Michael 306
Reinaldo de Châtillon 16, 244, 246, 248, 255, 260
Ricardo I (rei da Inglaterra) 10, 16, 236, 269, 272, 273, 312
Robert Brydon 18, 129, 132, 134
Roberto Bruce 307, 309, 310
Roberto de Craon 15, 179, 228
Roberto de Flandres 84
Roberto de Sablé 16, 176, 272, 276
Roberto, o Monge 62
Rogério de Salerno 72, 111, 112

– S –

Santa Eufêmia 294, 295
Santo André 80, 84
Santo Sepulcro, Igreja do 54, 108, 109, 110, 116, 117, 148, 188, 210, 243, 249
Santo Sepulcro (Jerusalém) 6, 54, 83, 92, 107, 108, 110, 109, 113, 115, 116, 117, 126, 148, 172, 188, 196, 210, 243, 249, 306
Santo Sepulcro, Ordem do 107, 113, 115
São Lázaro, Ordem de 162
São Pedro 26, 80, 84, 181, 182, 188
São Simeão 77, 223, 226
Senescal 7, 40, 165, 171, 172, 173,

175, 180, 236, 243
Simão, bispo de Noyon 100
Simão de St. Bertin 101

– T –

Tancredo 72, 75, 84, 87, 88, 89, 90, 92, 110, 111
Tecelim (pai de Bernardo de Claraval) 102
Templários Maçônicos 114, 309
Templo Cressing 186, 187
Templo de Salomão 15, 21, 43, 47, 51, 53, 90, 97, 99, 109, 117, 144, 154, 307
Templo do Senhor 97, 99
Templo Garway 189
Teobaldo (conde de Champagne) 14, 17, 140, 142, 143, 283, 284, 286
Teobaldo Gaudin 17, 283, 284, 286
Teodorico 124, 125
Thierry (conde de Flandres) 114, 115, 231
Thomas Bérard 276, 284
Tiberíades 204, 249, 251, 254, 255, 256
Toghtekin 120, 123, 140, 145
Tomar 298
Torre de Davi 87, 89, 91, 121
Tours, Batalha de (Poitiers) 55
Turcopoliero 218

– U –

Urbano III, papa 16, 261, 265
Usura 195

– V –

Velho da Montanha 206
Vox in excelso 17, 297

– W –

Walter de Poissy 66
Walter Map 19, 95, 99
Warren 18, 118, 126, 127, 128, 129, 130, 131, 133, 134
William Moseley Brown 305
Wilson, , Charles 18, 127, 128, 132
Wolfram von Eschenbach 209

– X –

Xerigordon 68

– Y –

Yaghi Siyan (ver Saladino) 76, 78, 86

HOWARTH, Stephen. *The Knights Templar*. New York: Barnes & Noble, 1982.

KARAGEORGHIS, Jacqueline. *Cyprus: There is an Island*. Nicosia: C. J. Philippides & Son, 1987.

KEEN, Maurice. *Medieval Europe*. London: Penguin, 1969.

KELLER, Werner. *The Bible as History*. New York: William Morrow & Company, 1956.

KNIGHT, Christopher; LOMAS, Robert. *Knight, Christopher, and Robert Lomas. The Second Messiah: Templars, the Turin Shroud and the Great Secret of Freemasonry*. London: Century, 1997.

LAIDLER, Keith. *The Head of God: The Lost Treasure of the Templars*. London: Weidenfeld & Nicolson, 1998.

LORD, Evelyn. *The Knights Templar in Britain*. Edinburgh: Pearson, 2004.

MACKEY, Albert. *The History of Freemasonry*. New York: Gramercy Books, 1996.

MAIER, Paul L. (Trad.) *Josephus: The Essential Writings*. Grand Rapids: Kregel, 1988.

MEADOWS, Denis. *A Saint and a Half: The Remarkable Lives of Abelard and St. Bernard of Clairvaux*. New York: The Devin-Adair Company, 1963.

NAPIER, Gordon. *The Rise and Fall of the Knights Templar*. Staplehurst: Spellmount, 2003.

NICHOLSON, Helen; NICOLLE, David. *God's Warriors: Knights Templar, Saracens and the Battle for Jerusalem*. Oxford: Osprey, 2005.

NICHOLSON, Helen. *The Knights Templar: A New History*. Phoenix Mill: Sutton, 2004.

OLDENBOURG, Zoe. *The Crusades*. New York: Pantheon Books, 1966.

PARIS, Matthew. *The Illustrated Chronicles of Matthew Paris*. Richard Vaughan (Trad). Phoenix Mill: Allan Sutton, 1993.

PAYNE, Robert. *The Crusades*. Kent: Wordsworth, 1984.

POTOK, Chaim. *Wanderings: Chaim Potok's History of the Jews*. New York: Fawcett Crest, 1980.

RALLS, Karen. *The Templars and the Grail*. Wheaton: Quest Books, 2003.

READ, Piers Paul. *The Templars*. London: Phoenix P, 1999.

ROBINSON, John J. *Dungeon, Fire & Sword: The Knights Templar in the Crusades*. New York: Evans, 1991.

RUNCIMAN, Steven. *A History of the Crusades Volume I: The First Crusade and the Foundation of the Kingdom of Jerusalem*. London: The Folio Society, 1994.

――― *A History of the Crusades Volume II: The Kingdom of Jerusalem and the Frankish East 1100-1187*. New York: Cambridge UP, 1954.

――― *A History of the Crusades Volume III: The Kingdom of Acre and the Later Crusades*. New York: Cambridge UP, 1954.

SAVAGE, Anne (Trad.). *The Anglo-Saxon Chronicles*. Surrey: Coombe Books, 1995.

SEWARD, Desmond. *The Monks of War*. London: Penguin, 1972.

SOUTHERN, R. W. *The Making of the Middle Ages*. London: Arrow Books, 1953.

SPILLING, Michael (ed.). *Battles of the Medieval World: 1000-1500*. London: Amber Books, 2006.

STRAYER, Joseph R.; MUNRO, Dana C. *The Middle Ages: 395-1500*. New York: Appleton-Century-Crofts, 1959.

TOBIN, Stephen. *The Cistercians: Monks and Monasteries of Europe*. New York: Overlook P, 1995.

TYERMAN, Christopher. *God's War: A New History of the Crusades*. London: Penguin, 2006.

UPTON-WARD, Judith (Trad.). *The Rule of the Templars*. Woodbridge: The Boydell P, 1992.

URBAN, William. *The Teutonic Knights: A Military History*. London: Greenhill Books, 2003.

WISE, Terrence. *Medieval Warfare*. London: Osprey, 1976.

Nota do Editor

A Madras Editora não participa, endossa ou tem qualquer autoridade ou responsabilidade no que diz respeito a transações particulares de negócio entre o autor e o público.

Quaisquer referências de internet contidas neste trabalho são as atuais, no momento de sua publicação, mas o editor não pode garantir que a localização específica será mantida.